KB197328

밀턴 에릭슨의 상담이론과 실제

양정국
고기홍
공 저

학지사

머리말

밀턴 에릭슨(Milton Hyland Erickson, 1901~1980)은 현대상담에 가장 큰 영향을 미친 인물들 중 한 사람이다. 예를 들면, MRI(Mental Research Institute)의 단기상담(Brief Therapy), 헤일리(Jay Haley)의 전략적 가족치료(Strategic Family Therapy), 밴들러(Richard Bandler)와 그라인더(John Grinder)의 신경언어프로그래밍(Neuro-Linguistic Programming: NLP), 드 세이저(Steve de Shazer)와 인수 버그(Insoo Kim Berg)의 해결중심적 단기가족치료(Solution-Focused Brief Family Therapy), 임상최면(Clinical Hypnosis, or Ericksonian hypnosis, or Ericksonian Hypnotherapy) 등은 밀턴 에릭슨의 영향을 받아 탄생한 이론들이다. 이 외에도 혁신적인 현대상담의 기원을 찾아보면 그와 직간접적으로 연관된 경우들이 많이 있다.

밀턴 에릭슨은 전문적으로 최정상에 올라선 사람이라고 할 수 있다. 하지만 인간적으로는 힘든 삶을 살았던 사람이다. 밀턴 에릭슨은 위스콘신주 로웰에서 농부의 아들로 태어났다. 그는 출생 후 발달이 늦어 부모의 걱정을 사던 아이였다. 그리고 자주색만 볼 수 있는 선천적 색맹이었다. 또 난독증을 가지고 있어서 글을 읽을 때 종종 어려움을 겪어야만 했다.

또한 17세에 전신마비 증상으로 병원에 입원했는데, 의사는 부모에게 아이가 치명적인 소아마비에 걸렸고, 이제 서서히 혼수상태로 빠져든 후 며칠 내로 사망할 것이니 마음의 준비를 하라는 말을 했다. 이를 알게 된 에릭슨은 정신적 충격을 받았지만 동시에 반드시 이를 극복하고 살아남겠다는 굳은 결심을 한다. 그러다가 저녁 무렵, 자신의 침상 옆에 있는 거울에 비친 아름다운 석양노을을 바라보면서 '무슨 일이 있더라도 반드시 깨어나서, 저 아름다운 석양 노을을 다시 보지 않고는 결코 죽지 않으리라'는 다짐을 반복하면서 그는 서서히 혼수상태에 빠져들었다. 그리고 며칠 동안 사경을 헤맸지만, 결국 이를 극복하고 그는 살아남았다.

물론, 그에게 주어진 조건들이 부정적인 것만은 아니었다. 그는 선천적으로 높은 지능을 가지고 태어났다. 그리고 이런 지능을 기반으로 한 높은 인식과 조절능력과 타고난 학습능력을 가지고 있었다. 이런 선천적 능력을 토대로 그는 의과대학에 진학할 수 있었다. 하지만 그는 의과대학에 들어갔을 때 소아마비로 인해 걷지 못하는 상태에 있었다. 그는 이런 상태를 극복하기 위해 1,000마일이 넘는 거리의 미시시피강을 혼자서 횡단하는 카누 무전여행을 계획하였다. 그리고 온갖 역경을 이겨내면서 실제로 이를 실현시켰다. 이 경험 이후에, 그는 걷지 못하던 상태에서 벗어나 지팡이를 짚고 걸을 수 있게 되었고, 정신적으로도 성장해서 더 강한 사람이 될 수 있었다. 이후에도 그에게 많은 역경이 주어졌지만 이를 극복하면서 당대 최고의 정신과 의사이자 심리학자로 성장해 나갔다.

밀턴 에릭슨은 주어진 현실을 치료적으로 활용해서 변화시키기 어려운 내담자들조차도 드라마틱하게 치료해 내기로 유명했다. 그런데 마치 백조가 물 위에서 우아한 자태를 뽐내며 앞으로 나아갈 때 물 밑에서는 열심히 발길질을 하는 것처럼, 그의 드라마틱한 치료의 이면에는 그런 드라마틱한 성과를 낳게 하는 과정들이 숨어 있었다. 그는 주어진 현실과 대상 그리고 자신의 반응에 대한 매우 높은 수준의 주의집중과 관찰, 자주적이고 창의적인 의문과 탐구와 판단, 자신의 판단의 진위에 대한 검증과정이 있었다. 이런 숨어 있는 과정들이 보통 사람들이라면 절망하여 포기했을 수 있는 자신의 색맹이나 난독증이나 소아마비와 같은 선천적 조건들을 극복할 수 있게 하였고, 더 나아가 자신의 잠재능력들을 계발하거나 성장과제들을 성취해 나가는 원동력이 되었다고 할 수 있다.

이런 과정은 그의 심리치료 과정에서도 그대로 적용되었다. 그는 내담자를 만나면 고도의 주의집중과 관찰을 했고, 고정관념이나 편견에서 벗어나 치료적 의문과 탐구를 한 후, 적합한 치료적 판단을 내렸다. 이 치료적 판단의 진위를 검증한 후, 내담자에게 적용했고, 그 결과로 드라마틱한 치료적 성과들을 만들어 냈다.

그는 점차 학문적·임상적·대중적으로 알려지면서 많은 명성을 얻게 된다. 그를 추종하면서 그의 탁월한 심리치료 이론과 실제를 배우려는 사람도 많이 생겨나게 된다. 하지만 그는 자신의 심리치료 이론을 하나의 모형으로 개발하는 것을 원하지 않았다. 왜냐하면 심리치료 이론을 구성하면, 구성한 관념적 이론이 오히려 있는 그대로의 현실을 인식하고 대처해 나가는 데 방해가 될 수도 있다고 믿었기 때문이다. 또한 내담자의 개인차와 개별적 접근의 필요성 그리고 내담자와 상담자가 상호작용을 하면서 만들어 내는 치료과정의 복잡한 역동성과 이런 역동성에 맞춘 역동적 개입의 필요성 등의 이유로 자신의 심리치료 이론을 구성하는 것을 원하지 않았다. 결국 그는 1980년 향년 78세의 나이로 사망을 할 때까지 자신의 심리치료 이론을 만들지 않았다.

많은 학자가 밀턴 에릭슨은 프로이트(Sigismund Schlomo Freud)에 버금갈 정도로 심리치료의 발전에 큰 기여를 했으나, 그의 기여는 실제보다 많이 저평가되어 있다고 말한다. 이렇게 저평가된 가장 큰 이유는 그가 자신의 심리치료 이론을 구축하지 않았기 때문이다. 하지만 그에게 영향을 받는 헤일리, 밴들러, 그라인더, 드 세이저 이 외에도 수많은 심리치료 학자와 실무자에 의해서 그의 심리치료 이론과 실제는 단편적이고 간접적인 형태로 전수되어 왔다.

다른 한편에서는 그의 논문, 정규 수업이나 외부 강연, 심리치료 사례 등이 그를 추종하는 학자들에 의해 광범위하게 연구되어 왔다. 그리고 시간이 흐르면서 점차 밀턴 에릭슨의 이론에 대한 자료들이 누적되었고, 일부 학자들은 이 누적된 자료를 통합하여 그의 상담이론 모형을 구성한 후 책으로 발간해 왔다. 이 책도 그런 책들 중에 하나라고 할 수 있다. 아마 국내에서는 가장 오랜 기간 동안 밀턴 에릭슨의 이론과 실제에 대해 연구한 결과의 산물이라고 할 수 있을 것이다. 즉, 이 책은 지난 30여 년간 밀턴 에릭슨의 상담이론과 실제를 연구하고, 또 상담실무에 적용해 온 결과물이라고 할 수 있다.

이 책은 크게 8개의 장으로 이루어졌다. 즉, '진단, 탈이론적 접근, 상담자 몰입, 밀턴 에릭슨식 최면, 트랜스와 상담사례' 등을 포함하는 접근의 개별화, '신뢰관계 형성, 공감적 이해, 희망의 고취, 참여적 관찰과 적극적 경청' 등을 포함하는 인간적인 만남, '욕구 수용과 따라가기, 부정적 경험의 수용, 안전감 확보, 심리적 향상' 등을 포함하는 현실 수용, '잠재능력 접근, 내담자의 무의식과 관계맺기, 은유, 내담자 은유의 활용' 등을 포함하는 간접적이고 허용적인 접근, '저항 접근, 무의식 초대, 책임 수용과 선택, 선택권과 상담사례' 등을 포함하는 저항을 수용하고 선택권 주기, '관계 문제, 관계 패턴의 문제 탐색, 상담자와 문화의 중개, 문화 인식의 중요성' 등을 포함하는 관계와 문화의 문제 그리고 '호흡에 주의를 기울이기, 호흡 명상, 감각 인식' 등을 포함하는 호흡에 집중에 대해 설명하였다.

한편, 밀턴 에릭슨의 상담이론과 실제는 너무 방대해서 이 책에 그 내용들을 다 담아내지 못하였다. 이 때문에 이후 『밀턴 에릭슨의 상담이론과 실제 2권』을 계획하고 있다. 이 후속 책에서는 밀턴 에릭슨의 다양한 접근, 트랜스 언어와 활용, 후최면 암시, 지금-여기 맞추기, 혼란 기법, 핵심 변화, 신체감각 활용, 경험 재통합 등의 내용을 다룰 예정이다.

이 책의 원고를 쓰는 데 많은 분의 도움이 있었다. 특히 밀턴 에릭슨의 상담이론과 실제에 대한 교육에 오랜 기간 함께해 주신 많은 상담학자나 상담실무자 분의 도움이 있었다. 그리고 이 책의 출판을 허락해 주신 학지사의 김진환 사장님, 실무적인 검토와 수락을 해 주신 진형한 대리님, 매우 성실하게 원고교정을 해 주신 송새롬 선생님께 진심으로 감사의 마음을 전한다. 부족한 점이 많지만, 이 책이 한국의 상담 발전에 일조할 수 있기를 소망한다.

2025년 1월

저자 일동

┌ ┐

차례

└ ┘

밀턴 에릭슨의 상담이론과 실제

1장

밀턴 에릭슨의
상담

병원 중심의 의료 치료는 삶의 질보다는 환자의 고통을 줄여 주는 것이지만 정신적 질병으로 인한 마음 고생을 완화하는 데는 의학 기술보다 다른 관점의 학문을 통해 치유하는 방법들이 까다롭지만 중요한 치유 수단이 될 수 있다. 상담의 혁신적인 원리는 내담자 스스로 선택권을 가지고, 함께하는 사회를 구성하며, 모든 인간이 인류라는 환경에 속한다는 이론이다.

연구에서 뇌의 편도체(amygdaloid nucleus) 부위에서 분비되는 신경전달물질인 세로토닌(serotonin) 수치가 낮은 동물들은 스트레스(stress)에 과민한 반응을 보인다고 한다. 힘이 우세한 원숭이는 지위가 낮은 원숭이들보다 세로토닌 수치가 훨씬 높지만, 다른 원숭이들과 오랫동안 눈을 맞추지 못하게 하면 세로토닌 수치가 감소한다.

즉, '사회적 환경은 뇌의 화학적 환경과 상호작용한다.'는 것이다(Raleigh, 1984: 506). 이러한 연구에서 인간의 문제는 사회·심리·생물학적으로 상호작용을 통해서 이루어진다는 사실을 보여 주고 있다.

> 마음, 뇌, 내장 기관의 의사소통이 감정 조절에 성공하는 지름길이라면, 내담자를 치료하는 방식에도 변화가 필요하다. 사회적인 지지 기반은 선택적인 요소가 아니라 생물학적으로도 반드시 필요한 요소다. 그리고 이러한 사실이 모든 예방과 치료의 기본적인 골격이 되어야 한다(van der Kolk, 2014: 87-88).

편도체는 뇌의 '화재경보기'로 비유된다. 편도체의 중요한 기능 중에 하나는 유입된 정보가 생존과 관련되는지 확인하는 일이다. 이 일은 신속하고 무의식적으로 진행되며, 편도체가 위험을 감지한다.

그러면 편도체는 즉시 뇌간(brain stem)에 즉각 메시지를 내려보내 코르티솔(cortisol), 아드레날린(adrenaline)을 포함한 강력한 스트레스 호르몬의 분비가 촉진되고, 몸 전체가 반응할 수 있도록 자율신경계를 참여시킨다. 그 결과 심장박동수, 혈압, 호흡수가 증가되면서 신체는 맞서 싸우거나 도망갈 채비를 한다.

편도체가 화재경보기라면 전두엽(frontal lobe), 특히 눈 바로 위쪽에 자리한 내측 전전두엽 피질(prefrontal cortex)은 높은 곳에서 전체를 내려다보는 '감시탑'의 역할을 한다. 어딘가에서 연기가 날 때, 집에 불이 났으니 얼른 집 밖으로 나가라는 신호인지, 아니면 스테이크를 익히느라 연기가 나는 것인지를 구분하는 것이다.

전전두엽 피질은 현재의 경험이 과거와 어떤 관계가 있고, 미래에 어떤 영향을 알려 주는 뇌의 기록기 역할을 한다. 그게 무엇이건 지금 일어나는 일은 유한하며 언젠가 끝난다는 사실을 알고 있으면, 대부분의 경험은 견딜 수 있다. 하지만 끝이 없다고 느껴지는 상황은 견디기 힘들다. 트라우마(trauma)는 전전두엽 피질이 제기능을 못하기 때문에 '영원히 지속되는' 상태가 최고조에 이르는 경험이다.

스트레스를 받으면 전전두엽 피질 회로 기능이 억제되고, 불안, 공포 등의 감정에 개입하는 편도체 기능이 활성화된다. 전전두엽 피질은 틀린 경보음에 반응한다는 사실을 깨닫고 스트레스에 대한 과민한 반응을 중단함으로써 다시 균형을 찾도록 도와준다. 하지만 '외상후 스트레스장애(Post Trauma Stress Disorder: PTSD)가 발생하면, 편도체와 전전두엽 피질 사이의 균형이 깨지면서 억제 기능에 문제'가 생긴다.

의학계에서는 화학의 힘으로 더 나은 삶을 만들어 가는 일을 단호하게 행하고, 약물 외에 다른 방법으로 개개인의 생리적 상태와 체내 형평을 바꿀 수 있다는 생각은 고려 대상에서 제외되고 있다. 그러나 뇌−질병 모델에서 간과되는 4가지 근본적인 사실은 다음과 같다 (van der Kolk, 2014: 66).

- 인간은 서로를 파괴하는 능력만큼 서로를 치유하는 능력도 지니고 있다. 대인관계와 공동체 회복은 다시 행복을 찾는 데 핵심적인 역할을 한다.
- 언어는 자신과 타인을 변화시키는 힘을 부여한다. 따라서 경험을 이야기하면 자신이 아는 사실을 분명하게 규정하고 고통의 의미를 찾을 수 있다.
- 우리는 호흡, 움직임, 접촉과 같은 기본적인 활동을 통해 몸과 뇌의 기능을 비롯한 신체의 생리적 기능을 조절할 수 있다.
- 사회적 조건을 변화시켜 어른과 아이 모두가 안전하게 머물고 발전할 수 있는 환경을 마련하는 것은 가능하다.

상담의 효과는 내담자들을 존중하고 독특한 개인으로 간주하기 때문에 나타난다. 상담자는 과학적인 개입이라는 이유로 내담자들의 지혜와 문화적 전통에 대한 적절한 배려를 외면한 채, 증상을 인간 정신기능의 기준에서 벗어나는 모든 가능한 일탈을 진단하는 표준적인 심리검사 모델을 이용하여 단순히 증상의 원인에 따른 해결책을 찾아내는 데 집착해서는 안 된다.

우리 대부분은 스트레스 또는 트라우마 상황을 임박한 위협으로 인식하고 대처하는 일반적인 경향은 가능한 한 빨리 '도망치거나 싸우는 것'이다. 스트레스 전문가들이 이러한 익숙한 설명을 확장하여 또 다른 준비된 반응인 '얼어붙음'을 포함시켰다.

물론 상담자는 이 세 가지 반응에 전부 관여하지만, 각자는 개별적인 조절에 기초하여 이 중 하나를 선택하는 경향이 있다. 그중에서도 자신을 외로움으로 묘사하는 사람들이 점점 늘어나고 있다.

> 상호 연결은 동기를 부여하는 힘이 있고, 사람의 타고난 존엄성이 인정되며, 증오와 두려움과 탐욕이 완화될 수 있는 세상의 가능성을 믿게 된다. 상호 연결은 우리를 발전시키는 사랑을 토대로, 포용과 돌봄의 비전을 달성하기 위해 서로의 지원을 받을 수 있다. 또한 행동이 결과를 낳는 세계에서, 우리가 서로를 돌보려고 할 때에도 책임을 지는 정의가 실현된다(Salzberg, 2020).

단순히 다양한 문제를 해결하기 위해 여기에서 제시된 상담이론을 활용하는 것만으로는 치료적인 변화를 일으키지는 않는다. 그러나 이론을 활용하여 내담자들을 몰입시킨 다음에, '심층 상담회기를 열면서 이론 활용의 특정 측면에 대한 정서적인 연결을 하게 되면, 통찰력을 촉진'하는 데 도움이 될 수 있으며, 이는 내담자들이 감정적·행동적 변화를 탐색하고 변화를 가져올 수 있는 기회를 제공한다.

상담자의 문제해결을 위한 모든 노력은 내담자들의 개인적인 성장에 초점을 맞추는 것이다. 따라서 어떤 도구를 사용하느냐는 것은 이차적인 문제다. 어떤 특정한 전략들을 발전시키기 위한 상담 도구들은 특별하기보다는 상담자나 내담자들이 부담 없이 자연스럽게 수용할 수 있는 접근이어야 한다.

'예측 가능한 상황을 만들고, 기대를 분명히 표현하는 것도 중요하다. 또한 반드시 일관성이 있어야 한다.' 혼란스러운 환경에서 살아가는 내담자들은 어떻게 해야 다른 사람들과 협력할 수 있는지 전혀 모르는 경우가 많으므로, 일관성 없는 환경은 내담자들을 더 혼란스럽게 만들 뿐이다.

상담자는 내담자들에게 변화를 이룰 수 있는 자신들의 능력에 대한 믿음과 자부심을 심어 주는 방향으로 초점을 맞춰야 하기 때문에 어떤 이론, 구조화된 프로그램이나 전략보다 내담자 중심의 접근을 고려해야 한다.

이러한 접근을 실천한 사람이 Milton Erickson이다. 그는 제자들에게 상담자의 융통성을 제한하거나 창의성을 억누르는 학문적 구성에 회의적이라고 가르쳤다. "치료를 알려 주는 것은 교과서가 아니라 내담자다." 보다 구체적으로 Erickson 상담은 '학습과 적응의 자연스러운 과정을 불러오면서 기존의 내담자 속성을 활용하는 문제해결에 대한 경험적 접근법'으로 정의된다.

상징적 또는 직접적으로 '살아 있는 경험이 부적응 패턴을 불안정하게 하고 즉각적이고 미래의 문제해결 노력에 활용될 수 있는 고유한 자원을 창출'하기 위해 사용되기 때문에 여러 시스템에서 의미있는 치료 변화가 발생할 수 있다.

내담자에게 모호할 수 있는 고유한 자원을 활용하는 것이 필수적이다. Erickson 상담은 때로는 별개의 변화 이론 없이 작동하는 모든 것을 포함하는 기법들의 모음이라고도 한다. 많은 전통적인 치료법과는 달리 Erickson 치료법은 체계적인 절차나 치료도구가 아니라 치료과정을 안내하는 일련의 원칙이다. 따라서 Erickson 영향력의 핵심은 정의하기 어려운 관대함이다.

이와 관련하여 Erickson 치료법은 지속적인 적응 방식으로 유연성을 키우는 학습, 치유 및 성장의 관점이다. 따라서 상담자는 내담자와 협력하여 큰 유연성과 창의력을 발휘하도록 권고받는다. 진도를 측정하는 기준은 주관적이며 개인 목표(즉, 현상학적)와 관련하여 내담자가 설정한다.

이러한 접근법에서 '치료관계는 내담자의 욕구를 충족시키기 위해 존재'한다. 이 협력 노력 중에 상담자는 치료과정을 지시하고 영향을 미치려는 내담자의 시도를 받아들이고 격려한다. 차례로 내담자는 치료의 영향에 더 개방적이다. 따라서 협력을 중심으로 하는 관계는 상호적이고 자기강화적인 것으로 묘사될 수 있다.

따라서 과학적 방법의 정식 버전이 없는 것처럼 Erickson 치료법을 권위 있게 정의하는 단일 문서는 없다. 오히려 그것은 Erickson의 '선구적인 사례 연구와 가르침에 의해 공통적으로 제공되는 지속적으로 진화하는 일련의 아이디어다.'

모든 형태의 상담은 시간이 지남에 따라 틀림없이 변화하지만, 근본적으로 인간의 진화 과정은 상담자가 회기별로 개인의 변화하는 요구에 적응함에 따라 세밀한 상호작용 수준에서 지속적인 변화를 촉진하는 Erickson 상담의 설계에 내장되어 있다고 볼 수 있다.

'개인의 자율성은 Erickson 상담의 핵심 원칙'이기 때문에 상담자는 독특하게 다른 방식으로 치료를 수행할 것으로 예상된다. 방법론은 문화, 지역, 상담자 및 개별 사례에 따라 다르다. 하지만 Erickson 상담의 핵심 원칙이자 모든 치료작업이 중심이 되는 허브 역할은 개인의 자율성이다.

다시 말해, 개인의 기술을 측정할 수 있는 순수한 방법론이나 정설은 존재하지 않는다. 그러나 핵심 원칙에 반영되고 Erickson 상담의 실행에서 역량을 식별하는 데 사용할 수 있는 보편적으로 합의된 일련의 가치가 있다.

과학적 방법을 비유로 사용하면 과학을 수행하는 올바른 방법은 없지만 숙련된 연구자는 가장 널리 채택된 실험 도구에서 훈련을 받으며 가장 유명한 과학철학자의 작품을 읽으며 동료의 조사와 교정에 자신의 작업을 노출시킨다.

마찬가지로 숙련된 Erickson 상담자는 널리 채택된 Erickson 치료법에 익숙하다. 이러한 기술을 설명하는 데 사용된 수많은 이론적 구성을 연구하는 것 외에도 Erickson의 독창적인 아이디어와 사례 작업에 익숙하다.

Erickson 상담의 정의와 분류에 대해 보편적으로 합의된 것에 도달하는 것은 무리가 따른다. 그러나 Erickson 치료법은 전 세계의 수천 명의 상담자와 그들이 삶을 개선하는 데 도움을 준 훨씬 더 많은 사람들에게 확실히 존재한다. 그리고 그것은 다른 형태의 치료법과는 다르다.

모든 개인은 서로 다른 욕구와 고유하게 구성된 가치와 신념을 가지고 있다고 가정하지만, '상담을 제공하기 위한 일반적인 계획은 정신건강과 인간의 성장에 관한 몇 가지 핵심 가정을 중심'으로 구성되어야 한다. 이러한 핵심 가정은 상담자가 각 개인 내담자의 특이성에 따라 움직이려고 할 때, 친숙한 목적지가 항상 눈에 띄도록 멀리 있는 일종의 표지 역할을 한다.

대부분의 내담자들은 행동을 유도하는 특이한 욕구를 가지며 이 욕구가 충족될 때 성장하고 적응의 감각을 만들어 낸다는 데 동의한다. 따라서 인간의 성장은 대부분 주관적인 경험이 필요 충족의 지속적인 과정을 통해 파생된다.

Erickson 치료법에 대한 단일 또는 고정된 원리는 없다. 하지만 Erickson 치료법에서 인간은 아래와 같은 보편적 욕구를 타고났다고 가정한다.

- **생존의 필요성**: 종의 번식뿐만 아니라 자기 보존을 위해 안전과 안정감을 추구한다. 생존은 육체적 또는 상징적일 수 있다. 이 때문에 생존은 생식, 가족 및 공동체의 보호, 그리고 평생을 초월한 유산을 창출하는 것을 포함한다.
- **이타주의의 필요성**: 다른 사람들을 위해 동정심, 관대함, 심지어 자기 희생을 행사하는 것까지 추구한다. (심지어 낯선 사람을 구하기 위해 자신의 생명을 위태롭게 하는 지점까지 추구한다) 이와 관련해서 Erickson은 다른 사람들을 돕는 동안 자연스럽게 이타적이 된다고 믿었다.

  또한 이타주의는 태어날 때부터 존재하며(즉, 사람은 선하게 태어난다), 본질적으로 보람이 있고, 행복을 증가시키며, 무의식적인 과정에 의해 추진된다고 가정한다(즉, 생각이나 이성을 위한 시간이 생기기 전에 신속하고 자동적일 수 있다).

- **소속의 필요성**: 우리의 정체성에 대한 외부 확인, 감정적인 현실에 대한 외부 확인, 그리고 우리 삶의 의미를 확립하는 것을 추구한다. 소속은 결혼, 가족, 우정, 팀 및 공통된 신념을 공유하는 그룹 또는 제휴를 구축하고 이타주의를 증진할 수 있는 사람들의 모임(즉, 사랑을 주고받는 것)을 통해 확립될 수 있다.
- **의미의 필요성**: 사회에 기여하는 구성원이 되고 존재의 의미를 찾는 것을 추구한다. 궁극적으로 생존, 이타주의 및 소속의 원인을 제공하는 목적 중심 활동으로 일상생활을 구성할 수 있다. 의미는 또한 학습, 의미 있는 노동, 자기인식의 확대, 대인관계 배양의 형태로 올 수 있다.
- **참신함과 창의력의 필요성**: 성장하고, 배우고, 발견하고, 우리의 삶의 경험을 독특하게 디자인하는 것을 추구한다. 문제해결은 개인이 의미 있는 도전을 추구하고 반응하기 때문에 진보적이고 유연한 창의적인 노력을 의미한다(즉, 뇌와 신체는 엄격한 반복과 고정관념의 문제를 해결하기보다는 새로운 자극을 위해 만들어졌다).

이러한 이유로 내담자는 창조적인 학습 기회에 노출될 때 성장할 가능성이 가장 크다. 이 지식을 통해 상담자는 치료기술을 즉석에서 개발하고 가장 중요한 치료과정에 대해 혼란스럽지 않고 내담자의 즉각적인 요구에 유연하게 대응할 수 있다.

Erickson 치료의 가장 '중요한 전략은 내담자가 자신의 해결책을 생산하는 상황을 제공하는 것'이다. 따라서 Erickson 접근법의 핵심요소는 문제를 해결하는 작업에 참여하기 위해 기존의 강점과 동기에 집중하고 증폭시키는 것이다.

내담자에게 권한을 부여하고자 하는 많은 형태의 치료법이 있지만, Erickson 접근법은 사람들이 충족되지 않은 욕구를 해결하기 위해 사용되는 '의식적인 부분뿐만 아니라 무의식적인 자원을 개발'하도록 돕는 데 중점을 둔다. 일단 이러한 심리적 자원이 확인되고 개발되면, 내담자는 평생 동안 문제해결을 통해 상담자의 특별한 도움을 필요로 하지 않고 계속 사용할 것이라고 가정한다.

Erickson은 이론적 틀이 상담자들의 개입 범주나 깊이를 제한시키는 프로크루스테스(procrustes)의 침대가 될 수 있음을 우려했다. 내담자들의 개인차를 고려할 때 모든 내담자들은 독특한 개인으로 간주되어야 한다. 특정 이론에 내담자를 맞춰서는 안되며, 이론은 단지 매우 개별적이고 역동적인 내담자를 이해하고 치료해 나갈 때 사용할 수 있는 전략적 도구의 수준에서만 가치가 있다.

Erickson은 상담에 대한 어떤 체계를 고수하는 것이 상담자의 관점을 좁아지게 하고 치료적 대안들을 제한시킨다는 이유로 자신의 접근이 어떤 상담이론이나 체계에 맞추는 것을 고려하지 않았다. Erickson은 혁명적인 공헌으로 심리치료계의 틀을 깨뜨렸다.

사랑이 치유력이다. 사랑은 부드럽지만 연약하지 않고, 강력하며 탄력적이다. 사랑은 상호 연결의 진실에서 비롯된다. 내담자들이 '상호 연결을 깊이 이해할수록 변화에 대한 동기를 부여하는 힘이 생기고', 모든 사람의 타고난 존엄성이 인정될 수 있으며, 증오와 두려움과 탐욕이 완화될 수 있다는 보편적인 가능성을 믿게 된다. 이러한 가능성을 제시한 사람이 Erickson이다.

기법이란 그 자체로 목적이 될 수 없고 '내담자의 주의를 집중시키고 허용적으로 반응을 유도하는 트랜스 상태(trance: 무엇인가에 몰입하여 푹 빠져서 주변에 대한 인식이 감소되면서 다른 것들을 의식하지 않게 되는 일상생활에서의 자연적인 몰입으로 의식의 초점이 고도로 집중된 초월적 의식 상태)를 만들어, 깨닫지 못했거나 오직 부분적으로 깨달은 잠재력을 활용할 수 있도록 하는 것'이다(Erickson, 1966: 198).

Erickson은 내담자들이 일시적으로 자기방어가 약화된 상태에서 상담자가 일방적으로 통제하는 지시적인 치료를 경계했다. 그에게 피험자는 수동적으로 움직이는 대상이 아닌 능동적인 참여자였다.

Erickson은 의식적인 마음이 그것을 깨닫든 깨닫지 못하든 마음의 무의식적 수준이 평생의 모든 지혜와 학습의 창고라고 믿었다.

심리학의 대부분은 무의식을 적대감과 공격성의 영역으로 본 Freud의 영향을 받았다. 하지만 Erickson은 새로운 긍정적인 틀을 통해서 최면을 내부 지식의 학습과 저수지를 이끌어내는 도구로 활용했다.

그는 트랜스에 대한 형식적인 유도 의식의 중요성을 과대평가하지 않았다. 대신에 그는 '한 가지 개념에 대한 관심의 집중'을 강조했다. 그는 자신만의 치료적 접근 방법을 분명하게 언급했다.

트랜스를 활용한 상담에서 상담자가 자신의 욕구를 극대화시킬 때마다, 치료의 토대를 잃게 된다. 무대에서 행하는 최면은 피험자가 아니라 최면술사의 능력에 초점이 맞춰지기 때문에 행해서는 안 된다. 상담자는 치료적인 최면에서 모든 것을 중요한 사람인 내담자에게 맞출 필요가 있다(Rossi & Ryan, 1986: 179).

Erickson 상담에서 수많은 시스템은 변화를 목표로 한다. 상징 혹은 직접적인 경험이 부적응 패턴을 불안정하게 하고 즉각적이고 미래의 문제해결 노력에 활용될 수 있는 고유한 자원을 제시하기 위해 사용된다.

Erickson은 '인간 유기체를 의식적 · 무의식적 차원을 모두 가진 복잡하고 끊임없이 변화하는 지적 · 정서적 · 생물학적 과정의 집합체'로 보았다. 그는 모든 인간이 자기 조직적이고 적응 능력을 가지고 있다고 보았다.

따라서 내담자들에게 의미 있는 치료적 변화는 여러 시스템(예: 인지 · 행동 · 정서 · 무의식 · 자율 · 사회)에서 발생할 수 있다. Erickson은 '내담자들을 충분한 유연성이 있는 자가 조직으로 간주'했다.

상징 혹은 직접 살아 있는 경험은 부적응 패턴을 불안정하게 하고 즉각적이고 미래의 문제해결 노력에 활용될 수 있는 고유한 자원을 제시하기 위해 사용되기 때문에 의미 있는 치료적 변화는 여러 시스템에서 발생할 수 있다.

상담자는 다른 분야의 전문가와 마찬가지로 단지 방법, 조언 그리고 배움이 일어나는 적절한 상황을 제공할 뿐이다. 오히려 내담자들이 배우는 것, 그리고 궁극적으로 배운 것을 어떻게 활용하는지는 오로지 그들에게 달려 있다.

상담은 내담자에게 무엇을 강제하거나, 그들이 무엇인가를 하도록 지시하거나 혹은 그 방법을 말해 주는 것이 아니다. 트랜스 상태로 유도되었을 때, 그것은 이미 존재하는 생각, 연관성, 심리적 과정 및 이해가 대상자 안에서 스스로 일어나는 결과물이다. 하지만 이 분야에서 활동하는 너무나도 많은 학자들은 자신들의 활동, 의도와 욕구들이 효과적으로 작용하는 힘이 된다고 여긴다.

그들은 자신이 말하는 것이나 하는 행동이 단지 대상자들을 자극하여 그들 안에서 과거의 배움, 이해, 경험적 습득들을 때로는 의식적으로, 때로는 무의식적으로 유도한다는 사실을 고려하지 않은 채, 자신들의 언급이 대상자로 하여금 특정한 반응을 유도한다고 무비판적으로 믿고 있다(Rossi, 1980a: 326).

트랜스는 습관적인 반응 패턴으로부터 벗어나기 위해 관찰자 자아를 육성한다. 또한 자기 연민과 현재의 순간에 있을 수 있는 능력과 같은 유익한 자질을 향상시키는 데 이용될 수 있다.

트랜스는 신체감각에 더 많은 주의를 주어 신체감각을 통해 다양한 감정이 표현되는 것을 자세히 관찰하는 것이고, 개인적 판단을 피하고 수용과 공감으로 설명할 수 있어서 치료에 도움이 되는 태도나 마음 자세를 포함한다.

이러한 '트랜스 상태가 커지면 욕망의 대상에 덜 집착하게 되고 심리적 안정감을 얻게 되어 치유가 자연스럽게 일어난다.'고 본다. 나아가 모든 존재의 본질과 연결됨으로써 '심리적 안정, 대인관계 개선, 삶의 만족도 등의 전반적 안녕감, 긍정적 정서 증가, 부정적 정서 감소, 자신과 타인 공감' 등의 변화가 일어나게 된다는 것이다.

상담 장면에서 상담자의 역할은 내담자들의 잠재력에 접근할 수 있도록 도와주는 것이다. '트랜스 상태에 있는 내담자들은 경험적으로 습득한 이해와 이전에 사용된 적 없는 반응의 잠재력을 효과적으로 사용하는 데 보다 자유롭다.'

기본적으로 그들은 외부와의 소통이 가능한 상태이며, 그들의 방대한 저장고인 무의식의 잠재력을 이용할 수도 있다. 상담자는 내담자들의 잠재된 무의식의 수용 능력이 표출되도록 유도하는 일련의 언어적이거나 비언어적인 의사소통을 제공하여 '초월적 의식의 반응'을 이끌어 내는 것이다.

잠든 상태와 깨어 있는 상태의 경계인 뇌의 세타파가 활성화되는 트랜스 상태에서는 특정 자극과 반응의 조건적인 연결이 헐거워지기 때문에 새로운 연합체계를 형성하여 기존의 경직된 패턴을 무너뜨릴 가능성이 커진다.

> 트랜스 상태에서는 현실적인 자극, 기억된 경험들, 눈에 보이는 기억들, 들을 수 있는 기억들, 운동감각적인 기억들 등등에 대한 상호작용적인 활용이 발생한다. 자신의 행동을 개발하는 것은 바로 마음속에서의 이러한 이해, 학습, 기억들로부터 나온다. 특정한 의식의 상태에서 상담자는 스스로 발견하는 독특하고 개인적인 각각의 특정한 내담자들과 의사소통을 한다(Rossi, 1980b: 313).

현재의 상담자는 심리학이 어떻게 사람들이 변화하고, 심리학자들과 다른 치유자들이 중요한 변화를 일으켰는지에 대한 질문에 대한 답을 찾는 과정에서 정확히 어떻게 변화하고 있는지를 관찰한다.

서양 문화권에 익숙해 있다면, 추론하는 마음, 사실, 과학적 증거를 신뢰하는 법을 배울 뿐, 신체의 언어를 듣는 것은 배우지 못한다. 학교에서 속도를 늦추고 신체감각을 신뢰하는 법을 가르치는 수업이 없었을 것이다. 대신에 감정을 멈춘 채 억누르고 감정을 표현하지 않는 법을 배울 가능성이 높다.

감정이 신체에 미치는 영향을 알기 위해 내담자들에게 감정을 생각하도록 초대하는 것으로 시작한다. 그들이 사랑하는 사람을 앞으로 데려오라고 권유하고, 그 사람에 대해 생각할 때 잠시 멈추고 몸에 관심을 기울여 느끼는 것을 알아차리라고 요청한다. "지금 어떤 종류의 감각을 느끼십니까? 따끔거림입니까? 따뜻함인가요? 그것은 꽉 조여지고 있습니까, 아니면 꽃처럼 활짝 피고 있습니까? 중립성입니까?"

이런 정보로 무장하면 하루 중 언제든지 몸과 마음으로 체크인하는 데 사용할 수 있다. 예를 들어, 다음에 직장 회의에 참석할 때 잠시 시간을 내어 빠른 신체검사를 수행한다. 어깨가 꽉 조여지고 귀에 꽉 조여지는 느낌이 있는가, 아니면 편안하고 자연스러운 위치에 있는가?

신체지도에서 좌절감을 느낄 때 어깨에 상응하는 감각이 있다는 것을 알고 있다면 체크인하기에 좋은 첫 번째 장소다. 그리고 스스로에게 물어볼 수 있다. "나는 지금 무언가에 대해 좌절하고 있는가?" 스스로 좌절하고 있다는 것을 알지 못하고 좌절할 수도 있지만, 신체는 알고 있다.

한 가지 도움이 되고 쉬운 순간적인 반응은 어깨를 편안하게 하고 마음을 멈추고 재설정할 수 있는 순간을 주려는 의도로 세 번의 완전하고 부드러운 호흡을 하는 것이다. 몸의 지혜에 적응함으로써, 트랜스 상태와 새로운 자기인식을 연습하고 있으며, 둘 다 부분적으로는 삶의 경험을 보다 능숙하게 탐색하고 준거 틀과 사회적 현실에 대한 인식을 넓히는 데 도움이 된다.

위협 감지 시스템은 두 가지 방식에 따라 바뀔 수 있다. 정신적 외상에 대한 치료는 포괄적인 것에서 시작해 세부적으로 들어가는 '하향식 접근법으로 사회적 참여 기능의 활성화'를 통해 전 전두엽 피질에서 나온 메시지가 조정되고, '상향식 접근법으로 신체의 기능 완화'를 조합하는 것이 중요하다(van der Kolk, 2014: 3).

진단은 구체적으로 전달되지만 트랜스가 처음에 있었던 이유에 대해서는 언급되지 않는다. 신체와 감정의 민감성을 소중히 여기지 않는 문화권에서 살면, 내면의 삶을 위해 트랜스 상태에서의 접근이 낯설게 느껴질 수 있다.

그러나 내담자들이 '속도를 줄이고 몸의 소리를 들을수록, 그 메시지는 더욱 분명해지고 또렷해진다.' 신체에서 배우는 것은 여러 가지 형태로 나타날 수 있고, 상담자와 내담자들은 신체언어에 대해 민감해야 한다.

Erickson은 의사이자 심리학자로서의 훈련과 전문지식으로 우리의 정서적 기능과 복지에 영향을 미치는 생리학적 구성요소에 매료되었다. 그는 정말로 육체적인 것과 감정적인 것을 분리하지 않는 것 같다.

그는 과학적 진리가 되기까지 25년이 더 걸린 마음과 몸의 상호 연결을 직관적으로 인식하고 있었다. 예를 들어, 그는 신체적·정서적 고통이 겹치는 과정을 가지고 있다는 것을 알고 있었다. 즉, 상담자가 하나를 치료하면 다른 하나에 영향을 미칠 수밖에 없다는 것이다(Landis, 2006: 10).

자신의 신체의 지혜를 배우는 데는 대체할 수 있는 방법이 없다. '신체의 말을 듣는 언어를 배울 때, 자신의 경험을 신뢰하는 법을 배우게 된다.' 신체의 소리에 민감할수록 자극을 받을 때 단순하게 반응하는 상태에 있지 않을 것이고, 균형이 맞지 않을 때 더 많이 알아챌 수 있을 것이며, 자신의 무의식에서는 더 많은 통찰을 할 수 있다. 신체를 신뢰할 수 있어야 균형을 잡고 건강해질 수 있다.

의심, 불신, 고통, 혼란의 순간이 닥칠 때, 바로 자신의 문제를 통찰할 수 있는 기회로 간주하자. 그런 상황들은 올 것이고 갈 것이다. 현재의 순간으로 돌아가서, '자신의 신체 소리에 귀를 기울이고, 호흡을 알아차리며, 감지되는 감각과 친구가 되면, 복잡한 심리적 문제도 해결할 수 있는 기회가 생긴다.' Erickson의 관점을 보자.

내담자들의 기본적인 과업은 무의식적인 잠재력을 개발하는 것이다. 모든 사람들은 발달 과정에 있는 개인이다. 최면은 자신들로부터 어떤 잠재력을 받아들이는 경험이다. 그리고 모든 최면은 자기최면이다. 자기최면은 무의식과 관련된 최적의 학습을 통해서 의식의 내적 자각을 확장시키는 도구가 된다(Alman, 2001: 522).

Erickson은 '상상의 소리 혹은 영상에 주의를 집중시키는 것이 실제 소리 혹은 실제 시각자극에 주의를 집중시키는 것보다 더 효과적인 유도'라고 보았다. 아마 이런 이유 때문에 그는 대부분의 트랜스 유도를 '내면 경험에 초점을 맞추는 사건'과 함께 시작했다. 상담자는 트랜스 유도 과정의 첫 단계로써 '내담자들의 주의를 온전히 집중시킬 수 있는 그 어떤 행동이나 언어적인 표현'을 한다(Havens, 1985: 233).

트랜스 상태로 유도하는 다양한 방법들이 있다. 상담자가 기본적으로 하는 것은 내담자들이 하나의 특정한 생각에 집중하도록 요청하는 것이다. 상담자는 그들 자신의 고유한 경험적 학습에 집중하도록 요구하거나, 그들의 내면에서 발생하는 과정에 초점을 맞추도록 요구할 수 있다.

상담자는 내담자들에게 내면에서 나오는 구체적인 과정에 집중하도록 요구함으로써 트랜스 상태를 유도한다. 상담자가 하는 모든 것은 내담자들이 내면의 과정에 초점을 맞추는 것이다(Rossi, 1980c: 29).

밀턴 에릭슨의 상담이론과 실제

2장

**접근의
개별화**

내담자들과 신뢰의 관계를 쌓는 것은 상담 작업의 정수다. 연구 결과에 따르면 '상담 성과의 30%는 관계 요인'에 의한 것이다(Lambert, 2007: 4). 그들은 신뢰를 쌓는 과정을 거치면서 상담자나 자신에 대한 믿음도 커진다. 상담의 접근 방법이나 그에 따른 기법과는 상관없이 중요한 점은 내담자와 상담자 간의 동맹, 치료적 관계를 맺는 일이다.

그런데 상담자에 대한 신뢰는 내담자들의 심리적 수준에 맞추고 그들이 선호하는 도구를 활용하는 개입을 통해서 가능해진다. 관계를 공고히 하면 내담자는 이해받고 있으며 안전하다는 느낌을 받는다.

상담 관계에서 '지지받으면 자신감이 강화되고 위험을 감수할 준비가 된 상태'로 내면 세계와 바깥 세상에 과감하게 발을 내디딜 수 있다. 그러나 내담자들의 다양성을 감안할 때, 그들에게 딱 맞는 접근은 무엇인지, 그 과정은 어떤 식으로 전개되어야 하는지, 언제 어떤 식으로 끝날 것인지 등을 정확하게 예측하기 힘들다.

상담자가 명확한 접근 방식을 적용하는 경우에도 기준이 애매하고 다양화되는 것은 일반적인 현상이다. 따라서 '수준이나 도구의 활용은 내담자들과 상황에 알맞도록 개별화'되어야 한다. 상담자의 과업은 내담자가 지금 어떤 수준에 있고, 어떤 도구가 개개인에게 가장 잘 작용할 것인지를 인식하는 것이다.

이것은 회기와 단계마다 지속적인 임상평가에 의하여 성취된다. Mahoney는 그의 저서 『인간 변화 과정(Human Change Process)』에서 상담을 효과적으로 만드는 것에 대한 연구가 다음과 같이 밝혀졌다고 보고한다.

> 상담자가 격려하고 공동 창작할 수 있는 내담자와의 치료적 동맹은 상담 경험을 구조화하기 위한 구체적인 기술, 명시적인 해석이 이론적 바탕보다 전문 서비스의 질과 효과에 훨씬 더 핵심적이다.
>
> 여기서 말하고자 하는 것은 인간이 실제로 다른 인간들을 변화하도록 도울 수 있다는 점이다. 삶의 질과 내면에서의 발전의 속도와 방향에 가장 강력한 영향을 미치는 것은 관계의 질이다(Mahoney, 1991).

Erickson 상담의 기본 신조 중 하나는 모든 내담자들이 맞춤형 상담이 필요한 독특한 개인이라는 것이다. Erickson은 치료 표준화와 복제에 의해 생성된 결과에 아무런 영향을 받지 않았다.

그는 '상담의 개별화를 치료의 필수 사항으로 간주하고 치료가 어떻게 진행되어야 하는지에 대한 공식적인 절차에 반대'했다. Erickson은 진단에서 파생된 이론적 지식보다는 개입을 이끌기 위해 내담자들의 즉각적인 지식을 사용했기 때문에 관찰과 유연성의 중요성을 강조했다.

1. 정확한 진단은 가능한가

전통적인 서양의 상담은 인과적인 설명에서 범하는 기본적인 오류가 있다. 그 오류란 행동을 유도하는 현재나 미래의 상황에 따른 힘을 무시하고 문제의 주원인을 개인 내적 요소로만 파악하는 경향이다.

이러한 상담은 목표를 설정하고 그것을 달성하기 위해 모델을 만들며 그 모델을 이용하여 문제의 원인과 해결책을 찾는다. 이러한 모델의 대표적인 사례가 정신병 분류체계인 DSM(Diagnostic and Statistical Manual of Mental Disorders)이다.

이 체계에서는 인간 정신기능의 기준에서 벗어나는 모든 가능한 일탈을 진단하기 위하여 17개의 주요 범주와 250여 개의 하위 범주로 나누고 각각의 특정한 상태에 대해 고유한 치료 방법을 적용할 목적을 가진다.

이러한 모델은 예측 가능성과 처방이라는 기준에서 보면 매우 유용할 수 있다. 하지만 '인간이라는 유기체는 속해 있는 체계 안에서 생존하기 때문에 문제 패턴은 단순하게 개인이 아닌 가족이나 사회체계적인 상황 속에서 여러 가지 다양한 이유들이 첨가되면서 훨씬 더 복잡해진다.'

> Erickson은 상담자가 의학적인 묘사의 정확성에 집착하게 되면, 내담자들의 생활 속에서 정의된 문제의 특성에 부합되지 않은 사건들이나 행동들을 알아차리거나 언급하는 데 실패하게 된다고 보았다(Haley, 1985c: 146).

대인공포증을 가진 젊은 남성이 Erickson을 찾아왔다. 그는 자존감이 떨어져 있었고 자신의 능력보다 낮은 직업에 종사했다. 또한 대인기피증으로 뒷골목만 걷고 사람들이 많은 빌딩에는 갈 수가 없었다. 그리고 어머니와 함께 살고 있었다.

그에게 Erickson은 대인공포증에 대해서는 묻지도 않았다. 대신에 어머니와 다른 아파트에서 따로 살게 하고 신체적인 조건을 강화시키는 보디빌딩을 하도록 제안했다. 청년은 점차 자신의 신체에 대해서 자신감이 생기면서 대인관계도 원만해지고 마침내 결혼까지 할 수 있게 되었다(Erickson, 1964b: 30).

상담자의 특정 이론에 근거해서 문제의 원인으로 가정하는 요인들을 확인하고 변화시키는 것보다 내담자들의 준거틀에 맞춘 변화와 관련된 요인에 집중하고 이를 유연하게 만드는 것이 훨씬 더 생산적이 될 수 있다. Erickson은 상담이 항상 내담자들을 상담이론에 맞추는 것이 아니라, 상담이론이 내담자들에게 알맞도록 디자인되어야 한다는 것을 강조했다(Erickson & Rossi, 1979: 415).

> 내담자 중심의 협조적인 상담자는 긍정적인 변화를 위한 유일한 방법이 존재한다는 관점에 집착하지 않기 때문에 내담자들이 어떤 반응을 보여야 한다고 고집하지도 않는다. 대신에 상담자는 내담자에게 새로운 인식을 제공해 주는 또 다른 목소리를 제공할 수 있어야 한다. 결국 어떤 아이디어를 받아들일 것인지, 변화를 산출하는 방법에 대한 개인적인 이론들을 어떻게 적용할 것인지는 전적으로 내담자들의 선택에 달려 있다(Bertolino & O'Hanlon, 2002: 32).

Erickson은 철저하게 내담자 중심적이지만 Rogers의 핵심적인 조건들이 이루어지는 분위기를 형성하는 접근과는 차별화된다. 그는 자주 내담자들에게 상담실 밖에서 이행해야 할 과제를 제시해 주는 경우도 많았고 의존적인 이들에게는 권위적으로 그들에게 적절한 일종의 처방과 같은 암시를 할 때도 있었다.

또한 무력감을 호소하거나 변화에 저항하는 내담자들에게는 역설적이거나 역경을 부과하는 개입을 시도했고, 장기간 위축되거나 무기력한 이들에게는 사회적인 지지망을 활용했다. 이러한 그의 임상 작업은 Rogers보다 훨씬 더 적극적이었다. Erickson은 절충적 접근을 선호했다. 그리고 내담자의 저항이나 상담 개입의 실패를 부정적 현상으로 인식하기보다 기회로 인식하고 발생한 현상을 수용하면서 동시에 상황이나 조건들을 어떻게 창의적이고 융통성 있게 활용할 수 있을지를 끊임없이 탐구하는 경향이 있다.

Freud가 인간 행동에 대한 이론을 정립했다면, Erickson은 상담의 실제에 대해 다양한 가능성을 제시했다. 그를 유명하게 만든 것은 상담과정에 내담자들의 의식과 무의식적인 욕구와 자원에 대한 정확한 이해를 도입했고, 이러한 자원들을 문제해결에 동원했다는 것이다(Zeig & Munion, 1999).

> 내담자가 병리적인 증상을 보일 때, 긍정적인 에너지가 숨겨진 장소는 의식화되지 않은 부분이다. 나는 그 부분을 무의식이라고 부른다. 이러한 무의식에 신비스러운 의미를 부여

할 필요는 없다.

심리적 위기에 직면하면 평소 가지고 있던 의식의 편향된 태도를 수정하기 위해 무의식의 내용은 자동적으로 활성화된다. 따라서 무의식은 의식이 폐기해 버린 것들을 담은 쓰레기통이 아니라 의식을 거듭나게 할 수 있는 모태다.

그래서 무의식은 의식이 외부 세계에 적응하느라고 소홀히 하거나 무시해 버린 것들을 전해 주고 정신적인 균형을 잡아 주며 정신 에너지의 새로운 통합을 이루게 한다. 의식에서 아주 중요한 부분이 무시당하고 사라질 때마다 무의식은 그것을 보상하려는 목적에서 작동한다(Boa & von Franz, 1994: 15).

한 여성이 22세 나이에 죽음에 대한 강박적인 불안 때문에 Erickson을 만나러 왔다. 그녀는 자신의 어머니, 할머니, 증조할머니도 22세의 나이에 죽었다고 말했다. 빚을 지고 세상을 떠나고 싶지 않았으므로 그녀는 모든 빚을 갚으려는 데 열심이었다. 죽음에 대한 준비를 열거하면서 그녀는 트랜스(trance) 상태로 들어갔다.

그런 상태에서 그녀는 만약 어머니나 할머니가 22세의 위험한 고비를 넘겼다면, 더 오래 살 수도 있었을 것이라는 Erickson의 추측에 동의했다. 그녀는 또한 어떤 채무도 갚을 날짜에 모두 정확하게 갚아야 한다는 것에도 동의했다.

회기가 끝날 무렵 그는 14개월 후, 즉 그녀가 23세 되는 날 치료비를 갚으라고 제안했다. 그리고 그녀는 채무를 갚아야 할 날짜에 정확하게 다시 상담실에 나타났다(Rossi, Ryan, & Sharp, 1983: 270-271).

이 사례는 한국의 무속적인 치료와 유사하다. 이러한 접근이 논리적인 타당성이나 과학적 실증주의를 가치 있게 보는 서양 문화의 지배적인 이야기 속에서 살아온 상담자들에게는 수긍이 안 될 수도 있다. 그들이 옳을지도 모른다.

상담자는 어떠한 형태의 접근을 내담자들에게 제공해야 하는가? 그리고 어떤 접근이 옳은 것이고 어떤 접근이 잘못된 것인가? 어떤 것이 깊이가 있고 어떤 것이 피상적인가? 이에 대한 해답은 무엇인가?

이러한 상대론적인 명제에 Erickson은 굿이나 점술과 같이 주술적인 접근도 내담자들의 조절 능력을 강화시키고 변화로 이끌 수 있다면 타당하다고 보았다. 그는 상담자가 '상담이론에 맞춘 정형화된 접근이 아니라, 각각의 내담자 상황에 따라 적합한 접근을 배합시키는 것'을 강조했다.

Erickson은 그녀의 '개인적인 통제감을 강화시키기 위해 그녀의 경직된 사고패턴을 강점으로 활용'했다. 그는 "이 내담자에게 유용한 것은 무엇인가?"라는 질문을 던지면서 그녀의 삶을 의미 있게 개선시켰다(Erickson, 2010: 31).

상담전략을 적용하는 것은 강물이 흘러가는 것과 같다. 강물은 지형에 맞추어 흘러간다. 상담자의 전략도 내담자들의 반응에 따라 달라질 수밖에 없다. 따라서 물의 흐름을 따라가다가 약간 비트는 것이 상담전략이다.

> 우리에게는 누구나 듣기 원하는 것을 듣고, 자신이 생각하고 싶은 것을 생각하며, 이해하고 싶은 것만 이해하려는 경향이 있다. 그래서 진정 내담자들이 말하는 것을 이해하지 못한다. 우리는 자기 경험의 준거틀 속에서 듣고 말하려고 한다. 그리고 이것은 심리치료를 행하는 방법이 아니다. 내담자의 말을 들어라. 내담자를 이해하라(Zeig, 1985: 99).

동맹관계는 ① 상담자와의 내담자의 정서적 관계, ② 치료에서 의도적으로 일할 수 있는 내담자의 능력, ③ 상담자의 공감적 이해와 참여, ④ 치료의 목표와 과제에 대한 내담자 – 상담자 합의의 네 가지 구성요소로 요약된다.

항목 ①과 ③은 관계의 중요성을 되풀이하는 반면, 목표와 과제에 대한 내담자의 참여와 동의는 치료에서 사람들이 어떻게 변하는지에 대한 내담자와 상담자의 신념 사이의 일치를 의미한다(Gaston, 1990: 143-52). 따라서 '내담자의 이론을 활용하면 치료의 목표와 과제뿐만 아니라 변화에 대한 내담자의 신념과 상담자의 동의를 촉진함으로써 강력한 동맹관계'를 적극적으로 구축할 수 있다. 상담자와 내담자는 문제에 대한 내담자의 경험과 해석에 맞는 중재를 구성하기 위해 공동으로 일한다.

내담자 내면에서 발견을 기다리는 독특한 개인적인 변화 이론, 성공적인 결과를 위해 펼쳐지고 활용되는 개입을 위한 틀이 있다. 내담자의 이론을 배우기 위해서는 상담자들이 내담자의 해석과 문화적 경험과의 긴밀한 만남에 대한 원초적인 이해를 추구하는 '외계인'으로 자신을 바라봄으로써 최상의 서비스를 제공할 수 있다.

'내담자의 이론을 활용하는 것은 주어진 절차가 자신의 문제와 변화 과정에 대한 내담자의 기존 신념에 부합하거나 보완할 때 발생'한다. 따라서 상담자는 내담자가 자신의 문제에 대해 제공하는 이야기, 경험 및 해석뿐만 아니라 그러한 문제가 해결될 수 있는 방법에 대한 생각, 감정 및 아이디어를 듣고 증폭시킨다.

상담자의 의견의 정도와 강도는 다양하며 상담자의 역할에 대한 내담자의 기대에 따라 달라진다. 내담자의 변화 이론은 변화에 대한 내담자의 생각, 태도, 추측에 대한 상담자의 호기심에 의해 구조화된 대화에서 전개되는 '비상 현실'이다.

내담자의 이론이 진화함에 따라 상담자는 내담자의 식별된 해결책을 구현하거나 내담자의 이론에 맞고 변화의 가능성을 제공하는 접근법을 모색한다. 여기에 내담자의 변화 이론을 활용하기 위해 검토할 사항들이 있다.

- 자신을 내담자와 자신의 변화 문화에 대한 원시적인 이해를 추구하는 외계인으로 생각한다.
- 특히 문제 및 해결과 관련된 내담자의 이야기, 경험 및 해석을 탐구한다.
- 치료에 대한 내담자의 목표와 변화에 대한 아이디어를 묻고 경청한다.
- 변화에 대한 이전의 시도를 포함하여 이전에 어떻게 변화가 있었는지에 대해 묻고 듣는다.
- 치료가 문제와 변화 과정에 대한 내담자의 기존 신념을 증폭, 적합 또는 보완하는지 확인한다.

내담자는 문제에 내한 이해가 자신 안에 있다는 것을 발견하는 데 도움받을 수 있도록, 상담자는 조언을 하거나 문제를 해결하는 것을 피한다. 내담자의 내면에 필요한 답변과 도구를 찾을 수 있는 능력이 있다는 믿음은 매우 힘을 실어 준다.

이러한 잠재력의 상당 부분은 사용되지 않았고 내담자의 인식에서도 벗어나 있기 때문에 상담자의 임무는 내담자의 무의식과 동맹관계가 되어 이 잠재력이 나타나고 전개될 수 있는 상황을 만드는 것이다. 이 일의 대부분은 트랜스라고 불리는 특별한 의식 상태에서 이루어진다.

트랜스 상태는 무의식과 의식 사이의 열린 의사소통을 촉진시킨다. 그것은 경험이 있을 뿐만 아니라 방해하지 않고 경험의 지속적인 내용을 관찰할 수 있는 상태다. 그것은 행동에서 비판단, 자기 반사 의식이다.

Haley가 세미나 도중에 Erickson에게 질문했다. "저의 내담자 중에 갑자기 말을 못하게 된 55세의 여인이 있습니다. 그녀의 문제를 다루기 위해 제가 처음에 무엇을 어떻게 해야 합니까?" Erickson이 대답했다.

"무엇을 알아야 하느냐고? 나는 무엇보다도 우선 그녀의 마음가짐을 알고 싶어 할 것이네. 그래서 질문은 간단하지. '당신은 정말 말하기를 원하십니까?' '얼마나 크게 말하기를 원하세요?' '어느 때 말하고 싶으세요?' '누구에게 무엇을 말하고 싶으세요?'

> 그리고 이런 질문들이 그녀를 문제와 관련된 경험과 감정적인 상황으로 데려갈 것이네. 그리고 그런 목표를 언제, 어디서, 어떻게 실행할 것인지를 자세하게 들어 보면서 자연스럽게 문제가 해결되는 상황에 몰입하도록 도울 수 있지(Haley, 1985a: 34)."

Erickson은 상담자의 개입이 임상적인 정통성의 횡포에 의해 제한되어서는 안 된다는 신념을 가졌다. 모든 치료적인 가이드라인은 온전한 인간이 아닌 분류된 증상에 초점이 맞추어진다는 사실을 명심해야 한다.

어떠한 치료적인 지침도 증상의 체계적인 기능을 완벽하게 조사한다는 것은 불가능하다. 해결책이 다양하다면, 결국 하나의 유일한 접근 방법은 있을 수가 없다. 그는 철저히 내담자 중심적이어서 내담자 스스로 고유한 방식으로 문제를 해결하도록 도왔다(Ritterman, 2001: 187).

Erickson이 보기에 내담자들의 처한 상황에 따라 사용된 기법들을 분류해서 정형화하는 것은 실패를 예측할 뿐이었다. 상담자가 진부하고 권위적인 모습에서 피하려면, 기존의 이론적인 틀에서 벗어나야 한다. 그는 다음과 같이 경고했다. "만약 내가 정확하게 예측하여 상담을 시작한다면, 곧 후회하게 될 것이다(Zeig, 1980: 6)." Erickson 부인의 회상을 살펴보자.

남편의 가장 중요한 공헌 중 하나는 내담자들이 자신 속에 고통을 치유할 자원과 능력들을 가지고 있으며, 문제나 해결책을 인지적으로 이해하지 못해도 결국 해결할 수 있다는 생각이다.

Erickson에게는 어떻게 생산적인 변화와 성장이 일어나는지를 내담자들이 이해한다는 것은 그렇게 중요한 것이 아니었다. 그에게는 오로지 변화가 발생했다는 사실이 중요했다(Erickson, 2006: 3).

Erickson은 내담자의 초기 심리적 발달을 분석하는 데는 별로 관심이 없었다. 때때로 사례 기록에서 그는 내담자의 배경에 대해 간략하게 논의하지만, 그것은 현재 내담자가 사용할 수 있는 자원과 관련되어 있을 때다.

하루에 20시간을 씻어야만 하는 심한 세척 강박증 증상을 보이는 내담자에게 Erickson은 상담 초기 면접에서 그 증상의 원인에 대해서는 묻지 않았다. 그의 질문은 다음과 같은 것들이었다.

"몇 시간 동안 몸을 문지르기 위해 샤워장에 들어섰을 때 머리부터 시작합니까, 아니면 발바닥부터, 아니면 허리부터 시작합니까? 몸을 닦을 때는 발부터 시작해서 닦아 내나요? 아니면 머리부터 닦아 내나요?(O'Hanlon, 1987: 36-37)"

왜 그런 식의 질문을 했느냐는 제자의 질문에 Erickson은 다음과 같이 대답한다. "내가 정말 그녀에게 관심이 있다는 걸 그녀가 알았으면 하기 때문이지." 제자가 다시 물었다. "선생님이 그녀와 함께 있을 수 있도록 하기 위해서요?" Erickson이 대답했다. "아니, 내가 정말 그녀에게 관심이 있다는 걸 알게 하기 위해서야."

2. 탈이론적인 접근(활용 전략)

Erickson의 접근은 '상담이론보다, 상담자가 내담자들이 처한 세계 속에서 그들을 만나면서 발견했던 원리'에서 나온다. 그래서 일부에서는 이론이 결핍되었기 때문에 그의 상담방법을 배우기 힘들다고 불평한다.

이런 불평이 어느 정도의 타당성은 있지만, 이론적인 정교함이 가지는 이점을 포기하는 대신에 얻을 수 있는 내담자가 가진 가치에 초점을 맞춘다면, Erickson의 접근에 대한 이해가 가능하다.

이론에 충실하게 되면 상담자가 주의를 기울이거나 기울이지 않는 부분을 규정지음으로써 치료적 처치를 선택할 수 있는 범위를 좁힐 수 있고, 따라서 각 내담자의 독특성에 적절하게 반응하지 못한다.

그리고 가장 중요한 점은 이론이 문제해결의 원천이라는 암묵적 기대를 한다는 것인데, 이는 역설적으로 내담자들이 상담 장면에 가져오는 의미 있는 자원의 활용과는 반대되는 것이다. 이런 것들은 이론에 충실할 때 치러야 할 너무나 큰 대가로 볼 수 있다(Zeig & Munion, 1999: 179).

내담자뿐만 아니라 상담자의 개별화도 중요하다. Erickson은 각각 개인의 독특함을 믿었고 상담자가 고유한 방식으로 내담자들을 대할 때, 가장 큰 도움을 줄 수 있다고 보았다. 중요한 지침은 상담자와 내담자들의 개별적인 수준을 고려해서 개입하는 것이다. Rosen의 회고를 보자.

> Erickson과의 마지막 만남에서 그는 나에게 무슨 일을 하고 싶은지를 물었다. 나는 내가 너무 '**주지화**'한다고 생각했기 때문에 더 많은 '**경험**'을 해 보고 싶다고 대답했다. 그는 다음과 같이 조언했다.
> "자네의 행동은 다르다는 것을 보여 주고 있다네. 자네는 경험보다 인지적으로 이해하는 것을 더 선호하지. 그리고 그러한 이해를 계속해 나가게나. 하지만 경험을 조금 첨가해서 다른 방식으로 주지화할 수 있거든."
> 그날 이후로 나는 평상시처럼 이해하려고 애쓰면서 자연과 사람들을 관찰하는 자신을 볼 수 있었다. 다만 '경외감'과 같은 경험적인 요소를 포함시키면서 조금 더 새로운 방식으로 이해하게 되었다(Rosen, 1982).

상담자의 개입이 내담자들의 사고체계의 큰 줄기를 바꾸는 것이 아니다. 하지만 '사고체계를 약간 비틀 수만 있다면, 그들은 자신의 사고체계에 대해 의문을 제기'하면서 스스로 틈을 발견하게 될 것이다.

내담자들이 바로 이러한 틈에 대해 심사숙고할 때, 사건의 낡은 의미는 힘을 잃고 새로운 의미가 나타난다. 일단 상황을 새로운 참조의 틀로 보게 되면, 다시 과거의 틀로 되돌아가기는 어렵다.

> 40대 초반의 남자가 주위를 조심스럽게 살피고 정부의 모든 수사 기관에서 자신을 감시하기 때문에 살 수가 없다고 호소하면서 상담실을 찾아왔다. 상담 중에 내담자는 "지금 선생님이 저와 대화하고 있는 것도 수사 기관에서 도청하고 있을 겁니다. 하지만 어쨌든 계속하죠."라고 말했다.
> 이러한 진술에 도전하는(예를 들면, 무엇이 당신으로 하여금 그렇게 생각하게 만듭니까? 다른 상황에서도 비슷한 생각을 해 본 적이 있습니까? 등) 대신에 상담자는 즉시 일어서서 과장된 관심을 표현하면서 말했다.
> "빌어먹을 놈들! 이런 일을 벌이는 놈들을 내버려 둘 수 없어요. 감히 개인 상담실에서 대화하는 것을 도청하다니. 그걸 찾아내서 없애기 전에는 상담을 할 수 없습니다!" 그러고서는 책상 서랍을 살피고, 전화기를 조사하기 시작했다.
> 내담자는 가만히 앉아서 상담자의 반응과 노여움에 놀라고 있었다. 상담자는 그를 바라보면서, "뭐

하세요. 저랑 같이 도청 장치를 찾아야죠. 그걸 찾기 전에는 상담을 진행하지 않을 겁니다."라고 내담자를 부추겼다.

그러나 내담자는 상담자와 같이 조사하는 것을 망설였으므로 상담자는 몇 번이나 같이 조사하기를 재촉해야 했다. 내담자는 마지못해 사무실을 조사하는 척했으나 수시로 상담자를 쳐다보았다.

상담자는, 가끔씩 "아직 찾지 못했어요?"라고 물어보았고, 내담자가 못 찾았다고 하면, "그래요, 찾을 때까지 계속합시다."라고 반응했다. 몇 분이 지난 후에 내담자는 자리에 앉았으나 상담자는 조사를 계속할 것을 고집했다.

마침내 내담자는 피곤한 목소리로 말했다. "선생님, 도청 장치나 수사 기관은 잊어버리세요. 그게 저한테 중요한 것은 아닙니다. 저의 결혼 생활에 대해서 의논하고 싶어요. 우리는 이혼 단계까지 왔어요."

그때서야 상담자는 조사하는 것을 그만두고 자리에 앉아서 "좋습니다. 결혼 생활에서 무엇이 문제입니까?"라고 대응했다. 이후 다음 회기에서부터 다시는 도청 장치나 수사 기관에 대한 언급은 나오지 않았다(Fisch & Schlanger, 1999: 31-32).

대부분의 상담자들에게는 임상적인 유용성을 유지하기 위한 일관된 접근틀에 근거한 이론들이 있다. 그러나 Erickson은 특정한 이론을 고집하지 않았다. 그의 상담은 어떤 '혁신적인 기법을 제시하는 접근이 아니라, 내담자들의 상황에 따라 문제를 설명하고 분류하는 방법이나 해결책도 다양하다.'는 관점에서 착안되었다.

한 여성이 Erickson에게 전화를 걸어 다음과 같이 호소했다. "전 부끄러워서 박사님을 만날 수 없습니다. 전 2년 동안 가족들을 돌보지 못했어요. 부엌에서 손에 잡히는 것은 무엇이든 먹었죠. 남편이 아이들을 통학시켰고 시장을 봐 오면 전 요리를 하고 먹었어요. 살이 아주 많이 쪘지요. 박사님께서는 절 만나고 싶지 않을 거예요."

Erickson이 말했다. "체중을 줄이기를 원하시죠? 그리고 당신은 2년 동안 가족을 돌보지 못했습니다. 하지만 이 두 가지 문제를 한꺼번에 해결할 수 있습니다. 관심이 있으세요? …… 주말마다 승용차에 자녀들을 태우고 애리조나, 뉴멕시코, 캘리포니아 그리고 당신이 생각해 낼 수 있는 모든 곳으로 구경을 가세요.

구경하면서 아이들에게는 그곳의 역사나 지리에 대해 가르쳐 주세요. 그리고 음식을 제공해 주는 모텔에 머무르세요. 지금 남편의 수입으로는 1년 동안 주말 여행이 가능할 겁니다. 그럼 문제가 해결될 것입니다."

1년 후에 그녀가 다시 Erickson에게 전화했다. "전 정상 체중으로 돌아왔어요. 아이들에게도 관심을 가지게 되었어요. 전 남편을 사랑하고 주부의 역할을 하고 싶습니다. 주말 관광을 더 해야 할까요?" "체중이 늘어날 때까지는 그러실 필요가 없습니다."라고 Erickson이 대답했다(Rosen, 1982).

Erickson에게 이 내담자의 비만 문제를 다룰 때 중요한 요소는 동기였다. 그는 내담자의 전체적인 몸가짐, 예를 들어 지나치게 화려한 네일 아트 따위를 보고, 이 내담자가 게으르거나 제멋대로 구는 부류라고 짐작할 수 있었다.

Erickson의 접근은 방법을 이해하기 위한 어떤 개념적인 구조는 필요없지만 그는 상담과정을 개념화하는 데 도움이 되는 기본적이고 개괄적인 원리들을 간단하게 제시했다. 상담에 대한 그의 철학과 기본적인 개념은 다음의 6가지 상징적인 표현으로 요약될 수 있을 것이다(Zeig & Munion, 1999: 25-26).

- 무의식적인 마음은 치료과정의 방향을 제시해 주는 중요한 도구다.
- 문제들은 병리적이라기보다는 내담자들의 삶에서 요구되는 변화에 적응하려는 시도로 간주될 수 있다.
- 상담자는 치료과정에서 능동적이고 직접적인 역할을 할 수도 있다.
- 영속적인 변화는 상담실에서 발생하는 것을 뛰어넘어 밖에서 성취되는 경험으로부터 나올 수 있다.
- 대부분 내담자는 문제해결을 위한 적절한 자원, 강점, 경험 들을 가지고 있다.
- 효율적인 상담은 내담자들의 문제, 삶, 행동, 기능 들을 수용하고 얼마나 유연하게 활용할 수 있느냐에 따라 좌우된다.

상담자는 전문가가 되기 위해서 튼실한 이론적 배경을 가지고 있어야 하며, 도움을 주는 숙련가로 활동하기 위해서 혹독한 훈련을 거쳐야 한다. 하지만 가장 중요한 것은 '내담자 각각의 개별 사례에 가장 적합한 접근을 선택'할 수 있어야 한다는 것이다. Erickson은 개별 사례의 독특성이 문제해결과 연결된다는 것을 강조했다.

하나의 사례가 빈번하게 일반적인 조합이나 경향성, 범주화된 유형이나 사실을 명쾌하고 생생하게 설명해 준다. 특정한 개념의 증거보다는 여러 가지 가능성이 있는 한 가지 설명이 임상적인 작업에 적합한 경우가 더 많다(Erickson, 1953: 2).

Erickson에게 무책임하고 무모한 운전 습관이 있는 남성 내담자가 의뢰되었다. 어떤 도움을 원하는지 묻자, 그는 아무런 도움도 필요 없고 스스로 문제를 해결하겠다고 대답했다. 얼마의 시간이 주어지면 문제가 해결될 수 있는지를 질문하자, 그는 2주간의 시간이 주어지면 운전 습관을 고치겠다고 주장했다.

> 다음 회기는 2주 후로 잡혔다. 2주 후에 그는 자기 방식대로 문제를 해결했다고 기뻐하며 보고했다. 그는 제멋대로 운전하다가 큰 사고를 낼 뻔했고, 그 후로는 안전 운전을 하게 되었다(Duncan et al., 2001: 44).

이러한 방법들은 트랜스 유도 절차의 필수적인 구성요소로서 주체 자신의 태도, 사고, 감정, 행동, 그리고 다양하게 사용되는 현실 상황의 측면을 활용하는 것에 기초한다(Erickson, 1980: 205).

활용은 내담자의 관심사, 치료 목표 및 변화에 대한 아이디어에 대한 내담자의 견해에 집중해야 한다. Erickson은 '자기 방식대로 하고 싶다.'라는 내담자의 욕망에 맞서지 않는 것이 중요하다는 것을 이해했다.

> 내담자의 개성을 탐구하여 문제를 해결하기 위해 어떤 삶의 학습, 경험 및 정신 기술을 사용할 수 있는지 확인한다. 그리고 치료 목표를 달성하기 위해 이러한 독특한 개인적인 내면의 반응을 활용한다(Erickson & Rossi, 1979, 1).

지난 30년 동안 Erickson의 선구자적인 작업을 설명하고 복사하기 위하여 전문가들은 수많은 다양한 이론들을 발전시켜 왔다. 그러나 그들이 Erickson의 이야기나 작업에 대한 관찰로부터 정제된 이론이나 기법을 축출하려고 애썼지만 이러한 노력이 성공을 거두었다 하더라도 단편적인 것에 불과했다.

아무리 뛰어난 그의 작업에 대한 이론적인 공식화도 그의 이론이나 기법의 정수를 뽑아낼 수는 없다. 독수리의 비행을 관찰한 영화를 보자. 새의 아름다움을 찍을 수 있고 비행도 관찰될 수 있다. 바람과 같은 요소들의 영향도 추론해 볼 수 있다. 그러나 결국 새의 자발성과 끝없는 환경과의 상호작용을 전부 추론할 수는 없다.

아무리 우아한 이론도 혁신을 위한 여지를 남겨 두지 않는다면 언젠가는 폐기될 수밖에 없다. Erickson은 내담자들의 문제와 해결책들을 보다 명료하게 알기 위해서 가정된 이론에 그들을 적용시키는 것이 아니라, 주의 깊은 관찰을 통해서 그들의 욕구를 수용하고 자원에 근거한 과업을 진행했다.

Erickson은 의사나 상담자로서의 자신의 의무를 내담자들의 마음속에 있는 자연스러운 방식과 은유를 따라가면서 그들의 고유한 자질을 발견하도록 도움을 주는 것으로 여겼기 때문에 철저하게 내담자 중심적이었다(Rossi, 2005: xi).

1950년대까지 Erickson의 연구는 생소하고, 이론적으로 논쟁의 여지가 있었으며, 그 당시 심리치료의 주류와는 동떨어진 접근이었다. 하지만 사망할 무렵에 그는 상담 분야에서 탈이론적 접근의 선두 주자가 되었다.

> Erickson 상담의 과업은 변화를 위해서 인식하지 못했던 잠재력을 평가할 수 있도록 내담자들을 돕는 것이다. 그렇게 함으로써 Erickson은 전통적인 방법에서 벗어나 전에는 상담자들이 시도하지 못했던 접근을 실천했다(Zeig, 1985: 35).

분명한 점은 Erickson의 역할이 처음에 무엇을 어떻게 해야 하는지에 대한 처방을 내리는 상담자 중심적인 접근에서 출발하여, 점차 '간접적인 해결책인 긍정적인 자원을 활용하는 데 초점'을 맞추고, 문제해결을 위해 스스로 다양한 능력을 끌어내도록 돕는 내담자 중심의 방향으로 옮겨졌다는 것이다. 또한 치료 기간도 더 단기적으로 변했다(Bertolino, 2010: 372-373).

Erickson은 내담자들이 무리하지 않고 받아들일 수 있는 작은 유연성에서 시작하여 점차 점진적인 유연성을 확보하는 개입을 통해서 그들을 한 단계 올라서게 했다. Erickson은 "사소한 단서가 가장 중요한 증거가 될 수 있다."라는 원칙 아래 자신의 관찰력을 총동원했다.

무시하거나 간과하기 쉬운 내담자들의 능력이나 조그만 성취에도 초점을 맞추기 위해서 그는 주의 깊게 관찰하고 그 반응을 경험의 새로운 통합을 위한 자원을 동원할 수 있는 지렛대로 활용했다.

> Erickson은 자주 상담실에서 대단히 간단한 과업 지향적인 것들을 제안했다. 그는 저항하는 내담자들을 앉은 자세에서 약간의 신체를 움직이도록(발을 5cm정도 움직이는 것) 제안하거나, 자신이 그들의 팔을 조금 들어 올려도 괜찮은지를 묻곤 했다. 그리고 만약 이러한 제안들을 거부하면, 내담자들의 집중된 저항하는 힘을 긍정적으로 활용할 수 있는 방법들을 찾았다(Haley, 1985a: 65-66).

Erickson은 평생 진지하게 최면을 연구했다. 그의 연구는 다양한 주제를 포함했는데, 최면으로 유도된 자동적 글쓰기, 감각 지각에 대한 실험, 히스테리성 우울의 최면 치료법, 반사회적 패턴에 대한 대처 가능성 등이 있다.

고통받는 개인은 다른 사람들과 의사소통하기 위해 필사적일 때가 있다. 14세인 Michael의 경우도 그랬다. Michael의 상담자인 Anita는 그의 낙제점, 반항적인 행동, 약물 사용, 감정적 폭발 등을 진단했다.

상담자는 동성애자들이 부당한 대우를 받는다는 내담자의 우려를 반영했다. 내담자는 팍실(Paxil, 항우울제)을 처방받았지만 아무 소용이 없었다. Anita는 Michael이 학습장애를 검사하기를 원했다.

가족을 처음 만났을 때, Anita는 그들이 서로를 아끼고 걱정하는 것을 느꼈고, Michael의 슬프고 온화한 태도를 보였다. 가족 간의 명백한 반목이나 비난은 없었다. 하지만 그들은 Michael이 갑자기 난폭한 성질을 갖게 되었다고 말했다. 그는 어머니가 그의 숙제를 도와줄 수 있다고 말하자 자신의 의자를 박살 냈다.

어머니는 아들에게 "네 아빠와 나는 너를 사랑한단다! 우리는 네가 왜 이런 식으로 행동하는지 몰라." Michael은 자신의 행동이나 속으로 왜 그렇게 화가 났는지 설명할 수 없었다. 그는 부끄러움과 후회로 가득 찬 얼굴로 소파에 주저앉았다. 부모의 눈에는 눈물이 고였다. 하지만 지금은 아들을 잃은 기분이었다.

Anita는 Michael과 면접을 가졌다. 그는 이 모든 문제가 1년 전에 시작되었다고 말했고, 그의 부모도 동의했다. Anita는 이러한 증상에 선행하는 중요한 사건에 대해 물었다. "뭔가 무섭거나 위협적인 일이 있었나요?"

그들은 모두 그가 집과 학교에 있는 동안, 평범하지 않은 것은 아무것도 없었다고 주장했다. 검사를 통해 Anita는 Michael이 평균 IQ를 가지고 있다는 것을 알게 되었다. 그의 정서적 혼란은 학습과의 투쟁에서 비롯된 것이 아니었다.

그의 약물 사용은 다른 심각한 증상들에 뒤따랐고, 약물만으로는 문제를 해결할 수 없었다. Anita는 부모들에게 1년 전의 어떤 사건에 대해서도 생각해 달라고 부탁했다. "이상하게 보였어요. 교회 스키 여행 후 이상한 탈수 증세가 있었어요."라고 어머니가 회고했다. 버스를 타고 집으로 돌아오던 중 아들이 갑자기 과호흡을 했다. 그의 손과 팔이 제자리에 움츠러들었다가 얼어붙었다.

그는 심장이 두근거리고 있다는 것을 미친 듯이 가리켰다. 그는 급히 병원으로 옮겨졌다. 의사들은 설명할 수 없었다. Anita는 Michael에게 이것에 대해 물었지만, 그는 이전의 어떤 불안도 부정하면서 무관심해 보였다.

Anita는 부모들에게 최면을 이용해서 Michael을 직접 상담할 수 있는지 물었다. 그들은 필사적으로 필요한 모든 것을 하기로 동의했다. Anita는 최면이 상담에 도움이 될 수 있는 이유를 설명하고 Michael의 동의를 얻었다.

잠시 Michael을 트랜스 상태로 유도하자, 그는 눈을 감고 호흡이 느려졌다. 그가 트랜스 상태에 빠졌을 때, Anita는 그에게 깨어 있는 동안에는 말할 수 없었던 뭔가를 말해 줄 수 있을지도 모른다고 이후

최면 암시를 했다.

Michael은 손과 팔이 마비되었다. Anita가 그에게 내면에서 어떤 느낌인지를 물었을 때 그는 평화와 행복이라고 대답했다. 그의 다리에 얹혀 있던 왼손이 심하게 떨렸다. 목에서 약간의 움직임이 느껴졌지만 무슨 말인지 알아들을 수가 없었다.

Anita는 그의 무릎에 펜을 놓으면서 **"가끔은 말로 할 수 없는 것들을 글로 쓰는 것이 더 쉬울 때도 있어요."** 라고 언급했다. Michael은 자동적인 글씨로 Jeff라고 썼다. Anita는 그가 트랜스에서 깨어나기 전에 그 종이를 치워 버리겠다고 그에게 말했다. 그는 그것을 볼 필요가 없을 것이다.

Anita는 Michael의 집에 전화를 걸었다. 어머니께 Jeff라는 사람을 아느냐고 물었다. Anita는 누군가가 그녀의 아들을 해칠까 봐 걱정된다고 말했다. 그녀의 대답은 동요되었고 간략했다. 그녀는 전화를 끊었다.

다음 날 저녁 아버지가 전화를 걸어, 어젯밤 당신이 내 아내에게 말을 걸어 Jeff라는 사람을 아느냐고 물었는지를 확인했다. 사실은 교회의 청년 목사의 이름이 Jeff라는 것이었다. 그리고 그는 스키 여행 중에 우리 아들과 단둘이 있었다.

Michael은 스키를 타고 싶지 않았기 때문에 그래서 Jeff는 가족이 산에 있는 동안 Michael과 함께 오두막에 머물렀다고 말했다. Michael은 이상하게 행동했지만 가족은 그가 아프다고 생각했다. 그러고 나서 그는 Jeff와 단둘이 있은 지 3일 후에 버스에서 이상한 반응을 보였다.

"이 남자가 내 아들을 성적으로 학대하고 있다고 생각하세요?" 아버지가 물었다. Anita는 아버지에게 그럴 가능성을 심각하게 고려해야 한다고 말했다. 경찰에 신고할 것인지 말 것인지를 결정하는 동안 다시 Michael이 쓴 증거를 살펴보았다.

Anita의 눈에는 **"더 이상 섹스 장난감은 안 돼…… 난 자유로워질 수 없어! 빌어먹을 Jeff."** 라고 쓰여 있었다. 법정 증거로는 충분하지 않지만, Anita는 그것이 부모와 자식 사이의 관계를 회복시킬 수 있기를 바랐다(Short et al., 2005).

Erickson은 상담자가 이론적인 틀에 매이게 되면, 내담자들이나 상담 진행 과정을 관찰하고 이해하는 데 선입견으로 작용할 수 있다고 보았기 때문에 이론적인 체계에 따라 자신의 작업을 공식화하는 것을 거부했다.

Erickson은 상담이 정말 정확하게 어떤 효과가 있을지 결코 모른다는 사실을 진심으로 강조했다. 많은 상담자들은 이런 사실을 받아들이는 데 어려움을 느끼고 그래서 너무 자주 똑같은 접근 방법을 획일적으로 적용하는 타성에 빠진다.

내가 처음 내담자들을 만날 때 나는 그들에 대해 아는 것이 너무 없기 때문에 솔직히 어떻게 해야 할지를 모른다. 내가 아는 것이 있다면 나의 무의식이 적절한 시점에 나의 의식 속으로 들어오고, 문제해결에 대한 접근을 시도할 수 있다는 것이다. 그리고 내가 그런 사실을 신뢰하고 있다는 점이다.

그리고 나는 내담자들이 언제, 어떻게 반응할지 모른다. 내가 알고 있는 모든 것은 그들이 적절한 시간에 적절한 방식으로 그리고 한 개인으로서 자신에게 가장 잘 맞는 방식으로 반응할 것이라는 점이다.

그래서 나는 그들의 무의식이 어떤 반응을 선택할지 궁금해지면서 점점 호기심이 생긴다. 내가 처음 하는 일은 내담자들의 주의를 끌고 자기 나름대로의 반응을 보여 줄 때까지 기다리는 것이다. 그런 다음에 그들의 반응을 활용한다.

치료 목표를 정하는 것보다 내담자들이 자기 방식대로 반응할 수 있는 분위기가 중요하다. 그리고 이러한 반응을 활용하여 그들이 새로운 방식으로 목표를 이룰 수 있게 해야 한다(Erickson, 1962).

예를 들어, 내담자가 가슴에 무엇인가 불편한 점을 느꼈다고 가정해 보자. 만약 그런 불편을 분석하려 애쓰지 않고 그대로 수용할 수 있다면, 완전한 이해로 이끌어 주고 자연스럽게 '타인과의 갈등에 대한 두려움'이라고 말해 줄 수 있다.

우리가 의식의 움직임에 주의를 기울이고 객관적인 관찰을 함에 따라 습득하는 정보들이 두려움이라는 불편한 감정 주변으로 몰려든다. 이 시점에서 타인과 함께 있을 때, 자신을 표현하는 것에 대한 두려움을 더 깊이 탐구해 볼 수 있다.

이를 통해서 두려움의 미스터리에 더 깊이 들어갈 수 있고, 두려움을 야기하는 근원으로 나아갈 수도 있다. 그리고 궁극적으로 두려움의 감정은 스스로에게 무엇을 해야 하는지를 알려 줄 수 있다.

Erickson은 내담자들이 상담 장면에서 보여 주는 것은 무엇이든 '현 단계에서 할 수 있는 완벽한 반응'으로 보았고, '현실적으로 가능한 즉각적인 성공 개입'을 시도했다. 그는 내담자들의 저항에도 무력감이나 거부당했다고 느끼지 않았고, 한 걸음 더 나아갈 수 있는 접근 방법을 탐색했다.

Erickson은 치료적인 대화는 이론적인 일반화나 통계적인 가능성이 아닌 내담자들의 자기표현(신념, 행동, 감정, 동기, 증상)과 같은 실제적인 패턴에 기초해야 한다는 것을 반복해서 강조했다.

상담자는 아는 것이 전혀 없는 임상적 무지의 상태에서 시작해야 하기 때문에 내담자들이 자기 방식으로 현실을 이해하고 파악하는 일종의 개별화된 모델을 수용하며 활용할 수 있어야 한다.

상담자는 실제로 자신의 틀에서 벗어나 수용적인 상태를 발전시켜야 한다. 이것은 사실 모든 상담자들에게 요구되는 기본적인 전제 조건이다. 이를 위해서 상담자들은 자신의 모델을 버리고 내담자들에게서 그들의 현실을 배울 수 있는 학생이 되어야 한다(Gilligan, 1987: 14).

Erickson은 각각의 내담자와 그의 상황에 따른 독특한 개입을 하였다. 따라서 비록 전에 성공을 거둔 괜찮은 접근이라고 하더라도 같은 문제에 대해 꼭 같은 작업을 하는 사례가 거의 없었다.

그는 끊임없이 창의적인 작업을 했기 때문에 그의 접근법을 연구하는 상담자들에게 좌절감을 준다. 하지만 그의 개입에도 하나의 패턴이 존재했다. 이것을 해결등급 모델(class of solutions model)이라고 부를 수 있다.

증상은 내담자 내면의 무엇이 치료를 필요로 하는가를 알려 주는 실마리이며, 자아의 더 큰 전체성과의 조화를 이끌어 주는 통로다. 예를 들어, 한 남성이 성적 불능을 호소하는 경우, 그 수준은 증상에 대한 비관에서부터, 현재 증상에 대해 타인에게 말해야 하는 수치심, 혈액 흐름의 결핍, 성적 접촉에 대한 불안, 낮은 수준의 성적 조화, 여성을 우상시하는 관계에서의 문제, 남자다움에 대한 지나친 과시, 사회적 지위의 상실 등 다양할 수 있다.

Erickson은 증상 자체에 초점을 두지 않았다. 대신에 내담자들의 반응을 통해 그들의 현재 수준을 이해하고 한 수준을 높이는 단계로 옮기면서 문제의 종류와 형태를 간추리려고 노력했다. 이러한 접근으로 Erickson은 여러 가지의 선택권을 가질 수 있었다(O'Hanlon, 2009: 68-69).

상담자가 임상적 무지에서 시작하지만 내담자들이 보여 주는 독특한 반응(내적 수준을 표현하는 언어구조, 의미 있는 표현, 독특한 감정 표현이나 신체적인 움직임 등)에 대한 공유는 문제를 탈주관화하여 객관적으로 받아들이도록 돕는다.

상담자가 진단에 매달리게 되면 내담자들의 행동을 통제하려고만 할 뿐, 그 밑바탕이 되는 문제를 해결해 주지는 않는다. Erickson은 무수한 강의, 시연, 연구, 저술을 통해 자신의 확고한 생각을 분명하게 드러냈다. 간단히 말해서, 그는 '만약 지구상에 70억 명의 사람들이 있다면, 70억 개의 상담 접근'이 필요하다고 보았다.

나는 각각의 내담자들이 다르기 때문에 어떤 정형화된 심리치료 이론을 꼭 같이 적용하는 것은 잘못되었다고 생각한다. 상담자를 찾아오는 모든 이들은 다른 인격, 다른 태도, 다른 경험의 배경을 상담자에게 제시할 것이다(Zeig, 1980: 131).

Erickson은 이론적인 공식이 상담자들을 제한시키는 프로크루스테스(Procrustes)의 침대가 되어야 한다고 믿었다. 각각의 내담자는 독특한 개인으로 간주되어야 한다. Erickson은 '상담에 대한 어떤 이론을 고수하는 것이 상담자의 관점을 좁게 만들고 치료적인 대안들을 제한시킨다.'라는 이유 때문에 자신의 접근 방식을 어떤 특정한 상담이론에 맞추는 것을 고려하지 않았다.

젊은 정신과 의사 시절에 Erickson은 문제해결을 위한 정보를 수집하기 위해 첫 면접 시간을 길게 잡을 때가 있었다. 면접이 끝날 무렵 그는 내담자에게 대단히 진지한 태도로 다음과 같이 말했다.

"나는 지금부터 당신이 제공한 정보들을 세심하게 연구해야 합니다. 그래야 도울 수 있는 최선의 방법이 무엇인지 알아낼 수 있을 겁니다. 그래서 말인데요, 제게 시간을 좀 주십시오. 그리고 도울 수 있는 준비가 되면 전화하겠습니다."

다음에 개입할 수 있는 방법을 40쪽이나 기록했다. 며칠이 지나면서 20쪽, 10쪽, 마지막으로 5쪽으로 줄였다. 다시 요약된 것을 검토한 후에 그는 내담자에게 만날 준비가 되었다고 전화를 했다. 다음에 내담자들이 찾아왔을 때 Erickson은 자신이 실천한 과정을 설명하고 요약된 내용을 읽어도 되는지를 물었다. 물론 그는 내담자들의 승낙을 받았고 천천히 부드러운 톤으로 읽었다.

대부분의 내담자들은 자신의 개인적인 문제에 그렇게 열성적으로 관심을 가져 준 의사를 처음 만났기 때문에 감동을 받았고 상황에 압도되면서 치료적인 상황으로 들어갈 수 있었다(Rossi, 2005: xii-xiii).

3. 상담자의 몰입

상담은 상담자의 요구에 내담자들이 순응하는 것이 아니라, 상호간에 일어나는 협동 작업이므로 '쌍방의 통행이 원활하게 이루어지는 만큼 목적이 달성'된다. 협력체계를 유지하는 것은 올바른 분석보다 더 영향력이 크다. Erickson은 내담자들이 참여하는 협력체계를 대단히 강조했다.

> 상담자와 내담자 사이의 관계는 분별력 있는 사고를 바탕으로 상호 간에 수용될 수 있는 일종의 대인관계적인 협력이다. 따라서 하나의 심리적 현상인 트랜스 상태에서도 상담자가 일방적으로 주도하는 관계란 있을 수 없다(Rossi, 1980c: 14).

상담자는 병리적인 외적 징후들을 통해 무의식 밖에서 그 속을 들여다보는 것이 아니라, '몰입해서 내담자들의 무의식 속으로 들어가 머무르면서 그들의 무의식과 더불어 작업'할 수 있다. 내담자들은 상담자의 몰입에 의해 의미 있는 영향을 받는다.

> Erickson은 변화를 위한 중요한 통찰이 트랜스 상태에서 일어날 수 있다고 믿었기 때문에 내담자들에게 몰입하는 경험을 매우 가치 있게 여겼다. 그는 무의식적인 통찰을 얻기 위해 내담자들과 함께 있을 때 자발적으로 자주 트랜스 상태로 들어갔다(Simpkins & Simpkins, 2006: 322).

상담자가 트랜스 상태가 되면, 그에 대한 반응으로 내담자들은 자연스럽게 의식 상태를 변화시킬 것이고 자유롭게 선택된 상태에서 새로운 제안에 더 개방적이 될 것이다. 이러한 '트랜스 상태는 내담자들의 경험적 참여를 방해하는 정보 과부하 과정을 무력화시켜, 대부분은 새로운 제안에 반응하는 능력이 고양'된다.

처음 내담자를 만날 때 상담자는 솔직히 어떻게 해야 할지를 모른다. 그에 대해 아는 것이 너무 없기 때문이다. 그래서 처음 하는 일은 그의 주의를 끌고 자기 나름대로의 반응을 보여 줄 때까지 기다리는 것이다. 다음에 그의 반응을 활용한다.

> 만약 내가 내담자의 문제해결에 필요한 중요한 단서를 찾아내는 나의 능력이 의심스러울 때면, 나는 스스로 트랜스 상태로 들어간다. 또한 내담자들이 치명적인 문제를 가지고 있고 내가 어떤 단서도 놓치고 싶지 않을 때에도 나는 트랜스 상태로 들어간다. 그러면 나는 문제해결의 가능성이 보이는 내담자들의 모든 움직임, 신호, 행동의 단서들을 포착해 낼 수 있다(Erickson & Rossi, 1977: 42).

　내담자들을 변화시켜야 할 대상으로만 간주하게 되면, 그들을 돕기 위해 무엇을 할 것인가에 골몰하게 된다. 이러한 압박감을 가질 때 상담자는 상황을 있는 그대로 보거나 고통을 들어 줄 여유를 잃어버리고 기법을 고안하는 데 집중하기 때문에 내담자에게 몰입하지 못한다. Erickson의 관점을 보자.

> 　상담자가 기법과 전략을 고안하는 것에 지나치게 몰두하게 되면 내담자들에 대한 존경과 이해는 소극적이 되기 쉽다. 그 결과 상담자와 내담자는 때때로 우수한 중재에 선행되는 고통스럽고 힘든 작업을 인내하는 데 서툴기 때문에 의미 있고 꾸준한 변화를 가져오는 데 실패하게 된다(Cade & O'Hanlon, 1993: 18).

　온전한 '몰입은 내담자 목소리의 음색, 말소리의 고저, 성량, 그가 사용하는 단어에 주의를 기울이며 경청'하는 것이다. 내담자들이 말하는 내용뿐만 아니라 그들이 표현하는 분위기와 정신도 받아들일 때, 마음으로부터 진정으로 공감할 수 있다.

　경험의 주최자는 배운 믿음, 감정적으로 강렬한 사건과 중요한 관계로 가득하다. 이것들은 핵심 패턴이다. 상담자는 이 핵심 패턴으로 이어지는 내담자의 경험을 떠올리게 하고, 내담자가 경험을 처리하는 데 도움을 주도록 지원한다. 이러한 창의적인 실험은 트랜스 상태에서만 효과적으로 수행할 수 있다.

　인간은 스스로 창조하고 자기를 유지하는 시스템을 가지고 있다. 그래서 상담자는 내담자들을 자기 조직 시스템으로 보고, 핵심적인 기억, 믿음, 이미지를 중심으로 심리적으로 조직한다.

　이것이 핵심 재료다. 이 '핵심 재료들은 우리의 삶을 만드는 핵심이다. 그것은 우리의 자아와 문화적으로 획득된 세계에 대한 이미지를 만들고 유지한다. 그러한 핵심 재료는 우리의 인식과 행동을 지시한다.'

　내담자들은 유아기 관점에 근거하여 지속적인 결론이나 믿음을 형성한다. 내담자가 자기 자신에게 말할 때, 또한 듣는 사람이다. 자신에 대해 이야기하는 것은 자신의 정체성, 즉 세상에서의 자아의식을 형성한다.

　상담자는 '상담 장면에서 무엇이 일어나든지 모두 좋다는 환영과 수용의 마음으로 받아들이고, 민감하게 감지하며 바라보면서 트랜스 상태로 들어간다.' 이에 따라 의식은 점차 정면에서 물러나고 서서히 모든 움직임이 느려진다. 이는 시공을 초월하여 문제를 새로운 시각에서 바라보게 된다. Erickson의 관점을 보자.

나는 내담자들의 언어적인 표현이나 모든 움직임을 문제해결의 단서로 보고 그들에게 몰입하면서 아주 세심하게 관찰하기 때문에 나의 트랜스 상태는 자동적으로 발생한다. 그러면 나의 직관력은 마치 지하도나 수정체를 바라보는 것처럼 되고, 그들과 그들의 환경에 대해 대단한 집중력을 가질 수 있다. 이러한 상태에서 나는 내 자신이나 내담자들의 무의식적인 자원을 활용해서 작업을 할 수 있게 되므로 문제를 다룰 수 있는 새로운 방법을 터득할 수 있다(Rossi, Erickson-Klein, & Rossi, 2008: 198).

산스크리트어 maitri-karuna는 '**자비**'라는 개념인데, '**깊은 몰입**'과 어원을 공유한다. 불교의 간화선에서 말하는 '화두'는 몸과 마음을 문제해결에 온전히 몰입시키는 경험을 통해서 자연스럽게 '**무조건적인 온유함**'을 습득하라는 가르침이다. 내담자들이 경직된 패턴에서 벗어나려면 상담자의 자비심이 전달되어야 한다.

'**몰입은 사랑의 가장 기본적인 형태**'다. 온 마음으로 몰입할 때마다 이 살아 있는 에너지는 우리 존재의 친밀한 일부가 된다. 몰입하게 되면 내담자들의 삶에 감동받고, 자연스럽게 서로는 더 개방적이 된다. 이런 의미에서 주의를 기울이는 것은 과학적 사고에서 좁게 집중되는 능력이 아니다.

한 의사가 있었다. 그는 병원 응급실에서 25년 동안 헌신적으로 일을 해 왔는데, 최근 악화된 척추 질환으로 세 차례 수술을 받았다. 하지만 수술 이후 삶의 질은 급격히 떨어졌다. 그는 원하지 않았지만 휴직을 해야 했고, 많은 시간을 물리치료에 할애해야 했으며, 수술 후에도 허리 통증은 쉽게 호전되지 않았고, 또 자유롭게 움직이거나 이동을 할 수도 없었다. 그는 자신의 삶이 병원, 그리고 집과 좁은 방, 그리고 침대에 갇혀있는 것처럼 느껴졌다. 이런 생활은 정신적으로 문제를 일으켜 우울 증상들도 나타나기 시작하였다.

그는 자신이 우울해지고 있음을 알아차렸다. 그래서 의사로서 자기치료를 해야겠다고 마음먹고 실제 자기치료를 시작하였다. 그는 자신이 조각을 매우 좋아하고 조각을 할 때면 깊은 몰입이 일어난다는 것을 알고 있었다. 조각 작업이 통증이나 우울을 포함한 부정적 경험에서 벗어나는데 도움이 될 것을 기대하면서 그는 집 창고에 작업실을 만들어 조각 활동을 시작하였다. 처음에는 작은 석고 조각에서부터 시작했고, 얼마 지나지 않아 대리석과 값싼 옥돌을 구입해서 조각을 해 나갔다. 그는 조각에 깊이 몰입할 수 있었지만, 조각을 하는 자세가 허리에 무리가 될 수도 있었기 때문에 일부러 타이머를 설치해서 약 30-60분 간격으로 스트레칭을 했다. 그러면서 조각 작업에 몰입해 있는 동안 부정적 경험으로부터 벗어날 수 있다는 것을 다시 체험할 수 있었다. 이후 점차 그의 몸과 마음은 회복되어 갔다. 허리 통증의 강도와 빈도는 현저히 줄어들었고, 집을 벗어나 공원을 산책할 수도 있었으며, 병원 방문 횟수도 점차 줄어들게 되었다. 물론 우울 증상들도 현저히 감소하였다.

> 그는 동료의사의 도움을 받아 병원 정신과에서 실시하는 명상치료에 참여하였다. 그리고 산책이나 조각과 명상을 접목시켰다. 특히 산책 과정에 지금 여기 머무르기, 경험 개방성, 음미하기 등을 적용하였다. 또한 옥돌을 골라서 작품을 구상한 후 실제로 옥돌을 조각하면서 사포를 문지르는 행위들 속에 만트라, 그리고 셀프토킹을 접목하였다. 이 과정들은 그를 정신적 영적으로 고양시켰다. 결국 그는 호전되었고, 3개월 후에는 다시 의사로 복직해서 일을 해 나갈 수 있었다. 약 1년 넘는 기간 동안 이어져 오던 수술과 치료과정은 그에게 부정적인 경험이 아니라 오히려 그의 삶에서 매우 가치 있는 성장경험을 할 수 있었던 소중한 체험이 되었다.

다각적인 면에서 검토해 볼 때, 외부 경험뿐만 아니라 내부 경험까지 포함하는 주의(attention)다. 그것은 더 넓고 편안하지만, 그것은 끊임없이 여기-지금, 내담자, 그리고 상담자의 현재 경험으로 되돌아가야 한다.

내담자들에 대한 '몰입은 상담의 핵심 조건에서 가장 선행되어야 할 기본적인 태도'다. 몰입해야 그들의 경험을 수용하고 표현 이면에 있는 것들을 관찰할 수 있다. 이렇게 상담자가 온전히 마음의 문을 열고 편견 없이 바라볼 때, 그들은 이해받는 느낌이 들 것이고 신뢰할 수 있는 관계를 맺는다. Erickson의 관점을 보자.

> 내담자들에게 몰입한다는 개념은 그들이 어떤 태도를 보이건 상담자가 집중해서 그들의 주관적인 경험에 관심을 기울인다는 것을 의미한다. 상담자는 내담자들이 무엇을 느끼고, 생각하며, 경험하는지에 관계없이 몰입하고 따라가면서 그들에게 가해지는 압력을 줄일 수 있어야 한다(O'Hanlon, 2009: 94).

트랜스 상태는 어려운 감정을 분석, 억압 또는 격려하지 않고 유지하는 법을 배우는 데 도움이 된다. 걱정, 짜증, 고통스러운 기억 및 기타 어려운 생각과 감정을 느끼고 인정할 수 있도록 허용하면 종종 소멸하는 데 도움이 된다.

트랜스 상태에서는 스트레스와 걱정의 근본 원인을 안전하게 탐색할 수 있다. 부정적인 감정과 투쟁하는 데 에너지를 소비하거나 외면하기보다는 일어나고 있는 일에 집중함으로써 무엇이 관심사를 주도하는지에 대한 통찰력을 얻을 수 있는 기회를 만든다. 부정적인 감정의 근본 원인을 이해하기 시작하면 자유와 넓은 느낌이 자연스럽게 나타난다. 다음의 3단계로 부정적인 감정을 진정시킬 수 있다.

'첫 단계는 현재 순간에 주의를 기울이는 것'이다. 선택이나 평가와 실제로 관련이 없는 더 넓고 개방적인 방식으로 내담자의 경험에 주의를 기울인다. 하지만 단순히 존재하는 감정 또는 감각을 위한 그릇이 되어 내담자가 한 순간에서 다음 순간으로 그것들을 볼 수 있는지 확인한다.

지금-여기에 초점을 맞추는 접근은 간접적으로 강력한 암시적 요소를 포함하기 때문에 내담자들을 자연스럽게 '트랜스' 상태로 이끈다. '트랜스 상태에서 현재의 순간을 알게 되면, 내담자가 깨닫지 못했던 자원에 접근할 수 있다.'

예를 들어, 한 내담자가 자신에게 닥친 취업 시험에 대한 두려움 때문에 불안하다고 호소한다. 상담자는 "지금-여기에서 그 두려움을 느낄 수 있나요?"라고 묻는다. 그가 고개를 끄덕이자, 상담자는 "그것에 대해 무엇을 알아낼 수 있는지 봅시다. …… 그 두려움을 지금 어떻게 경험하는가요? …… 몸에서 느껴지는가요? 어떤 이미지가 보이십니까?"라고 묻는다.

'두 번째 단계는 호흡에 집중'하는 것이다. 와이드스크린을 놓고 진행하면 몸의 한 부위, 즉 배의 숨결, 가슴, 콧구멍 또는 호흡이 자신을 알리는 모든 곳에서 호흡에 훨씬 더 집중된 초점을 가져오기 때문에 더 집중할 수 있게 된다.

복식 호흡은 불규칙한 호흡 패턴을 상당히 빠르게 조절하는 데 도움이 된다. 종종 공황 상태에 빠지면 호흡이 빠르고 불규칙하며 얕아진다. 주로 가슴과 목에서 숨을 쉬는 경향이 있다. 복식 호흡으로 전환하면 호흡을 조절하는 데 도움이 되어 더 균형 잡히고 이완된 느낌을 받을 수 있다.

"천천히 복식 호흡을 하면서 집중합니다. 생각을 멈추시고, 지금 경험하는 것에 집중해 보십시오. 눈을 감는다면 더 큰 도움이 될 수 있습니다. 자신의 내면에서는 어떤 속삭임이 들립니까? 그냥 호흡을 하면서 지금 내면에서 경험하는 것을 느껴 보세요. …… 그리고 그 상태를 유지하면서, 지금 나와 함께 있는 것에 집중해 보세요."

'세 번째 단계는 몸에 주의를 기울이는 것'이다. 몸 전체의 감각을 인식하고, 몸 전체와 함께 앉아 전체 호흡을 하게 되면, 내담자는 자신의 경험에서 무의식화된 자원을 활용할 수 있는 단계로 돌아갈 수 있다.

상담자는 '내담자의 이야기를 통해 정보를 찾는 대신 내담자의 신체적 경험에 초점'을 맞추면서 과거의 핵심적인 자료를 찾아낼 수 있다. 이런 식으로 접근하기 위해서 상담자는 내담자의 신체에 관심을 가진다.

그리고 준비가 되면 서두르지 말고 의도적으로 숨을 들이쉬면서 조사하려는 신체 부위로 주의를 이동하십시오. …… 특별한 부위가 없다면 좌석이나 바닥과 접촉하는 신체 부분과 그것이 느끼는 압력을 알아차립니다.

머리나 발에서 시작하는 체계적인 신체 스캔 명상을 선택할 수 있습니다. 또는 감각을 무작위로 탐색하도록 선택할 수도 있습니다. 감각에는 윙윙거리거나 따끔거림, 압력, 압박감 또는 온도 또는 눈에 띄는 모든 것이 포함될 수 있습니다.

강한 감각을 느끼지 못하거나 사물이 중립적으로 느껴지면 어떻게 될까요? 당신도 그것을 단순히 알 수 있습니다. 정답은 없습니다. 판단 없이 가능한 한 최선을 다해 현재 있는 것을 조정하십시오.

그러나 내담자가 몸과 마음을 느낄 때, 불안한 생각이나 두려움들을 계속 경험하면, 불안한 생각을 친절하게 대한다. 잠재적으로 두려움의 근본 원인을 발견하기 위해 조사를 해야 할 때가 있다. 호흡과 신체 스캔 후에도 불안한 감정이 지속되는 것처럼 보이면, 이제 그 감정에 주의를 기울여 느끼는 자체를 인정하는 것이다.

변연계가 활성화된 상태에서 발생하는 징후를 인식하기 위해 신체, 행동에서 일어나는 변화를 추적한다. 스트레스를 받는다는 사실을 깨닫게 되면, 알아차림을 통해 전전두엽 피질을 활성화하고 스트레스 경로를 균형 있게 되돌릴 수 있다. 우선 스트레스를 받을 때 감지되는 신체 · 감정 · 행동 점검을 활용한다.

직장 상사 때문에 고민하는 내담자에게 상담자는 눈을 감고 최근에 직장에서 상사와 대립했던 장면을 머릿속에 그려 보도록 제안했다. 상사가 그녀의 잘못을 은근히 비웃을 때 어떤 느낌이었는지를 상세하게 떠올려 보도록 했다. "그 강렬한 느낌의 한가운데 멈춰서 아무 말이나 행동으로 옮기지 않는다면, 어떤 느낌일까요?"

그녀는 입을 꽉 다물고 턱을 떨기 시작했다. 그녀의 몸은 경직되었다. "지금 마음속에서 어떤 생각이 진행되고 있죠?" 그녀는 주저 없이 "정말 웃기는 여자입니다. 잘 알지도 못하면서 왜 내가 문제를 만든다고 할까요?"

상담자는 그녀의 몸에서 지금 무엇이 의식되는지를 물었을 때, 그녀가 말했다. "얼굴이 불타고 있어요. …… 가슴을 짓누르는 거대한 압력이 느껴져요. …… 옳지 않아요. 어떻게 해야 하나요? 내가 봉이 되어서 사람들이 나를 모욕하게 해야 하나요?"

그녀는 눈물을 쏟아 내기 시작했다. "누군가가 나를 비난하면 참을 수가 없어요. 정신을 잃어버려요. …… 싸워야만 한다는 느낌만 와요. 만약 멈추면 무너져 버릴까 두려워요. …… 나 자신이 수치스러워요. 이건 내가 원하는 모습이 아니에요."

상담자는 심호흡을 하면서 몸과 마음을 이완시키는 데 집중하도록 제안했다. 그녀는 심장이 심하게 두근거렸지만 멈춰서 몇 번 심호흡을 했다. 그녀는 그다음에 무슨 일이 있었는지를 의식할 수 없었다.

그녀의 몸은 떨렸고 흔들거리면서 말했다. "혼란스러워요." 상담자가 제안했다. "혼란 이면에 있는 내면의 느낌을 자세하게 살펴보세요." "끔찍한 느낌입니다." 그리고 점차 안정을 되찾을 수 있었다.

다음에 상담자가 질문했다. "신체의 변화에 집중해 보세요." "가슴과 목이 넓게 열리는 것 같은 느낌이에요." 그녀에게는 날카로운 상처가 사라지기 시작했고, 깊은 슬픔의 느낌이 일어났고 소리 없이 눈물을 흘렸다.

잠시 후에 상담자가 물었다. "무엇이 떠오르세요?" "엄마요. …… 엄마는 항상 내가 일을 망치거나 잘못하고 있다고 느끼게 만들었어요." 상담자는 다시 멈추고 떠오른 엄마를 가만히 바라보면서 어떤 변화가 일어나는지 살피도록 제안했다.

그녀는 스스로의 불안정감에 사로잡힌 한 여인을 볼 수 있었고 그녀에게 연민이 솟아오름을 느꼈다. 멈춤을 통해서 내담자는 자신이 느끼는 것을 수용하게 되었을 뿐만 아니라 따뜻함이 자리 잡게 되었다.

상담자는 어떤 상황에서도 내담자들을 트랜스 상태로 이끌 수 있다. 예를 들어, 내담자가 "요즘 너무 불안해요."라고 호소한다면, 일반적으로 상담자는 불안한 이유를 분석하려고 애쓸 것이다. 하지만 내담자들에게 증상에 집중할 수 있는 질문이나 제안을 함으로써 현재 경험을 활용해서 트랜스 상태로 이끈다.

- 그런 불안에 집중해 봅시다. (태도를 관찰하고 호흡으로 트랜스 상태로 이끌면서)
- 그 불안이 지금 당신의 내면에서 커지고 있습니까, 아니면 작아지고 있습니까?
- 만약 어떤 시간이나 장소에 있게 된다면, 그 불안은 어떻게 변화될까요?
- 누가 있다면, 그 불안이 작아지거나 커질까요?
- 신체 어느 부위에서 그런 불안감을 느낄 수 있습니까?
- 그 불안감이 무엇을 말해 주고 있습니까?
- 그 불안감이 어디로 옮겨 갑니까?

의식이 점차 느려지고 내면을 향하는 트랜스 상태에서 어떤 자극을 받는 순간 자신 안에서 어떤 반응이 일어나는지를 실험해 보면, '내담자 각각이 다른 식으로 경험을 조직하기 때문에 각각 다른 반응을 불러일으킨다.' 이러한 개입에 반응하지 못하는 내담자에게는 새롭게 동기를 부여한다.

우리의 내면에는 슬픔, 기쁨과 같은 여러 가지 감정들이 있습니다. 이런 감정을 어떻게 하면 잘 다스릴 수 있을까요? 감정의 근원, 즉 순수한 마음을 알면 조절할 수 있습니다. 예를 들어, 즐겨 마시는 음료수에서 탄산을 없애 버리면 물만 남듯이 불필요한 감정을 없애면 순수한 마음만 남는 것이죠. 감정을 걷어 내는 것, 그것은 자신의 가치를 볼 수 있는 새로운 기회입니다.

몰입은 사랑의 가장 기본적인 형태다. 온 마음으로 몰입할 때 이 살아 있는 에너지는 우리 존재의 친밀한 일부가 된다. 몰입하게 되면 내담자들의 삶에 감동받고, 자연스럽게 서로는 더 개방적이 된다.

상담자는 '몰입해서 무의식 속으로 들어가 머무르면서 무의식과 더불어 작업'할 수 있어야 한다. 내담자들은 상담자의 몰입에 의해 의미 있는 영향을 받는다. 이러한 '몰입은 내담자들의 경험적 참여를 방해하는 의식적 과정을 무력화시키고, 대부분은 반응하는 능력이 유연하게 바뀐다.'

장애를 극복한 경험을 바탕으로 Erickson은 환자로서의 삶을 거부했다. 누구에게나 적절한 수준의 치료적 맥락이 주어져서 잠재적인 자원들이 드러날 수 있다면, 스스로 생존하는 데 필요한 기술들을 전개하고 확장시켜 증상에서 회복될 수 있는 독특한 능력을 되살린다는 확신을 가졌다.

따라서 그는 내담자들이 병리적인 수준에서 벗어날 수 있는 자원들이 표출될 수 있도록 내담자에게 몰입했다. 그것은 내담자들이 가진 모든 것을 활용하는데 최선을 다하는 것이었다(Lankton, 2005: v).

> 우리는 문제를 해결할 때, 평생의 경험을 통해서 우리가 몰입했던 경험적인 학습에 집중해야 한다. 어린아이들은 그들의 모든 근육을 활용해서 걷고, 일어나며, 드러눕고, 구르는 연습을 한다. 그들은 신체의 다양한 부분에 익숙해지고 자신들의 능력을 최대한 확대시킨다.
>
> 시간이 지나면서 그들은 이러한 것들을 완벽하게 습득하지만 성인이 되었을 때 그런 과정에 대해서는 모두 잊어버린다. 하지만 신체의 일부분이 공격당하면 즉각 다시 반응하게 된다(Rossi, 1980c: 27).

상담자는 조심스럽게 관찰하고 수용하는 방식으로 내담자들에게 트랜스 상태로 집중할 수 있게 된다면, 분명히 그들과의 치료관계의 질을 증대시키고, 치료 진전에 기여할 수 있다(Fulton, 2013: 60).

또한 상담자가 몰입하면서 자신의 연민을 명백하게 드러내는 경우, '내담자들은 개방성과의 연결을 장려하고, 그들은 위험에 대한 예측을 줄이며, 행복을 증가시키는 신경생물학적 체계와 애착 활성화의 형태를 갖추게 된다(Briere, 2012: 268)'.

상담 진척이 어려운 상황에서도 Erickson은 하나의 의식(ritual)처럼 일정한 장소를 응시하고 자신의 내면으로 집중하면서 생각을 가다듬었다. 이러한 그의 비언어적으로 집중하는 태도는 궁극적으로 내담자들을 트랜스 상태로 들어가게 했다.

> 상담이 막힐 때 내가 마치 생각을 바로잡는 것처럼 조심스럽게 내면으로 빠져들면, 내담자들은 자유로움과 호기심을 느낀다. 이제 나는 상담실의 어느 한쪽을 바라보면서 생각을 가다듬는다. 그러면 그들도 나를 따라 시선을 옮겨 간다.
> 나는 말없이 "여기를 보고, 저기를 보라."고 제안하는 것이다. 이러한 상담자의 비언어적인 제안을 내담자들이 따라갈수록 상담자의 언어적인 제안을 받아들일 가능성이 높아진다(Battino & South, 2005: 241).

뇌는 매우 효율적인 에너지 요구 기관이며, 사용 가능한 최대 용량을 활용할 수 있지만 정보 과부하의 문제를 겪는다. 환경에는 완전히 처리할 수 있는 것보다 훨씬 많은 복잡한 장애물들이 있다. 과부하라는 문제를 해결하기 위해 뇌의 주의력 시스템을 단순하게 가져오는 방법인 몰입을 해결책으로 제시해야 한다.

방황하는 마음의 반대가 몰입 상태다. '몰입 상태는 현재 우리가 경험하는 순간을 의식과 어떤 감정적인 반응도 없이 주의하는 태도'다. 그것은 우리의 삶을 펼쳐 나가는 순간을 경험하기 위해 그 버튼을 바로 작동시키는 것이다.

몰입 상태에서 우리는 집중 또는 집중된 주의라는 핵심 기술을 개발하면, 따뜻함, 측은히 여김, 감정 이입, 평정, 협력하려는 의지 등 상담자와 내담자 모두 이런 자질을 개발하고 상담 관계로 가져올 수 있다.

우리는 코끝의 호흡 감각과 같은 경험의 특정 측면으로 초점을 좁혀 마음을 집중시킨다. 이와 같은 기법은 단순히 우리가 '실제로 일어나고 있는 일과 현재 상태를 유지하고 연결되도록 함으로써 임상 시간 동안 매우 유용할 수 있다.'

그런 다음 신체적 감각, 생각, 감정, 소리가 발생하고 사라질 때 모든 경험을 포함하도록 주의 영역을 확장한다. 이 기술을 개발함으로써 우리는 가장 어렵고 고통스러운 감정을 포함하여 발생하는 모든 일을 알아차리고 열린 상태를 유지하는 능력을 향상시킨다.

내담자가 길을 잃고 혼란스러워하더라도, 상담자는 다음과 같은 집중된 주의에 기반한 질문을 함으로써 돌아올 수 있도록 도와줄 수 있다. "지금 무슨 일이 일어나고 있습니까? 지금 일어나고 있는 일에도 불구하고 숨을 편안하게 쉴 수 있습니까?"

또한 자비로운 수용력을 개발함으로써 어렵고 고통스러운 경험에 대한 저항을 줄이고 기꺼이 놓아주려는 의지를 높일 수 있다. '조금 물러서면, 생각과 감정을 객관적인 생각과 느낌으로 볼 수 있다.'

상담자는 몰입된 기술을 모델링하는 것뿐만 아니라 집중된 주의에 입각한 질문을 함으로써 도움을 줄 수 있다. "당신의 몸은 이 고통스러운 경험과 어떤 관련이 있습니까? 당신의 개인사를 감안할 때, 당신이 왜 그렇게 느끼는지 이해할 수 있겠습니까? 이 어려운 시기를 겪으면서 자신에게 친절할 수 있습니까?"

흐름(flow)은 사람이 활동에 완전히 몰입하는 마음의 상태다. 흐름의 과정은 미국인 심리학자 Mihaly Csikszentmihalyi에 의해 발견되고 만들어졌다. '몰입하는 것은 내담자가 자신이 하는 일에 완전히 몰두하는 상태'로 정의할 수 있다.

몰입 상태에 있는 동안 내담자들은 자신들이 하는 일에 깊이 관여하고 집중한다. 자신이 선호하는 일을 하면, 흐름을 이루는 데 집중할 수 있다. 흐름 경험은 사람마다 다른 방식으로 발생한다.

정기적인 자기최면 연습은 시간이 지남에 따라 심리적 통찰력과 정서적 치유에 도움이 된다. 정신건강 문제 및 육체적 고통을 완화하는 것을 목표로 하는 자기최면 기반 중재는 다양한 증상과 문제를 해결하고 치료하는 데 사용될 수 있다. 트랜스 유도는 정신적 이미지에 영향을 미친다. 또한 외부감각에 대한 반응을 둔감화시키고, 특정 대상에 대한 주의집중을 증가시킨다. 또한 전전두엽 피질에 혈류의 증가와 상관있다.

상담자는 자기최면에 대한 전문가가 될 필요는 없지만, 자기최면 훈련이 더 나은 삶의 균형감을 주고 또한 그를 더 나은 상담자로 만든다. 자신의 감정과 판단 없이 자신의 생각을 듣고 앉아 있는 것은 판단 없이 다른 사람의 감정과 생각에 주의를 기울이는 훌륭한 훈련이다.

자기최면은 또한 수용에 관한 것이다. 자신과 자신이 경험하는 것을 받아들이는 법을 배우는 것이다. 그러면 상담의 자연스러운 부분인 침묵에 더 편안하고 가장 고통스럽고 강렬한 감정을 가지고도 더 인내할 수 있다.

'자기최면은 무의식과 의식 사이의 열린 의사소통을 촉진'시킨다. 그것은 경험이 있을 뿐만 아니라 방해하지 않고 경험의 지속적인 내용을 관찰할 수 있는 상태다. 개별 회기를 통해 제공되는 목표는 사람들이 자신과 세계에 대한 제한적인 신념을 발견하고 연구하고 수정하도록 돕는 것이다.

상담자는 '조언이나 문제해결을 피한다.' 대신에 내담자들이 지침과 이해가 자신의 내면에 있다는 것을 발견하는 데 도움을 준다. 필요한 답변과 도구를 찾을 수 있는 각 개인의 능력에 대한 믿음은 매우 강력하다.

내면적으로는 상담자들이 자신에게 자기최면을 함양하는 것으로 시작된다. 상담자가 자기최면을 사용해서 트랜스 상태로 들어가면 내담자 내면의 평온한 상태를 함양시켜 스스로 자신의 감정이나 행동을 조절할 수 있도록 돕는다.

아기의 찡그림에도 불구하고 엄마가 차분하게 숨을 쉬거나 미소를 지으며 아기의 까다로움을 조절할 수 있는 것처럼, 신체적 단서를 뛰어넘어 내담자를 차분함과 사랑의 세계로 초대할 수 있다.

그것은 경험이 있을 뿐만 아니라 방해하지 않고 경험의 지속적인 내용을 관찰할 수 있는 상태다. 개별 회기를 통해 제공되는 목표는 사람들이 자신과 세계에 대한 제한적인 신념을 발견하고 연구하고 수정하도록 돕는 것이다.

최면은 내담자들의 잠재력에 접근할 수 있도록 도와준다. 트랜스 상태에 있는 내담자들은 경험적으로 습득한 이해와 이전에 사용된 적 없는 반응의 잠재력을 보다 효과적으로 사용하는데 자유롭다. 기본적으로 그들은 외부와의 소통이 가능한 상태이며 그들의 방대한 저장고인 무의식의 잠재력을 이용할 수도 있다.

이 잠재력의 대부분이 사용되지 않고 인식되지 않기 때문에 '상담자의 임무는 내담자의 무의식과 친구가 되어 이 잠재력이 나타나고 전개될 수 있는 환경을 만드는 것이다. 이런 작업의 대부분은 무의식 상태에서 이루어진다.'

내면적으로는 상담자들이 자신에게 자기최면을 함양하는 것으로 시작된다. 상담자가 자기최면을 사용해서 트랜스 상태로 들어가면 내담자 내면의 평온한 상태를 함양시켜 스스로 자신의 감정이나 행동을 조절할 수 있도록 돕는다.

Jay Haley는 20년 넘게 나의 멘토(Mentor)이자 좋은 친구였다. 심리치료를 진행하면서 전략적으로 생각하는 법을 배우는 것에 대해 가르쳐 준 것이 너무 많았다. 나는 아직 이 분야에 비교적 생소한 환경이었고 경험도 부족했다.

나는 심리학적 전문용어에 대한 제 지식으로 그에게 깊은 인상을 주고 싶었다. 그래서 제가 그를 찾아가서 말했다. "Jay, 경계선 성격장애가 있는, PTSD와 해결되지 않은 애착 문제가 있는 여성에게 당신은 어떻게 할 건가요?"

Jay가 "그녀가 그런 문제들을 겪도록 내버려 두지는 않을 거예요."라고 말했다. 그 말의 훌륭함을 내가 이해하는 데는 오랜 시간이 걸렸다. 그는 문제를 항상 풀 수 있는 용어로 정의하는 것이 얼마나 중요한지를 아주 절제된 방식으로 나에게 말하고 있었다. 그것은 나에게 결코 잊지 못할 교훈이 되었다.

나는 Kay Thompson과 함께 영감을 주는 경험을 했다. Kay는 강력한 지성을 가진 여성이었다. 그녀는 여러 가지 면에서 도전적이었고, 이런 식으로 영감을 주고 있었다. 그녀는 항상 말없이 "Michael, 넌 더 많이 할 수 있어. Michael, 넌 더 잘 할 수 있어."라고 말하는 태도를 전달했다.

그 일은 너무나 부드럽고 단호하게 이루어졌고 나는 그것을 결코 잊지 못했다. 나는 일찍 Kay와 대화를 나눈 것을 기억하는데, Kay는 최면 상태의 다양한 모델들에 대해 얼마나 당혹스러웠는지, 그리고 그들의 모순된 강조들을 통해 내가 길을 찾아가고 있다는 어려움에 대해 이야기를 나눴다.

어떤 전문가는 직접적인 제안만을 사용해야 한다고 말하는 반면, 다른 전문가는 직접적인 제안은 거의 사용하지 말아야 한다고 말한다. 어떤 전문가는 "잘 생각하고 계획을 세우라."라고 말하는 반면, 다른 전문가는 "자발적으로 되고 자신과 내담자의 무의식을 믿으라."라고 말한다. Kay는 이처럼 쏟아지는 혼란과 자기 의심에 귀를 기울이다가 마침내 나에게 "Michael, 당신은 당신만의 목소리를 찾아야 해요."라고 간단히 말했다. 나는 그녀의 목소리가 저에게 그렇게 말하는 것을 결코 잊지 않았다.

최면치료의 창시자 중 한 명인 William Kroger는 뛰어난 사람이다. 나는 그와 12년 이상 함께 공부하는 특권을 누렸다. 정보의 양, 그가 가지고 있고 또 그렇게 아낌없이 공유하고자 하는 정보의 질은 매우, 매우 고무적이었다.

내가 가장 좋아하는 그의 인용문은 다음과 같다. "그럼 최면이란 무엇인가? 그것은 최면 유도에 대한 확신이다. 그리고 항상 기억하라, 내담자를 마음속으로 데려가는 것보다 더 중요한 것은 없다 (Yapko, 2014)."(American Journal of Clinical Hypnosis, pp: 23-4)

역사적으로 불행하게도 최면은 우울과 불안에 대한 금기의 치료법으로 널리 여겨져 왔다. 현재까지도 최면이 우울과 불안한 내담자들과 작업하기에는 너무 위험하다는 낡은 관점을 적극적으로 가르치는 전문가들이 여전히 존재한다.

최면은 우울과 불안한 내담자들을 돕는 것과 즉시 관련이 있는 많은 것들을 장려할 수 있다. 다음은 우울과 불안을 치료하기 위한 12가지 강력한 적용들이다(Yapko, 2014).

① 내담자들이 긍정적인 초점을 형성하고 더 잘 활용할 수 있도록 돕는다.
② 새로운 기술의 습득을 용이하게 한다.
③ 내담자들이 자신을 이전에 실현된 것보다 더 자원적이고 회복력이 있다고 정의하도록 장려한다(그 결과로 자신의 자아상을 향상시킨다).
④ 유용한 정보를 한 맥락에서 다른 맥락으로 더 쉽고 효율적으로 전달한다(습득된 학습이 더 쉽게 일반화되도록 돕는다).
⑤ 도움이 되는 주관적 연관성을 더 자동적이고 집중적으로 확립한다.
⑥ 기술과 통찰력이 더 경험적이고 다차원적이 될 수 있는 기회를 제공한다.

⑦ 내담자들을 자신의 내적 세계의 적극적인 관리자로 정의한다(더 큰 감정적 자기 조절을 육성한다).

⑧ 내담자들이 과도한 일반적인 사고에 대응하기 위해 주요한 인식 차이를 강화하도록 돕는다.

⑨ 내담자들이 직면하고 해결하기 위해 압도적인 감정으로부터 더 편안한 거리를 유지하도록 한다.

⑩ 내담자들이 새로운 반응을 연습하고 성공할 가능성이 있다고 여겨지는 행동 순서에 적극적으로 새로운 가능성을 포함하도록 장려한다.

⑪ 내담자들이 개발되지 않은 개인 자원을 식별하고 개발하도록 돕는다.

⑫ 내담자들이 피해의식에서 벗어날 수 있도록 돕는다.

이 모든 것들과 그 이상의 것들을 성취하지 않고서는 어느 누구도 우울과 불안을 극복하지 못한다. 여기에 기록된 것은 우울증 치료에 있어 제안과 최면을 창의적으로 적용한 강력한 예들이며, 모두는 최소한 하나의 공통분모를 공유한다. 그것들은 내담자에게 힘을 실어주는 역할이다.

상담자들은 내담자가 새로운 자원을 발견하고 개발하도록 도우며, 내담자가 일시적으로 길이 막히거나 역경에 처했을 때 방향 전환을 장려하는 생활 유연성을 발전시키도록 한다. 최면은 내담자들에게 자기발견과 자기 성장의 길을 보여 주고, 내담자들에게 그들 자신의 가장 좋고 가장 적응력 있는 부분들을 발달시키기 위한 편안한 맥락을 제공함으로써 그들을 강화시킨다.

우울증 치료를 위한 가장 높은 수준의 경험적 지원을 받는 치료(인지, 행동, 대인관계 치료) 중 어느 것도 과거를 분석하거나, 추상적인 이론적 문제(무의식적 죄책감이나 실존적 불안 등)에 집중하지 않으며, 모두 직간접적으로 기술을 개발하고 이를 사용하여 긍정적인 행동을 취하는 것을 강조한다.

내담자를 최면(그리고 이미지 및 마음챙김과 같은 구조적으로 관련된 과정), 구조화된 숙제 과제, 역할 수행과 같은 다양한 메커니즘을 통해 경험적 학습에 참여하는 적극적인 참여자로 정의하는 것이 필수적이다.

과학 저널에 발표된 특정 치료 접근법의 장점을 조사하는 임상 효능 연구 외에도 호주 Melbourne 대학교의 연구 센터(Morgan & Jorm, 2009)는 우울증에 대한 전문지식을 가진 임상의를 대상으로 설문조사를 수행했다.

응답자들은 우울증 극복을 위한 최고의 자조 전략에 대한 주관적인 순위를 밝혔다. 경험이 많은 임상의 응답자들이 정기적으로 장려하는 모든 자조 전략은 우울증 환자가 기분이 나아질 뿐만 아니라 '더 나아지기 위해 적극적으로 무언가를 하는 것'에 관여했다는 것을 가장 잘 말해 준다.

내담자가 '바람직한 생각을 하도록 하는 것뿐만 아니라 바람직한 행동을 하도록 하는 것'의 중요성은 원래의 인지 치료(CT) 모델을 CBT의 행동적 요소를 포함하도록 확장하는 기초가 되었다. 최근 CBT 상담자들은 이미지 활용과 마음챙김을 포함한 다른 형태의 실증적 자료들을 자신들의 치료모형에 추가하고 있다.

최면도 그중 하나다. 일부 상담자들은 최면을 결합시킨 형태의 CBT 모형을 개발하여 실무에 적용하고 있다. 최면의 치료적 기제(mechanism)에 대해서는 아직까지 논란의 여지가 있다. 그러나 최면의 치료적 도구로서의 가치에 대해서는 대부분의 상담학자나 실무자들이 인정이나 동의를 하고 있다. 그리고 최면은 이미 비교적 잘 정립된 상태이기 때문에 상담자들 중에 일부는 CBT 모형에 최면을 결합시킨 새로운 모형을 개발하여 상담에 적용하고 있다.

4. Erickson 최면의 특성

최면에 대한 Erickson의 관심은 Wisconsin 대학교에서 심리학 학부생으로 활동하면서 Clark L. Hull의 최면술 시연을 관찰했을 때 일어났다. Erickson은 자신이 본 것에 감명을 받아 자기 방식으로 최면을 시연했다.

그때부터 Erickson은 여름방학을 맞아 아버지의 농장으로 돌아왔을 때 동료 학생, 친구, 가족을 포함해 그를 위해 가만히 있어 줄 사람이라면 누구나 피실험자로 삼아 최면 치료자가 되는 법을 배웠다.

다음 해 가을, Erickson은 Hull의 최면술 세미나에 참가했다. Hull은 여름 동안 사람들에게 최면을 걸었던 Erickson의 경험과 실험실에서의 실험적인 작업을 주로 조사하는 데 전념했다. 대학 3학년 때 그는 수백 명의 사람들에게 최면을 걸었고, 꽤 많은 실험을 했으며, 의과대학 교수진과 심리학과 직원뿐만 아니라 Mendota 시립병원 직원들에게 최면을 시연했다.

그러나 Hull에게서 최면 현상에 대한 공식적인 과정을 이수했지만 Hull과는 다른 관점을 가지게 된다. Hull의 개념이나 전통적인 관점에서 최면은 치료자가 주도권을 가지고 피험자에게 일방적으로 행하여지는 것으로 간주했고, 피험자는 공백의 마음 위에 최면 암시가 각인되는 수동적인 수용자였다.

최면의 역사는 의학에 뿌리를 두고 있으며, 의학은 환자에게 난해한 지식의 기반에 뿌리를 두고 있는데, 그 영향은 의사의 사명에서 비롯된 것으로 보인다. 인과관계의 법칙에 따르면, 의사가 처방하는 외용제는 치료약이다. 항생제는 감염을 개선한다. 그 영향은 외부 요인이다.

하지만 내담자는 효과를 기다리는 것 외에는 할 일이 거의 없다. 역사적으로 최면은 의학에 뿌리를 두고 있으며 종종 의학적인 방법으로 행해진다. 많은 현대의 최면 지수들은 상대적으로 수동적인 환자로부터 치료적 반응을 유도하기 위해 올바른 의학(올바른 제안)을 찾는다.

하지만 Erickson의 경우는 그렇지 않았다. 상담자의 역할은 내담자의 잠재력과 내면의 자원을 자극하는 것이었다. 상담자의 유도에 따른 원인과 결과가 항상 인간의 상호작용에서 작동되는 것은 아니다(Zeig, 2022: 7).

Hull은 최면 상태를 유도할 때 피험자가 어떤 내적 상태에 있느냐보다 상담자가 더 중요한 역할을 한다고 보았다. 따라서 그는 표준화된 최면 유도가 내담자들에게 동일한 방식으로 영향을 준다는 관점을 유지했다.

Erickson은 최면에 대해 Hull로부터 배웠으나 형식적인 유도 의식의 중요성을 과대평가하지 않았다. 대신에 그는 한 가지 개념에 대한 관심의 집중을 강조했다. 그는 '최면 기술이란 내담자들이 스스로의 행동에 대한 잠재력을 더 유리하게 이용할 수 있도록 이끄는 최적화된 환경을 유도하는 것'이라고 주장했다.

Erickson은 최면치료자로 알려졌고, 전 생애를 통해서 무한에 가까운 다양한 실험적인 심리치료 방법들을 실천하고 활용했다. 그럼에도 불구하고 잘 알려지지 않은 사실은 그가 의식적인(ritual) 최면을 사용하지 않고 개인, 부부, 가족들을 위한 간접적인 접근들을 다양하게 발전시킨 점이다. 또한 그는 최면 치료 회기에서 상호작용의 특성을 중요하게 생각했다(Haley, 1967: 17-18).

Erickson은 자신의 경우 약 5분의 1에서만 최면 치료를 사용했다고 보고했지만, 그는 최면에 대해 형식적인 유도 형식의 중요성을 과대평가하지 않았다. 대신에 그는 '한 가지 개념에 대한 관심의 집중을 강조'했다. 그는 자신만의 치료적 접근방법을 분명하게 다음과 같이 말했다.

> 나는 참을 수 없는 통증이나 다양한 문제들을 바로 잡기 위해 적용했던 최면 기술들을 자세하게 기술하여 출판하기를 수없이 요청받았다. 하지만 이러한 요구들에 대한 어떤 답변도 결코 충분할 수 없다.
>
> 왜냐하면 그 답변은 항상 기술이란 그 자체가 목적이 될 수 없고 허용적이 되면서 내담자들의 주의를 집중시키고, 새로운 반응을 유도하는 정신 상태를 만들어서 그들이 깨닫지 못했거나 오직 부분적으로 깨달은 잠재력을 활용할 수 있도록 하는 것이라는 똑같은 대답이기 때문이다.
>
> 이와 같은 최면 기술로 내담자들을 돕거나 원하는 목표를 성취하도록 이끄는 제안사항이나 과제를 제공할 수 있는 기회가 생기게 된다. 즉, 최면 기술이란 내담자들이 스스로의 행동에 대한 잠재력을 더 유리하게 이용할 수 있도록 이끄는 최적화된 환경을 유도하는 것이라고 할 수 있다(Erickson, 1966: 198).

Erickson은 각 인간은 자연의 일부이며 따라서 모든 인간은 자연의 보편적인 힘을 부여받았다고 가르쳤다. 성장, 학습, 자유를 모든 생명체에 내재된 것으로 보기 때문에 치료 중에 내담자들에게 자연적인 성장과 학습 또는 치유에 상응하는 방식으로 반응할 수 있는 자유를 주어야 한다는 것이 논리적으로 뒤따른다.

Erickson은 최면에 대한 자신의 접근법을 '자연주의적인 유도'라고 불렀다. 왜냐하면 변화된 의식 상태를 내담자들에게 강요하기보다는 Erickson은 자신이 트랜스 상태에 들어갈 것이기 때문이다.

상담자의 트랜스에 대한 반응으로 내담자들은 자연스럽게 의식 상태를 변화시킬 것이고 자유롭게 선택된 상태에서 새로운 제안에 더 개방적이 될 수 있다. 우리가 이 유도 방법을 치료 전체로 달성할 수 있는 것과 유사하게 본다면, 치료 자체는 변화를 위한 자연주의적인 유도가 된다.

이러한 접근은 상담자의 기대치가 높아진 상태에서 시작하여 내담자가 성장과 학습의 자연스러운 힘을 활용할 수 있을 때, 그 변화를 어떻게 나타낼 것인지 자유롭게 선택하는 것으로 끝난다.

Erickson 상담자는 기대를 구현하는 것이라고 한다. Erickson 치료의 맥락에서 자연적인 접근은 가장 이상적인 변화가 내부에서 비롯된 것이라는 예상되지 않은 기대다. 그것은 외부 작용제를 통해 인위적으로 유도되기보다는 자연적인 성장과 학습 과정에 의해 촉진되는 변화 유형이다.

자연적인 접근이 의미를 갖기 위해서는 모든 사람들이 배우고 성장하려는 타고난 경향을 가지고 있으며, 기회가 주어지면 대부분의 사람들은 더 큰 건강과 복지를 위해 노력해야 한다고 믿어야 한다. 이 효과를 위해 상담을 통해 가능성이 나타나고 살아갈 수 있도록 기대의 분위기가 적극적으로 만들어진다.

이것은 상담자 자신의 태도로 시작된다. 즉, 내담자가 자신의 문제를 해결하는 데 필요한 해답을 가지고 있다는 깊은 신뢰다. 또한 내부에서 생산된 답변은 다른 사람이 제조한 답변보다 치료 가치가 더 높다고 가정한다.

상담자는 유기적인 성장을 촉진하기 위해 고안된 기술을 사용한다. 따라서 대화 유도, 관대한 제안, 모호성 또는 눈덩이 효과와 같은 방법론은 모두 모든 인간 마음의 무의식적인 부분에 존재하는 변화의 자연적 힘을 자극하기 위한 것이다.

이런 일이 발생하면 치료에서의 성취는 의식적인 노력 없이 자동적으로 이루어지는 것처럼 보인다. 이런 경험을 한 내담자는 "어떻게 그런 일이 일어났는지 모르지만 나는 다르다."라고 말할지도 모른다. 하지만 전과 같은 문제는 사라진다.

모든 내담자들이 의식적으로 지시된 사고의 중재 없이 내면에서 자신의 경험을 재구성할 수 있다. Erickson에 따르면, '자연적 접근은 의식적 기능과 무의식적 기능 사이의 증가된 이분법(내담자의 인식에서)을 개발함으로써 발전'된다.

한 내담자와 함께 일하면서 Erickson은 두 가지 심리적 시스템을 다룬다. "당신은 의식적인 마음과 무의식적인 마음, 두 마음으로 내 앞에 앉아 있습니다." 이 두 가지 중 무의식적인 과정은 상담자가 기억력, 자동 기능, 내부 및 외부 자극을 처리할 수 있는 더 큰 능력을 가지고 있다고 가정한다.

무의식은 삶의 모든 경험의 거대한 저장소로 간주되며, 깊숙이 새겨져 있지만 무의식적으로 내담자를 안내하는 데 도움이 된다. 따라서 무의식은 의식적인 마음에 알려지지 않은 욕구와 경험에 대한 인식을 가지고 있다.

Erickson 상담자는 유기적인 성장을 촉진하기 위해 고안된 기술을 사용한다. 따라서 '간접적인 대화 유도, 관대한 제안, 모호성 또는 눈뭉치의 효과'와 같은 방법론은 모두 모든 인간 마음의 무의식적인 부분에 존재하는 변화의 힘을 자극한다.

이런 일이 발생하면 치료에서의 성취는 의식적인 노력 없이도 자동적으로 이루어지는 것처럼 보인다. 이런 경험을 한 내담자는 "어떻게 그런 일이 일어났는지 모르지만 나에게는 일어났다."라고 말한다.

자연적인 상담과정을 뒷받침하고 상담자의 의사 결정과 내담자에 대한 행동을 지배하는 여러 가지 중심 가정이 있다. 이러한 가정에 대한 지식은 상담자가 확립된 기술을 기계적으로 재현하기보다는 개입의 정신에 따라 운영할 수 있게 한다.

- 가장 이상적인 변화는 내담자 내면에서 만들어진다.
- 내담자들은 의식적으로 지시된 사고의 중재 없이 자기 내면에서 자신의 경험을 재구성할 수 있다.
- 내담자의 무의식은 자신의 문제를 해결하는 데 필요한 답변을 가지고 있다.
- 치료 변화는 성장, 학습 및 더 큰 건강과 복지 추구에 대한 자연스러운 경향을 불러일으킨다.
- 치료는 융동성이 있어야 하며 창의력, 분별력 및 자기 결정의 기회를 포함하여 내담자의 최대 자율성을 허용해야 한다.
- 집중된 관심으로 특징지어지는 트랜스 상태는 특히 새로운 학습과 기준틀의 변화에 도움이 되며 따라서 변화 과정에 중요하다.
- 치료 제안은 단일 구체적인 결과를 처방하기보다는 일반적인 긍정적인 기대치를 전달할 때 더 효과적이다.
- 내담자가 할 수 있는 권한을 부여받을 때 가장 효과적인 제안이 된다.
- 내담자들은 변화의 자기 조직 원리에 따라 배우고 성장할 때 가장 건강하다.
- 자기 결정의 감각은 재발의 확률을 감소시키고 개인적인 발전으로 이어진다.

트랜스에 대한 Erickson의 이해는 대부분 자연발생적인 경험에서 비롯되었다. 예를 들어, 그가 청소년기에 전신이 마비되었을 때, 신체적인 회복을 위해 사용했던 중요한 전략은 하나의 작은 단위의 근육을 선택하고(예를 들어, 오른쪽 검지), 그다음에 그 근육을 건강하게 잘 움직였던 어렸을 적 경험들(예를 들어, 나무에 매달려 신나게 노는 것)을 생생하게 떠올리는 것이었다.

일정기간 동안 계속 그런 기억에 몰입함으로써, 그는 그 손가락의 근육을 관념 운동적인 움직임으로 발전시켰다. 그는 자신이 신체적인 약점에서 벗어나고자 하는 강렬한 열망이 미세한 근육 운동을 만들어 낼 수 있었다(Erickson & Rossi, 1977).

　여기에서 중요한 점은 마음챙김 접근을 시도하는 전문가들과의 차이다. 마음챙김은 자기 인식과 진실에 관한 것인데, 최면을 자기 기만의 한 형태로 규정하는 전문가들에게 Yapko는 다음과 같이 주장했다.

　내가 믿는 것이 마음챙김과 최면의 결합된 주제에 대한 나의 첫 번째 저서인 『Mindfulness and Hypnosis: The Power of Suggestion to Transform Experience』(2011)을 썼을 때, 마음챙김의 방법에 대한 상당한 연구와 마음챙김 운동의 칭송받는 지도자들과 그 방법의 본질에 대한 이해를 인터뷰했다.

　나는 그들이 흔히 말하는 비판단적 철학의 판단적 측면을 직접 경험했다. 많은 인터뷰 대상자들은 "내 좋은 마음챙김에 그 병든 최면을 붙이지 마세요!"라고 말하는 것처럼, 완전히 거부감은 아니더라도 다양한 정도의 분노로 반응했다.

　마음챙김 수행은 그들이 자랑스럽게 말하는 것처럼 자기 이해와 삶의 시련에 대한 고요한 수용, 영적 성장을 개발하는 데 전념하는 동양의 고대 지혜 전통에 뿌리를 두고 있다. 종교적 도그마나 정통성이 없다고 하는 것은 아마도 아무것도 강요하는 것이 아니라, 단순히 사람들의 '진정한 자아'에 대한 내적인 깨움을 이끌어 내고, 그들이 인정을 함양하고, 트랜스에서 깨어나도록 돕는다.

　마음챙김 커뮤니티는 최면의 장점을 인정하는 데 상당한 노력을 기울이지 않는다. 내가 이 논문을 위해 인터뷰한 한 명 이상의 전문가는 "어떻게 최면과 마음챙김에 관한 책을 쓸 수 있는지 모르겠다. 최면은 전적으로 암시에 의존하지만 마음챙김에서는 암시를 사용하지 않는다." 라고 말했다.

　나의 대답은 믿을 수 없다는 것이었다. "당신은 사람들이 호흡에 집중하도록 지시할 수 있지만 당신이 암시하는 것은 없다고 단언할 수 있나요? 당신은 사람들에게 판단력이 없고 그저 현재의 순간 의식에 머물도록 지시할 수 있지만, 당신이 아무것도 암시하지 않는다고 믿습니까?

　당신은 사람들이 그들 자신과 다른 사람들에 대한 동정심이나 사랑스러운 친절함을 발달시키는 데 집중하도록 격려할 수 있지만 당신이 애정의 유도를 암시한다는 것을 인정하지 않을 수 있습니까?"

　명상은 자기인식과 진실에 관한 것인데, 최면을 자기 기만의 한 형태로 규정하는 것은 나에게 참으로 두려운 관점이다. 최면이 표면적으로 발견을 방해한다는 것은 명상을 통해 발견해야 할 어떤 진실이 있음을 전제한다.

　인지 신경 과학의 세계에서 우리의 자기인식 능력은 단지 우리의 신경생물학적 구성에 의해 제한된다는 증거가 증가하고 있는 상황에서, 자기인식은 그 자체로 기만적인 목표다.

최면, 마음챙김 명상, 그리고 다른 모든 사색적이고 경험적인 연습은 단순히 그 경험에 흡수된 사람에게서 증폭하려고 노력하는 것과 그들이 프라이밍하는 것에 따라 다른 효과를 보여 줄 것이다.

간단히 말하자면, 자기인식이라고 생각하는 것은 그렇게 되지 않는다. 당신이 진실을 알고 있다고 생각한다고 해서 실제로 그렇게 하는 것은 아니다. 최면은 사람들로 하여금 기분이 나아지도록 도움을 줄 수 있는 암시된 인식을 채택하도록 이끌지 모르지만, 명상은 정확히 같은 일을 하지만 다른 경로를 통해 수행한다.

사람들은 단순히 또 다른 주관적인 진실을 채택하는데, 이는 아마도 이전에 가지고 있던 진실보다 더 좋게 느끼지만 객관적인 현실과 훨씬 더 관련이 없을 수도 있다. 물론 탐구할 가치가 있는 명상과 최면 사이에는 과정과 내용상의 차이가 있다.

그러나 나는 두 접근법 사이의 선천적인 차이 때문이라고 보는 대신, 그것들이 실질적으로 다른 초점에서 발생하는 차이로 더 잘 이해될 것이라고 믿는다. 최면을 배우는 사람들은 명상을 할 때와는 다른 인지, 영향 및 생리의 특성을 자극할 것이다. 마찬가지로 최면 회기는 현재의 신경과학이 반복적으로 보여 준 것처럼 명상을 할 때와 뇌의 다른 부분을 예측 가능하게 관련시키고 영향을 미칠 것이다.

달리 말하면, 최면의 임상적 적용은 일반적으로 마음챙김에 대한 접근법과는 상이한 경험적 및 지각적 과정을 목표로 할 것이며, 이는 상이한 상응하는 신경학적 및 경험적 결과를 가상적으로 보장한다. 최면 상담자는 일반적으로 더 큰 자기인식 또는 순간 순간 경험이 아닌 증상 감소를 목표로 한다.

그러나 사람들이 더 의식하고, 개방적이고, 더 수용하기 위한 수단으로 좁거나 광범위하게, 내적으로 또는 외적으로, 구체적이거나 추상적으로 집중하도록 장려하는 것은 최면이나 마음챙김 중 어느 것에만 국한된 것은 아니다.

암시는 모든 치료에 내재되어 있다. 이것을 아는 것은 우리가 어떤 것의 포장과 광고보다 본질에 더 집중할 수 있도록 도와준다. 마음챙김은 사람들을 그들의 자원과 더 나은 자아에 연결하는 훌륭한 매개체다.

하지만 최면도 마찬가지다. 나는 마음챙김에 대한 열정이 광범위하고 여전히 증가함에 따라 문헌에 매우 잘 기술된 이러한 경험의 최면적 구성요소에 대한 더 큰 검토와 감사가 있기를 희망한다.

우리는 어떻게 부분의 합보다 전체를 더 크게 만드는 지식을 사심 없이 공유할 수 있을까? 나는 그러한 질문에 대한 부처님의 대답이 완벽하다고 생각한다. "마음이 먼저 옵니다. 행동과 말 앞에 생각이나 의도가 있습니다(Yapko, 2020)."

치료 목표를 정하는 것보다 내담자가 자기 방식대로 반응할 수 있는 분위기가 중요하다. 그리고 이러한 반응을 활용하기 위해서 내담자는 안전감을 가져야 한다. 위협적인 상황으로 느낀다면, 의미 있는 상담은 더 이상 진행될 수 없다.

'신체적 긴장을 푸는 개입은 내담자가 안전감을 느끼게 하는 데 필수'적이다. 이를 위해서 상담자는 내담자들에 대한 고정관념이라는 선입견을 버리고 잘 듣고 솔직하게 반응하면서 그들이 '대화하기 편하고' '이해받으며' '따뜻하게 돌봄과 배려를 받고 있다.'는 경험을 할 수 있도록 그들을 온전하게 받아들인다.

상담자와의 안전하고 신뢰로운 관계는 내담자가 지금-여기에 집중하게 하며 지금-여기의 있는 그대로의 경험, 그리고 자신의 취약성에 대한 직면과 탐색을 촉진한다. '트랜스 상태는 내담자를 이완시키고, 스트레스의 부정적 영향을 감소시킨다. 그리고 자신의 주의를 관리할 수 있는 힘을 증가시키고 자발성과 창의성을 활성화시킨다.'

Erickson이 다가오는 치과 시술에 고통을 걱정하는 고집불통의 중년 여성 내담자와의 시연을 제자들 앞에서 하게 되었다. "얘기해 보세요. 전에 트랜스에 빠져 본 적 있어요?" Erickson이 부인에게 묻는다. Erickson의 목소리는 느리고 멜로디컬해서 마치 부모가 어린 아이에게 잠자기 전에 이야기를 읽어 주는 것 같다.

"그런 것 같아요." 그녀가 대답한다. Erickson은 웃으며 앞으로 몸을 기울인다. "당신은 그렇게 생각합니다." 그는 천천히 여자의 손을 들어 올리고, 몇 초 후에, 놓아준다. 여자의 손은 높이 유지된다.

"그런데 언제쯤 저를 위해 트랜스에 빠질 것 같으세요?" 그가 그녀에게 묻는다. "제 팔의 느낌과 같이, 저는 지금 제 팔이 하나가 될지도 모른다고 생각합니다."라고 그녀는 대답한다. Erickson은 부인의 말을 천천히, 의문을 제기하면서도 긍정하는 어조로 반복한다. 그녀는 고개를 끄덕인다.

"당신의 팔은 어떤 점에서 다른 느낌입니까?"라고 그는 묻는다. 얼얼하다고 그녀는 대답한다. Erickson은 "당신과는 떨어져 있어요."라고 말했다. 부인이 고개를 젓는다. "아니요." 그녀가 대답한다. "얼얼해요."

이번에 Erickson은 그냥 평범한 떨어짐이라고 말한다. "아니, 아니, 따끔따끔해요. 내 손이……." 부인이 멈춘다. "음, 아마 떨어졌을 거예요."라고 그녀는 말한다. "예전처럼 내 부분이 아닌 것 같아요."

얼마 지나지 않아 Erickson의 제안으로 여성의 눈이 감긴다. 호흡이 느려지고, 숨을 들이 쉴 때마다 어깨가 들썩인다. 그녀의 팔은 계속 올라간 상태다. 약간의 오락가락 끝에 Erickson은 여성의 고질적인 치아 통증에 대한 두려움을 묻는다.

"모르겠어요. 저는 별로 고통을 받지 않아요."라고 그녀는 대답한다. 이는 대부분의 상담자들이 달성하는 데 몇 달이 걸릴 수도 있는 획기적인 사건이다. Erickson은 단 6분 만에 이를 달성했다(Lyford, 2023).

Erickson이 1957년 설립한 미국임상최면학회(ASCH)는 현재까지 수만 명의 의료 및 정신건강 전문가들을 배출했다. 오늘날 Erickson이 최면을 거는 영상은 소수에 불과하고, 대부분은 몇 분밖에 되지 않지만, Erickson을 연구하는 학생들은 몇 시간 동안 그것들을 해부하며 단어 하나하나와 억양으로부터 임상의 천재성을 이끌어 내려고 노력하는 것으로 알려져 있다.

새로운 생각이나 통찰력을 발견할 여유가 없다면, 창의적이 되는 것은 힘들다. 수용적이 된다는 것은 수동적으로 물러나는 것이 아니라, 자연스럽지 않은 일을 강요하지 않는 행위이고, 현재 일어나고 있는 그대로에 맞추어 움직이는 것이다.

상담자가 내담자의 경험에서 일어나는 것들에 대해 관심을 가지고 수용하면 자연스럽게 공감하는 분위기가 이루어진다. 공감적인 반응은 간접적으로 강력한 암시적 요소를 포함하기 때문에 내담자들을 트랜스 상태로 이끌 수 있다.

내담자들이 '현재 경험에 초점을 맞추고 수용하는 것은 문제를 넘어서서 서로의 존재 자체로서 교감을 나누게 한다.' 단지 내담자의 무력감과 연결되는 느낌을 감지하고 온전히 수용하면서 불확실성을 인내할 수 있는 능력을 지지하고, 그러한 무력감을 이겨 내려고 애쓰기보다는 더욱 귀를 기울여 친숙해지도록 도울 수 있다.

상담자의 '신체에 대한 질문은 내담자가 미래 또는 과거 중심의 사고에서 벗어나 신체를 통해 현재 순간을 경험'하도록 돕고, 내담자가 외상적 경험에 묻혀 있는 것을 뒤로 물리고 관찰하는 자아의 관점에서 보고하도록 권장한다.

Erickson은 신체적인 움직임을 세밀하게 관찰하고 활용하여 작은 변화를 만들어 냈으며, 그 증상을 생산적으로 활용했다. 이러한 개입은 "당신은 해낼 수 있는 능력을 가지고 있다."라는 암묵적인 메시지를 전달했고, 하나의 후 최면 암시가 되어 내담자가 상담실 밖에서도 무의식적으로 이 메시지를 활용하도록 도왔다.

대단히 작은 반응을 얻고 그것을 토대로 목표를 성취할 때까지 확대시키는 것이 Erickson 작업의 특징이라 할 수 있다. 만약 중대한 부분에서의 변화를 추구하려면, 작은 부분에서의 변화가 전체 체계를 변화시킨다(Haley, 1973: 34-35).

상담자가 내담자에게 어떤 감각에 주의를 기울이라고 하면, 그는 그것을 불안, 즉 그가 잘 알고 있는 몸의 느낌이라고 보고하지만, 그는 다른 어떤 것도 느낄 수 없다. "배, 다리는 어때요?" 상담자가 묻는다.

"아, 괜찮아요." 내담자가 대답한다. 상담자가 다시 제안한다. "네, 당신의 배, 다리는 괜찮습니다. 그리고 그런 괜찮음을 알아차리도록 집중해 보세요." 상담자는 신체에 대한 주의력을 환기시키는 것이다. 내담자들 특히 아이들은 공격당하는 싸움에서 탈출할 가능성이 적다는 것을 인식할 때 전형적으로 얼어붙는다.

이러한 얼어붙는 경험은 위험이 사라진 후에도 이 동결 반응에 갇혀 있을 수 있다. 이렇게 되면 그들은 더 이상 위험에 처하지 않지만, 몸은 여전히 공격당한 반응으로 쌓아 올린 에너지를 간직하고 있다. '얼어붙은 에너지가 사용되지 않고 몸속에 남아서 불행한 경험에서 완전히 회복되지 못한다.'

하지만 트랜스 상태에서 내담자는 자신의 투쟁이나 동결 반응의 패턴을 완화하고 통합과 자기 목격을 촉진하는 전두엽 피질의 뇌 영역을 자극할 수도 있다. 이러한 순간에 내담자는 다른 가능성에 대해 몸과 뇌를 다시 교육하는 것이다. 이로써 그는 자신의 몸에 대한 믿음을 바꾸기 시작한다.

내담자는 불안과 함께 있을 수 있고, 그것이 그의 몸을 통해 움직이도록 허락할 수 있으며, 그를 압도하지 않을 수 있다. '트랜스는 신체의 반사적 반응을 늦추고, 목격하는 마음이 현재에 참여할 수 있게 하며, 불안의 강도를 줄이는 방법'이 된다.

상담실에서는 현재의 신체감각을 통해 핵심 재료들을 감지할 수 있다. 그러나 다양한 외부의 근원에 자신의 조건에 대한 책임을 전가하는 사람으로 정의되는 성격장애자들과 상담하는 것은 그들이 자신의 내면을 들여다보는 '트랜스 상태에 참여하기 전에 평범한 의식에서의 상담' 접근이 필요하다.

정신질환을 가진 내담자들은 마음을 공부할 수 있는 충분한 심리구조를 가지고 있지 않다. 하지만 구체적인 트랜스는 심리구조를 만드는 데 도움이 될 수 있다. 예를 들어, "당신의 몸에서 무엇을 느낍니까?" "바닥에 발을 기대고, 의자를 등지고 있는 걸 느낄 수 있나요?" 등의 질문이 있다. 또한 트랜스 상태는 함께할 일이 있는지 확신하지 못하는 내담자들을 하나로 모을 수 있다.

트랜스 상태를 훈련시키기 위해 상담자는 "정확히 지금 몸의 어디서 긴장을 느낄 수 있습니까?" "지금 다리에서 어떤 감각을 느끼고 있습니까?" "손이 주먹을 쥐면 몸의 나머지 부분은 어떤 일이 일어날까요?"와 같은 질문을 한다.

내담자는 이러한 질문에 침묵이나 모르겠다고 반응한다. 상담자는 "맞는 말입니다. 모를 수 있죠. 그리고 만사 귀찮을 때도 있습니다. …… 지금 나는 당신이 그런 자신을 받아들일 수 있는지 궁금합니다."라고 반응하면서 내담자에게 몰입하면, 내담자도 점차 자신의 내면에 몰입하면서 그 배경을 자세하게 표현할 수 있다.

트랜스 상태를 경험시키면 내담자 적응에 도움이 된다. 가령, 내담자들이 기분이 저하되어 우울상태에 있을 때 트랜스를 경험시키면 저하된 기분을 정상 수준으로 끌어올리는데 도움이 된다. 이와 반대로 내담자들이 기분이 지나치게 고양되어 조증상태에 있을 때 트랜스를 경험시키면 신경계가 진정되면서 과잉 활성화된 기분을 정상 수준으로 낮추는데 도움이 된다. 내담자에게 트랜스 상태는 자동적이고 습관적인 양식 또는 무의식적 양식에서 벗어나는 시작지점이 될 수 있다.

'자신 안에서 저절로 발생하는 통찰 속으로 들어가려면, 무엇보다 자신에 대한 의식적인 욕심과 인위적인 통제를 버려야 한다.' 문제를 해결하고자 하는 욕심이 아닌 무한한 개방과 받아들임이 필요한 것이다.

> 내담자는 먹고 싶은 강렬한 충동 때문에 상담을 요청했다. 상담자는 그에게 마치 음식을 집을 때처럼 천천히 팔을 뻗었다가 안으로 굽혀 보는 실험을 반복하도록 했다. 그리고 그런 상황에서 자기 자신의 내면에서 발생하는 모든 것, 어떤 느낌과 말, 생각, 기억, 충동이 저절로 일어나는 것에 주의를 기울이면서 자연스럽게 몰입 상태로 들어가도록 도왔다.
>
> 그가 경험의 신비 속으로 들어가면서 알게 된 느낌은 어떤 긴박감이었다. 상담자는 이런 긴박감을 탐구하기 위해 몸의 어느 부분에서 느껴지는지를 물었다. 그는 팔과 다리에서 느껴진다고 반응했다.
>
> 그는 몰입 상태에서 어떤 자각에 이르게 되었다. 그것은 자신에게 힘이 있어야 하고, 그런 힘을 얻기 위해서는 먹어야 한다는 것이었다. 그러자 상담자는 무엇을 위해 그런 힘이 필요한지를 물었다.
>
> 그는 아버지의 기대를 충족시키기 위해 자신을 습관적으로 몰아치는 것을 알아차리게 되었다. 또한 아버지가 원하는 것을 맞추어 주지 못한다면, 인정받지 못한다고 믿는 한 부분이 자신의 내면에 있음을 깨닫게 되었다.
>
> 그런 왜곡된 신념이 늘 먹고 싶은 충동적인 경험을 만들어 냈던 것이다. 또한 그는 의식의 표면에서 나타나는 것과 심층에서 나타나는 것이 분리되어 있는 것이 아니라, 서로 연관되어 있음을 알게 되었다.

어떻게 단순히 생각과 감정을 조율하는 것이 몸 전체에 걸쳐 그렇게 많은 긍정적인 결과를 가져올 수 있을까? 연구원들은 '트랜스 상태의 이점이 스트레스에 대한 신체 반응을 낮추는 능력'과 관련이 있다고 믿는다.

만성적인 스트레스는 신체의 면역 체계를 손상시키고 많은 다른 건강 문제를 더 악화시킬 수 있다. 스트레스 반응을 낮춤으로써, 몸 전체에 효과를 가져올 수 있다. 따라서 트랜스 상태는 순간의 경험을 알아차리기 위해 판단이나 선호 없이 내담자의 관심을 내면으로 돌리는 것을 포함한다.

상담자의 '트랜스 상태는 자신의 주의를 내담자의 현재 순간 경험을 향해 내면으로 돌리는 것'을 포함한다. 그것은 억지로 생각하고 사물을 알아내며 자신의 경험을 바꾸려고 노력하는 것이 아니라, 단지 그것이 거기에 있도록 허용하고, 그것이 어떻게 변하는지 알아채는 것을 포함한다. 내담자는 관심, 경험에 대한 열정, 수용, 안전감을 확보하기 위해 상담자와의 연결이 필요하다.

어떻게 상담자로서 내담자가 내면을 탐험하도록 고무시키는 분위기를 만들 수 있을까? '상담자의 트랜스 상태는 내담자들과 그들의 정신 사이에 직접적인 연결을 가능하게 하는 주요 도구'며, 내담자가 자신이 진정 누구인지 발견하는 기초다.

내담자의 지속적인 트랜스 상태는 '그를 더 이상 외부 조건에 의존하지 않고, 내면의 자유를 이끌어 낼 수 있는 바탕'이 된다. 새로운 경험의 결과로 나타난 신경 패턴은 우리 삶 전반에 걸쳐 변화를 이끌어 낸다.

자신의 경험에 대해 이야기하는 것은 내담자들이 외로움을 줄이는 데 도움이 될 수 있지만, '장기적인 변화가 일어나기 위해서는 새로운 경험을 만들어 낼 필요'가 있다. 트랜스 상태는 내담자들이 자신의 세계의 핵심 모델로 들어가는 진입로로서의 순간 경험을 중심으로 방향을 잡게 한다.

집단상담에 대한 연구에서 참가자들은 부정적인 사진에 덜 반응하고 긍정적인 사진을 볼 때 긍정적인 느낌을 더 많이 나타냈다. 결국 '상담은 단순히 우리 마음을 편안해지도록 하는 것이 아니라 오히려 우리의 불편함, 두려움을 사랑과 동정심으로 변형시켜 고통을 겪을 수 있는 능력을 키우는 것'이다.

과학자들은 '트랜스 상태가 뇌의 두 가지 다른 스트레스 경로에 영향을 미치고, 주의력과 감정 조절과 관련된 영역에서 뇌 구조와 활동을 변화시킨다.'는 것을 발견했다. 과학자들은 또한 어떤 요소가 그것의 유익한 영향에 책임이 있는지 이해하기 시작하고 있다. 트랜스 과정을 통해 가능한 변화는 다음과 같다.

- 변연계와 전전두엽 피질 사이의 신경 연결 강화
- 자기 관찰 및 자기 규제에 대한 잠재력 증가

- 무의식적인 내부 관찰자 개발
- 의식에 가져올 수 있는 잠재력 향상

주의(attention)가 가는 곳마다 나머지 뇌가 따라온다. 주의는 뇌에서 계산한 자원을 인지하고 선택하며 지시할 수 있게 해 준다. 어떤 의미에서는 주의가 뇌를 이끈다. 주의를 뇌의 리더라고 생각할 수 있다.

상담자의 몰입은 자신의 내면 경험에 적응함으로써 내담자에게 동일한 수준의 조율을 가져오는 데 도움이 된다. 이를 통해 내담자가 말하는 내용에 보다 공감하고 효과적으로 대응할 수 있도록 개인적인 반응을 인식할 수 있다. 즉, 연결 상태를 유지하고 깊이 듣는 능력을 향상시키는 데 도움이 된다.

트랜스 상태에서 우리는 집중 또는 집중된 주의라는 핵심 기술을 개발하면, 따뜻함, 측은히 여김, 감정 이입, 평정, 협력하려는 의지 등 상담자와 내담자 모두 이런 자질을 개발하고 상담 관계로 가져올 수 있다.

우리는 코끝의 호흡 감각과 같은 경험의 특정 측면으로 초점을 좁혀 마음을 집중시킨다. 이와 같은 기법은 단순히 우리가 '실제로 일어나고 있는 일과 현재 상태를 유지하고 연결되도록 함으로써 임상 시간 동안 매우 유용할 수 있다.'

그런 다음 신체적 감각, 생각, 감정, 소리가 발생하고 사라질 때 모든 경험을 포함하도록 주의 영역을 확장한다. 이 기술을 개발함으로써 우리는 가장 어렵고 고통스러운 감정을 포함하여 발생하는 모든 일을 알아차리고 열린 상태를 유지하는 능력을 향상시킨다. 내담자가 길을 잃고 혼란스러워하더라도, 상담자는 다음과 같은 집중된 주의에 기반한 질문을 함으로써 돌아올 수 있도록 도와줄 수 있다.

"지금 무슨 일이 일어나고 있습니까? 지금 일어나고 있는 일에도 불구하고 숨을 편안하게 쉴수 있습니까?" 또한 자비로운 수용력을 개발함으로써 어렵고 고통스러운 경험에 대한 저항을 줄이고 기꺼이 놓아주려는 의지를 높일 수 있다. '조금 물러서면, 생각과 감정을 객관적인 생각과 느낌으로 볼 수 있다.'

상담자는 몰입된 기술을 모델링하는 것뿐만 아니라 집중된 주의에 입각한 질문을 함으로써 도움을 줄 수 있다. "당신의 몸은 이 고통스러운 경험과 어떤 관련이 있습니까? 당신의 개인사를 감안할 때, 당신이 왜 그렇게 느끼는지 이해할 수 있겠습니까? 이 어려운 시기를 겪으면서 어떻게 자신에게 친절할 수 있습니까?"

최면을 배우고 사용하려는 다른 전문가들 앞에 장애물을 놓는 일을 그만해야 한다. 인증과 상담 시간을 늘려 더 힘들게 하고 최면의 모든 위험에 대한 이야기로 사람들을 겁주는 대신, 사람들이 더 쉽게 참여하고, 사람들이 최면 접근법을 사용하는 장점을 보고 즐길 수 있도록 해야 한다고 생각한다.

이제 최면의 사용이 의사나 석사 수준의 전문가가 아니라 최면을 능숙하게 사용하기 시작한 사람들에게 확대되기 시작했다는 사실이다. 그것은 학업 훈련에 관한 것이 아니라, 당신이 무엇을 하며, 사람으로서 어떤 사람인지에 관한 것이다.

우리는 더 많은 사람이 그들이 하는 일을 잘하고, 그들이 말하는 것에 민감하며, 그들이 소통하는 것에 대해 명확하고, 의사소통자로서 자신을 책임지도록 격려해야 하지 않을까? 좋은 최면 훈련은 이런 것들을 가르친다.

나는 제한적이기보다는 최면을 더 쉽게 접근할 수 있도록 하는 것에 기꺼이 투표하겠다. 마지막으로 한 가지 우려 사항을 제기하고 싶다. 어떻게 하면 최면을 전문적이고 학술적인 훈련 프로그램에 도입할 수 있을까?

만약 사람들이 처음부터 최면의 가치를 인식하도록 훈련되지 않는다면, 그들의 임상 실습 방식이 이미 잘 확립되어 있는데 왜 10년이나 20년 후에 최면술에 도달했을까? 나는 개발하는 전문가들이 첫날부터 개념과 언어를 배울 수 있도록 최면을 대학원 프로그램과 의과대학에 도입하기 위해 더 강력한 집단적 노력을 동원할 필요가 있다고 생각한다.

최면술은 그들의 초기 학문적인 훈련에서부터 무언가에 대해 생각하는 그들의 방식의 일부가 되어야 한다. 전문적인 접근법이 이미 잘 확립되어 있는 상황에서, 그들은 수년 후 최면을 받으러 올 가능성이 너무나 희박할 뿐이다.

이것은 나로 하여금 최면의 광범위한 사용에 대한 생각으로 이어지게 한다. 이제 나는 임상 심리학자가 되었다. 나는 우울증이 문제가 되는 개인, 부부, 가족을 치료한다. 최면술은 나의 실천에서 큰 부분을 차지한다.

나는 특히 사람들이 어떻게 일을 잘 해내는지에 대한 질문에 깊은 관심을 가져왔다. 나는 누군가가 끔찍한 역경에서 어떻게 다시 살아났는가와 같은 질문을 했다. 그들이 역경에 직면했을 때, 어떻게 자신이 절망과 우울증에 빠지지 않도록 해 주었을까? 사람들은 힘든 시간에 직면하지만 여전히 균형을 유지하는 사람들을 어떻게 대처하고 문제를 해결할까?

일을 잘 해내는 사람들의 기술은 무엇일까? 그것이 바로 제가 심리치료라는 작은 세상에서 하고 있던 일이다. 그리고 이러한 질문들에 대한 대답은 내가 워크숍에서 쓰고 가르치는 것들이 되었다(Yapko, 2014: 19-20).

5. 트랜스 상담 사례

상담자는 Suzanne과 2년 전에 함께 작업했다. 그 당시 그녀는 남자친구 Ken과 정서적인 학대 관계에 있었다. 여러 번 그녀는 Ken의 학대에서 벗어나려고 노력했지만, 그와 헤어지는 것에 대한 두려움으로 학대를 받아들이는 선택을 했다.

그녀는 '자기 자신을 가치 있게 만드는 방법을 배우기 위해' 치료에 참여했다. 5개월 동안 상담자는 Suzanne과 함께 그녀의 욕구와 감정을 신중하게 검토하면서 그녀의 표현을 공감적으로 반영했다.

이와 같은 과정과 다른 지원을 통해서, 특히 헌신적인 친구들의 도움을 받고서 그녀는 마침내 Ken에게서 벗어나겠다는 결심을 하게 되었다. "정말 행복해지고 싶거든요." 그녀가 선언했다. "그리고 저는 더 이상 나 자신을 괴롭히지 않을 거예요."

"Suzanne, 당신이 하는 말에 확신을 가지기 위해 도와줄 수 있는 뭔가를 초대할 수 있을까요?" 그녀는 상담자를 호기심 있게 바라보았다. 상담자는 트랜스 상태가 될 때 특정 경험이 뇌에 더 깊이 들어갈 수 있다고 설명하면서 그녀에게 눈을 감고, 호흡에 집중해 보도록 제안하면서 바닥에 붙인 발의 느낌, 그녀의 무릎에 놓은 손의 느낌을 세밀하게 인식해 보라고 밀했다.

다양한 신체감각에 대한 인식을 5분 정도 집중하도록 도운 후에, 상담자가 개입했다 "그래요 Suzanne, 나는 당신이 좀 전에 말했던 단어를 반복하도록 초대하고 싶어요. '나는 정말로 행복하기를 바란다. 더 이상 나 자신을 괴롭히지 않을 거다.' 그리고 이런 표현을 할 때, 당신의 신체에서 어떤 미세한 변화가 보이는지 살펴보세요."

그녀는 천천히 그 표현을 반복했고, 잠시 휴식을 취한 후 말했다. "나는 내 어깨가 처지는 것을 느낍니다. 그리고 내 배가 부풀도록 깊게 호흡합니다. 이 느낌은 좋고, 나는 …… 순수함을 느낍니다. 그런데 지금 뭘 하고 있는 거죠?"

상담자가 언급했다. "우리는 새로운 확고함의 가능성에 빠져들기 위해 트랜스 상태에서 자신을 검토하고 있습니다. 당신 자신의 경험에서 매우 중요한 단서를 찾는 것입니다." 그녀는 눈을 뜨고 미소를 지으며 말했다. "정말 굉장해요."

다음은 트랜스 상태에서 언어적인 접근을 시도했다. 그리고 그런 경험으로 그녀는 자신의 자원에 대한 긍정적인 경험을 이야기할 수 있었다. 눈을 감고, 자기 내면으로 들어가 자신을 더 잘 느낄 수 있는 시간을 기대하기 시작했다.

왜 상담자가 이 특별한 순간을 그녀에게 트랜스를 소개하기로 선택했을까? 첫째, 상담자는 미래의 트랜스 기반 작업을 위한 단계를 설정하기 위하여 trance 상태의 긍정적인 경험을 기대할 순간을 찾고 있었다.

둘째, 상담자는 치료관계를 충분히 견고하게 느끼기를 바랐다. 트랜스에 기반을 둔 작업에서 상담자는 내담자가 본질적으로 스스로를 경험하는 새로운 방법을 탐색하도록 초대하므로 만족스러운 라포가 형성되어야 한다.

자신을 이해하고 싶어 하는 내담자들을 위해서 상담자는 트랜스 상태가 어떻게 작동하는지를 그들에게 가르친다. 이성적인 판단을 위해 뇌의 일부인 전전두엽의 역할에 대해서도 설명한다. 뇌는 관계의 초기 경험과 기본 생존과 관련된 파충류 뇌에 의해 패턴화된 변연계에 대해서도 설명한다.

그러나 트랜스 작업에 대한 첫 번째 진행에서 Suzanne의 열정이 줄어들기까지는 시간이 그리 오래 걸리지 않았다. "여기에 와서 이렇게 훌륭한 경험을 했고, 편안한 느낌도 명확해졌어요. 하지만 그 후에는 남자와 데이트를 했는데, 어디에서도 그런 평온함을 찾을 수 없었어요."

그녀는 남자와의 데이트에 심한 좌절감을 느꼈다. 상담자는 그녀의 좌절감을 인정하고, 데이트를 하는 데 도움이 될 수 있는 새로운 트랜스 방식을 제안했다. 그녀는 회의적이었지만 호기심도 있었다.

"Suzanne, 방금 데이트를 한 남자의 이야기를 할 때 어떤 경험을 했는지 말씀해 주실 수 있겠습니까?" 그녀가 대답했다. "아, 말할 수 있습니다. 내가 멈출 수 없는 것 같아요. 나는 초조해져서 집 안을 청소하죠. '전화가 오지 않으면 다른 사람과 계획을 세울 거야.'라고 계속 생각합니다."

우리의 뇌에서 변연계가 완전히 고갈되거나 지나치게 활성화될 때 문제를 일으킨다. 분노의 폭발, 충동적인 행동, 갑작스러운 결정 등 이러한 행동들은 과도하게 활동적이고 일시적으로 불안정한 변연계를 반영한다.

트랜스 상태의 상담에서 내담자에게 자기 조절을 위한 첫 번째 단계로 활동 수준을 추적하도록 제안한다. "당신이 지금 데이트에 대해 이야기할 때도, 흥분한 것 같습니다. 1에서 10까지의 척도로 당신의 흥분 수준을 어떻게 평가하겠습니까?"

"지금은 6 정도예요. 내가 최악의 상황에 처했을 때처럼 나쁜 건 아니에요. 그러면 나는 8이나 9에 해당될 거예요." "좋아요, 그래서 최악의 상황은 아니군요. 이걸 탐색하는 것도 기분이 괜찮다는 것이죠?" "네, 난 지금 괜찮아요."

"좋아요, 당신의 몸에서 다른 움직임을 느끼는 곳을 알아낼 수 있습니까?" "배 속이 이상합니다. 끔찍하게 뒤틀리는 느낌입니다. 또한 턱도 떨리고 있습니다. 그리고 숨을 쉬기에 너무 빡빡합니다. 엉뚱한 느낌입니다."

"썩 좋은 느낌은 아니군요. 지금 이 상태에 머무는 건 어떨까요?" 상담자는 긍정의 신호를 기다렸다. "배 속의 뒤틀린 느낌, 턱의 떨림 혹은 호흡의 압박감을 부드럽게 인식하십시오. 모든 것을 있는 그대로 받아들이고 다음에 무슨 일이 일어나는지 주목하십시오." Suzanne이 내면을 탐색할 때 상담자는 침묵을 지키며 기다렸다.

"상황이 풀리기 시작하는 것을 알 수 있습니다." 그녀가 말했다. 그녀의 호흡은 정상을 찾아간다. 이것은 그녀의 다른 부분들도 그냥 괜찮을 거라고 말하는 것과 같다. 이것은 강력한 순간들이다.

우리는 종종 불편한 경험을 유지하고 그것에 대해 온화한 인식을 가짐으로써 경험 자체가 바뀌는 것을 종종 발견한다. 그리고 우리는 무서워했던 것에 맞서 싸울 필요가 없다는 것을 깨닫기 시작한다.

몇 달 동안 Suzanne은 이런 종류의 트랜스를 실습했다. 상담자는 그녀에게 과제를 주었다. 예를 들어, 남자와의 데이트를 약속한 순간에 변연계의 활성화 수준을 추적했다. 그녀는 1~10 척도를 사용했으며 몸의 감각을 추적했다. 5점이 넘으면, 그녀는 스스로 자신의 내면을 살피는 연습을 했다.

첫째, 그녀는 신체 일부에 대한 인식을 가져오려고 노력했다. 그것이 충분하지 않으면, 그녀는 치료 회기에서 자신을 위해 강력한 이미지, 예를 들어, 항상 그녀를 위해 주었던 할머니를 불러왔다.

또는 가장 어려운 상황에서 그녀는 걷기와 같은 활동에 참여하여 감정이 하락되는 것을 적극적으로 방해했다. 모든 좋은 상담은 치료동맹을 내담자가 긍정적인 관계 경험을 내면화하고 관계에서 오는 진실을 배우는 기회로 사용한다.

트랜스 기반의 치료에서는 현재 순간에 부정적인 내부 경험에 직접 참여할 수 있는 내담자들의 능력을 개발하고 그들 자신의 자기 조절 능력을 현재 순간으로 가져온다. 그러나 그녀의 강렬한 불안을 유발하는 근본적인 취약점을 어떻게 해결할 수 있을까? 핵심 재료를 바꾸는 방법을 찾는 것은 상담의 중요한 요소다.

트랜스 상태는 어린 시절부터 감정적 패턴을 저장하는 뇌의 변연계 중심에서 전전두엽 피질을 연결할 수 있는 다리를 놓을 수 있는 능력을 활성화한다. 그러나 실제로 이러한 통합을 달성하기 위해 어떻게 트랜스를 적용하는가?

몇 주 후, 이제 1년 동안 치료를 받은 Suzanne은 상담실로 비틀거리며 들어와서 눈물을 흘렸다. 그녀는 절망에 빠진 채 소파에 쓰러졌다. "나는 지금 어중간한 상태에 있어요. 이게 내가 취할 수 있는 방법입니다."라고 말했다.

그녀의 가슴은 두근거리고 그녀의 다리는 '끔찍하고 죽은 느낌'을 준다고 호소했다. 상담자가 언급했다. "몇 회기 전에 내가 당신에게 제안했죠. ⋯⋯ 우리는 이 경험에 더 깊이 빠져들고, 그것이 당신에게 실제로 무엇을 의미하는지를 알아낸다면, 이렇게 좌절하는 패턴에 묶여 있는 매듭을 풀 수도 있습니다."

상담자는 Suzanne만이 준비가 되었을 때 결정할 수 있다는 것을 이해하면서 이 더 깊은 수준의 작업을 위해 씨앗을 뿌렸다. 지금까지 한 모든 자원 탐색은 다음 단계를 위해 그녀를 준비시킨 것이었다. 그녀는 단순하게 대답했다. "그래요. 저는 그것을 시도할 준비가 되었습니다."

"좋습니다. Suzanne, 당신의 몸에 초점을 맞추며, 도움이 된다면 눈을 감고, 소파에 앉아 있는 발이 바닥에 닿는 느낌, 공기가 피부에 닿는 느낌 등 단순한 감각들을 인식하도록 해 보세요. 가슴이 두근거리고 다리가 죽었다는 느낌이 들 수도 있습니다. 약간 유쾌하거나 심지어 중립적인 느낌을 주는 몸의 부분을 찾아보세요."

"내 손이 괜찮다고 생각합니다."라고 그녀가 말했다. "그들은 서로를 만지고, 부드럽습니다." "좋아요, 당신의 손에 그 괜찮은 느낌을 유지하십시오." 상담자는 그녀의 얼굴에서 긴장이 완화되는 것을 보았다.

정신의 동굴로 더 깊이 들어가려면 안전함을 줄 수 있는 단서가 필요하다. 그녀가 이 안전함을 내면에 장착하고 그런 내면에 대해 신체적으로 반응할 수 있다는 것은 우리가 앞으로 나아갈 수 있다는 신호를 주는 것이다.

"이제 가슴에 두근거리는 느낌과 다리의 죽은 느낌을 가지지만, 언제든지 원할 때 손으로 돌아올 수 있다는 것을 알게 되었습니다." "제 가슴이 욱신거려요. 깊고 붉은색이 함께합니다. 마치 바닥이 없는 구덩이처럼 느껴집니다."

"놀라지 않고 느끼기만 하면 됩니다. 하지만 지금은 함께하고 있습니다. 그것은 당신을 완전히 압도하지는 않습니다. …… 당신은 잘하고 있습니다. …… 계속 지켜보십시오." "제가 두 살 때 보모가 떠났습니다. 갑자기 떠났어요."

Suzanne의 얼굴에는 눈물이 흘러내렸다. "나는 그녀를 너무 사랑했습니다." 그녀는 이 보모와 나중에 떠난 보모들에 대해서도 이야기했다. 그림의 또 다른 중요 부분은 감정적인 욕구에 주의를 기울이지 않았던 어머니다.

내담자는 이런 접근 방법에서 '**상실 경험**(어린 시절에 충분히 충족되지 못한 주요 발달 욕구)'이라고 부르는 것에 빠졌다. 변연계의 작은 부분이 적절한 시점에 얼어붙어 여전히 욕구를 충족시키기를 기다리고 있다. 변연계의 대부분은 이러한 근본적인 부재에 대처하기 위해 방어나 병리적인 성격 전략을 구성한다.

Suzanne에게 '**상실 경험**'은 심오한 상실에 직면했을 때 보호자가 진정시키지 못했다. 그녀가 유아 또는 어린이일 때 아무도 그녀를 위해 그렇게 하지 않았다. 그래서 그녀는 자신의 진정한 능력을 내면화하지도 못했다.

그녀는 갑작스런 상실의 불가피성에 근거하여 자기 상태를 구성했다. 이런 자아 상태에서 그녀는 아무것도 할 수 없었다. 이제는 여전히 진정되기를 기다리고 있는 변연계의 고착된 부분을 다시 평가함으로써 상담자는 그녀가 미루어 온 상실 경험이라는 근본적인 욕구에 마침내 참여할 수 있었다.

Suzanne은 눈을 뜨기 시작했다. "너무 달라요." 그녀는 눈을 크게 뜨고 방을 돌아보았다. 그녀의 호흡은 그녀의 몸에 더 깊이 들어가고 있었다. 그녀의 머리와 목이 약간 흔들렸다. "예, 시간을 내어 실제로 어떻게 다른지 느껴 보십시오."

그녀가 이 새로운 자아, 자신의 깊은 고통의 장소가 진정될 수 있는 가능성과 이로부터 흘러나올 수 있는 다른 변화에 대해 방향을 잡는 데는 많은 시간이 걸렸다. 상담자의 임무는 이제 그녀가 이 새로운 자아개념에 근거한 경험을 하도록 지원하는 것이다. 상담자는 그녀에게 몸에 대해 모든 것을 알아차리라고 제안했다.

그녀는 가슴이 더 이상 두근거리지 않았으며 다리가 에너지를 통해 움직이는 것을 느꼈다고 말했다. 상담자는 그녀에게 호흡, 척추, 눈, 턱, 배를 느껴 보라고 권했다. 그녀가 어떻게 외부 세계를 보고 들었는지 주목하도록 요청했다. 또한 그녀가 자기 자신의 경험을 알아차리라고 제안했다.

마지막으로 Suzanne에게 여기에서 남자 친구의 전화를 기다리는 것을 상상해 보라고 했다. "매우 다릅니다. 저는 괜찮아요. 그에게 내가 괜찮을 것을 요구할 필요는 없겠죠." 상담자는 새로운 자아 상태를 관계로 가져와서 계속 지원했다.

상담자가 상담 중에 숙고한 것은 다음과 같다. "Suzanne은 여전히 혼자서 지낼 수 있을까? 그녀는 때때로 자신과 다시 연결하기 위해 잠시 시간이 필요할까? 그녀는 여기에서 다른 사람들과의 관계를 상상할 수 있을까?"

Suzanne은 이 새로운 자아 상태를 경험하고 그것을 위한 구체적인 틀을 구성했으므로 이런 틀을 그녀의 인생에서 참조틀로 사용할 수 있을 것이다. 그녀는 자신이 어떤 신체 상태에서 작업하고 있는지를 점점 더 많이 알 수 있었다. 이것은 '**진정한 자기인식**'이라고 부르는 것들이다.

상담자는 그녀에게 일상생활에서 회기에 대해 생각하고 몸으로 다시 느끼도록 제안했다. 독서, 자연 속 걷기, 예술 등 모든 것이 새로운 자아 상태와 다시 연결되는 방법일 수 있다. 습관적인 자기 상태가 육체적 단서, 사고 과정 및 기타 익숙한 요소를 통해 언제 다시 등장하는지 알 수 있다.

그녀는 자신이 발견한 거시적으로 관계를 맺는 새로운 방법을 설명했다. 은유는 자기 상태를 식별하는 데 매우 도움이 될 수 있으며 그녀는 최근에 트랜스를 향상시키는 데 특히 유용한 은유를 발견했다.

습관적인 자기 상태를 탐구하는 것은 거의 수치심을 불러일으킨다. 수치심은 근본적인 취약성(고통스러운 자기 상태가 만들어진 주변)이 근본적인 부적절성을 반영한다는 깊은 두려움에서 비롯된다.

대부분의 사람들은 근본적인 취약성을 거부하면서 그들의 삶의 많은 부분을 보낸다. 자기 비판은 고통을 유발하는 습관적 패턴에 대한 분노와 타인이 약점에 대해 자신을 비판하거나 거부하기 전에 자신을 공격하는 방법 둘 다에서 나온다.

왜냐하면 수치심과 자기 비판의 역동은 핵심 수준의 취약성을 가지고 있을 때, 매우 강렬하기 때문에 트랜스 기반 치료는 자기 자비를 촉진해야 한다. 우리는 그것을 할 수 있는 두 가지 주요 도구를 가지고 있다.

첫째, 상습적인 자아 상태가 정신적 외상에 대한 반응으로 어떻게 시작되었는지를 내담자들이 알 수 있도록 돕는 것이다. Suzanne은 어린 시절 갑작스런 상실과 부모의 보호 부족을 다루는 것이 얼마나 불가능했는지 알게 되면서, 이 여리고 더 취약한 부분에 동정심을 가질 수 있었다.

그녀는 습관적인 자기 상태가 나타났을 때(이제 그녀가 동반되는 신체적 경험과 행동 패턴을 통해 확인할 수 있게 되었을 때), 이러한 핵심 취약점들은 그녀가 초조함을 느끼도록 요구하고 있다는 것을 알았다.

Suzanne은 전화를 기다리는 고된 순간들이 여전히 쉽지는 않지만, 자신에게 더 온화해지는 법을 배웠고, 훨씬 덜 불안하게 데이트를 했다. 점점 더 그녀는 데이트 경험을 로맨스를 시작할 수 있는 기회일 뿐만 아니라 자신에 대한 더 확고한 감각을 발전시키는 기회로 만들었다.

밀턴 에릭슨의 상담이론과 실제

3장

인간적인
만남

정신적 외상을 입은 내담자의 자아기능은 매우 낮아 현실 인식이나 대처에 어려움을 겪는다. 그리고 이 때문에 외적인 지원을 필요로 한다. 그러나 원래 외상의 상처는 일반적으로 관계에서 발생하기 때문에 내담자들은 관계를 위협으로 받아들일 수 있다. 이러한 이유로 상담을 해 나가는 과정에서 신뢰를 쌓는 일은 매우 중요하다.

> 내가 Phoenix를 방문했던 초기에 Erickson은 자신의 내담자를 만나 보라고 요청했다. 나는 신뢰의 표시로 보았기 때문에 무척 기뻤다. 젊은 내담자를 만난 후에 내가 받은 인상을 상세하게 작성해서 그와 토론할 준비를 했다.
> Erickson이 사례에 대해 질문했을 때, 나는 내담자의 정신역동에 대해 말하기 시작했다. 그는 퉁명스럽게 나를 멈추게 하고서는 내담자가 필요로 하는 것이 무엇인지를 질문했다. 나는 당황해서 대답을 못했다. 그는 모든 내담자들이 말할 대상을 원한다고 설명했다(Zeig, 1985: 73-74).

상담자가 내담자들과 신뢰를 쌓게 되면, 그들은 안전한 것과 안전하지 않는 것, 내면에 존재하는 것과 외부에 존재하는 것, 저항해야 하는 것과 안전하게 받아들여도 되는 것을 무의식적으로 알게 된다.

동맹관계는 ① 상담자와 내담자의 정서적 관계, ② 상담에서 의도적으로 일할 수 있는 내담자의 능력, ③ 상담자의 공감적 이해와 참여, ④ 상담의 목표와 과제에 대한 내담자-상담자 합의의 네 가지 구성요소로 요약된다(Gaston, 1990).

신체적인 학대, 성폭력, 사랑하는 사람의 죽음 등으로 마음에 상처를 입은 2천여 명의 사람들에 관한 연구가 있다. 그 뒤에도 건강하게 살고 있는 사람들은 그 사건을 누군가에게 털어놓으려고 했다는 것을 발견했다. 반면에 자신의 경험을 타인과 나누지 않았던 사람들은 갖가지 질병에 걸려 있었다(Pennebaker, 2012: 49).

1. 신뢰관계 형성

Erickson은 내담자들과 신뢰관계를 쌓는 것을 상담 작업의 정수로 보았다. 상담자에 대한 신뢰는 인간적인 모습으로 내담자들의 심리적인 수준에 맞추는 개입을 통해서 가능하게 된다. 내담자들은 이러한 신뢰의 과정을 거치면서 상담자나 자신에 대한 믿음도 커진다.

내담자들은 낯선 곳에서 길을 찾아 헤매는 외국인과 같다. 상담자는 첫 만남에서 내담자를 마치 낯선 세계를 이해하려는 외지인을 대하는 것과 같은 태도를 유지한다. 삶의 이야기를 장본인보다 더 잘 아는 사람이 없으므로 내담자들을 삶의 전문가로 인정하고 '알고자 하는 자세'로 시작한다.

중요한 것은 충분히 알아들었다는 믿음이 그들의 얼굴 표정에 나타날 때까지 그들의 '언어와 태도에 관심을 집중하고, 경청하며, 그들의 경험 속으로 들어가는 것'이다. 상담자와 내담자의 관계에 대한 Rogers(1961)의 관점을 보자.

> 만약 상담자가 특정한 관계를 조성한다면, 내담자들은 그 관계를 성장을 위해서 활용할 수 있는 기회로 삼아 자신의 내면에 숨겨져 있던 능력을 발견하게 될 것이고 자연스럽게 변화를 위한 자기 계발이 발생될 수 있다(p. 33).

상담의 핵심 조건은 관계 경험 속으로 상담자 자신을 투입시키는 것이다. '인간적인 만남은 내담자들의 경직된 패턴들을 유연하게 바꾸는 학습의 기회로 변형시키고,' 그들이 편하게 느껴지는 환경을 조성해 준다.

상담자가 '인간적으로 내담자들을 이해하게 되면, 그들은 자신의 고통을 개인적인 것으로 여기지 않게 되고 삶을 바라보는 습관적인 시선이 변화'된다. 유대감은 개인이 무가치함을 해결할 수 있는 가장 강력한 치료제다. 개인의 두려움이나 수치심이 서로가 공유한 고통이 될 때, 근본적인 수용은 꽃핀다.

> 나는 Erickson 상담의 핵심이 내담자들을 만나는 순간에 그의 독특한 현존에서 찾을 수 있다고 믿는다. 트랜스(trance) 상태에서 자주 그는 개인적인 관계를 촉진시키고, 내적 자원을 유인하며, 인지적이고 맥락적인 재구조화, 개인적인 학습, 희망, 그리고 성장의 결과를 가져올 수 있는 상호작용을 시도했다. 그의 존재는 과학적인 정신과 의사라기보다는 현명한 스님의 모습과 유사했다(Keeney, 2006: 19).

상담목표와 문제나 해결책에 대한 내담자들의 사고를 수용하는 것은 관계 형성의 핵심이다. 이러한 수용은 저항을 줄이고 그들의 경직된 패턴을 무너뜨린다. 관계가 형성되면 상담자의 어떤 개입도 수용될 가능성이 높아지고, 스스로 자신에게 최상의 이익이 되는 방향으로 움직이는 무의식적인 자각이 발생한다.

> 우리에게는 누구나 듣기 원하는 것을 듣고, 이해하고 싶은 것만 이해하려는 경향이 있다. 그래서 진정 내담자들이 말하는 것을 이해하지 못한다. 우리는 자신이 경험한 준거틀 속에서 듣고 말하려고 한다. 그리고 이것은 상담을 행하는 방법이 아니다. 내담자의 말을 듣고, 이해하라(Zeig, 1985: 99).

변화를 위한 '동기는 이론적인 접근이나 기법들이 내담자들의 준거틀과 얼마나 부합되느냐'에 의해 결정된다. 알코올 중독자 치료에 전통적인 정신분석 방법과 학습이론에 근거한 접근을 비교한 연구가 있다. 연구자들은 치료가 끝난 6개월 후에 피험자들의 상태를 점검했다. 실제로 알코올 중독을 정신 질환으로 여긴 피험자들은 정신분석적인 접근에서 더 효과적이었다. 반면에 나쁜 습관의 탓으로 여긴 이들은 학습 이론적인 접근에서 더 성공적이었다(Held, 1991: 207-217).

상담자들은 내담자가 가진 자원을 활용하여 치료적 변화를 불러일으키려 한다. 이런 자원의 활용들 중에 저항과 관련된 내담자의 인식의 활용, 그리고 문제의 해결방안 또는 목표나 기대의 성취방안과 관련된 내담자의 인식의 활용은 상대적으로 덜 알려졌지만 유용한 접근이다.

문제의 원인과 해결, 또는 정신장애의 원인과 치료에 대한 내담자의 인식과 신념을 상담자가 공유하는 것은 성공적인 상담을 예측하는 요인들 중에 하나다. 반대로 상담자와 내담자 간에 일어나는 많은 갈등들은 이런 내담자의 인식과 신념을 상담자가 알아차리지 못했거나, 존중 또는 수용하지 않았거나, 공감에 실패했거나, 치료적으로 활용하는데 무능력했기 때문에 발생이나 유지나 악화된다.

사실 치유의 사례는 어떠한 의료적 처치 방법뿐만 아니라 비의료적인 차원에서도 일어난다. 그러한 사례는 종교뿐만 아니라 특별한 다이어트와 단식을 통해서도, 심상을 통해서도, 그리고 심지어는 아무것도 하지 않는 경우에도 발생할 수 있다. 어떤 이들은 이상의 방법들을 혼합하여 사용함으로써 효과를 보기도 한다. 문제를 해결할 수 있는 방법은 그것을 사용하는 사람만큼이나 다양하다.

경이적인 회복과 특별히 관련이 있는 특정한 성격유형은 없다. 즉, 회복을 잘하는 성격이란 것은 없다. 회복 능력은 모든 성격유형에서 발견되기에 회복하기에 중요한 것은 적절한 성격 유형의 유무 문제가 아니라 자기에게 맞는 방법을 어떻게 찾느냐와 관련된 문제라고 할 수 있다.

비록 보고된 임상 사례는 별로 없지만 경이적인 회복에 대한 몇 가지의 기록된 사례에서는 관련이 있는 사람들의 경험을 일정한 형식에 맞추어 조사하기보다는 그들로 하여금 자신에 대해서 자기 식으로 말하도록 하는 방법을 취하였다. 이 사례에서 핵심되는 것은 일치성인 것 같았다.

즉, 내담자들이 자기에게 적합한 방법을 찾았느냐 하는 점이었다. 그들이 사용한 방법이 무엇이었든 그들은 자신에게 진실하였다. 때때로 그들은 자신의 문제 때문에 스스로에게 진실하지 않을 수 없었다. 그들에게 문제는 궁극적으로 극복해야 할 도전으로 여겨졌다. 그래서 그들은 해결 의지와 함께 자신의 문제를 수용하였다.

Erickson은 각각의 내담자들을 항상 독특한 개인의 참조틀 안에서 만나야 한다는 것이 자신의 철학에 내재되어 있기 때문에 지식과 학습의 실체를 조직화하여 상세하게 설명된 개념적인 틀 속에 집어넣는 이론적인 배경을 만들지 않았다.

> 상담자는 사람들이 상담실에 들어올 때부터 신경증이나 강박 또는 조현병, 조울증과 같이 어떤 분류에 해당하는지 찾으려고 애쓴다. 상담은 그런 특정 분류에 맞는 치료법을 적용하는 것이 아니다. 어떤 접근을 취할지는 내담자들이 어떤 잠재력을 드러내 보일 것인지에 달려 있다(Haley, 1985a: 124).

정신적 외상이 남기는 가장 고통스럽고 지속적인 유산 중 하나는 바로 '자기 비난'이다. 내담자들은 종종 자신이 하자가 있는 제품처럼 약하고, 결점이 있다고 말한다. 이들은 정신적 외상의 영향을 이성적으로 이해하지만, 여전히 행동할 때는 자기 혐오와 수치심을 경험한다.

이들의 근원적인 믿음은 자신의 내적 폭발이 얼마나 끔찍하든, 공포를 억누르고 비극적인 생각을 진정시키며 중독 행위와 같은 잘못된 선택을 회피해야 한다는 것이다. 즉, 어떤 고통을 받았든 자아는 항상 제어되어야 한다고 느낀다.

그러나 이들이 상담자의 수용과 신뢰에 어떤 편견도 없다고 느낀다면, 자기 수용을 내재화할 수 있는 시점이 된다. '정신적 외상의 생생한 느낌이 발생하는 순간, 상담자의 보살핌과 수용을 느낀다면, 신뢰관계가 형성'된다.

Erickson은 '상담자의 일방적인 의사소통을 대단히 경계했다.' 심지어 아주 어린아이들조차 그들의 강점을 활용해서 문제를 해결했다. 어떤 도구를 사용하느냐는 전적으로 내담자의 선호에 달려 있다.

Erickson의 딸인 Betty가 충격적인 사건을 목격하면서 정신적인 외상을 입은 6세 된 아이를 상담하게 되었다. 이 아이는 교통사고로 다리를 심하게 다쳐서 피를 흘리며 거리에 누워 있는 사람을 목격했었다.

이 불행한 장면이 마음속에 남아 아이는 자주 그 장면을 말하고 그림으로 심하게 다친 다리와 신체를 표현했다. 아이의 부모는 그런 사고는 아주 드물게 발생하는 것이라고 설명하고 잊어버리라고 명령했다.

그리고 더 이상 그 사건에 관한 그림을 그리지 못하게 했다. 하지만 아이는 그 무서운 광경을 잊어버릴 수가 없었다. Betty는 Erickson에게 무엇을 어떻게 해야 하는지 조언을 구했다. Erickson은 다음과 같이 설명했다.

"그 아이는 자기 부모도 그런 사고를 당할 가능성이나 자신의 미래에 대해 걱정하는 거야. 아이로서는 그런 느낌을 이해하기 힘들겠지. 그리고 이런 불안을 다루는 데 논리적인 설득은 별로 도움이 안 될 거야. 그래서 다리를 심하게 다친 그 사람의 그림을 그리게 하고 그걸 받아들여야 하거든.

다음에 아이로 하여금 그 사건을 대단히 정확하게 기억하고 있다는 것을 강조하고 지지한 후에 그림에 대해 상세한 부분들을 질문해야 할 거야. 상담자는 "그 사람과 다친 다리 사이의 거리는 적당하니?" 등을 묻는 거야.

그리고 다친 사람의 얼굴 표정에 대해서도 아이와 상세하게 검토해야지. 다음에 의사에게 치료를 받은 그 사람의 모습에 대해서 자세하게 그리도록 하는 거야. 아이는 지금 불가능한 딜레마에서 빠져 나올 방법을 찾고 있거든(Short, Erickson, & Erickson, 2005: 11-12)."

상담자와의 안전한 관계는 내담자가 현재 불안하고 순간적으로 경직된 신체 경험을 서서히 해체할 수 있게 해 준다. 예를 들어, 내담자가 과거에서 공포에 떨던 순간을 떠올리고 숨이 가빠질 때, 상담자는 침착하게 그를 안내한다.

당신은 가슴 윗부분에서 숨을 쉬고 있고, 그 가슴에 리듬이 있다는 것을 알아차립니다. …… 숨이 어떻게 오르내리는지 조금은 궁금해집니다. 그 상태를 유지하면서, 당신은 지금 나와 함께 있는 것에 집중해 보세요.

이 순간 상담자는 신체와 결합하여 보다 부드럽게 신체의 외상 상태에 접근할 수 있다. 상담자의 이런 접근들은 상담관계에 대한 내담자의 긍정적 인식에 영향을 미친다. 그리고 이런 상담관계에 대한 내담자의 긍정적 인식은 상담의 성과를 예측하는 가장 신뢰로운 변인들 중에 하나다.

긍정적인 관계에서는 서로의 몸짓이나 어조, 심지어는 일반적인 정신 상태까지 유사하게 되어, 내담자들은 무의식적으로 상담자의 사고, 감정, 행동을 닮아 간다. 상담자의 적극적인 기대를 강조한 전문가가 Erickson이다.

> 상담자는 내담자들이 자신들의 운명을 수동적으로 받아들이기보다 그들 스스로 적극적인 해결책을 발견하기를 기대해야 한다. 이러한 기대의 태도가 상담자의 과업을 진행하는 데 훨씬 더 큰 도움이 된다(Rossi, 1980b: 202).

상담자는 시간과 장소에 따라 다른 방식으로 내담자들과 함께하며, 인간 존재로서 그들의 성장을 돕기 위해 무엇이 일어나고 있으며, 무엇이 일어날 수 있는가에 대해 끊임없이 주의 깊은 판단을 한다. 상담자의 개입이 내담자들의 자기 발전과 성장에 도움이 될 것인가? 이것만이 상담자 행동의 준거가 된다.

상담자는 내담자들의 문제를 찾아내는 전문가라기보다 함께 길을 가는 동반자다. 상담자의 과업은 그들의 이야기를 자세히 들으면서 가능성을 찾아낼 수 있는 질문을 던지고, '그들과 함께 이야기를 새롭게 재저작하는 일에 협력'하는 것이다. White는 상담자의 윤리를 다음과 같이 말하고 있다.

> 상담은 쌍방의 통행로가 이루어지는 만큼 성취한다. 만남 그 자체가 상담을 형성하고 상담자의 삶도 긍정적으로 변화하도록 탐색하고 인정하며 표현하는 만큼 윤리적인 헌신을 했다고 볼 수 있다(White, 1995: 168).

정신병원에 입원한 한 환자가 적들이 자신을 죽이러 올 것이라는 환상에 시달렸다. 그래서 자기 방을 자물쇠로 채워 달라고 요구했다. 하지만 안심이 안 되어 다시 강철로 잠금 장치를 보완하기를 원했다.

Erickson은 그 환자가 작업하는 것을 도우면서 바닥에 틈이 있는 것을 발견하고서는 그 틈으로 적들이 쳐들어올지도 모르므로 신문지로 그 틈을 막을 것을 제의했다. 또한 창문의 작은 틈들도 완벽하게 막도록 도왔다. Erickson은 서서히 자기뿐만 아니라 병원의 간호사들도 그의 작업을 돕도록 하면서 자신과 간호사들을 적에 대한 방어체계로 받아들이도록 도왔다.

더 나아가서 병원 전체를 하나의 방어체계로 만들었고, 다음에는 주 전체, 결국에는 미국을 그의 방어체계로 만들었다. 이제 이 환자는 수많은 방어체계를 완벽하게 갖추었으므로 자신의 방문은 잠글 필요가 없게 되었다(Short et al., 2005: 92).

　긍정적인 관계에서는 서로의 몸짓이나 어조, 심지어는 일반적인 정신 상태까지 유사하게 되어, 내담자들은 무의식적으로 상담자의 사고, 감정, 행동을 닮아 간다. 상담자가 내담자들을 있는 그대로 돌보고 따르려는 의지가 없을 때, 다를 수 있음에 대한 그들의 권리가 부정될 때, 문제에서 해방되는 자유는 결코 의미를 가질 수 없고 상담은 진부해질 수밖에 없다.

　　나는 Erickson의 상담기법에 초점을 맞추고 이해하려고 애쓸수록 무엇인가 더 중요한 것을 놓쳤다는 느낌을 받게 된다. 그의 기법을 완벽하게 숙달한 어떤 상담자도 그만큼 성공적으로 치료할 수 있는 확률은 적다.

　　Erickson은 의미하는 그대로의 인간 존재를 온전하게 수용했기 때문에 존재 자체로서 내담자들의 성장이 이루어지도록 감동을 주었다. 그는 내담자의 문제나 증상들을 제거하려고 시도하지 않았다.

　　오히려 Erickson은 증상을 통해서 내담자들을 이해하고 수용하도록 노력했기 때문에 그의 존재 안에 있을 때, 나는 나 자신의 존재와 능력이 완벽하게 수용됨을 느꼈다. 그는 내담자들과 인간적으로 가까워질 수 있는 모든 것을 실행에 옮길 수 있었다(Landis, 2006: 331).

　상담자의 이야기가 내담자의 이야기를 압도하지 않도록 한다. '**말뿐만 아니라 감정에 대해서도 들어야 한다.**' 상담자가 내담자를 이해하고 인간적이 되기 위해서는 내담자의 언어로 말할 수 있어야 한다. 젊은 남성이 "**날씨가 참 좋죠?**"라고 말한다면, 그의 준거틀은 연인과 놀러 가기 좋은 날씨라는 의미다.

　농부가 "**날씨가 참 좋죠?**"라고 말한다면, 그의 준거틀은 농작물을 수확하기가 괜찮은 날씨라는 의미가 된다. 따라서 상담자는 내담자들의 언어를 알아야 그들을 제대로 이해할 수 있다(Erickson & Rossi, 1981: 255).

　　상담자가 제공하는 핵심 조건을 내담자 자신의 고유한 경험과 연결시켜 나가는 것이 성공적인 관계 형성을 위해 필수적이다. 상담자는 내담자들의 언어로 말하고, 그들의 세계관 안에서 상담하면서 그들에게 가장 중요한 것이 무엇인지 배우며, 무엇이 그들을 동기화시키는지 이해하려고 노력해야 한다(Lankton, 2005: vi).

　내담자들의 언어로 말한다는 것은 문제의 원인과 해결 방법에 대해 그들을 따라간다는 것을 의미한다. 이는 그들의 견해에 무조건 동의하라는 의미가 아니라, 그들의 '**표현과 태도**

속에 담겨 있는 핵심적인 감정과 일체감'을 가지라는 것이다. 이러한 유사성의 매력은 강력한 라포(rapport)를 형성하고 내담자들의 자존감을 높여 준다.

내담자들이 치료에서 편안함을 느낄 수 있도록 돕는 일률적인 접근 방식은 없다. 치료관계를 강화하기 위해서는 상담자들이 먼저 그것을 훼손하는 요인을 파악해야 한다. 신뢰를 형성하는 데 도움이 될 수 있는 몇 가지 전략은 다음과 같다.

💬 신뢰를 형성하는 기본전략

① 자신의 말에 충실하고 자신의 행동을 따른다

신뢰 구축의 핵심은 내담자들이 상담자의 말을 믿는 것이다. 그러나 신뢰 구축을 위해서는 상담자가 한 약속을 지킬 뿐만 아니라 지키지 못할 약속도 하지 말아야 한다는 것을 명심해야 한다. 약속을 지키는 것은 내담자들에게 상담자가 그들에게 기대하는 것을 보여 주고, 결국 그들은 당신을 존중해 주는 것이다.

② 내담자들과 효과적으로 의사소통하는 방법을 배운다

의사소통이 잘 안 되는 것은 관계가 무너지는 주요 원인이다. 의사소통이 잘 되는 것은 자신이 약속했거나 약속하지 않은 것과 합의된 것에 대해 명확하게 말하는 것을 포함한다. 신뢰를 구축하는 데 위험이 없는 것은 아니다.

신뢰를 증명하기 위해 위험을 감수하는 것은 상담자와 내담자 모두를 포함한다. 이를 해결하기 위해서는 효과적인 커뮤니케이션이 중요하다. 효율적인 의사소통이 없다면, 상담자는 자신이 보내려고 의도했던 메시지가 수신된 메시지가 아니라는 것을 발견할 수도 있다.

③ 신뢰를 구축하는 데는 시간이 걸린다

신뢰를 쌓는 것은 일상적인 약속이다. 너무 빨리 기대하는 실수를 하지 마라. 신뢰를 쌓기 위해서는 먼저 작은 걸음을 내딛고 작은 약속을 하고, 그다음에 신뢰가 커지면 더 큰 약속을 하고 받아들이는 것이 더 쉬워진다. 신뢰를 넣으면 일반적으로 그 대가로 신뢰를 얻게 된다.

④ 너무 빨리 행동하기 전에 생각하는 시간을 가진다

내담자가 동의할 수 있는 만큼만 약속을 한다. 심지어 내담자를 실망시킬 때도 '아니요'라고 말할 용기를 가진다. 만약 상담자가 어떤 것에 동의하고 그 일을 해낼 수 없다면, 관련된 모든 사람들은 더 나빠진다.

상담자가 해야 할 일이 무엇인지 분명히 밝히고, 자신의 약속을 추적하라. 조직적인 것은 내담자들과 신뢰를 쌓는 데 필수적인 부분이다. 그것은 상담자가 시간과 에너지의 요청에 동의할지에 대한 명확한 결정을 내릴 수 있게 해 준다.

⑤ 관계를 중요하게 생각하고, 그 관계를 당연하게 여기지 않는다

신뢰는 종종 일관성에서 비롯된다. 우리는 좋을 때나 나쁠 때나 지속적으로 우리 곁에 있는 사람들을 가장 신뢰하는 경향이 있다. 정기적으로 내담자에게 상담자가 그들 곁에 있다는 것을 보여 주는 것이 신뢰를 쌓는 효과적인 방법이다.

⑥ 집단 기술을 개발하고 공개적으로 참여한다

집단에서 적극적인 역할을 수행하고 기여를 할 때, 내담자들은 상담자를 존중하고 신뢰할 가능성이 높아진다. 집단에서 신뢰를 쌓을 때도 내담자들을 신뢰하려는 의지를 보여 주는 것이 중요하다.

개방적이고 기꺼이 기여하고 참여한다는 것을 보여 준다. 즉, 내담자들의 말을 고려하고 적극적으로 경청하고 있음을 보여 주며, 자신의 생각과 피드백을 존중하는 방식으로 제안하고, 기꺼이 집단의 일원이 된다는 것을 보여 준다.

⑦ 항상 솔직하게 말한다

상담자가 전하는 메시지는 언제나 진실이어야 한다. 거짓말을 하다 들키면 아무리 작아도 신뢰도가 떨어진다.

⑧ 상담자가 할 수 있을 때마다 사람들을 돕는다

다른 사람을 돕는 것은 비록 상담자에게 아무런 이득이 되지 않더라도 신뢰를 형성한다. 진정한 친절은 신뢰를 형성하는 데 도움이 된다.

⑨ 자신의 감정을 숨기지 않는다

상담자가 자신의 감정에 대해 열린 마음을 갖는 것은 종종 신뢰를 형성하는 효과적인 방법이다. 게다가 만약 내담자들이 상담자가 신경 쓴다는 것을 안다면, 그들은 상담자를 더 신뢰할 것이다.

감성 지능은 신뢰를 형성하는 데 중요한 역할을 한다. 자신의 감정을 인정하고, 지배적인 교훈을 얻으며, 생산적인 행동을 취하는 것은 현실을 부정하지 않을 것이라는 의미이며, 이것이 신뢰를 형성하는 열쇠다.

⑩ 항상 자기 홍보만 하지는 않는다

인정과 감사는 신뢰를 쌓고 좋은 관계를 유지하는 데 중요한 역할을 한다. 내담자의 노력을 인정하고 감사하는 것은 리더십에 대한 상담자 자신의 재능을 보여 주며 내담자가 자신에 대해 가지고 있는 신뢰를 높인다. 반면에 내담자들이 선행에 대한 감사를 표하지 않으면 이기적으로 보인다. 이기주의는 신뢰를 무너뜨린다.

⑪ 항상 자신이 옳다고 믿는 것을 한다

순수하게 승인을 위해 어떤 일을 한다는 것은 자신의 가치와 신념을 희생한다는 것을 의미한다. 이는 자신, 자신의 가치, 신념에 대한 신뢰를 떨어뜨린다. 내담자들이 동의하지 않을 때에도 항상 자신이 옳다고 믿는 일을 하는 것은 내담자들이 상담자의 정직을 존중하도록 이끌 것이다.

흥미롭게도 신뢰를 쌓을 때, 상담자는 때때로 내담자들을 화나게 할 의지가 있어야만 한다. 내담자들은 다른 사람들이 듣고 싶어 한다고 생각하는 어떤 말을 하는 상담자를 믿지 않는 경향이 있다.

⑫ 잘못을 인정한다

잘못을 숨기려 하면 내담자들은 상담자가 정직하지 않다는 것을 알게 된다. 개방적으로 됨으로써 자신의 취약한 면을 드러내고, 이는 내담자들과 신뢰를 쌓는데 도움이 된다. 모두가 실수를 저지르는 것은 내담자들이 상담자가 자신과 더 비슷하다고 생각하기 때문이다. 절대 실수를 하지 않는 척하면, 상담자와 내담자들 사이에 불필요한 차이를 만들어 냈기 때문에 내담자들이 상담자를 믿기 어렵게 만들 것이다. 상담자가 투사한 완벽함만 보면, 내담자들은 상담자를 믿지 않을 것이다.

2. 공감적인 이해

성적 학대를 받은 내담자들은 마음에 신나는 감정이 들 때도 자동적으로 자신이 좋아하는 사람을 가해자로 인식하고 공포를 느낀다는 사실을 인지하지 못한다. 내담자들의 이성적인 뇌는 이러한 사실을 이치에 맞지 않다고 부정한다.

그러나 그들의 '확고한 믿음은 감정과 생존을 담당하는 이들의 뇌 깊은 곳', 즉 변연계(limbic system)나 뇌간(brain stem)과 연결된 곳에서부터 생겨난다. 그래서 전전두엽 피질을 활성화시키고 변연계를 약화시켜, 균형을 유지하는 전략이 필요하다. 그런 작업의 첫 단계가 공감적인 이해를 하는 것이다.

스트레스를 지속적으로 받아 뇌가 불안정해지면, 자연스럽게 유지되던 뇌의 기능들이 제대로 작동하지 못하게 된다. 자제력과 충동 조절이 곤란해지면 내부의 공격성이 외부로 드러나게 되는데, 이것이 짜증이다. 가장 가깝고 만만한 대상에게 공격성을 드러내는 과정은 당연히 좋지 못한 결과를 초래한다.

이런 단계를 거치고 나면 공격성이 내면을 향하게 된다. 자기 자신을 원망하고 자책하는 이 단계는 우리가 알고 있는 전형적인 우울증이 시작되는 단계다. 따라서 짜증, 자책은 우울증의 초기 감지되는 감각들이다.

내담자가 상담자에게서 자신을 이해하고 있다고 느끼기 위해서는 공감적인 이해가 필요하다. '공감은 타인들이 세상을 인지하거나 경험하는 방식을 감정적으로 이해하는 능력'이다. 우리의 이러한 능력은 본능적이다.

> Erickson은 매우 겸손한 사람이었다. 그는 결코 자신을 과시하는 태도를 보이지 않았다. 그의 기법이 성공을 거둔 것은 인간의 본성에 대한 깊은 이해와 매일매일 삶의 본질에 바탕을 둔 한결같은 유연성의 심리학에 기인했다고 볼 수 있다. 그는 내담자들을 가슴으로 대했으므로 그들은 공감을 받는다는 느낌을 가질 수 있었다(Yapko, 2001: 169-170).

로저스(Rogers)에 의하면 공감은 '상담자가 자신을 잃지 않으면서 내담자 관점에서 내담자가 경험하는 주관적 세계를 인식하고 이를 언어로 반영해 주는 능력'이다.

공감은 여러 차원에서 이루어지고 언어적인 표현 이상이다. 내담자들의 현상학적 세계로 들어간다는 것은 상담자가 일방적으로 문제의 원인을 분석하거나 해결하려고 서두르지 않고 그들의 주관적인 경험 속으로 들어가 같이 느끼면, 그들 스스로 문제를 드러내고 자신의 세계를 의미 있게 만들어 간다는 개념이다.

> 내담자들에게 온전히 몰입하면서 그들의 가장 깊은 정체성에 다다르고 부드럽게 확인하는 Erickson의 독특한 능력이 진정한 성공의 비결이라고 할 수 있다. 내담자들에 대한 사랑과 자비가 Erickson 상담의 핵심이지만 언어로 표현하는 한계 때문에 활자화된 논문에서는 자주 간과된다(Gilligan, 2006: 345).

내담자들이 슬픔이나 고통에 대한 신호를 보낼 때 상담자가 그런 감정과 불일치하는 태도를 보이거나 냉정하게 인지적으로 반응한다고 가정해 보자. 그들은 자신의 감정과는 다른 상담자의 태도에 무엇인가 잘못되었다는 느낌을 가지기 때문에 마음이 불편해지고 집중력이 감소되며 자신의 반응에 대한 신뢰감도 떨어진다.

> 상담자는 상담 장면에서 보여 주는 내담자들의 비협조적인 특성이 자신의 태도를 반영한 것일 수 있다는 사실을 항상 유념해야 한다. 상담자가 내담자의 태도를 따라가는 유연성을 갖지 못하면 그들의 어떤 경직된 패턴을 유발할 수 있기 때문에 그들의 태도에 맞추어 나가도록 노력해야 한다. 내담자들의 성공은 긍정적인 진동을 만들어 내는 상담자의 내적 과정과 관련이 있다(Erickson, 1977b: 23).

공감은 감성 지능의 기본요소 가운데 하나다. 몸짓, 언어, 표정 그리고 무언의 단서를 포착해서 '타인의 감정과 상태를 인식하는 능력은 의미 있는 인간관계를 확장하는 데 분명한 장점'으로 작용한다. 공감 능력이 높은 사람은 남을 덜 판단하고, 짜증을 덜 내며, 인간관계를 원만히 즐기고 대체로 행복하다.

'공감은 상상력을 발휘해 다른 사람의 처지에 서 보고, 다른 사람의 느낌과 시각을 이해하며, 그렇게 이해한 내용을 활용해 자신의 행동 지침으로 삼는 기술을 의미한다.' 부유한 사람일수록 공감 정도가 낮다. 그들이 인류의 빈곤과 고통에 대해 무감각하기 때문이다. 이들은 일반적으로 타인에게 공감과 자비심을 가지는 것을 개인적 성취라는 목표를 위한 수단으로 본다.

이렇게 자기중심적인 사고가 증가하는 까닭으로 도시화가 진행됨에 따라 공동체의 해체에 따른 시민으로서의 참여도가 줄어들고, 자유시장 이데올로기가 개인주의를 심화시키는 추세로 볼 수 있다.

공감을 받는 경험은 내면에 있는 타인의 고통에 대한 민감성을 일깨운다. 또한 '공감적인 존재 방식은 타인을 통해서 되살릴 수 있기 때문에 내담자들 내면에 갇혀 있던 공감 능력을 촉진'시킨다. Rogers의 관점을 보자.

> 공감은 공포, 분노, 혼란, 아픔 그 무엇이든 내담자들의 내면에서 일어나는 느낌의 변화를 순간순간 민감하게 포착하고 그들의 내면 세계에 대한 상담자의 느낌을 나누는 것을 포함한다.
>
> 그것은 상담자가 얼마나 정확하게 감지하고 있는지에 대하여 내담자들이 확인할 수 있고 방향을 수정할 수 있다는 것을 의미한다. 상담자가 공감적인 이해를 할 수 있을 때, 상담자는 내담자들의 내면세계에서 믿을 만한 동반자가 되는 것이다(Rogers, 1980: 141).

이러한 Rogers의 공감에 대한 언급 자체가 내담자들의 내면세계를 반영함으로써 자연스럽게 그들을 트랜스 상태로 이끌 수 있다. '공감적 이해는 트랜스 상태에서 내담자를 내적 경험에 집중하도록 도우면서, 자신의 다양한 감정들을 무의식에서 더 깊이 탐색할 수 있도록 자연스럽게 이끈다.'

내담자들을 트랜스 상태로 이끌기 위해서 상담자는 그들에게 집중된 관심을 보이고 신중하게 경청하면서 스스로 트랜스 상태로 들어가야 한다. Erickson은 '상담자 자신이 트랜스 상태를 경험하지 않고서는 진정으로 어떤 형태의 기법도 제대로 활용할 수 없다.'는 것을 강조했다(Richeport, 1985: 539).

Erickson의 접근을 좀 더 이해하기 위해서 Carl Rogers의 Gloria라는 여성을 대상으로 한 전문가들 앞에서의 상담 사례를 예로 들어 보자. 그녀는 남자 친구와의 성관계 사실을 딸에게 말 못하는 문제로 죄책감을 가졌다.

면담 후반에 내담자가 "좋은 일이든 나쁜 일이든 저의 내적인 경험을 따라갈 때 옳다는 느낌이 들어요."라고 언급했을 때, Rogers는 "그런 순간에는 틀림없이 모든 것이 하나가 되는 느낌이 들겠군요."라고 공감한다.

이러한 Rogers의 표현과 태도는 최면 암시적이었기 때문에 그녀는 연령이 퇴행되면서 마치 아버지와 대화를 나누는 느낌이었다. 그녀는 아이처럼 "사실 아빠가 선생님처럼 말해 줄 수 있었으면 얼마나 좋았을까요. 선생님이 저의 아빠였으면 좋겠어요."라고 했을 때, Rogers는 "당신은 내 예쁜 딸처럼 보여요. 그렇지만 당신은 정말 진짜 아빠와는 통할 수 없었다는 사실이 안타깝겠지요."라고 반응한다.

이러한 Rogers의 느낌에 솔직한 일체감은 그녀를 내적 경험에 충실하도록 도우면서 아버지에 대한 자신의 고통스러운 감정을 더 깊이 탐색했다. 이 과정을 거치면서 그녀는 본질적인 고통에 직면할 수 있었고 무관심했던 아버지로부터 사랑과 이해받고자 하는 집착에서 벗어나 딸과의 문제를 해결하는 데 도움이 되었다.

상담자는 문제와 내담자들을 분리시키고 과거 시제로 반영하여 자신이나 타인을 문제 인물로 단정 짓지 못하게 해야 한다. 기대감을 가질 수 있는 단어를 사용하고, "장차 언젠가는 이 어려운 상황이 끝날 것이다."라는 암시를 반영하는 '아직은' '지금까지는'과 같은 말을 덧붙인다.

"난 우울한 성격이에요."라는 호소는 사태를 왜곡시켜 자신의 다른 특성이나 모습을 보지 못하게 한다. 상담자는 "지금까지는 우울이 당신을 괴롭혔군요."라고 반영한다. 절대적이고 보편화된 진술은 부분적인 진술로 변화시켜 표현한다.

"나는 여기에서 결코 솔직해질 수 없을 거예요."를 "다른 분들과의 갈등이 가끔 당신을 힘들게 했군요."로 바꾸어 반영한다. 긍정적인 상황은 '영속적 · 확산적 · 개인 내적'인 것으로, 부정적인 상황은 '일시적 · 지엽적 · 외부적'인 것으로 공감할 때, 내담자들은 가능성을 보게 된다.

내담자들이 수치심과 혐오감과 관련된 자신의 숨겨진 부분에 대한 정보를 제공할 때도 수용받는 느낌이 든다면, 상담자를 진실하다고 받아들인다. 이런 긍정적인 인식이 있어야 그들의 무의식적인 자원을 활용하는 전략이 뒤따를 수 있다.

상담자가 내담자들의 실존과 고통으로부터 눈을 돌리면 성공적인 치료는 불가능하지만, 불일치 경험을 활용하면 변화를 촉진시킨다. 예를 들어, 내담자의 무의식을 표현하는 신체는 경직된 패턴과는 다르게 반응할 수 있다. "당신 몸에서 어떤 부분이 지금 당신이 하는 말을 인정하지 않는 것 같습니까?"

이러한 불일치 감각에 주의를 기울이면, 함께 존재하면서도 깨어 있을 수 있다. 상담자가 비난받는 상황에서도 공감적인 이해는 가능하다. 예를 들어, 성폭력 피해 여성에게서 공격받는 남자 상담원은 다음과 같이 공감할 수 있다.

당신이 저에 대한 가혹한 평가는 당신이 상처받은 경험에 비춰 볼 때 이해할 수 있는 것입니다. 얼마나 힘들었으면 지금 저를 비난하겠습니까? 하지만 '당신에게 일어났던 일은 끔찍하지만 제가 그랬던 것은 아닙니다.'라고 호소하고 싶습니다.

내담자들과의 긍정적인 관계는 인간의 본성과 발달에 대한 선입견 없이 상담자가 그들의 현실을 정당한 것으로 받아들일 때 유지된다. 삶의 이야기를 장본인보다 더 잘 아는 사람이 없으므로 상담자는 내담자를 삶의 전문가로 인정하고 자신은 '알고자 하는 자세'로 시작한다.

Erickson은 이론적인 일반화나 통계적인 가능성이 아닌 내담자들의 자기 표현(신념, 행동, 동기, 증상)과 같은 실질적인 패턴에 초점을 맞춰야 하고 그들 '본성'의 개별화된 모델을 수용하고 활용하는 것을 자주 강조했다.

이것은 사실 임상적인 무지의 상황에서 상담을 시작하는 상담자에게 요구되는 기본적인 전제 조건이다. 이를 위해 상담자는 자신의 모델을 버리고 내담자들의 본성을 배우는 학생이 되어야 한다(Gilligan & Price, 1987: 14).

공감과 관련된 신경세포는 거울신경(mirror neuron)이다. 거울신경은 어떤 단어를 말하거나 물체를 움켜쥐는 것 등을 관찰할 때 활성화된다. 거울신경은 관찰과 행동을 연결함으로써 다음의 결과를 얻을 수 있다.

① 타인에 대한 관찰을 통해 학습할 수 있게 하고,
② 타인의 행동을 예측할 수 있게 함으로써 집단적 협동과 자기방어를 촉진하며,
③ 상대방에게 감정적으로 동조하고 공감할 수 있게 해 준다.

거울신경 덕분에 인간은 뇌에서 다른 사람의 행동을 모방하여 자신이 목격하는 행동을 이해할 수 있다. 다른 사람이 무엇을 하고 있는지 내면적으로 알 수 있는 것이다. 감정은 전염된다. 그러한 일은 연극이나 TV 드라마에서만이 아니라 일상생활에서 이루어지는 모든 유형의 사회적 상호작용에서도 일어난다.

우리가 타인을 잘 이해하려고 관찰하다 보면, 거울신경이 활성화되어 남에게 더 잘 공감할 수 있는 뇌가 형성된다. 반대로 타인에게 무관심하게 살면 거울신경이 활성화되는 횟수가 줄어들어 그만큼 공감 능력이 떨어지게 된다.

Kurtz는 상담자의 존재에서 가장 바람직하고 가장 효과적인 질을 '사랑하는 존재를 발전시키는 것'이라고 부른다. 요컨대 경험, 지혜, 인간성, 그리고 개인적인 발전은 가장 과학적으로 타당한 기술보다 훨씬 더 중요하다.

학문과 전문 분야에서 매우 높이 평가되는 영리함, 엄격함, 철저함과 같은 자질들은 상담 진행 과정에서 거의 유용하지 않을 수 있다. 사실 그런 자질들은 우리가 상대방과 함께 진정 존재하는 능력을 방해할 수도 있다. Kurtz는 이런 식으로 자신의 관점 변화를 보고한다.

나는 내담자에게 어떤 일이 일어나기를 바란다는 소망에서, 혹은 상황을 더 좋게 만드

는 바람에서, 아무 일도 일어나지 않아도 완벽하게 괜찮다는 것으로 태도를 변화시켜야 했다. 나는 나의 소망이 내담자의 성장을 이끌어 내는 데 방해가 되고 있다는 것을 깨달았다 (Kurtz, 1990: 18).

공감은 내담자들의 감정과 욕구 추측함으로써 그들과 연결되는 과정이다. 내담자들에게 상담자가 그들의 감정을 이해하고 그들의 욕구가 상담자에게 중요하다는 것을 알려 주는 것은 문제 상황에서 강력한 전환점이 될 수 있다.

Erickson이 하루에 담배를 4갑이나 피우는 여성에게 몰입하면서 "왜 담배로 당신 자신을 죽이려고 애쓰는지 궁금합니다."라고 진지하게 물었다. 이러한 그의 태도가 그녀를 트랜스 상태로 이끌고 고통 속으로 몰아넣었던 어릴 적 기억을 떠올리게 했다. "왜냐하면 내가 아빠를 죽였기 때문이지요."

어린 시절에 아버지는 심한 뇌일혈로 고통을 받았다. 그녀는 자신이 할 수 있는 모든 것을 하면서 아버지 침대 곁을 충실하게 지켜보는 한, 아버지를 잃어버리지 않을 것이라고 확신했다.

하지만 결국 주의를 돌렸을 때, 아버지는 돌아가셨다. 그녀의 이야기를 세심하게 들은 Erickson은 공감하면서 반응했다. "어린 소녀는 자신의 처한 상황을 그렇게 이해할 수밖에 없었을 거예요." 그녀는 눈물을 흘리면서 더 깊은 트랜스 상태에 빠졌다. 일주일이 지나면서 그녀는 담배를 하루에 4개피로 줄였다(Erickson, 1963).

자기 비난 대신 Erickson은 자기 관용으로 선회해서 통찰을 활용했다. 이 사례에서 내담자의 어린 시절에 형성된 죄책감으로 인해서 생긴 부정적인 정체성은 건강한 정체성의 발달을 방해했다.

Erickson은 그녀에게 몰입하면서 내담자를 트랜스 상태로 이끌었고, 공감적인 이해를 통해 아버지의 죽음에 대한 감정적인 반응을 무의식 수준으로 끌어올렸으며, 자기 이해를 증진시킬 수 있도록 도왔다.

인간의 신경학적 기초에 대한 연구, 감정적인 의사소통은 눈 접촉, 개인적 따뜻함, 민감성, 가용성, 인식 등 모든 것을 바탕으로 강한 감정 효과를 발견했는데, 이 모든 것은 성격이 심리치료의 효과에 미치는 강한 영향의 구성요소들이다.

신경학적으로 이러한 종류의 의사소통은 변연계 시스템을 개인의 사회적 참여 시스템에 연결시키면서 이루어진다. 이러한 연구 결과를 통해, 일반적인 건강 전문가와 특히 상담자의 훈련은 정확히 그런 종류의 성격 특성의 개발을 수반해야 한다는 것을 알 수 있다. 그 훈련의 일환으로 변연계의 기능을 약화시킬 수 있는 사회적 참여를 고취시키는 경험은 중요한 요소다(Kurtz, 2010).

특정 사례에서 치료적인 개입의 '성공 확률은 상담자의 성격이나 기법, 심지어는 그의 태도에도 달려 있지 않고, 오히려 내담자들이 이 세 가지 모두를 어떻게 경험하는지, 그 경험의 방식'에 달려 있다(Seligman & Csikszentmihalyi, 2000: 6).

개인 상담을 종결하는 내담자에게 상담 중에 가장 인상 깊은 사건이 무엇이었냐는 상담자의 질문에 그는 자기 어머니에 대한 감정 때문에 심기가 무척 불편해 있을 때의 한 사건을 회상했다.

어머니에 대하여 긍정적인 감정을 가지고 있음에도 불구하고 경제적으로 대단히 곤란한 처지에 있기 때문에 막대한 재산을 물려받기 위해 어머니가 죽었으면 좋겠다는 소망에 사로잡혀 있었다고 고백했다.

상담자는 간단히 **"우리가 그렇게 생겨먹었나 봐요."**라고 반응했다. 이러한 꾸밈없는 언급이 내담자에게는 큰 위안이 되었고, 나아가 그 언급에 힘입어 어머니와의 내적인 갈등 문제를 해결할 수 있었다.

Siegel(2018)은 공감이 단지 내담자의 눈을 통해 그의 삶을 바라보고 그의 감정을 이해하는 능력만은 아니라고 강조한다. 그것은 공감의 한 부분이다. 다른 부분은 내담자들을 돌보고 배려하는 방향으로 두뇌를 개발하는 것이다.

그는 더 나아가 공감 능력을 기르는 인지 훈련이 우리의 존재 가치를 높여 '우리가 의미 있는 관계를 맺고 인류의 구성원으로서 보다 충실하게 살아가게 한다.'라고 설명한다. 뇌에서 공감을 인지하면 우리가 이 지구상에 홀로 존재하는 것이 아니라 모든 사람들과 연결되어 있다는 사실을 상기하게 된다.

공감은 사회생활의 근간이다. 생각으로든 행동으로든 공감은 본질적으로 타인과의 상호작용을 요구한다. 공감은 즐거움과 행복감, 웃음을 퍼뜨릴 수 있을 뿐 아니라 부정적인 경험을 완화하는 경우처럼 힘든 상황을 누그러뜨리는 데 도움이 된다.

불안, 죄책감, 슬픔, 절망은 타인과 함께 나누면 줄어든다. 공감은 나 자신을 타인과 결합시키고 타인과의 경계를 흐릿하게 하는 보이지 않는 끈이다. 자기 존재가 온전히 받아들여지면 내담자들은 합리적인 존재로 돌아온다.

그들은 자기 상황을 객관적으로 거리를 갖고 보게 되면서 스스로 정리한다. 그러면 어떤 부작용도 없이 문제해결이 저절로 이루어진다. 상담자의 공감적인 이해를 내담자들이 받아들이게 되면, 거기서부터 성찰과 화해가 가능해진다.

💬 연민에 자신의 내면을 열기

① 숨을 쉬고 몸을 부드럽게 한다

당신 내면의 삶을 느껴 보십시오. 자신의 삶을 어떻게 소중히 여기는지, 그리고 고통으로부터 어떻게 보호하는지 주목하십시오. 모든 존재가 이것을 합니다. 이 순간에 대한 어떤 욕구도 버리십시오.

② 이제 따뜻함과 애정으로 자신을 감싸려는 의도를 설정한다

많은 사람들이 한 손을 배꼽에, 다른 한 손을 가슴에 대는 것이 도움이 된다는 것을 알게 되는데, 그것은 우리가 정말로 우리 자신과 연결되도록 도울 수 있습니다.

③ 관심을 돌려 깊이 돌보는 사람을 생각한다

그 사람의 얼굴과 눈을 그릴 때 어떤 일이 일어나는지 주목하십시오. 그 사람을 마음속에 안을 때 어떤 일이 일어나는지 주목하십시오.

④ 그 사람의 고통의 척도, 삶의 어려움을 인식한다

그들을 잘 기원하고, 위로를 베풀고, 고통을 나누고, 연민으로 그것을 만나려는 노력 없이 마음이 열리는 것을 느낄 수 있습니까?

⑤ 몇 가지 문구를 반복하여 생각하는 사람에게 마음을 보낸다

나는 당신의 어려움에 관심이 있습니다. 동정심 속에 갇히기를 바랍니다. 여러분의 마음이 평화로워지기를 바랍니다.

⑥ 이 사람을 마음속에 간직하고 있을 때 문구를 계속한다

마음의 진정한 의도를 반영하고 싶은 방식으로 문구를 자유롭게 변경하십시오.

⑦ 다른 사람이 마음속에 들어오도록 허용한다

그리고 다시 이 사람의 삶을 어렵게 만드는 상황을 인정하십시오. 당신의 의도에 가장 깊이 공감하는 문구를 반복하십시오. "나는 당신의 어려움에 관심이 있습니다. 동정심 속에 머물기를 바랍니다. 여러분의 마음이 평화로워지기를 바랍니다."

이 회기를 마칠 때, 약간의 온화함으로 자신을 붙잡으십시오. 연습을 신뢰하십시오. 이러한 것들이 내담자들이 자신의 타이밍을 가지고 있음을 신뢰하십시오. 그러면 우리는 단지 일어나는 일에 관심을 가지게 됩니다.

3. 희망의 고취

종종 상담에서 무시되는 것들 중 하나는 고통받고 있는 내담자들에게 희망을 심어 주는 개입의 중요성이다. 정신 문제로 고통받을 때, 끝이 있고 회복할 수 있다고 믿는 것은 회복 여정에 결정적인 영향을 미칠 수 있다. 희망은 터널 끝에 있는 빛이고, 두려움과 망설임의 순간에 있는 구원의 은총이다.

가장 큰 고통을 통해 가장 큰 변화가 올 수 있다. 우리의 진정한 본질은 고통을 통해 드러나고 고통과 역경은 우리의 개인적인 성장을 촉진시킬 수 있다. 기쁨과 풍성한 사랑을 경험하기 위해서는 자신의 고통에 도전해야 한다.

신체적인 불가능에서 무엇인가 배움을 추구했던 경험을 통해서 Erickson은 무력감을 느끼는 내담자들에게 희망을 제공하는 방법을 통찰할 수 있었고, 나중에 상담과정에서 어떤 새로운 이해를 습득함으로써 본질적인 만족감을 끌어낼 수 있었다.

또한 Erickson은 변화를 유발하기 위해서 가능성에 대한 믿음을 중요하게 여겼다. 변화가 일어날 수 있다는 믿음은 희망과 개선에 대한 현실적인 기대를 불러일으킨다. 그는 항상 점진적인 발전의 가능성을 고려했다. 연구는 가능성에 대한 믿음이 심리치료의 기법만큼 중요하다는 것을 보여 준다(Lambert, 2007: 11).

> Erickson의 삶에 대한 이해는 기존과는 다른 창의적인 상담자가 되는 데 반드시 필요한 체계, 근거, 동기 등을 제공해 줄 수 있다. 아마도 더 중요한 것은 희망에 대한 새로운 이해, 상담에 대한 목적의식, 인간의 삶과 행동에 대해 새로운 관점을 가질 수 있는 태도 그리고 진정 자유롭게 하는 삶의 철학을 일깨워 줄 수 있는 태도를 가르쳐 준다는 것이다(Havens, 1985: 15).

다수의 내담자들은 증상이나 문제와 관련하여 희망을 잃고 절망에 빠진 사람들이다. 이런 이들은 자포자기의 심정으로 마치 자신이 아닌 것처럼 파괴적인 패턴을 반복하면서 인간적인 삶을 포기하고 관계에서도 실패한다. 이들에게 상담자는 문제해결을 위한 제안보다는 변화할 수 있다는 가능성에 대한 믿음을 되찾도록 돕는다.

내담자들이 희망을 갖도록 돕기 위해서는 우선 '변화의 가능성에 대한 상담자의 믿음'이 중요하다. Erickson은 변화 가능성에 대한 상담자의 확고한 믿음이 내담자들에게 희망과 개선에 대한 긍정적인 기대를 불러일으킨다는 것을 강조했다.

> 변화를 산출해 낼 수 있는 환경을 만들고 내담자들의 자발적인 반응을 유발하기 위해서 상담자는 설사 아무리 적다 하더라도 그들이 변화할 수 있는 가능성을 진정 마음으로 받아들여야 한다. 그런 믿음이 전달되면 그들은 상담자에게 협력하게 되며 자연스럽게 변화를 만들어 간다(Ritterman, 2001: 188).

Havard 대학교 교수였던 Rosenthal은 피그말리온(Pygmalion) 효과라는 심리학 용어를 교육학에 대입하여 '로젠탈 효과(Rosenthal effect)'라는 이론을 발표했다. 로젠탈 효과는 "**칭찬은 고래도 춤추게 한다.**"라는 말처럼 타인의 긍정적인 기대나 관심, 격려 및 칭찬이 사람에게 긍정적 효과를 미친다는 것을 설명하는 용어다.

경험적인 삶의 재협력은 작은 변화를 추구하면서 시작된다. 작지만 의미 있는 주제에 집중할 때, 기존의 경직된 연합 방식이 정지된다. 또한 '**진정한 소망은 감정과 힘의 요소를 포함**'한다. 내담자들의 소망 이면에 있는 감정을 탐색할 때, 진정 원하는 것을 얻기 위한 의지가 상승되고 변화에 적극적이게 된다.

Erickson은 변화를 부정적으로 보는 내담자들의 무의식에 희망의 씨앗을 뿌리기 위해 감정적인 요소를 포함하여 초점을 옮기는 개입을 시도했다. 예를 들어, 위험한 의학적 처치를 앞두고 공포에 질린 여성 내담자에게 상담자는 그녀가 집으로 돌아가게 되면 자신이 너무 좋아하는 홍어 썩힌 음식을 먹을 수 있는지 물어본다.

만약 상담자가 미래 탐색을 통하여 내담자들이 바람직한 결과에 대해 생각하기를 받아들일 수 있다면, 그들로 하여금 목표를 구현시킬 수 있는 방향을 향한 의미 있는 발전이 이루어지게 나아가도록 할 수 있다. 상담자는 불운의 탓으로 돌리는 내담자들에게 상담실에 오는 것 자체가 행운을 가져올 수 있다는 암시를 한다.

운이 좋은 사람들에게는 두 가지 중요한 요소가 있습니다. 무엇인지 궁금하지 않으세요? 문제에서 벗어나는 것과 네트워크(network)입니다. 우리가 만났다는 사실 자체가 네트워크를 하나 더 추가하는 것이겠죠? 또 앞으로 우리가 계속 만난다면 문제에서 벗어나는 방법들도 알게 될 것입니다.

상담자가 내담자들의 무엇이 잘못되었고 그것을 어떻게 고쳐야 할지를 강조하는 대신, 그들을 온전하게 수용하면서 긍정적인 관계를 유지하고, 놓쳐 버린 것이 무엇이고 무엇이 가능하며 어떻게 하면 그들로 하여금 그것을 성취하도록 도울 수 있는지에 초점을 맞춘다면, 희망과 기대를 보다 촉진할 수 있다.

'희망을 가질 수 있는 가장 기본적인 바탕은 진정으로 이해받는 느낌'이다. 예를 들어, 첫 회기에 거의 아무런 진전이 이루어지지 않을 경우에도 상담자는 내담자들에게 상담실에 온 것에 대해 고마움을 전달하고 그다지 도움을 주지 못한 것에 사과하며 다음 회기에는 보다 도움이 될 것이라는 희망을 표현할 수 있다.

상담자가 변화의 가능성을 보기 위해서는 변화에 초점을 맞춰야 한다. 이러한 초점은 상담자가 상담과정 내내 내담자들의 '변화가 언제 발생하고, 처음에 어떤 배경으로 나타나는지에 주의를 기울이고 확인하기 위해서 노력'한다는 것을 의미한다.

어떤 증상을 보이건 삶을 개선시킬 수 있다는 희망이 증상에서 벗어나게 한다. 상담자는 무엇인가 다르게 함으로써 상황이 변화될 수 있다는 메시지를 보내는 것이 중요하다. 희망을 가진다는 것은 현재의 위치에서 자신이 원하는 곳으로 가기 위한 다리를 만들 수 있는 능력을 가지고 있다는 의미다.

> 상담자는 내담자들이 호소하는 문제와 관계없이 어떤 방식으로든 원하는 곳으로 갈 수 있다는 것을 그들에게 보여 주기 위해 그들과 합류하고 그들이 가진 문제해결의 자원을 찾아야 한다(Garnier & Yapko, 2010: 148).

주어진 상담 절차나 이론적 접근은 변화 가능성에 대한 상담자의 신념을 통해서 내담자들에게 가장 잘 전달된다. 이런 점에서 자신이 사용하는 절차가 변화를 촉진시킨다고 믿는 상담자일수록 내담자들에게 긍정적인 영향을 준다. 또한 '불확실한 상황에 의미를 부여하고 명료화하는 과정은 그들의 자기 통제를 가능하게 한다.'

Erickson의 딸인 Betty Alice의 경험을 살펴보자. 나는 1950년대에 아빠에게 상담을 받았던 여성 내담자를 만난 적이 있었다. 아빠에게 상담을 받는 중에 그녀는 동양의 종이 공예를 배우고 있었다. 마지막 회기에 그녀는 아빠에게 자신이 정성을 들여 만든 작고 예쁜 종이 상자를 선물했다.

아빠는 그 상자를 놀라움으로 주의 깊게 살펴본 후에 되돌려주면서 판도라 상자처럼 간직하고 있으면 온갖 액운이 이 밀폐된 상자 속에 안전하게 잠겨 있게 될 것이라고 마치 주술사처럼 엄숙하게 예언했다.

> 그녀는 일상생활에서 감정의 통제와 자기 결정을 계속할 수 있었고, 그 파랗고 하얀 상자를 나에게
> 보여 주었다. 많은 삶의 전환점이 있었음에도 그 상자를 40년 동안 지니고 다녔다. 나를 방문한 이유
> 는 아직도 그 판도라 상자가 자신에게 제 역할을 다 하고 있다는 것을 보여 주고 싶어서였다(Erickson,
> 2002: 287-288).

이 사례에서 Erickson은 내담자의 비공식적인 해결방식을 따랐다. 그는 내담자의 이론에 따라 구체적인 물건으로 변환시켜 부적처럼 몸에 지니고 다니게도 했고, 때로는 내담자가 제공하는 완벽한 해결책이 기록으로 만들어져 눈에 잘 띄는 장소에 부착하라고 조언하기도 했다.

이렇게 내담자들은 삶의 문제를 해결하기 위해 고심하는 가운데 '자신의 믿음에 따라 의미 있는 타인들이나 장소, 물건과 연합'할 수 있을 때 큰 영향을 받는다. 또 하나의 중요한 희망은 모든 내담자들이 의식적으로 지시된 사고의 중재 없이 내면에서 자신의 경험을 재구성할 수 있다는 것이다.

Erickson에 따르면, 자연주의적 접근은 의식적 기능과 무의식적 기능 사이의 증가된 이분법(내담자의 인식에서)을 개발함으로써 발전된다. 한 내담자와 함께 일하면서 Erickson은 두 가지 심리적 시스템을 다룬다.

"당신은 의식적인 마음과 무의식적인 마음, 두 마음으로 내 앞에 앉아 있습니다." 이 두 가지 중 무의식적인 과정은 상담자가 기억력, 자동 기능, 내부 및 외부 자극을 처리할 수 있는 더 큰 능력을 가지고 있다고 가정한다.

Erickson은 변화에 대해 부정적인 인식을 가지고 있는 내담자에게 자주 다음과 같이 언급했다. "나는 당신의 무의식이 의식보다 문제에 대해 더 잘 안다고 생각합니다. 그리고 당신의 무의식이 의식보다 문제에 대해 더 잘 안다면 당신은 아마도 당신이 생각하고 있는 것보다 문제에 대해 더 잘 알 수도 있습니다(Rossi, 2010: 261)."

무의식은 삶의 모든 경험의 거대한 저장소로 간주되며, 깊숙이 새겨져 있지만 무의식적으로 내담자를 안내하는 데 도움이 된다. 따라서 무의식은 의식적인 마음에 알려지지 않은 욕구와 경험에 대한 인식을 가지고 있다.

Erickson은 내담자들이 활용할 수 있는 선천적인 지혜를 가지고 있다고 믿었다. 그는 전문적인 시험을 봐야 하는 내담자에게 그의 교재를 대략 살펴보고 각각의 쪽에 한 가지 개념에 집중하여 자신의 무의식의 가장 중요한 것들에게 기억을 촉진시켰다(나는 상담사 자격시

험을 볼 때 이런 방법을 성공적으로 활용했다).

그는 자신의 무의식적인 지혜를 신뢰했다. 예를 들어, 원고를 놓아 둔 장소를 잊어버렸을 경우, 그것을 찾는 대신에 잊어버린 지혜를 신뢰했다. 후에 논문을 다시 읽었고 잃어버린 원고에 포함되었어야 하는 자료를 발견했다(Zeig, 1985: 15).

Erickson 상담에서는 무의식적인 수준에서 필요를 해결하는 것이 대단히 중요하지만 의식적인 수준에서는 문제해결이 필요하거나 필요하지 않을 수도 있다. 이것은 '무의식적인 과정이 중요한 변화의 흐름'으로 여겨지고 때로는 가장 강력한 흐름으로 간주되기 때문이다.

Erickson 상담자는 유기적인 성장을 촉진하기 위해 독특하게 고안된 기법을 사용한다. 따라서 '간접적인 대화 유도, 관대한 제안, 모호성 또는 눈뭉치의 효과'와 같은 방법론은 모두 모든 인간 마음의 무의식적인 부분에 존재하는 변화의 자연스러운 힘을 자극하기 위한 것이다.

이런 일이 발생하면 치료에서의 성취는 의식적인 노력 없이도 자동적으로 이루어지는 것처럼 보인다. 이런 경험을 한 내담자는 "어떻게 그런 일이 일어났는지 모르지만 나에게는 일어났다."라고 말한다.

내담자들이 희망을 가지도록 돕기 위해 해결중심 상담이나 인지행동 상담에서 빈번하게 사용되는 하나의 기법은 '주관적 자기평가 척도'이다. 이 척도는 계량할 수 있는 주관적인 현실을 숫자로 평가하는 것이다. 예를 들어, 공포감을 느끼는 내담자에게 1에서 10까지 척도로 비율을 질문할 수 있다.

다음에 상담자는 1점이나 0.5점을 올리거나 내리기 위해서 무엇을 할 수 있는지 묻는다. 이러한 과정은 변화의 가능성을 발견하고 점진적인 발전을 위한 내담자들의 고유한 방법과 노력을 끌어낼 수 있다. 아주 적은 발전조차도 그려 낼 수 없는 내담자에게 상담자는 출발점으로 가정법을 활용한다.

우리가 경험하는 보편적인 가치에 대해 단순하게 상상하고 확대시키는 것만으로도 절망적인 관점에서 자유롭게 된다. 내담자들은 자신의 긍정적인 미래를 위해 무엇인가 할 수 있다는 용기만으로도 변화에 대한 두려움을 줄일 수 있다.

상담자는 그들에게 현실을 직시하도록 강요하는 것이 아니라 '변화에 대한 가능성, 원하는 것을 얻을 수 있다는 가능성, 변화를 시작할 수 있다는 가능성, 자신의 삶을 통제하거나 성공할 수 있다는 가능성'을 믿도록 돕는다. 이러한 긍정적인 환상은 그들 스스로 자신의 문제를 새로운 관점에서 바라볼 수 있게 한다.

변화에 대한 '긍정적인 기대를 촉진시키는 방법 중에 하나는 내담자들의 무의식과 치료동맹을 맺고 고통을 희망과 가능성으로 변형'시키는 것이다. Erickson은 성급하게 긍정적인 결과를 기대하면서 변화가 없다거나 더 악화되었다고 보고하는 내담자들에게 무의식의 책임을 강조했다.

> 때때로 내담자들은 상담실에서 갈등의 성공적인 해결을 상상할 수 있을 만큼 아주 흥분되는 회기를 보냈어도 전혀 변화가 없을 수 있다. 다음 회기에 그들은 나에게서 도움을 못받았다고 불평한다.
>
> 이럴 경우 나는 아주 지루한 이야기를 하면서 내담자들이 수동적으로 침묵을 지키고 듣게 한다. 회기가 끝날 무렵, 그들은 전 회기보다 재미가 없었다고 불평한다. 나는 무의식 수준에서 능동적으로 변화될 수 있을 만큼 많은 작업을 했기 때문에 상관이 없다고 반응한다.
>
> 다음 회기에 그들은 상담실 밖의 일상생활에서 중요한 변화가 있었다고 보고한다. 내담자들의 '무의식의 책임감을 강조하면 그들의 행동 변화는 상담실 밖에서 발생'할 수 있다 (Rosen, 1982: 44).

적절한 암시로 동기를 부여하거나 방향을 제시하면, 내적인 자원을 활용할 수 있다. 상담은 내담자가 스스로 자신의 감정적인 경향성을 인식하고 긍정적으로 활용할 의지가 있을 때 효율적이다.

모든 증상을 포함해서 범죄나 중독, 편집증적인 사고도 훈련 과정으로 보면, 긍정적인 결과를 도출하는 강점으로 볼 수 있다. 상담자가 이렇게 상황을 재구성했을 때, 내담자들은 일반적으로 충격을 받고 자신의 문제를 새롭게 검토하게 된다. 약물 중독에 빠졌던 한 내담자는 다음과 같이 말했다. "만약 우리가 약물에 집착하는 만큼 돈을 버는 일에 집착한다면, 우리 모두는 백만장자가 될 수 있을 것입니다."

> 변화 없이 영원히 존재하는 것이 없고, 양면이 없다면 어떤 것도 존재할 수 없다. 만약 내담자들이 증상을 새로운 학습과 새로운 도전을 제공하는 기회로 받아들인다면, 증상은 가르침을 주는 스승이 될 수 있다(Sylvester, 2005: 434).

저항이 심한 비행청소년 집단상담 중에 자신이 상담자에게 휘둘림을 당하기 싫은 강도를 10점 척도로 평가해 보도록 하자, 대부분의 구성원들이 8, 9점이라고 노출했다. 상담자는 대단히 반기면서 "문제로부터 휘둘림을 받지 않기 위해 각자 그 힘을 어떻게 사용할 것인가?"라는 새로운 주제를 만들어 냈다.

　Erickson은 내담자들의 왜곡된 신념에 논쟁하지 않고, 수용하면서 무의식 속에 있는 유연성을 확보했다. 그는 내담자들의 표현을 주의 깊게 살피고 그들의 준거틀에 자신을 맞추는 접근으로 시작하여 점차 그들 스스로 자신의 고정관념에 의문을 제기하도록 만들었다.

　이를 위해서 상담자는 경험 다음에 다음과 같이 준거틀을 흔드는 개입을 할 수 있다. "감정은 마음속에서 막히고 얼어붙어 있는 정도에 따라 부정적이 됩니다. 예를 들어, 분노는 때때로 삶과의 투쟁을 상징적으로 보여 주는 것일 수 있습니다. 그리고 그것은 냉담, 무력감, 절망, 체념보다는 훨씬 건강한 감정일 수도 있습니다."

　상담은 내담자들이 스스로 자신의 감정적인 경향성을 인식하고 긍정적으로 활용할 의지가 있을 때 효율적이 된다. 예를 들어, 성폭행으로 고통을 호소하는 여성에게 Erickson은 다음과 같이 부정적인 감정을 변형시키기 위한 기초 작업을 했다.

　당신이 기억하는 느낌은 분명히 당신의 감정입니다. 당신과 함께 해 온 이 감정들은 당신의 일부입니다. 그리고 당신은 그런 감정의 한 편만을 기억하고 있습니다. …… 이런 감정들은 필요할 때 당신을 보호하고 지켜 주었습니다.

　사실 그런 감정들은 원한다면 여기에서 자신의 새로운 내적인 힘을 느끼게 하고 행복하게 살도록 도와주는 역할로 변형될 수도 있습니다. …… 단지 간절히 변형되기만을 원하면 됩니다. 그러면 당신의 무의식이 원하는 형태로 변형시켜 줄 것입니다.

　이렇게 간절하게 소망하면 자신도 모르는 사이에 마음 깊은 곳에서 지금까지 알지 못했던 자원이 튀어나와 당신을 자연스럽게 문제를 해결할 수 있는 상태로 데려가 줄 것입니다(Barber, 1985: 248).

　이러한 개입에 내담자들이 어떤 움직임을 보이든지 상담자는 그 움직임을 그들의 내면에 존재하는 자기 회복이나 재생의 메커니즘으로 해석한다. 이러한 해석은 부정적 감정으로 인한 심리적 혼란을 극복하고 마음의 질서를 세우는 데 도움이 된다.

　상황이 문제를 만들고 인간은 상황의 지배를 받는다. 뭔가 잘못되었을 때, 희생양을 찾으면 서로 갈등을 일으키면서 문제를 발전시키는 분위기를 만들며 사람들은 무엇이 잘못됐는지도 모르고 그 속에 빠져든다.

　상담자는 '상황이나 분위기를 문제'로 새롭게 정의한다. 예를 들어, 알코올 중독자에게 원인과 결과를 반대로 설명하고 자신에 대해 책임을 지는 부분이 있어서 살아 있다는 것을 강조한다.

　당신은 문제가 있어서 술에 빠진 것이 아니라, 술에 놀아났기 때문에 문제가 된 것입니다. …… 당신이 술에 이용당하는 상황을 상상해 보십시오. …… 하지만 알다시피 당신의 내면에는 이용당하지 않는 부분도 반드시 존재합니다.

> 처음에 희망이 없는 것처럼 보이는 상황에서도 희망을 안내할 노력을 보이는 것은 중요하다. 이러한 전략은 내담자들이 내면의 활용을 기대할 수 있을 때 가능하다. 비록 Erickson의 스타일은 혁신적이었지만, 내담자들이 할 수 있을 것이라 확신하지 못하면, 그들에게 무엇을 하라고 요구하지 않았다(Short et al., 2005: 220).

경직된 사고패턴을 보이는 내담자에게 틈틈이 긍정적인 씨를 뿌리는 개입은 중요한 희망의 고취다. 내담자들은 그들의 가치, 신념, 그리고 세상에서 일이 어떻게 전개되는가의 개념을 포함한 자신만의 독특한 세계관을 무의식에 저장한다. 그런데 강하게 고착된 가치와 신념이 그들의 변화를 방해한다.

Erickson은 내담자들의 무의식에 깊이 고착된 성공 방해 신념을 제거하고 변화에 개방적이 되도록 그들의 세계관을 느슨하게 만들 필요가 있다고 보았다. 변화를 수용하기 위해서 내담자들에게는 상당한 준비 과정이 필요하다.

Erickson이 강조한 '씨뿌리기'는 내담자의 개인차를 고려하면서 틈틈이 변화에 필요한 조건을 만들어 가는 개입이다. Erickson의 극적인 변화를 보이는 상담기법들도 철저한 준비의 결과다.

> Erickson은 목표를 성취하기 위한 보다 생산적인 방법으로 씨를 뿌리기 위해 내담자들이 무엇을 가져오건 그것들을 활용했다. 이러한 접근은 농부들이 곡식을 재배하는 방법과 유사하다. 만약 곡식들이 뿌리를 내리는지 알기 위해서 파헤치지 않을 만큼 현명하다면, 개중에 일부는 싹을 틔울 것이다(Erickson, 2002: 287).

Erickson은 상담을 통해서 내담자의 무의식에 존재하는 불행한 운명을 거부할 자원을 언젠가는 받아들이고 활용할 수 있다고 확신했다. 그는 내담자의 경험으로부터 구체적인 자원을 끌어내기 위해 '무의식을 초대하는 개방적인 암시'를 사용했다. Erickson은 감정적인 조절이 안 된다는 내담자에게 다음과 같이 씨를 뿌렸다.

우리가 영하의 극지방에 있건 열대 지방에 있건, 체온은 항상 37도 정도를 유지합니다. 자동 조절 장치가 우리를 보호합니다. 당신이 좀 더 내면으로 몰입한다면 의식하지 않아도 이런 자동 조절 장치를 작동시킬 수 있습니다(Richeport, 1985: 550).

Erickson은 심한 두려움을 호소하면서도 그 원인을 감지하지 못하는 내담자에게 그의 무의식적인 마음에서 문제를 해결할 수 있다는 믿음을 심어 주기 위해 상담 초기에 다음과 같이 씨를 뿌렸다.

당신의 의식은 무엇을 해야 할지 모르고 있습니다. 하지만 지금 당신을 괴롭히는 문제에서 벗어나고 싶다면 그것을 간절하게 소망하는 것으로 충분합니다. …… 만약 당신이 문제에서 벗어나기를 진심으로 원한다면, 무의식적인 마음은 지금 해결책을 의식에 전달할 수 있고, 어느 정도 시간이 흐른 후에 알려 줄 수도 있습니다.

언제, 어디에서, 어떻게 알려줄지 궁금하지 않으세요? 그리고 언제, 어떻게 바라는 목표가 달성될 것인지에 대해서는 무의식적인 마음이 선택할 수 있습니다. …… 우리 모두는 우리가 알지 못하는 잠재력을 가지고 있습니다. 또한 우리는 얼마나 배우는지 알지 못하면서도 많은 것을 배울 수 있습니다.

그렇다면 우리는 어떻게 문제가 해결된 것을 알 수 있을까요? …… 해결책이 꿈속에서 나타날까요? …… 아니면 우리가 깨어있는 동안에 찾아올까요? …… 혹은 조용히 생각하고 있는 순간이나 몽상에 잠겨 있는 동안에 찾아올 수도 있습니다. ……

또는 일을 하는 중일 수도 있고, 아니면 놀이를 하고 있을 때일 수도 있습니다. …… 아니면 물건을 사거나 운전을 하고 있는 중일까요? 또는 전혀 예상하지 못한 곳에서 우연히 알 수도 있습니다.

저는 물론이거니와 당신도 정확한 시기와 방법을 모릅니다. 하지만 해결책이 나타나면, 틀림없이 당신도 저도 매우 기뻐할 것입니다. 해결책이 나타난다면 무엇이 달라질까요?(Rossi et al., 2008a: 201)

자신의 판단이 정확하다고 판단하는 내담자들에게는 "그렇게 판단이 정확하다면, 앞으로 잘못될 일이 없겠네요."라고 수용을 확대한다. 이들이 "나는 정확하지만 상대가 잘못 판단해서 문제를 일으킵니다."라고 변명하면, "그런 상대와도 어떤 관계를 유지할지 올바른 판단을 내릴 수 있으니까 걱정할 필요는 없겠네요."라고 반응한다.

일단 내담자들이 자신의 준거틀에 틈을 만드는 경험을 하게 되면, 그들은 변화의 가능성을 보게 되고 자신이 변화의 주체가 될 수 있다는 무의식적인 믿음이 생기며, 심리적인 일관성이 작용하기 때문에 더 큰 변화를 보다 쉽게 이룰 수 있다.

무의식 수준에 씨를 뿌리는 개입은 내담자들의 경직된 패턴을 흔드는 것에서 출발한다. 머릿속을 채운 이미지에 따라 에너지의 흐름도 달라진다. '의식이 즐거움, 평화, 사랑, 흥미 등에 초점을 맞추면 그들의 무의식적인 에너지가 보다 활발하게 흐르기 시작하면서 긍정적인 부분이 활성화'되지만, 두려움, 수치심, 죄책감, 외로움 등을 느낄 때는 가장 적은 에너지가 흐르면서 의식의 자연스러운 흐름이 멈춘다.

외상으로 공포감을 느끼는 내담자에게 Erickson은 다음과 같이 개입했다. "공포감의 일부는 당신의 신체가 경험한 것이 남아 있기 때문이지만, 일부는 마음의 공포에서 기인한 것이고 그건 어떻게 해 볼 수도 있습니다(Erickson, 2006: 75)."

이렇게 문제의 일부를 통제할 수 있다는 사고의 변화가 공포심에서 벗어나는 데 도움이 된다. 그래서 Erickson은 과거의 외상을 기억에서 지워 버리고 싶어도 뜻대로 안 된다는 내담자에게 다음처럼 말했다(Haley, 1973: 68).

우리는 잊어버리지 못할 것처럼 보이는 특별한 것들도 잊어버린 경험이 있습니다. 예를 들어, 누군가를 처음 소개받을 때, 이름을 듣고는, '만나 뵙게 돼서 반갑습니다.'라고 말한 후에 몇 초도 안 돼서 '도대체 그의 이름이 뭐였지?'처럼 기억하지 못했던 경험이 있을 겁니다. 기억에서 지워지기를 진정 원한다면 무엇이든 지울 수 있습니다.

상담자는 내담자들의 무의식 속에 있는 긍정적인 부분과 대화를 나눌 수 있는 새로운 자극을 제공해야 한다. 내담자들에게 새로운 경험을 유도하기 위해 Erickson은 때때로 존재하지 않는 의자를 상상하도록 제안하면서 그들의 의식적인 마음을 피해 갔다. 그러면 내담자들은 자동적으로 수용적인 자세가 되었다.

그냥 그 자리에 있어도 괜찮습니다. 하지만 당신은 정신적으로 의자를 바꿀 수 있습니다. 그리고 당신이 만든 모든 불편함을 다른 의자로 옮겨 놓을 수도 있습니다. 물론 그렇게 하는 것이 쉬운 일은 아닙니다. 그러나 만약 그렇게 할 수 있다면, 당신이 걱정하는 것들이 달라 보일 수도 있습니다(Erickson, 1964).

상담자가 긍정적인 부분에 초점을 맞출수록 내담자들의 적응력이 향상된다는 연구가 있다. 연구자들은 참가자들에게 일주일 동안 매일 저녁을 먹고 잠들기 전 사이에 그날 있었던 일 중에서 3가지 긍정적인 경험을 쓰게 했다.

그러나 핵심은 다음 날 상담자가 왜 그런 긍정적인 일들이 발생했는지를 트랜스 상태에서 자세하게 살피도록 도우면 무의식적인 자각이 발생한다는 것이었다. 추후 연구에서 6개월 동안 참가자들의 부정적인 생각이나 우울증이 감소했고 60%가 긍정적인 패턴을 습관화했다(Seligman, Steen, Park, & Peterson, 2005).

내담자들의 '표상체계'를 활용하면 그들을 보다 편안한 상태로 이끌 수 있다. 상담자는 평상시에 그들의 감정이나 생각, 감각을 이완시키는 광경, 소리, 맛, 냄새, 접촉 감각, 활동 등을 과제로 제시하고 상담실에서 다시 경험하도록 돕는다.

긍정적인 경험을 기억해 내는 활동은 무의식적으로 자신이 인간적이며 근본적으로 선함을 느끼게 한다. 자신의 선함을 보는 단순한 훈련으로 자신을 무가치하다고 느끼게 하는 원망이나 자기 혐오의 경직된 패턴을 원상태로 돌릴 수 있다.

Erickson은 내담자를 무의식 수준의 경험으로 끌어들이기 위한 다양한 개념들을 소개했다. 불확실성이 엄습할 때 무의식적인 마음은 의심을 해결할 새로운 경험을 찾는다. '궁금, 놀람, 상상, 새로운 이해, 색다른 경험' 등이 이런 기능을 가진다.

관계를 해치는 사람들은 자기주장을 억압하거나, 너무 지나치게 표현하거나, 은밀하게 고집을 부립니다. …… 다행히 여기에서 보여 주는 모습으로 미루어 당신은 어느 것에도 해당되지 않습니다. 그건 갈등을 해결할 수 있는 능력이 있다는 것이죠. …… 그런데 정확하게는 모르지만 뭔가 2% 부족한 것 같네요. 그게 뭘까요?

정지(pause)는 특별한 의미를 갖는다. 상담자가 갑자기 말을 멈추면, 듣는 내담자도 사람이 자연스럽게 긴장하기 때문에 주의력과 집중을 유도할 수 있다. 내담자들이 '표현을 정지하는 순간은 잠시 그들의 저항이 약화되는 상태가 되므로 상담자가 개입할 수 있는 여지'를 남긴다.

상담자는 내담자들이 다시 자신의 문제를 호소하기 위해 잠깐 호흡을 고를 때를 포착하여 개입한다. '호흡에 초점을 맞추면, 쉽게 내담자들의 내적인 경험과 연결'될 수 있다(Alman, 2001: 527).

지금은 대단히 고통스럽고, …… 그래서 그러한 고통에서 벗어나고 싶을 것입니다. …… 천천히 숨을 들이마시고 …… 내쉬면서 …… 당신의 고통도 함께 밖으로 나올 수도 있습니다. …… 그리고 고통이 계속 빠져나온다면, 언제 편안해질 수 있는지 알고 싶지 않으세요? 그리고 나는 당신의 내면 깊숙한 곳에 아주 커다란 용기가 자리 잡고 있다는 것을 느낄 수 있습니다.

어떤 사람들은 자신 속에 이미 가지고 있으면서도 깨닫지 못했던 강점들을 특별히 고통을 겪는 중에 발견할 수 있습니다. …… 당신에게는 어떤 강점이 있는지 궁금하지 않으세요?(South, 2005: 403)

회기 초반에 틈틈이 최면적인 요소를 살포하면서 Erickson은 내담자들의 무의식 에너지를 활성화시킬 수 있도록 도왔다. 그러면 그들은 의식적인 저항을 줄이고 변화를 향해 보다 더 의미 있게 반응한다.

상담자 중심의 너무 많은 개입들은 내담자들이 내적 탐색과 무의식적인 학습 과정에 참여할 수 있는 순간들을 무시하거나 파괴해 버린다. 그들은 언젠가 독특하게 반응할 것이고 나의 무의식은 그것을 받아들이고 활용할 수 있기 때문에 나는 긍정적으로 몰입하면서 그들의 반응을 기다릴 수 있다(Gilligan, 2001: 25).

다양한 수준에서의 암시를 위하여 Erickson은 내담자들이 처음 트랜스 상태를 경험할 때 지나가는 듯이 '기분 좋은 놀라움'을 느끼는 것이 얼마나 흥미로우냐고 말하면서 씨를 뿌렸다.

이렇게 함으로써 그는 내담자들이 긍정적인 경험을 할 것이라는 기대를 가지게 했다. 이러한 기대감이 기존의 태도에서 벗어나서 무의식적인 탐색을 가능케 하고 앞으로 상담자가 계획하고 있는 치료적인 놀라움을 더욱 잘 받아들이게 한다.

내담자는 초등학교 1학년으로 학교 수업 시간에 나타나는 이상 행동으로 진단 검사를 받았으며, ADHD로 판정을 받고 상담실로 의뢰되었다. 내담자는 자기가 문제행동을 한다는 것을 인지하고 있었고, 고치고 싶어 했다.

하지만 아이의 부모는 관심이 없었다. 상담자는 첫 회기에서 내담자와 관계 맺기를 시도하고, 고치고 싶어도 뜻대로 안 되는 그의 태도에 공감했다. 2회기에는 자신의 태도를 수정하고 싶어 하는 내담자의 의도에 맞추어 트랜스 상담을 했다.

상: 이제부터 내가 말하는 것을 듣고 그대로 떠올리면 되거든. 알았지? …… 두 눈을 감고 편안하게 숨을 쉽니다. …… 코로 숨을 들이켜고 천천히 내뱉습니다. …… 그리고 이제는 아주 편안해졌습니다.

내: (온몸에 힘을 빼고 편안한 자세를 취했다.)

상: 자, 이제 학교 교실을 떠올리세요. …… 교실이 떠오르면, 오른 손 엄지 손가락을 살짝 올립니다. ……

내: (잠시 후에 오른 손 엄지손가락을 올린다.)

상: 네, 좋습니다. 수업 시간에 친구들과 선생님이 열심히 공부하고 있습니다. …… 이제 교실에 앉아 있는 나를 바라보세요. …… 나는 의자에 앉아 몸을 비틀면서 이상한 행동을 하고 있습니다. 고개를 흔들고 손을 허우적거리고 있습니다. …… 그 모습을 찬찬히 바라보세요. …… 그리고 그 모습이 어떻게 느껴지는지 말해 보세요.

내: 저 혼자 미쳤어요.

상: 친구들은 나를 어떻게 보고 있나요?

내: 다른 애들은 나를 무시해요. 저 혼자 미친 거 같아요.

상: 그렇군요. 네가 봐도 무언가 잘못된 것 같지?

내: 네.

상: 좋습니다. 이제 선생님이 하나, 둘, 셋, 하면 멈춥니다. 자 하나, 둘, 셋! 이제 내 몸이 멈췄습니다. 편안하게 고개를 들고 자세를 똑바로 합니다. 그리고 오롯이 선생님에게 집중합니다.

내: (눈을 감은 채로 자세를 바로 한다.)

상: 이제 집중하면서도 마음은 편안해졌어요?

내: 네.

상: 자, 선생님이 하나, 둘, 셋, 하면, 다시 몸을 허우적거리는 모습으로 되돌아가는 겁니다. 자, 하나, 둘, 셋! 다시 몸을 움직여 보세요.

내: (다시 몸을 비틀기 시작한다.)

상: 몸을 비트는 자신의 모습이 어떻게 보여요?

내: 이상해요. 내가 아닌 것 같아요.

상: 좋습니다. 이제 선생님이 하나, 둘, 셋 하면 다시 멈추는 거예요. …… 자, 하나, 둘, 셋! 멈춥니다. 편안하게 고개를 들고 천천히 숨을 쉬면서 앞을 바라봅니다. 마음을 가라앉히고 다른 친구들과 똑같이 행동합니다. …… 마음이 어때요?

내: 아무렇지도 않아요.

상: 아주 잘했습니다.

Erickson은 내담자들의 '현재 패턴을 흔드는 연상을 떠올릴 수 있는 암시'를 대화 도중에 지나가는 듯이 언급하면서 그들의 내적 상태를 변화를 위한 최적의 조건으로 재구성될 수 있도록 틈틈이 씨를 뿌렸다.

그는 내담자들이 원하는 상태와 연관된 단어나 이미지를 활용해서 그들의 독특한 반응을 고무시키는 데 대단히 효율적이었다. 변화에 대한 긍정적인 기대를 촉진시키는 방법 중에 하나는 내담자들과 치료동맹을 맺는 것이다.

다음은 고통을 희망과 가능성으로 변형시키려고 노력한다. Erickson은 자녀들에게 힘든 육체적 고통이 닥쳤을 때, 견디어 내고 받아들이도록 준비시키기 위해 진지하게 다음과 같이 말하곤 했다.

지금은 너무 고통스럽지? 정말 고통스러울 거야. …… 하지만 네가 느끼는 고통은 하루나 이틀이면 사라지게 되거든. …… 그리고 넌 힘든 고통을 이겨낸 기억을 영원히 간직할 수도 있어. …… 그러면 이런 고통도 아주 대단히 소중한 경험이 될 수도 있거든(Erickson, 2006: 84).

정신적 외상으로 공포감을 느끼는 내담자에게 Erickson은 공포감을 분리시키기 위해 다음과 같이 개입했다. "공포감의 일부는 당신의 신체가 경험한 것이 무의식에 있는 기억에 남아 있기 때문입니다. …… 그래서 일부는 마음의 공포에서 기인한 것이고 그건 어떻게 해 볼 수도 있습니다(Erickson, 2006a: 75)."

이렇게 틈틈이 씨를 뿌리면, 문제의 일부를 통제할 수 있다는 사고의 변화가 공포심에서 벗어나게 한다. 한 내담자에게 긍정적으로 작동하는 상담자의 개입이 다른 이들에게 작동하지 않을 수 있다. 이러한 이야기를 통해서 Erickson은 내담자들이 자신의 독특성을 수용하고 자신의 고유한 방식으로 문제를 해결하기를 원했다.

💬 불가능하다고 느끼는 목표를 가능하게 만드는 8가지 팁

야심 찬 목표를 세우는 것은 칭찬할 만하지만, 그것들이 달성 불가능해 보일 때 무엇을 하는가? 인생의 장애물을 통과할 때 높은 열망에 도달하는 것은 때때로 장애물이 쌓였을 때 낙담으로 이어질 수 있다.

첫째, 도전을 인정한다. 지금 당장 목표가 멀게 느껴질 수 있다는 점을 인정하는 것이 중요하다. 이것은 패배를 인정하는 것이 아니라 앞으로 나아갈 방향을 설정하는 중요한 첫걸음이다.

둘째, 스스로에게 시간의 은총을 주어라. 목표, 특히 달성할 가치가 있는 목표는 하루 만에 정복되는 것이 아니다. 그것은 결국 승리로 이끄는 꾸준한 발전이다. 당신의 지원 네트워크에 기대라. 고립은 의심을 증폭시킬 수 있으므로, 당신을 고양시키는 사람들과 연결하는 것은 추진력을 유지하고 새로운 관점을 얻는 데 핵심이다.

셋째, 성장 마인드를 유지하라. 이것은 현실을 무시하는 것이 아니라 할 수 없는 것 대신할 수 있는 것에 집중하는 것을 선택하는 것이다. 이제, 당신의 큰 그림을 더 작고 현실적인 목표로 나눠 보자. 각각의 작은 성공은 당신의 더 큰 야망을 향한 디딤돌이고, 여정을 덜 힘들고 더 쉽게 만든다.

넷째, 적응력을 받아들인다. 목표로 가는 길은 예상치 못한 전환이 필요할 수 있고, 변화하는 전략에 열려 있는 것이 당신의 가장 큰 자산이 될 수 있다. 자기 관리는 협상 대상이 아니다. 목표를 추구하기 위해 회복력과 에너지를 구축할 수 있는 기반은 당신의 안녕이다.

다섯째, 성찰은 성장을 위한 강력한 도구다. 각각의 경험이 당신을 더 나은 능력으로 만들어 주는 교훈으로 인식한다. 그리고 이치에 맞는 규칙을 지킨다. 특정 분야에서의 일관성은 새로운 영역을 자신 있게 모험하는 데 필요한 균형을 제공한다. 이러한 점을 염두에 두고 목표를 달성하기 위한 구체적인 전략을 제시한다.

① 관점을 새롭게 바꾼다

우리는 종종 목표를 기대와 판단으로 흐려진 렌즈를 통해 바라보면서 목표가 닿지 않는 것처럼 보이게 만드는 정신적 장벽을 만든다. 우리가 우리의 열망을 어떻게 인식하는지에 대해 한 걸음 물러서서 새롭게 밝히는 것이 중요하다. 목표를 멀리 있는 봉우리로 보지 말고, 그것을 관리 가능한 일련의 단계로 시각화하라.

모든 우여곡절과 함께 여정 그 자체를 포용하라. 크기와 상관없이 모든 단계는 진보다. 이 작은 승리들을 축하하라. 그것들은 당신이 궁극적으로 성취할 수 있는 기반이다. 관점의 변화는 당신을 즉시성과 완벽성의 압력으로부터 해방시켜 당신이 좀 더 긍정적이고 인내심 있는 마음으로 나아갈 수 있도록 해 준다.

재구성된 관점에서 다음 단계는 이 새로운 전망에 부합하는 계획을 수립하는 것이다. 구조화된 계획이 어려운 목표를 어떻게 달성 가능한 이정표로 바꿀 수 있는지 살펴보자.

② 적응성을 동맹으로 수용한다

목표는 돌에 박힌 것이 아니라 진화할 수 있고 진화해야 하는 살아 있는 열망이다. 새로운 통찰력과 상황이 생겨날 때마다 목표를 조정하는 것은 허용 가능할 뿐만 아니라 종종 필요하다는 것을 인식해야 한다. 이 유연성을 통해 어려움에 직면했을 때 방향을 전환하여 도전을 성장의 기회로 만들 수 있다.

중요한 성취를 위한 길은 직선적인 경우가 거의 없다. 우여곡절을 헤쳐 나가면서 배움과 적응에 열린 자세를 유지하라. 그렇게 함으로써 당신은 탄력적이고 자원적이며 진보를 촉진하는 자질을 갖추게 된다.

도달할 수 없는 목표를 달성 가능한 일련의 목표로 바꿀 수 있는 것이 바로 이러한 적응력이다. 목표가 바뀔 수 있다는 것을 이해하는 것은 당신이 누구인지, 당신이 열망하는 사람인지에 공감하는 의도를 설정하는 것의 중요성으로 이어진다.

③ 핵심 가치에 맞게 목표를 조정한다

진정한 동기는 깊이 자리 잡은 믿음과 가치의 우물에서 나온다. 목표가 이들과 조화를 이룰 때 단순한 체크포인트가 아니라 진정한 자기 자신의 표현이 된다. 시간을 내어 자신에게 가장 중요한 것이 무엇인지 성찰하고, 목표가 이러한 내면의 진리의 거울임을 확인한다.

이러한 정렬은 동기부여가 약해졌을 때 자신을 지탱해 줄 수 있는 목적의식을 낳는다. 그래야 한다고 생각하기 때문에 목표를 추구하는 것과 영혼에 불을 붙이는 꿈을 추구하는 것의 차이다. 자신의 가치관에 행동이 울려 퍼질 때 한 걸음 한 걸음 앞으로 나아갈 때마다 열정과 의미가 배어 있다.

실제적인 단계를 더 깊이 들여다보면서, 목표를 가치에 맞추는 것은 시작에 불과하다는 것을 기억한다. 목표를 달성하기 위해 일치시키는 데 기본이 되는 핵심 가치에 대한 보다 심층적인 이해가 필요하다면 나의 가치 연습을 활용하는 것을 고려해 보라. 당신에게 가장 중요한 것이 무엇인지 확인하는 것은 앞으로 나아갈 때 당신의 길을 밝히고 결정을 명확히 할 수 있다.

④ 명확하고 실행 가능한 계획을 수립한다

나침반으로서의 가치관을 바탕으로 다음 단계는 진로를 계획하는 것이다. 구체적인 계획은 당신의 가장 포괄적인 목표를 가시적인 행동과 시간표로 나눈다. 그러한 특수성은 추상적인 것을 성취 가능한 것으로 바꾸어 놓으며, 따라야 할 분명한 일련의 단계를 제공한다. 그것을 성공을 위한 개인적인 청사진으로 생각하라. 그것이 없다면 아무리 열정적인 추구도 방향을 잃을 수 있다.

잘 짜여진 계획은 해야 할 일의 윤곽을 나타낼 뿐만 아니라 잠재적인 장애물을 예측하여 그 장애물을 직면하고 극복할 수 있도록 준비한다. 이 사전 예방적 접근은 예상치 못한 일이 발생했을 때도 계속해서 앞으로 나아가게 한다.

당신의 계획을 실행한 후, 이제 초점은 추진력을 유지하는 것으로 옮겨 간다. 다음 포인트는 계획을 정기적으로 반영하고 조정하는 것이 당신을 어떻게 목표 달성을 위한 궤도에 올려놓을 수 있는지에 대한 것이다.

⑤ 정기적인 반사 및 조정 기능을 통합한다

목표를 달성하기 위한 여정은 역동적이며, 목표를 성공적으로 탐색하기 위해서는 규칙적인 성찰이 중요하다. 계획의 진행 상황과 효과를 평가하기 위해 주기적으로 시간을 할애하라. 이것은 단지 완료된 작업을 중단하는 것이 아니라, 무엇이 작동하고 있는지, 무엇이 작동하지 않는지, 왜 그런지를 생각해 볼 수 있는 기회다.

성찰은 당신의 행동과 그 결과에 대한 더 깊은 이해를 가능하게 하며, 당신이 정보에 입각한 조정을 할 수 있도록 힘을 실어 준다. 정적인 목표를 각각의 경험에서 배우면서 진화하는 것은 바로 이러한 계획, 행동, 성찰, 정제의 순환이다.

접근 방식을 미세 조정한 후 다음 단계는 환경이 성공에 도움이 되는지 확인하는 것이다.

환경을 최적화하면 방해를 제거하고 목표를 달성하는 데 필요한 지원을 제공할 수 있는 방법에 대해 알아보겠다.

⑥ 성공을 위해 환경을 최적화한다

당신의 환경은 목표를 향해 집중하고 인내하는 능력에 지대한 영향을 미친다. 주의 산만을 최소화하고 생산성을 극대화하는 환경을 만든다. 이것은 작업 공간을 조직하거나 중단 없는 작업을 위한 경계를 설정하거나 영감과 동기 부여 요소로 당신 자신을 둘러싼다는 것을 의미할 수 있다.

당신의 요구에 맞춘 환경은 목표를 끊임없이 상기시켜 주는 역할도 할 수 있다. 잘 만들어진 공간은 비전 보드, 목표와 관련된 노트의 전략적 배치, 워크플로를 효율화하는 설정 등에 관계없이 계속해서 집중시키고 궤도에 올려놓을 수 있다.

⑦ 지원 네트워크를 구축한다

목표를 달성하는 것은 혼자 하는 노력이 아닌 강력한 지원 네트워크가 흔들리는 것과 번창하는 것의 차이일 수 있다. 당신의 열망을 공유하거나 최소한 당신의 헌신을 이해하고 격려하는 사람들과 관계를 형성하라. 이 네트워크는 다른 계층의 지원을 제공하는 친구, 가족, 멘토 또는 동료를 포함할 수 있다.

지원 커뮤니티는 다양한 관점을 제공하며, 당신이 간과했을 수 있는 가능성을 확인할 수 있도록 도와준다. 그들은 당신의 성공을 축하하고, 좌절할 때 격려하고, 당신의 약속에 책임을 묻기 위해 그곳에 있다. 치어리더, 건전한 게시판, 그리고 하나로 굴러온 코치의 가치는 동기 부여와 집중을 유지하는 데 있어 아무리 강조해도 지나치지 않다.

한때 달성할 수 없을 것처럼 보였던 목표들이 이제 당신의 성장과 성취의 여정에서 성취할 수 있는 이정표로 여겨질 수 있다. 이 목록을 마무리하면서, 당신의 목표에 도달하는 과정은 목표 그 자체만큼 중요하다는 것을 기억하라. 그것은 당신이 누구인지, 그리고 당신이 누구가 될 것인지를 결정하는 변혁적인 경험이다.

⑧ 회복력을 배양하고 발전을 축하한다

목표를 달성하기 위한 길은 좌절과 실패로 포장되어 있는 경우가 많다. 이를 장애물이 아닌 학습의 기회로 보고 회복탄력성을 함양하는 것이 필수적이다. 역경을 딛고 일어설 때마다 더욱 단호하게 반대편으로 나올 때마다 더욱 단단해지는 근육이 회복탄력성이다.

아무리 작더라도 당신의 발전을 축하하는 것을 기억하라. 당신이 이룬 발전을 인정하는 것은 사기를 높이 유지하고 성취감을 제공하여 더 많은 행동을 하게 만든다. 축하 행사는 당신이 얼마나 멀리 왔는지를 상기시키고 당신이 계속해서 나아갈 수 있도록 동기를 부여하는 여정을 기념하는 이정표다. 마음속에 회복력이 있고 업적을 축하하는 습관이 있기 때문에 목표가 도달할 때까지 지속할 수 있는 힘을 얻을 수 있다.

멀어 보이는 목표에 어떻게 도달할 것인가에 대한 글을 마무리하면서, 어떤 목표의 본질은 그것이 움직이는 여정임을 기억하라. 우리가 선택하는 길과 우리가 내딛는 전진은 우리의 성취뿐만 아니라 그 과정에서 우리가 누구인지를 형성한다.

관점 재구성, 적응 가능성 수용, 핵심 가치에 맞는 목표 조정, 실행 가능한 계획 수립, 정기적인 반영 및 조정, 환경 최적화, 지원 네트워크 구축 등에 대해 논의했다. 이러한 각 단계는 목표로 하는 수준으로 도달하는 데 도움이 되는 스캐폴드의 중요한 구성요소다.

목표를 향한 여정은 개인적인 승리와 도전으로 가득 찬 당신만의 독특한 여정이다. 한 걸음 한 걸음 앞으로 나아가는 것을 축하하고 좌절을 더 강하게 성장하는 기회로 사용하라. 우리는 이러한 경험을 통해 종종 우리의 가장 심오한 교훈과 진정한 자아의식을 발견한다.

주요 삶의 변화를 탐색하거나 전환으로 인해 특히 어려움을 느끼는 사람들에게 변화를 수용하는 나의 비디오는 추가적인 지침과 확신을 줄 수 있다. 그 안에서 나는 우아함과 회복력을 가지고 전환을 관리하기 위한 전략에 대해 이야기한다.

4. 참여적인 관찰과 적극적인 경청

Erickson 상담에서 가장 중요한 핵심 역량(예: 개별화, 문제해결 및 활용) 중 일부는 고도로 발전된 관찰기술을 필요로 한다. 비언어적 행동이나 표정을 읽는 것 이상으로 주의 깊은 관찰은 영감과 임상 판단의 기초 역할을 한다.

Erickson은 내담자가 말한 것뿐만 아니라, 말하지 않은 것에 대해서도 듣고, 내담자가 언어, 행동, 감정 패턴이 반복되는 것을 지켜보기 때문에 과거와 미래의 행동에 대해 놀랍도록 정확한 추정을 할 수 있었다.

이러한 유형의 예측 능력은 상담계획과 준비, 전략적 문제해결에 필요하다. 다른 관찰기술에는 내담자들의 강점과 약점을 볼 수 있는 힘을 파악하는 법을 배우는 것이 포함된다. 또는 내담자들이 한계를 보는 자원을 식별하는 방법을 배우는 것이다. 이것들은 모두 문제해결 노력에 필수적이다.

> Erickson 상담은 내담자들의 자원에 근거를 둔 상담(resource-based therapy)이다. 사람들은 문제를 해결하는 데 도움이 필요하거나 고통에서 벗어나고 싶은 순간에 활용할 수 있는 다양한 자원들을 가지고 있다.
>
> 이러한 자원에는 개인 내적인 것뿐만 아니라 다양한 사회·환경·영적인 자원들을 포함한다. 그는 적극적인 경청과 참여적인 관찰을 통해서 이러한 자원을 이해하고, 수용하며, 활용했다(O'Hanlon, 2013: 4).

관찰은 우리가 반응에 대한 자극으로 식별하는 것을 보거나 듣는 것이다. 우리의 목표는 비디오 카메라가 그 순간을 포착하는 것처럼 구체적으로 중립적으로 우리가 반응하고 있는 것을 묘사하는 것이다.

이것은 다른 사람과 공유된 현실을 만드는 데 도움이 된다. 관찰은 우리의 감정과 욕구 표현을 위한 맥락을 제공한다. 관찰을 하는 열쇠는 일어난 일에 대한 우리의 묘사에서 우리 자신의 판단, 평가 또는 해석을 분리하는 것이다.

예를 들어, 우리가 "당신은 무례합니다."라고 말하면 다른 사람은 동의하지 않을 수 있지만, "당신이 들어왔을 때 당신은 나에게 인사하지 않았습니다."라고 말하면 다른 사람은 설명되는 순간을 인식할 가능성이 더 크다.

상담자가 평가나 판단을 혼합하지 않고 관찰 언어로 보거나 들은 것을 설명할 수 있을 때, 듣는 내담자가 즉시 자동적으로 반응하지 않고, 상담자의 감정과 욕구에 대해 기꺼이 들을 가능성을 높인다.

판단과 해석을 관찰 언어로 번역하는 법을 배우는 것은 상담자를 옳고 그른 사고에서 멀어지게 한다. 그것은 상담자가 다른 사람의 잘못보다는 자신의 감정의 원천으로서 자신의 필요에 주의를 기울임으로써 반응에 대한 책임을 지게 도와준다. 이런 식으로 관찰은 상담자 자신과 내담자들과의 더 큰 연결을 향한 길을 열어 주고 더 의미 있는 연결을 향한 중요한 빌딩 블록으로 부상한다.

상담 관찰을 개념화하는 유용한 방법은 주의 깊은 청취를 포함하는 수용적 의사소통 기술이다. 관찰력은 표현적 의사소통 기술과 연결된다. 이것이 의미하는 바는 상담자가 신중한 관찰이 없으면 치료 아이디어를 능숙하게 표현할 수 없다는 것이다. 또한 중요한 아이디어의 숙련된 표현은 반드시 그 효과가 결정될 수 있도록 주의 깊은 관찰이 뒤따라야 한다.

대조적으로 내담자들은 상담자 앞에 앉아서 보이지 않거나 들리지 않을 수 있다. 이런 일이 발생하면 다른 치료과정에 참여하는 데 필요한 동기 부여가 심각하게 부족하게 된다. 그렇게 되면 내담자의 판단력에 오해가 발생한다.

이러한 이유로 Erickson 상담자들은 해석하지 않고 관찰한다. 행동이나 경험을 해석해야 하는 경우, '발생한 일을 이해하는 것은 상담자가 아니라 내담자'다. 상담자의 해석은 내담자 자신의 자기 탐색을 왜곡시킬 뿐만 아니라 검증 과정을 방해한다. 그래서 Erickson은 내담자가 치료에 가져오는 모든 것을 조용히 관찰하고 받아들이고 활용하는 태도를 강조했다.

> Erickson이 시범 상담을 할 때, 제자들은 그가 개입하는 것들을 하나도 놓치지 않으려고 매우 집중해서 그를 관찰했다. 그는 이러한 제자들의 시선을 알아차리고는 다음과 같이 충고했다.
> "내가 아닌 내담자를 보세요! 모든 해답은 바로 내담자 안에 있습니다. …… 상담자가 내담자 안으로 들어가서 참여하게 되면, 그들도 상담자 속으로 들어오기 시작할 겁니다. 그런 다음에 내담자들은 자발적으로 자신의 잠재력을 활용하게 될 것입니다(Simpkins & Simpkins, 2006: 320)."

상담자가 이론적인 설명의 한계를 벗어나려면, '초연한 관찰자로서의 역할보다는 참여적인 관찰자'로서의 역할이 필요하다. 관찰은 내담자들의 현실 경험을 수용하고, 협력을 통해서 문제해결에 필요한 자원들을 찾는 것이다.

또한 변화를 이루는 데 있어서 내담자 요인을 활용하기 위한 필수적인 과정이 관찰이다. 세심한 관찰자는 무엇이 일어나든지 기꺼이 관찰하고, 받아들이며, 배우려고 한다. Erickson 부인의 회고를 보자.

결과론적으로 볼 때 Erickson의 상담이 마술적인 것처럼 보일지라도, 그는 내담자들을 주의 깊게 관찰하고 그들의 고유한 의사소통을 따라가면서 신중하게 반응하는 것이 자신이 할 수 있는 모든 것이라고 말하곤 했다(Erickson, 2006: 6).

숙련된 관찰은 특히 내담자가 특별하고 타인들과 어떻게 다른지를 식별해야 하는 치료의 개별화에 해당된다. 또한 치료에 활용될 수 있는 '숨겨진 강점과 자원에 대한 새로운 인식'을 가져오게 한다.

내담자의 특이한 특성, 좋아하는 추억, 지속적인 꿈, 가장 강한 가치, 그리고 가장 깊은 욕망이나 소망 등을 관찰하는 것이 중요하다. 이 모든 것들은 내담자의 전체 정체성의 의미 있는 부분이며 따라서 변화를 위한 강력한 엔진이다.

관찰해야 할 다른 중요한 요소들로는 '내담자의 주의 집중, 갑작스러운 생각의 전환, 특정 주제의 회피, 특정 단어가 언급될 때의 목소리 톤의 변화, 얼굴이나 피부에서 볼 수 있는 인정하지 못한 감정, 내담자가 문제를 어떻게 구성하는지, 특정 단어의 반복, 상징적인 몸짓, 은유' 등이 있다.

이들 각각은 특별한 인식 상태를 나타내며, 그중 어떤 것도 탐구 또는 변경되어 해결책 발견을 위한 새로운 가능성을 창출할 수 있다. 따라서 상담자는 내담자의 독특한 개별적인 반응방식을 배우고 그 지식을 사용하여 모든 후속 치료를 수정한다. 이것은 맞춤화되고 독특한 치료법으로 이어질 것이며 자연스럽게 각 내담자와 특별한 관계를 맺게 될 것이다.

무의식적인 감정이나 태도와 같은 무의식적인 과정을 관찰하는 것은 행동 패턴 및 비언어적 표현을 연구함으로써 이루어진다. 이 정보는 상담에 대한 신중하게 맞춤화된 접근법을 공식화하는 데 사용된다.

상담자의 임상적 의사 결정과 내담자에 대한 행동을 조정하고 통제하는 과정을 뒷받침하는 여러 가지 핵심 가정이 있다. 이러한 가정에 대한 지식은 상담자가 확립된 기술을 기계적으로 재현하기보다는 개입의 정신에 따라 운영할 수 있게 한다. '모든 내담자는 독특한 치료법을 필요로 한다.'

① 관찰에 의해 얻어진 즉각적인 지식은 이론적인 배경 사이에서 가장 의미 있는 메시지 중 일부는 비언어적이다.

② 모든 내담자들은 합리적인 논리적 틀에서 작동하며, 그들이 치료법을 이해하도록 돕는 데 사용된다.

③ 내담자가 선택한 단어는 특별한 의미와 중요한 감정을 가지고 있다. 그러므로 연관성은 치료적 메시지를 전달하는 데 가장 적합한 단어들이다.

④ 내담자는 상담자의 필요에 맞게 자신의 행동을 수정할 필요가 없다. 오히려 내담자의 필요에 맞게 자신의 스타일을 적응하는 것은 상담자의 책임이다.

⑤ 상담 진행은 내담자가 준비되어 있고 일할 수 있다고 느낄 때 발생한다. 이는 엄격한 일정이나 치료 프로토콜에서 설명할 수 없는 것이다.

⑥ 내담자의 요구는 자신의 목표와 마찬가지로 매일 바뀔 수 있으므로 상담은 신중한 관찰과 지속적인 재교정의 과정이다.

관찰자가 된다는 것은 자신을 통제하려는 욕심이나 문제를 해결하려는 욕심 혹은 무엇인가를 성취해 보고 싶은 욕심을 비우는 것과 관련이 있다. 세심한 관찰자는 무엇이 일어나든 그것을 기꺼이 관찰하고, 받아들이며, 배우려 한다.

상담자는 자신이 이미 생각하고 있는 이론이 옳다는 것을 확인하고 그것을 붙잡으려는 욕심을 갖기 쉽지만, 관찰자는 그런 욕심을 버리고 대신 무엇이든 판단하지 않고 자신의 어떤 이론에도 집착하지 않는다.

> 내담자에 대한 이해력은 상담자가 자신의 행동하는 방법에 대한 지식을 이해하는 것에서부터 나온다. 내담자들의 행동을 관찰하는 데 앞서 상담자는 자신의 과거 행동에 대해 생생하게 관찰할 필요가 있다(Erickson & Rossi, 1979: 289).

Erickson은 일반적인 사람들의 태도와는 다른 방식으로 관찰했다. 우선 그는 자기 자신에 대해서 믿을 수 없을 정도로 상세히 내면과 외적인 상태에 대해서 관찰했다. 다음에 그는 내담자들이 자기 분석을 능가할 만큼 정확하게 그들을 관찰했다. 마지막으로 그는 타인들을 뻔뻔스럽게 관찰했다(Havens, 1985: 5).

Erickson은 "사소한 단서가 가장 중요한 증거가 될 수 있다."라는 원칙 아래 자신의 관찰력을 총동원했다. 무시하거나 간과하기 쉬운 내담자들의 능력이나 조그만 성취에도 초점을 맞추기 위해서 그는 주의 깊게 관찰하고 그 반응을 경험의 새로운 통합을 위한 자원을 동원할 수 있는 지렛대로 활용했다.

> Erickson은 자신의 작업에서 관찰을 강조했기 때문에 그의 상담 훈련은 제자들의 지각력을 강화시키는 방향으로 전개되었다. 그는 제자들의 실험을 수행하기 위해서 관찰과 도전에 대한 스토리텔링(storytelling)을 포함하여 많은 기법들을 활용했다.
>
> 예를 들면, 뜰에서 놀고 있는 아이들을 관찰하고 누구를 놀이에 참여시킬 것인지, 다음에 어떻게 진행시킬 것인지, 또한 활동 중에 있는 집단을 관찰하고 누가 처음 떠나는지, 다음에 누가 말할 것인지 등이었다.
>
> 최소의 단서를 읽는 제자들의 능력을 개선시키기 위해서 Erickson은 관찰이 알파벳을 배우는 것과 유사하다고 강조했다. "여러분들은 그것을 일찍 배웁니다. 그리고 나서 새로운 활용법을 축적하세요." 그는 최소의 단서를 이용하는 방법을 배울 쉬운 방법은 없다고 말했다. 그것은 연습과 경험의 문제다(Zeig, 1985: 76).

몸과 마음을 관찰하는 것에는 두 가지 방법이 있다. '거시적인 관찰과 미시적인 관찰'이다. 거시적인 관찰은 신체와 마음에서 일어나는 현상을 한 덩어리로 관찰하는 것이다. 예를 들어, 내담자가 그림을 그릴 때 그 과정을 관찰하거나, 천천히 걸으면서 걷는 과정 하나하나를 자각하는 것이다. 신체와 마음을 한 덩어리로 관찰하면, 신체와 마음의 속성을 알 수 있기 때문에 굉장히 유용하다.

미시적 관찰은 트랜스 상태에서 관찰하는 것이다. '트랜스 상태에서는 의식의 제약을 덜 받기 때문에 궁극적 실재인 무의식을 볼 수 있게 된다.' 이 두 가지 관찰, 즉 거시적 관찰과 미시적 관찰을 하면 인간의 신체와 마음이 어떤 속성을 가졌는지를 한계 없이 거의 정확하게 알 수 있다.

신체는 기억을 위한 광범위한 저장고이며, 체험이 경험되는 장소다. 따라서 내담자가 감각, 충동, 제스처, 감정 등 감지할 수 있는 사건을 신체를 통해 매우 정확하게 모니터링할 수 있다면 상담에 크게 도움이 된다. 과거 사건에 대한 보고는 현재 인식될 수 있는 내면에 대한 보고보다 사소한 역할을 한다.

바로 이것이 신체를 면밀히 검토하는 이유다. 신체를 통해 무엇을 인식할 수 있는가? 그리고 상담과정 전반에 걸쳐 지각할 수 있는 능력이 뒷받침되고 정제될 수 있도록 상담자가 체계적으로 지원할 필요가 있는 것은 무엇인가?

과거 사건에 따른 정체성은 경험을 지각할 뿐만 아니라, 그것을 "나는 슬프다." "나는 혼란스럽다." "나는 열망한다." 등 존재에 대한 진술로 번역한다. 그러나 '집중된 몰입 상태에 들어가면 그 사람이 몰입한 부분과 동일시되지 않는 내부 관찰자가 생긴다.' 그런 순간에는 자신의 경험을 완전히 파악하지 않고도 알아차릴 수 있다.

이런 내부 관찰자는 과거 사건에 따른 정체성보다는 자신의 경험을 더 잘 묘사할 것이다. "나는 내가 슬픈 상태에 있다는 것을 알아차린다." "나는 내가 혼란스럽다는 것을 관찰한다." "내 자신이 열망하는 것을 본다."

상담에서는 내부 관찰자의 능력을 사용하여 내담자를 두 가지 주요 방법으로 지원해 왔다. ⊙ 자신의 경험을 관찰할 수 있는 능력을 연마하고, ⓒ 자연에 회귀하는 상태로 식별할 수 있는 능력을 개발한다.

방법을 개발하는 과정에서 집중된 몰입의 개념을 상담에 사용하기 위해 지금-여기에서 발생하는 내면에 초점을 맞춘다. 불교의 알아차림은 궁극적으로 깨달음이라는 상태와 자아 식별에서 개인의 궁극적인 해방을 야기하도록 설계되었다.

반대로 상담에서는 완전한 분리가 아닌 경험에서 관찰자에 이르기까지 식별 궤적의 변화를 도출하는 방식으로 알아차림을 육성한다. 감정, 이미지, 충동 등 특히 신체 경험은 충분히 연구의 대상이 된다(Weiss, 2002).

Erickson은 신체적인 움직임을 세밀하게 관찰하고 활용하여 작은 변화를 만들어 냈으며, 그것을 생산적으로 활용했다. 이러한 개입은 "당신은 해낼 수 있는 능력을 가지고 있다."라는 암묵적인 메시지를 전달하고, 하나의 후 최면 암시가 되어 내담자가 상담실 밖에서도 무의식적으로 이 메시지를 활용하도록 도왔다.

대단히 작은 반응을 얻고 그것을 토대로 목표를 성취할 때까지 확대시키는 것이 Erickson 작업의 특징이라 할 수 있다. 만약 중대한 부분에서의 변화를 추구하려면, 작은 부분에서의 변화가 전체 체계를 변화시킨다(Haley, 1973: 34-35).

> 재정적인 파산 때문에 생긴 우울증으로 입원한 내담자를 Erickson이 상담하게 되었다. 그 남자는 반복적으로 손을 자신의 가슴과 일직선상에서 앞뒤로 움직이면서 내내 울었다. Erickson은 그에게 "**당신은 오르막도 있고 내리막도 있던 사람입니다.**"라고 말하면서 손을 위아래로 움직이도록 제안했다.
> 그리고 나서 병원 내의 작업치료사와 협력하여 그가 나무를 매끄럽게 문지를 수 있도록 그의 손에 사포를 쥐어 주고 그 사이에 나무토막을 놓았다. 곧 내담자는 그 작업에 흥미를 가지게 되었고 결국에는 체스 세트를 만들었다. 그는 건강을 되찾았고 퇴원한 첫해에 부동산 사업으로 1만 달러를 벌었다(Haley, 1973: 28).

Rogers가 적극적인 경청을 강조했다면, Erickson은 참여적인 관찰을 중요하게 여겼다. 그는 상담자들에게 "관찰하고, 관찰하고, 또 관찰하라."라는 표현을 자주했다(Erickson, 2006: 350). 낯선 행동에 대한 관찰은 호기심을 낳고, 호기심은 창의적인 개입으로 이끄는 맥락을 만든다.

예를 들어, Erickson은 전신 마비 상태가 되었을 때, 그가 손에 집중을 하면서, 손가락을 구부리고 펴는 것과 같이 다양한 물건을 잡는 것을 회상했다. 그는 손과 손가락이 꼼지락거리거나 조금 더 크게 움직이는 것을 주시해서 관찰했고, 이러한 성공을 통해서 더 많이 움직일 수 있었다. 그는 단지 움직인다는 생각만으로 자동적으로 신체 반응을 이끌어 낼 수 있었다.

또한 Erickson은 주변 사람들과 환경을 관찰했다. 그러다가 누이동생들이 '좋다'는 것을

'싫다'고 표현할 때도 있다는 것을 알게 되었다. 한 누이동생이 다른 사람들에게 과일을 주면서 망설일 수 있다는 사실도 알았다. 그는 그렇게 비언어적인 표현과 신체언어를 학습했다(Rosen, 1982: 47).

강렬한 감정은 시야를 좁아지게 만들어 처음 그 감정을 일으켰던 것 이외에는 아무것도 보지 못하게 만든다. 삶에 대한 넓은 시각이 사라지고, 갑자기 단기적인 목표가 장기적인 목표보다 훨씬 더 중요하게 보이기 시작한다.

내담자들이 지금 느끼는 감정을 확인할 수 없을 때는 그들에게 "지금 당신의 몸이 어떤 동작을 하고 싶어 하는가?"라고 물어보라. 몸이 원하는 동작에 집중하면, 어떤 감정이 작동하고 있는지 파악할 수 있다.

또한 감정을 느끼기 위해서는 고통에서 도피하는 행위를 중단해야 한다. 예를 들어, 술을 마시고, 단 것을 먹으며, TV를 멍하니 보고, 늦게까지 일에 파묻히거나 배우자나 아이들에게 소리를 지르는 행위 등을 말한다.

관찰할 때 중요한 것은 '관찰을 잘 할 수 있는 상태를 만드는 것'이다. 복잡한 생각에 잠겨 있는 상태에서는 올바른 관찰이 불가능하다. 그건 때가 잔뜩 낀 안경을 쓰고 무언가를 보는 것과 같다. 명상을 하면 관찰을 잘 할 수 있는 상태가 된다.

직접 관찰하는 것이 최선이다. 사모아인의 문화를 이해하고 싶다면, 사모아로 가야 한다. 정신을 과학적으로 연구할 때 인류학적 모델을 따르지 않는다. 인류학자는 먼 섬들과 신비로운 나라들을 방문한 결과들을 보고하는데, 의식을 연구하는 학자들은 좀처럼 그렇게 정신 영역으로 여행에 나서는 경우는 드물다.

내담자들을 변화의 길로 이끌고 그들의 자원을 활용하기 위해 Erickson은 마치 인류학자처럼 문화적 맥락 속에서 자연스럽게 발생하는 그들의 태도를 관찰했다. 그래서 그는 "모든 상담자는 인류학자가 되어야 한다."라고 주장했다.

우리가 직접 관찰할 수 있는 유일한 정신이 우리 자신이기 때문에, 사모아 문화를 편견이나 선입견 없이 관찰하는 것이 아무리 어렵다 해도, 우리 자신의 정신을 객관적으로 관찰하기란 훨씬 더 힘들다.

직접 정신을 관찰하기 위한 방법이 없는 상황에서 몇몇 고대문화는 정신 연구에 상당한 주의를 기울였다. 그리고 그들은 자기 자신의 정신을 체계적으로 관찰할 수 있도록 훈련하는 데 심혈을 기울였다.

내담자들의 욕구와 강점에 따라 다양한 접근이 필요하지만 상담자가 그들이 가진 모든 문제를 해결해 주는 것은 아니다. Erickson은 세심한 관찰을 통해 그들의 심리적 수준을 이해하고 따라가면서 공유하며 한 단계 향상시킬 방법을 찾았다.

> Erickson은 평생을 통해서 정확하게 관찰할 수 있는 능력을 발전시키기 위한 도전을 계
> 속했다. 예를 들어, 그는 망상과 환각의 내용을 포함한 내담자들의 현재 정신적인 수준을
> 철저하게 탐색했다.
> 그런 다음 사회복지사에 의해 수집된 개인사와 비교하기 위해 유추한 개인의 역사를 상
> 세하게 기술했다. 나중에 자신이 설정한 앞으로 전개될 과정에 대한 유추를 실제 임상과정
> 이나 결과와 비교했다.
> 이런 방법으로 다양한 형태의 정보를 연결시켜 개인사와 진행되는 심리적인 증상 사이
> 에서의 관계에 대한 이해를 증진시킬 수 있었고, 개입에 필요한 자신의 창의적인 능력을 향
> 상시켰다(Zeig & Munion, 1999: 13).

상담자는 '문제의 영향력에서 벗어나려는 노력, 계획, 희망들을 세심하게 관찰'한다. 예를 들
어, 과잉행동을 보이는 아동도 유심히 관찰해 보면 꽤 오랜 시간 동안 상담자와 대화를 나눌
수 있다. 상담자는 이러한 긍정적인 관찰을 대화의 주제로 삼으면서 예외에 대한 탐색을 시
도한다.

① 지금 나와 이야기 하는 동안 과잉행동이 잠시 사라진 것 같구나. 또 어떤 장소나 시간에서
　이런 일이 일어나니?
② 어떻게 그렇게 빨리 집중할 수 있었니? 난 이렇게 빨리 집중하는 것을 배우는 친구들을 본
　적이 없거든.
③ 넌 이렇게 차분히 이야기 할 수 있는 것에 놀라지 않았어? 이렇게 차분하게 말할 수 있다
　는 것이 무슨 뜻이야?
④ 이런 모습이 계속 된다면 앞으로 어떻게 변할 것 같니?
⑤ 이렇게 변화된 모습은 너에게 어떤 희망을 주는지 궁금하구나.
⑥ 이렇게 행동하는 모습을 이어 간다면, 너 자신에 대한 생각이 어떻게 달라질까?

그래도 부정적이면 상담자는 흔들림이 없다는 것을 긍정적으로 해석한다. 예외를 인정하
라는 압력을 거부하는 자체가 '예외적인 독특한 산출물'이다. 휘둘림을 당하는 것에 대한 저
항을 관찰하고 탐색해 본다면 내담자들의 문제 이야기를 반박하는 생생한 경험들이 나타날

수밖에 없다.

건강하게 성장하려면 생각과 실제가 다를 수 있다는 것을 알고서 생각을 내려놓고 실제를 보는 훈련을 해야 한다. 몸과 마음에서 일어나는 현상을 잘 관찰해 보면, 생각하는 것과 실제로 일어나는 것이 다름을 알 수 있다.

우리 안에는 아는 것과 모르는 것이 뒤섞여 있다. 하지만 '자기 자신을 관찰하는 연습을 꾸준히 하면 아는 것과 모르는 것이 점점 분명'해진다. 마음에는 아는 기능이 있는데 우리의 의식이 이 기능을 충분히 발휘하지 못하도록 한다.

하지만 '마음의 이해하는 기능이 트랜스 상태에서는 충분히 작동'된다. 트랜스 상태에서 평온과 집중만이 남았을 때, 내담자의 마음은 어떤 흔들림도 없이 뭐든지 정확하게 객관적으로 볼 수 있다.

> Erickson에 의하여 언급된 언어와 개념들은 동기를 제공하고 안내자의 역할을 하지만, 올바른 정답을 제공하지는 않는다. 정답은 우리 각각이 의식과 무의식적인 능력을 활용하는 방법, 타인들의 학습을 돕는 방법 등 참여적인 관찰과 경험에 의한 총체적인 학습에 달려 있다(Havens, 1985: 363).

그래서 현재에 집중하는 것이 대단히 중요하다. 현재에 계속 집중하다 보면 다른 것들이 끼어들 틈이 없어져 대상을 오롯이 알게 한다. 이렇게 현재에 집중하여 일어나는 일들을 관찰하다 보면, 개별화된 모델을 수용할 수 있다.

내담자인 Erin은 부끄럽지만 그녀가 감정적으로 개방된다는 것이 얼마나 힘든지에 대해 이야기했다. 상담자는 그녀의 얼굴과 어깨, 가슴 윗부분이 천천히 빨개지고 있다는 것을 알아차렸다.

상담자가 그런 사실을 지적하자 그녀는 깜짝 놀라며 말했다. "그래요, 더운 느낌이지만, 그게 무슨 일인지는 모르겠어요!" 상담자는 그녀에게 온기의 경험을 그곳에 두고 그것이 어디로 가는지 알아차릴 것을 요청했다.

"좋아요, 그러니 그 열기의 느낌에 머물러 있어 보세요. 얼굴과 목과 가슴 위에서 열기를 느낍니다. 당신의 경험, 생각, 감정, 감각, 긴장, 충동, 기억, 이미지의 세부 사항을 알 수 있도록 시간을 가집니다. 무슨 일이 일어납니까?."

그녀는 잠시 침묵을 지키다가 말했다. "부끄럽습니다. 나는 학교에서 매우 개방적이었고 내 친구에게 내가 그녀를 얼마나 좋아하는지 말했던 때를 기억해요. 그녀는 혐오스러운 눈으로 나를 바라보았어요. 다시는 마음의 문을 열고 싶지 않았어요."

> 그녀는 부끄러워 고개를 숙였다. 단순히 그녀의 경험에 더 깊이 빠져들게 하고 자신에게 주의해 달라고 부탁함으로써, 자발적으로 기억이 되살아났다.

'통찰력은 현재 경험에 몰입하는 것에서 나온다.' 이 사례에서 트랜스 상태는 내담자와 상담자 모두에 의해 사용된다. Erin에게 자신의 경험을 의식하고 그것을 계속 유지하라고 부탁하며 그것을 펼쳐 보게 함으로써 상담자는 그녀에게 주의를 당부하고 있다. 지금 그녀에게 무슨 일이 일어나고 있는지 자세히 알아내기 위해서 상담자는 자신의 관찰에 집중해야 한다 (Fisher, 2017).

심리적 스트레스는 '확신, 제어, 예측 가능성, 사회적 지원, 소속 등의 부재'를 인지함으로써 생긴다. 그러나 신체적 증상을 통해 스트레스를 나타내기 때문에 의사의 진료실에 있었던 경험이 있을 수도 있지만, 의사는 인생에서 무슨 일이 일어나고 있는지를 묻지는 않았을 것이다.

진단은 구체적으로 전달되지만 스트레스가 처음에 있었던 이유에 대해서는 언급되지 않는다. 몸과 감정의 민감성과 지혜를 소중히 여기지 않는 문화권에서 살면, 내면의 삶을 위해 알아차림을 하는 접근이 낯설게 느껴진다.

그러나 내담자들이 '속도를 줄이고 몸의 소리를 들을수록 그 메시지는 더욱 분명해지고 또렷해진다.' 마음챙김은 수련자들에게 깊은 경청의 민감한 공감 능력을 길러 준다. 하지만 경험을 명확하게 판단하지 않고 이런 식으로 사는 데는 약간의 인내심이 필요하다. 몸에서 배우는 것은 여러 가지 형태로 나타나지만, 상담자와 내담자는 신체언어에 대해 민감해야 한다.

자신의 몸의 지혜를 배우는 데는 대체할 수 있는 방법이 없다. '몸의 말을 듣는 언어를 배울 때, 자신의 경험을 신뢰하는 법을 배우게 된다.' 연습을 통해서 우리는 평온한 순간, 행복하고 통찰력 있는 순간, 그리고 자신이 독특한 존재라고 느끼는 순간들을 경험할 수 있다. 이것들을 신뢰할 수 있어야 한다.

이런 경험을 많이 할수록, 자극받고 단순하게 반응하는 상태에 있지 않을 것이고, 균형이 맞지 않을 때 더 많이 알아챌 수 있을 것이며, 자신의 무의식에서는 더 많은 통찰을 할 수 있다. 몸을 신뢰할 수 있어야 균형을 잡고 건강해질 수 있다.

의심, 불신, 고통, 혼란의 순간을 바로 자신의 문제를 통찰할 수 있는 기회로 간주하자. 그런 상황들은 올 것이고 갈 것이다. 현재의 순간으로 돌아가서, '자신의 몸의 소리에 귀를 기울이고, 호흡을 알아차리며, 감지되는 감각과 친구가 되면, 복잡한 심리적 문제도 해결할 수 있는 기회가 생긴다.'

장애를 극복한 경험을 바탕으로 Erickson은 환자로서의 삶을 거부했다. 누구에게나 적절한 수준의 치료적 맥락이 주어져서 잠재적인 자원들이 드러날 수 있다면, 스스로 생존하는데 필요한 기술들을 전개하고 확장시켜 증상에서 회복될 수 있는 독특한 능력을 되살린다는 확신을 가졌다. 따라서 그는 내담자들의 병리적인 수준에서 벗어날 수 있는 자원들이 표출될 수 있도록 그들이 가진 모든 것을 활용하는 데 최선을 다했다(Lankton, 2005: v).

모순된 논리처럼 보이는 내담자 중심의 융통성은 Erickson 자신의 작업을 이론적인 틀에 한정시키는 것을 불가능하게 만들었다(Short et al., 2005: 302). 그는 어떤 훌륭한 이론적 접근도 진부하게 남용하면 도움이 안 된다는 것을 경고한다.

내담자의 말을 들을 때, 상담자는 모든 가능성을 보고 들어야 한다. 보다 더 이해하려고 애써야 하고, 상담자의 사고에 제한을 두지 말아야 한다. 단지 Rogers의 교재, 4쪽 3번째 줄에 나오는 방법을 모든 내담자들에게 적용시키려고 해서는 안 된다(Rosen, 1982: 182).

'적극적인 경청은 통제하거나 판단하려고 하지 않고 온전하게 듣는 것'이다. 내면의 외침과 평소의 가정을 버리고, 정확히 무슨 말을 하고 있는지에 대해 귀를 기울인다. 자신의 마음에 귀를 기울이고, 내면의 작은 목소리에 귀를 기울인다. 소리, 음악, 강의, 대화, 그리고 어떤 의미에서는 글을 듣는다.

이 모든 종류의 듣기가 효과적이 되기 위해서는 특히 개방적이고, 신선하며, 경계하고, 주의 깊으며, 차분하고, 수용적인 마음이 필요하다. 실제로 주의 깊은 듣기는 실제 연습을 통해 향상될 수 있다.

이른 아침은 특히 듣기에 좋다. 아침에 주의 깊은 경청을 시도한다. 잠에서 깨어날 때 TV, iPhone 또는 컴퓨터를 켜는 대신, 가만히 듣기만 한다. 시골 환경이라면, 그 소리는 새와 동물들이 깨어나는 것일 수도 있다.

도시에서는 쓰레기 수거, 건물 건설, 교통 등 외부 행동의 소리가 시작된다. 문을 여닫는 소리, 복도를 걸어가는 발소리, 사람들이 이야기를 나누는 소리, 나뭇잎이 바스락거리는 소리가 들린다.

한 소리가 사라질 때까지 한 소리에만 집중하고, 다른 소리가 다가오도록 한다. 생각이 마음속에 떠오르면 부드럽게 놓아주고 소리로 돌아간다. 그런 다음 침대에서 나와 샤워할 때 피부에 묻은 물소리를 즐긴다.

클래식이나 느린 템포의 음악을 듣는다. 음표의 소리와 진동, 듣는 동안 몸의 감각, 그리고 음악이 당신에게 가져오는 감정을 주목하라. 생각이 떠오르는 것을 알아차렸을 때, 부드럽게 음악에 주의를 돌린다. 깊게 호흡을 한다.

'적극적인 경청은 다른 사람에게 온전히 집중하는 것이다.' 그것은 우리의 관심의 선물이다. 그것은 서로 더 가깝게 만든다. 그것은 화자가 덜 취약하고 청취자에게 개방되는 경향이 있다고 느낄 수 있게 한다.

상담자는 정말로 듣고 있다는 것을 보여 주기 위해, 내담자가 상담자에게 방금 말한 것을 다시 말함으로써 뒤로 물러서는 것이 매우 유용하다. "그러니까 당신이 나한테 하고 싶은 말은……."

듣지 않는 것은 분열을 만들어 내기 때문에 항상 고통스럽다. 내담자의 말을 주의 깊게 듣고, 자연스럽게 숨을 쉬며, 단지 말하는 것을 듣기만 하면 된다. 다른 일에 대한 생각이 떠오르면 부드럽게 놓아주고 내담자의 말로 돌아간다. 마음속에서 대답이 떠오르면, 대답하기 전에 해야 할 말을 다 들을 때까지 기다린다.

밀턴 에릭슨의 상담이론과 실제

4장

현실 수용

상담자의 수용 경험은 상호작용에서 경직된 반응을 점차 줄여 상담은 자연스럽게 서로를 신뢰하는 차원에서 진행된다. 내담자들의 '경직된 패턴은 부정적인 경험이나 감정의 회피와 의미 있는 상관관계'를 보인다는 연구가 있다(Roemer, Salter, Raffa, & Orsillo, 2005).

내담자들의 현실을 수용하기 위해서 상담자는 변화시키려는 욕구나 자신의 목적과 가치, 그리고 집착을 버려야 한다. '온전히 마음의 문을 열고 편견 없이 그대로 바라볼 수 있을 때, 내담자들과 일체감을 느낄 수 있고, 그들이 표현하는 경험을 따라갈 수 있으며, 존재 자체로서 도움을 줄 수 있다.' Rogers의 관점을 보자.

> 수용이란 내담자를 자기존중감을 가진 한 사람으로서, 그의 조건이나 행동, 또는 감정이 어떠하든 인간적인 가치를 가진 한 사람으로서 존중해 주는 것이다. 그리고 그것은 자신의 방식대로 자신의 감정을 가지고자 하는 그의 욕구를 인정해 주는 것을 의미한다(Rogers, 1961: 34).

상담자가 먼저 내담자의 있는 그대로의 현실을 알아차리고 수용하면 내담자도 상담자의 치료적 제안들을 수용하기 시작한다.

현실을 수용한다는 개념은 '내담자들이 하고 있는 언행을 적절한 것으로 간주하고, 정확하게 상담자가 그들이 그 시점에서 하기를 바란 그런 언행이라고 가정하며, 그 가정에 일치되게 대화하는 것'을 의미한다. Erickson의 관점을 보자.

> 만약 상담자가 내담자들이 상담 장면에서 보여 주는 욕구나 감정을 무시하고 자기 중심적으로 치료를 진행한다면, 그들은 이해받지 못하는 느낌이 들 것이고 결국 상담을 포기한다. 따라서 시간은 절약될 수 있지만 변화의 기회는 사라지게 된다.
>
> 내담자들이 상담자의 경험을 수용할 수는 없다. 반대로 상담자가 그들의 현실 속으로 들어가야 한다. 그것은 상담자의 주관적인 의견을 주입시키는 것이 아니라, 그들의 목적이나 가치에 상담자를 일치시키는 것이다. 그러면 그들도 자신의 문제를 해결할 내·외적인 자원을 찾는 데 몰입하게 된다(Gilligan, 2006: 344).

1. 내담자의 욕구를 수용하고 따라가기

상담자가 '내담자들의 반응에 주의를 기울이고 욕구나 감정을 수용하면, 그들의 현재 심리적 수준을 이해할 수 있고 어떻게 변경해야 되는지'도 알 수 있다. 하지만 이러한 수용이 내담자들의 부당한 요구를 들어준다는 의미는 아니다.

만약 중독 문제가 있다면, 약물 복용에 대한 욕구를 수용하는 것이 아니라, '약물 사용의 충동성, 선호하는 대처전략을 포기하는 데서 오는 상실감, 금단 현상으로 인해 나타나는 감정적인 고통' 등 그들의 현재 수준을 이해하고 수용하는 것이다.

> 내담자들의 현실을 수용하고 따라가는 태도는 그들의 패턴에 맞추는 것을 의미한다. 이러한 태도는 내담자들의 의식 수준뿐만 아니라 더 중요한 무의식 수준에서 그들과 친밀한 관계를 수립할 수 있다. 그러므로 내담자들이 의도적으로 의식하지 않아도 개방적이 되도록 돕는다(Richeport, 1985: 550).

내담자들에 대한 '무조건적인 존중은 그들에게 긍정적인 변화를 위한 잠재력이 있다는 사실을 믿는 것'이다. 그런 다음 내담자들이 경험하는 어려움을 인정하고 그들 능력의 증거를 찾는다. 하지만 '수용하고 관계를 맺는 것과 변화 능력의 증거를 찾는 것 사이의 균형을 유지하는 일'은 상담자에게는 중요한 도전이다.

욕구와 요청은 다르다. 내담자가 요청을 하는지 또는 욕구를 갈망하는지 여부는 부탁이 거부된 경우 응답에 의해 분명해진다. 거부된 욕구는 징벌적 결과를 예상할 수 있지만, 거부된 부탁은 대부분 추가적인 대화로 이어진다.

> 치료적인 상황을 발전시키기 위해 필요한 것은 상담 교재에 나오는 기법들을 내담자들에게 단순히 적용시키는 것이 아니라, 그들로 하여금 그 자신의 사고·이해·감정들을 그들의 삶의 설계 속에서 자신들에게 가장 적합한 방식으로 이용할 수 있도록 수용하는 것이다.
>
> 심리치료는 가장 적절하고 유용한 방식으로 내담자들을 돕는 것을 목적으로 한다. 그들이 협조적이 되도록 하기 위해서 상담자는 그들이 현실에서 보여 주는 것이 무엇이든 충분히 존중하고 수용할 수 있어야 한다. 그러면 내담자들의 무의식은 경직된 사고·감정·행동 패턴을 자신에게 이익이 되는 방향으로 유연하게 변화시킬 수 있다(Erickson, 1954: 127).

Erickson의 문제해결을 위한 모든 노력은 내담자들의 개인적인 성장에 초점을 맞추는 것으로 이해될 수 있다. 따라서 그에게 기법은 이차적인 것이었다. 어떤 특정한 전략들을 발전시키기 위한 그의 기법들은 절묘하거나 환상적이라기보다는 자신이나 내담자들이 부담 없이 수용할 수 있는 자연적인 것이었다.

> 내담자들은 권리와 특권 그리고 고유한 사생활을 가진 한 인격체로써 어떤 상황에서든 보호되어야 한다. 그리고 상담자는 그들이 상처받기 쉬운 취약한 입장에서 상담 상황에 놓여 있다는 것을 인식할 필요가 있다.
>
> 그들이 얼마나 많은 정보를 가지고 있으며 얼마나 지적인가에 상관없이, 의식하든 못하든 간에 불확실성에 대한 염려가 그들의 마음속에 자리 잡고 있다. 즉, 무엇이 말해지고 무슨 일이 일어날 것인가, 혹은 무엇이 말해지지 않고 무엇이 일어나지 않는가에 대한 걱정과 염려다.
>
> 나에게 자유롭게 그리고 부담 없이 편하게 대하는 내담자라도 자신의 자아를 보호하려는 욕구를 명백히 드러낸다. 즉, 문제를 드러내면서도 내담자들은 자신의 가장 좋은 면을 전면에 내세우고 싶어 한다.
>
> 트랜스나 깨어 있는 상태 모두에서 내담자들은 반드시 적절하게 보호되어야 한다. 깨어 있는 상태에서는 간접적인 방법으로 그리고 트랜스 상태에서는 보다 직접적인 방법으로 그들이 이해되고 보호받고 있다는 느낌을 줄 수 있어야 한다.
>
> 내담자들을 그렇게 배려하지 않으면 그들을 감정적인 존재로 보호하는 데 실패하는 결과를 초래한다. 그와 같은 실패는 상담 작업의 가치를 위태롭게 한다. 왜냐하면 내담자들은 자신의 노력이 인정되지 않으리라고 느껴질 때, 상담 작업에 잘 협력할 수 없기 때문이다(Rossi, 1980a: 149-151).

Erickson은 상담의 추진력이 상담자의 이론적 배경에서 나오는 것이 아니라, 바로 내담자로부터 나온다고 보았다. Erickson의 모델은 상담자에게 무엇을 예상하는 것이 아니라, 내담자의 고유한 경험 패턴에 맞추어 어디를 볼지에 대해 말해 주므로 그들의 언어뿐만 아니라 비언어적인 표현도 따라가야 한다.

> 내담자들에 의하여 제공되는 언행이 무엇이든, 보다 더 바람직한 반응 행동을 개발하기 위하여 받아들이고 활용되어야 한다. 내담자들의 행동을 바로 잡으려는 어떤 시도, 그들이

관심을 갖지 않는 것에 밀어 넣으려는 시도는 보다 깊은 내적 경험에 반하는 작용을 한다. 많은 사람들이 하는 것과 무엇을 해야 하는지를 명령하지 마라. 내담자들을 지금 있는 그대로 보라(Rossi, 1980a: 155).

1) 내담자와 보조 맞추기

상담자의 제안에 저항하거나 '부정적인 반응을 보이는 내담자들은 대체로 과거에 어떤 압력을 받는다고 느꼈던 경험'들이 많다. 그래서 무슨 일에나 자기주장을 내세우고 싶어 하고 타인이 시키려고 하는 일은 일단 거부한다. 이런 거부 태도는 과거에 겪었던 일에 대한 부정적인 경험에서 나오는 매우 자연스러운 저항이다.

'저항하는 행동은 상담자가 내담자들의 사고 · 감정 · 행동 패턴에 더 깊이 보조를 맞출 필요가 있다는 하나의 상징적인 표현'이다. 상담자는 내담자들의 모든 경험은 타당하며 활용 가능하다고 가정하고, 그다음에는 행동으로 보조를 맞춘다.

다시 말해서, 상담자는 자신을 그들의 '감정, 언어, 태도에 일치시키고(matching), 보조를 맞추면서(pacing), 그들의 무의식과 비교적 자연스럽게 긍정적인 관계를 맺고, 적절한 순간에 도움이 되는 방향으로 이끈다(leading).'

Erickson은 내담자들을 끈기 있게 기다리며 관찰하고, 그들의 움직임에 자신을 일치시켰다. 다음에 그들에게 보조를 맞추고 의미 없어 보이는 표현도 따라가면서 은유적인 의미를 이해하려고 노력했다. 하지만 Erickson은 은유의 의미를 이해하지 못해도 내담자들을 점차 현실 속으로 들어오게 도울 수 있었다. 그들을 따라가면서 기꺼이 기다리는 것이 궁극적인 변화를 가져오는 지름길이라는 것을 보여 준다.

많은 상담자들이 내담자의 권리를 간과한다. 한 소녀가 고통스러운 생리통을 호소하는 경우, 상담자들은 그런 고통을 마비시키려고 한다. 이런 소녀가 상담실에 올 경우 나는 그녀가 통증에서 벗어나기 원하는지를 분명히 한다. 여러 경우에 소녀는 그녀의 삶에서 고통스러운 상황을 원할 수도 있다. 그러한 고통에 대한 호소는 사회적인 압력으로부터 도망치려는 시도거나, 대학시험을 회피하거나, 사무실에 출근을 거부하기 위한 하나의 수단일 수 있다. 하지만 이것이 그녀의 현실이다.

무의식은 의식보다 훨씬 지혜롭다. 상담자가 위의 소녀에게 부드럽고 상냥하게 고통에서 벗어나는 어떤 접근을 시도한다면, 그녀의 무의식은 상담자가 문제를 이해하지 못하는 것으로 받아들인다. 그리고 그녀는 상담자가 자신을 방해하고 있다는 것을 예리하게 무의식적으로 알아차리고 자연히 상담에 비협조적이 된다. 또한 사건의 자연스러운 과정을 간과한 것이므로 상담자의 제안을 거부할 수 있다.

그녀는 고통을 얻기를 원하고 있으며 아마 과거에도 생리통이라는 수단을 통해서 자신의 문제를 해결하는 연합방식을 보였을 것이다. 이러한 문제를 해결하기 위해서 상담자는 그녀에게 고통을 유지하거나 벗어날 권리를 주어야 한다. 그리고 어느 쪽을 선택하든지 그것은 그녀의 선택이다.

상담자가 그녀 자신의 느낌을 강제적으로 제거할 수는 없다. 단지 그녀가 원한다면 고통을 유지하거나 제거할 수 있는 능력이 있다는 것을 알게 함으로써 선택할 권리를 제공하는 것이다(Haley, 1985c: 14-15).

한 여성이 지나친 신경증을 호소하며 Erickson을 찾아와서는 자신의 치료자가 되어 줄 것을 간절하게 간청하면서도 자신의 문제를 말할 수 없다고 주장했다. 그녀는 개인적으로 만나거나 전화로 상담하는 것조차 동의하지 않았고 도저히 용기가 없기 때문이라고 변명했다.

그래도 치료를 해 줄 수 있는지를 물었고, 그는 가능하다면 도와주겠다고 대답했다. 그녀는 자신이 저녁 늦게 차를 몰고 와서 그의 집 차고에 주차를 하고, 그가 차 안에서 자신의 문제에 대해 가장 좋은 해결책을 이야기해 주고 있다고 상상할 수 있도록 허락해 달라고 졸랐다.

Erickson은 고개를 숙이고 한참을 생각한 후에 승낙했다. 몇 번 주차를 했는지는 정확하게 알 수 없었으나 그녀는 2회기의 상담 비용을 지불했다. 이후 그녀는 자신의 문제를 해결했을 뿐만 아니라, Erickson의 워크숍에 참가하여 기꺼이 피험자 역할까지 했다(Rosen, 1982: 88-89).

이 사례처럼 Erickson은 내담자들에게 고유한 방식으로 목표를 달성할 수 있도록 선택권을 주면 그들 스스로 변화에 유용한 과정으로 이어 간다고 확신했다. 가능하면 내담자들이 원하는 방향으로 허용적이 되는 것이 그들의 현재 심리적인 수준에 맞고 잠재적인 능력을 활용할 수 있다. 그는 현존하는 어떤 심리치료학파의 접근도 개인의 자원 이상으로 완벽하게 해결해 줄 것이라고 믿지 않았다.

2) 저항

Erickson은 내담자들의 세계로 들어가고 편안하게 자신의 세계로 되돌아올 수 있도록 돕기 위해 편견 없이 "내담자들의 어떤 표현이나 행동도 모욕으로 받아들이지 말라."라는 점을 자주 지적했다. 그의 관점을 보자.

> 나의 의식적인 마음이 비합리적인 상황에 압도당하여 부정적인 감정이 솟구쳐 올라올
> 때, 나는 트랜스 상태로 들어가고 과거 경험에서 얻은 삶의 불공평 속으로 나 자신을 일치
> 시킨다. 그러면 나의 무의식은 부당한 상황을 수용하고 깊은 환상을 경험하면서 일시적인
> 정체성의 위기에서 벗어나게 해 준다(Rossi, Erickson-Klein, & Rossi, 2008: 197).

Erickson이 밤늦게 정신병원에서 일할 때, 위험한 상황에 처하게 됐다. 그는 자신을 죽이려는 환자가
몸을 숨기고 있는 엘리베이터 안으로 들어갔다. 문이 닫히자 환자는 침착하게 말했다. "당신이 저녁 회
진하는 동안 내내 난 여기서 기다렸소. 모든 사람들이 아래층 다른 쪽 병동에 있고 난 당신을 죽여야
겠소."

Erickson의 대답은 단순했다. "좋아요. 어디서 날 죽이겠소? 여기에서 아니면 다른 곳에서?" 그 사
이 엘리베이터 문이 열리자 그는 말했다. "물론 저쪽에 당신이 일을 치른 다음 앉을 의자가 있어요.
…… 그건 당신도 알고 있는 사실이죠. 그리고 아래층에도 의자가 있습니다." 그렇게 말하면서 그는
걷기 시작했다.

"그리고 저쪽에 또 다른 의자가 있고 복도 저쪽 끝에도 의자가 있죠." 환자는 Erickson을 따라 걸으
면서 그 장소들을 유심히 쳐다보았다. 그리고 마침내 그들은 다른 사람들이 있는 곳에 도착할 수 있었다
(Erickson, 1959a).

Erickson의 설명을 보자. "나는 나를 죽이겠다는 환자의 생각을 수용했다. 내담자들은 자신
이 수용될 때 상담자가 해결책과 관련해서 앞으로 더 나아갈 수 있는 적절한 질문을 하게 되면,
그들의 무의식은 해답에 집중한다. 그들이 왜곡된 태도를 보일 때 당황할 필요는 없다. 그들을
수용하면 상황을 통제할 수 있게 된다."

내담자들을 도우려는 상담자는 방해가 되고 불합리하다는 이유로 그들의 언행 중에 어
떤 부분이라도 결코 경멸하거나 비난 혹은 거부해서는 안 된다. 왜냐하면 그들의 언행은
상담실에 가져오는 문제의 일부분이고, 개인적인 환경을 구성하기 때문이다. 상담은 그 안
에서 효력을 미쳐야만 한다.

그래서 그들이 상담실에 무엇을 가져오든 그것들은 그들의 일부를 보는 것이며, 동시에
그들의 문제일 수 있고, 총체적인 내담자-상담자의 관계를 구성하기 때문에 앞으로 상담
과정이 어떻게 진행되리라는 것을 예측할 수 있다.

상담자는 치료적인 절차를 위한 토대를 제공한다면서 무엇이 좋고 합리적인지를 평가하는 데 자신을 제한시키지 말아야 한다. 실제로 우리가 알고 있는 것보다 더 많은 경우에 상담은 어리석고, 엉터리 같으며, 불합리하고, 모순된 것들을 활용함으로써 견고한 토대 위에 확고하게 세워질 수 있다. 필요한 것은 전문가로서의 권위가 아니라 전문적인 유능함이다(Erickson, 1965b: 57-58).

저항하는 내담자들을 상담에 참여시키기 위해서 Erickson은 일반적으로 자신의 아이디어를 그들이 수용하지 못하면, 얼굴을 숙이고 그들의 견해를 심각하게 받아들였다. 몇 번이고 다시 설명하려고 애쓰며 상처를 받았다는 것을 보여 주었고, 결국에는 그들이 거절하지 말았어야 했다는 느낌이 들도록 했다(Haley, 1985c: 58).

나는 내담자들의 주의를 집중시키기 위해서 부드러운 목소리를 사용한다. 내담자들에게 말을 할 때, 상담자가 어떤 상태로 대화를 하고 있다는 것을 그들이 알게 하라. '눈과 목소리, 몸짓으로 직접 말'을 하라. 그래야 그들의 주의를 사로잡을 수 있다(Erickson & Rossi, 1981: 208).

상담목표와 문제나 해결책에 대한 내담자들의 사고를 수용하는 것은 관계 형성의 핵심이다. 수용은 저항을 줄이고 그들의 경직된 패턴을 무너뜨린다. '관계가 형성되면 상담자의 어떤 개입도 수용될 가능성이 높아지고 스스로 자신에게 최상의 이익이 되는 방향으로 움직이는 무의식적인 자각이 발생'한다. Erickson의 관점을 보자.

내담자들이 무엇을 보여 주건 그것을 따라가라. 그들이 독실한 모르몬교도라면 당신은 교도가 아닐지라도, 모르몬 교리에 전문가가 되어야 그들의 종교적인 신념을 활용할 수 있다. 내담자들의 신념이나 문화는 문제해결의 단서를 보여 주는 중요한 부분이 된다(Richeport, 1985: 550).

한 엄마가 혼자 찾아와서 Erickson에게 아들의 문제를 호소했다. "우리 아이는 거짓말을 하고, 훔치며, 또 너무 난폭하게 행동해요. 그리고 관계도 없는 사람들에게 온갖 악담을 퍼붓습니다." 엄마는 너무나 침통했다.

"아이 아빠는 성질이 급하고 아이에게 심하게 욕을 합니다." 그녀는 아이가 상담실에 안 오려고 하겠지만, 필요하다면 억지로라도 데려오겠다고 다짐했고, 다음 회기에 아이를 데려왔다. 아이는 귀엽고 장난꾸러기였다. "난 엄마가 선생님에게 나에 대한 모든 것을 말했다고 생각해요."

Erickson이 말했다. "그래, 엄마는 너에 대해 알고 있는 걸 나에게 말했지. 그런데 너만 알고 있는 것들이 있을 거야. 엄마는 그런 것들은 하나도 말하지 못했단다. 난 네가 그런 걸 나에게 말해 줄 수 있는지 궁금한데?"

소년이 단호하게 반응했다. "난 아무 말도 하지 않을 거예요." Erickson이 다시 말했다. "하나만 분명히 하자. 나는 여기에 앉아서 네가 화를 내는 것을 보는 것이 아무것도 하지 않고 시간을 보내는 것보다 더 낫다고 생각하거든. 그래서 말인데, 어떻게 할까? 바닥에 앉아서 화를 낼 거야, 아니면 물건을 집어던질 거야? 아니면 뭘 할까?"

소년이 말했다. "아무것도 안 하겠어요. 그런데 내가 여기서 성질을 부릴 수도 있다는 것이죠?" 하지만 아이는 화를 내지는 않았다. 아이는 자기가 얼마나 나쁜 아이라는 것을 증명하려는 듯이 이웃집에 진흙덩이를 던지거나 물대포를 쏘는 일 등을 떠들었다. 그럴 때마다 Erickson은 얼마나 자랑스럽게 여기는지, 기분이 얼마나 통쾌한지, 얼마나 행복스럽게 느끼는지를 질문했다.

Erickson이 말했다. "넌 여기에서도 똑같이 화를 낼 수 있어. 그런데도 한 번도 화를 내지 않는구나. 얼마나 좋은 기회니? 자, 무엇을 할까? 여기에서 화를 내고 기분이 어떤지를 말할 수 있겠니?" 회기마다 이러한 상황이 계속되면서 아이는 학교와 집에서 정상적으로 행동하기 시작했다(Haley, 1973: 201-202).

3) 비언어적인 태도를 따라가기

Erickson은 누구에게나 적절한 수준의 치료적 맥락이 주어져서 잠재적인 자원들이 드러날 수 있다면, 스스로 생존하는 데 필요한 기술들을 전개하고 확장시켜 증상에서 회복될 수 있는 독특한 능력을 되살린다는 확신을 가졌다. 따라서 그는 내담자들의 병리적인 수준에서 벗어날 수 있는 자원들이 표출될 수 있도록 그들이 가진 모든 것을 활용하는 데 최선을 다했다(Lankton, 2005: v).

Erickson의 생애 초기의 학습 과정 이야기는 어떤 치료 프로그램에서든 도움이 된다. 내담자들을 증상이 발생하기 이전의 시점으로 돌아가게 함으로써 경직된 사고패턴을 허물 수 있다(Zeig, 1992: 50).

전신마비였던 Erickson은 어린 누이동생을 관찰하면서 일어서는 것을 학습했다. 두 손을 바닥에 대고 다리를 꼬이지 않게 했으며 무릎을 이용해서 균형을 유지한 다음, 한 손에 보다 압력을 가하고 다른 손을 들어 올렸다. 다음에 머리를 들어 올리고 한쪽 발을 내디뎠다. 일어서면서 쓰러졌고 다시 처음부터 되풀이해야만 했다.

또한 Eickson은 전신마비로 누워 있는 동안 간호사들을 유심히 관찰하면서 그들의 어깨 움직임을 통해 호흡의 간격을 체크하고 따라 했다. 간호사와 눈이 마주치면 그녀의 호흡 길이에 맞춰 숨을 쉬었다. 그러면 방안의 분위기가 바뀌었고 그녀가 의도하지 않아도 자연스럽게 예전에 비해 훨씬 더 친절해졌다.

이러한 경험으로 Erickson은 내담자들과의 일치가 보다 쉽게 관계를 형성시킨다는 것을 알게 되었고 그들의 행동을 따라 했다. 상대가 턱을 괴면 따라서 턱을 괴고, 다리를 꼬면 역시 다리를 꼬았다(Rossi, Ryan, & Sharp, 1983: 13).

Erickson은 심각하게 손상을 입은 내담자들의 경우에도 그들을 관찰하면서 그들의 비언어적인 태도를 따라갔다. 심리적인 과정에 대한 지식의 대부분은 임상적인 관찰을 통해서 얻어진다(Rossi, 1980c: 145).

상담을 시작할 때 나의 첫 번째 산출물은 면접 상황에서 내담자들이 무엇을 보고 들을 수 있는지 조사하는 것이다. 나는 그들이 보고 듣는 것, 응시의 흐름, 위치의 변화가 무엇을 발생시키는지 알기를 원한다. 또한 나는 다양한 소리들, 거리의 소음이 상담 상황에 영향을 줄 수 있기 때문에 관심이 있다(Rossi, 1980b: 352).

Erickson이 최면에 대한 강의를 한 후에 상담을 받아 볼 사람은 앞으로 나오라고 하자 한 여대생이 자원해서 나왔다. 그가 편안한 의자를 골라서 편안한 자세로 앉으라고 권했다. 앉은 후에 그녀는 갑자기 담배를 피우고 싶다고 말했다.

원하는 대로 할 수 있다고 하자, 기분 좋게 담배를 피우면서 생각에 잠긴 듯 피어오르는 연기를 바라보았다. 그는 지나가는 듯이 흡연의 즐거움에 대해서 언급하였는데, 동그란 고리를 만드는 담배 연기를 보는 재미, 담배를 입으로 가져갈 때의 편안한 느낌, 외부의 어떤 일도 생각하지 않고 흡연의 즐거움에만 집중하고 있을 때에 느끼는 내면의 만족감 같은 것에 대해서 말했다.

이어서 그녀의 호흡에 맞추어 연기를 들여 마시고 내뿜는 데 대한 몇 가지 부담 없는 말을 했다. 또한 얼마나 가볍게, 거의 자동적으로 담배를 입으로 가져가고 다시 손을 의자의 팔걸이에 내려놓는지에 대해서 언급했다. '들여 마신다' '내뿜는다' '올라간다' '내려온다'와 같은 언급도 이런 행동을 할 때에 맞추었다.

하지만 평범한 대화체로 암시했기 때문에 그녀의 의식은 이런 사실을 느끼지 못했다. 이어서 눈꺼풀의 움직임에 따라 잠이 올 수 있다고 지나가듯이 언급했다. 담배를 다 피우기 전에 그녀는 가벼운

> 트랜스 상태로 들어갔다.
>
> 그러자 그는 잠이 들어서도 흡연의 즐거움을 계속 맛볼 수 있으므로 깊은 잠을 자면서 계속해서 그 즐거움을 느껴 보라고 말했다. 이어서 그녀는 보다 깊은 트랜스 상태로 들어갈 수 있었다(Erickson & Rossi, 1979: 55).

Erickson이 내담자들을 트랜스 상태로 이끄는 이유는 경험적인 반응이 쉬워지기 때문이다. 이러한 과정에서 그는 의식이나 무의식 과정에 호소할 때에 따라 다른 목소리 톤과 음량을 사용했고 자세 또한 달랐다.

내담자들은 눈을 감았을 때조차 이러한 변화를 민감하게 감지할 수 있었고 그들의 무의식은 그 차이에 적절하게 반응했다. 트랜스 상태에서 내담자들이 자신의 경험과 접하면서 무의식적인 마음을 신뢰하고 자신을 이끌 수 있도록 상담자가 허용적이고 간접적이 되면, 경직된 패턴이 유연해지는 치유의 과정이 발생한다(O'Hanlon, 2009: 20).

4) 내담자의 고유한 경험 패턴에 맞추기

Erickson의 상담 철학을 한 문장으로 요약한다면, '내담자들이 자신의 몸과 무의식의 선함을 인식할 수 있도록 돕는 것'으로 정의할 수 있다. 몸은 인지적으로 이해하지 못하는 문제해결의 방법을 알 수 있다. 그래서 그는 내담자들이 자신에게 이익이 되는 방향으로 움직이려는 선함에 초점을 맞추었다(Short, Erickson, Erickson-Klein, 2005: 185).

> 상담 중에 내담자들은 방 안이 어두워지거나 밝아지거나 추워지거나 더워지거나 넓어 보이거나 좁아 보일 수 있다. 또한 어떤 새로운 소리를 들을 수도 있다. 이러한 감각에 대한 인지적인 변화는 그들의 현실 감각이 변하고 트랜스 상태로 들어간다는 표시가 된다.
>
> 따라서 나는 이러한 감각적인 변화를 긍정적으로 평가한다. 그들이 이런 자발적인 변화를 수용하고 가능성을 인정하면, 치료적인 작업을 보다 더 쉽게 진행할 수 있다(Rossi et al, 2008: 210).

Erickson은 Rogers의 인간중심 접근으로부터도 이탈하였다. 그는 내담자들과의 관계와 그들이 가진 능력, 강점들을 문제를 해결하기 위해 필수적인 자원으로 중요하게 여겼다. 그러나 Erickson은 보다 적극적이었다. 내담자 중심 접근의 필수적인 수용과 공감이 존재하지 않는 상담실 밖의 환경에서도 종종 내담자로 하여금 문제해결에 도움이 되는 과제를 수용하도록 접근했다.

> Erickson은 내담자들과 함께 상담실 밖에서 시간을 보내는 것을 즐겼다. 그는 오랫동안 무기력한 현상을 보이는 한 내담자와 뒤뜰에 두 그루의 나무를 심었다. 이것은 누구의 나무가 더 강하고 크게 자라느냐를 견주어 보는 선의의 경쟁이 시작이었고 그가 삶에서의 의욕을 가질 수 있게끔 도와주었다(Short et al., 2005: 123).

Erickson은 상담실습에서 이론의 한계에 대해 충분히 이해했다. 실제로 Erickson의 목적은 각각의 내담자들을 위한 새로운 개입을 만들어 내는 것이었다. '가장 효과적인 개입은 내담자의 욕구에 가장 잘 맞으며, 내담자의 고유한 강점을 활용'하는 것이다. 그러나 이러한 지침은 공통적으로 반복적이고 예측 가능한 일반적인 과정이 존재한다는 가정에 근거를 둔 이론적인 접근법과는 너무 다르다.

> 나는 모든 내담자들의 개인차와 독특성, 그리고 관계에서의 매우 개인적인 특성을 완벽하게 이해하고 준비하는 것이 중요하다고 강조하는 것 외에는 최면을 유도하는 방법에 대한 일반적인 이해에 부언할 것이 아무것도 없다. 공식적인 틀을 중요시하는 이들은 모임에서 표준화된 최면 유도에 대해 논평을 한다.
>
> 우리는 녹음기를 사용하여 암시를 통제함으로써 최면 현상을 밝히려는 양적 연구들을 찾아볼 수 있다. 마치 그런 방식의 측정이 서로 다른 내담자들 사이에서 발생하는 반응의 정도와 특징을 통제할 수 있다고 보는 것 같다(Rossi, 1980b: 304).

언뜻 보기에 기능적인 변화에 초점을 맞춘 Erickson의 개념은 행동주의적인 접근과 유사하다. 그러나 방법론적으로는 차이가 있었다. 예를 들어, 그는 내담자들이 의식적으로 문제를 다룰 준비가 되어 있지 않은 경우, 문제를 상징적으로 다루어 은유적으로 활용하기 위해 간접적인 접근을 시도했다.

그러한 접근의 결과나 초점이 기능적인 변화일 수 있지만, 그 개입들 안에서 기술적으로 행동적인 것은 아무것도 없다. 정신적 외상은 위기의 상황에 적절하게 대처하지 못했다는 무력감에서 출발한다.

따라서 상담자는 보편적인 현상을 은유로 설명하면서 내담자들이 점차 현실에 대처할 수 있도록 돕는다. 변화에 대한 긍정적인 기대를 촉진시키는 방법 중 하나는 그들과 '**치료동맹을 맺고 고통을 희망과 가능성으로 변형**'시키는 것이다.

> 정신병원에서 경직성 조현병으로 진단받은 한 입원환자가 6년 동안 손을 들고 말없이 서 있었다. 식당에도 가고 잠도 잤으며, 필요하면 목욕탕에도 갔다. 하지만 대부분의 시간을 선 채로 보냈다. 누가 말을 걸어도 반응이 없었다.
>
> Erickson은 그 환자를 관찰한 후에 반응을 보일 것이라는 확신을 가졌다. 그는 서 있는 환자의 손에 대걸레를 쥐어 준 후 틈이 날 때마다 바닥을 닦으라고 다그쳤다. 환자는 할 수 없이 팔을 약간 움직였다.
>
> Erickson이 매일 재촉했으므로 환자는 조금씩 바닥을 닦기 시작했고 마침내 병동 청소를 하게 되었다. 환자는 종일 마룻바닥을 닦도록 다그친 의사를 학대 혐의로 고소하겠다고 불평하기 시작했다.
>
> 그는 환자에게 원한다면 다른 일도 기꺼이 할 수 있다고 대응했다. 그래서 침대 만드는 작업을 하게 되었다. 그리고 자신의 과거사와 환상을 표현하기 시작했으며 얼마 안 되어서 폐쇄 병동에서 개방 병동으로 옮겼다.
>
> 1년 만에 그는 자신의 집으로 돌아갔고 일도 할 수 있게 되었다. 통원 치료는 주 1회, 2주 1회, 3주 1회, 결국은 월 1회로 줄어들었다. 그는 여전히 정신적인 문제를 가지고 있었지만, 외부 세계에 적응할 수 있게 되었다(Rosen, 1982: 199-200).

여기에서 Erickson은 간접적인 시도가 점차 내담자의 무의식적인 마음으로 하여금 치료적 주체로 작용하도록 돕는 사례를 보여 주고 있다. 기존의 패턴을 무너뜨릴 수 있는 작은 시도도 궁극적인 변화를 초래하는 데 충분할 수 있다.

이 사례에서 Erickson은 내담자가 결국 침묵을 깨고 왜 자기를 혹사시키느냐고 불만을 토로할 때까지 이끌어 주었다. 내담자가 스스로 할 수 있을 때, 이를테면 말을 시작할 때, Erickson은 새로운 대안을 제시했다. 스스로 선택하는 능력은 건강해지고 있다는 것을 보여 주는 최초의 실질적인 조짐이었다.

2. 부정적인 경험 수용

상담목표와 문제나 해결책에 대한 내담자들의 사고를 수용하는 것은 관계 형성의 핵심이다. 수용은 저항을 줄이고 그들의 경직된 패턴을 무너뜨린다. '관계가 형성되면 상담자의 어떤 개입도 수용될 가능성이 높아지고, 내담자 스스로 자신에게 최상의 이익이 되는 방향으로 움직이는 무의식적인 자각이 발생'한다.

상담자가 '해결책의 제시보다 내담자에게 몰입하면서 그들을 이해하고 수용할 때, 그들의 무의식은 유연하게 변형'될 수 있다. 상담자는 상담과정에 대한 이론적인 틀에 따라 경직되게 개입하지 않는다.

내담자들이 얼마나 슬프고 비참한지를 호소할 때마다 Erickson은 조심스럽게 그런 진술을 인정하면서 사실로 받아들였다. 또한 그들의 근심과 걱정을 정당화했으며, 그 심각성과 중요성을 인정하려고 노력했다.

"하지만 아주 작은 느낌이 나타나고 당신은 '바로 이거야, 바로 이거야!'라는 경험을 할 수도 있습니다. …… 그리고 바로 그것이 문제해결을 도울 것입니다. …… 그런데 지금 신체나 느낌에 어떤 변화가 있는 것 같습니까?"

Erickson에게 '수용적이 된다는 것은 내담자들의 주관적인 경험에 관심을 기울이고 공감하는 것'을 의미했다(Short et al., 2005: 79). 그러면 내담자들은 자연스럽게 트랜스 상태로 들어간다. 다음은 Betty Alice의 회상이다.

사람들은 아빠의 다양한 상담기법을 배우고 싶어 했다. 그들은 아빠의 언어 패턴, 이야기 구조, 복잡한 의사소통, 치료를 위한 통찰, 최면기법들을 주시했다. 내담자와 함께하면서 나타나는 사랑의 은유를 보는 사람은 거의 없었다. 아빠는 내담자들을 진심으로 배려했고, 그 배려는 변화를 받아들이도록 그들을 개방하게 돕는 힘이었다(Erickson, 2006: 24).

상담자의 적극적인 수용의 태도는 내담자들을 따라가는 것이다. 그들이 변화하도록 돕기 위해서 상담자는 그들의 경직된 패턴을 인정하고 따라가면서 그들의 주관적인 감정, 가치, 행동, 이해력을 확장시키기 위한 개입을 시도한다.

나의 방법은 강줄기를 바꾸려는 사람의 의도와 같다. 강줄기를 가로질러 차단하는 것은 불가능하다. 하지만 강물의 힘을 인정하고 따라가면서 새로운 방향으로 전환시키면, 새로운 운하가 생긴다. 상담자가 할 일은 내담자들이 원하는 방향을 따라가면서 그들이 원하는 뭔가를 새롭게 하도록 만드는 것이다(Zeig, 1980: 143).

내담자들이 수치심과 혐오감과 관련된 자신의 숨겨진 부분에 대한 정보를 제공할 때도 수용받는 느낌이 든다면, 상담자를 진실하다고 받아들인다. 이런 긍정적인 인식이 있어야 그들의 무의식적인 자원을 활용하는 전략이 뒤따를 수 있다.

상담자는 진실해야 내담자들이 신뢰하는 만남의 관계를 맺을 수 있다. 그런데 진실성이란 무엇인가? Rogers는 진실성이 치료 효과를 높이는 상담자의 태도 중에서 가장 기본적인 조건으로 보고 다음과 같이 정의했다.

> 어느 순간 의식 속에 진행되는 우리의 경험이 대화 속에 표현 전달될 때, 우리의 상황, 의식, 의사 전달, 이 세 면이 각각 일치성을 띠게 되면, 우리는 분리되어 있지 않은, 하나로 통합된 완전한 인간이 될 수 있다. 물론, 누구도 대부분의 경우 어느 정도의 모순성을 드러낸다(Rogers, 1980: 15).

상담자가 진실하려면 자기 경험의 개방에 관심을 가져야 하지만, 그것은 상담자가 자신의 느낌과 염려를 그들에게 모두 쏟아 놓는 것도 아니고, 그냥 직관적인 생각을 충동적으로 말하는 것도 아니다.

그런데 어떻게 상담자의 유연함을 보여 줄 것인가? 진실성은 관계에서 발생하는 다양한 감정들을 막지 않고, 걱정과 예상되는 문제들을 있는 그대로 인정하고 표현하는 상담자의 의지를 요구한다. 하지만 상담자는 상처받은 내담자들의 고통을 느낄 수 있고, 자신을 그들과 동일시할 수 있으며, 그들이 자신과 같은 종류의 사람임을 아는 능력이 있어야 한다.

> Erickson은 암 말기 환자들을 자세히 관찰케 하고 그들의 비참함에 압도당하는 의과대학 학생들에게 말했다. "여러분은 이 환자들에게 거꾸로 반응하고 있습니다. 왜요? 그들이 의학교육을 위한 여유를 제공하지 않습니까? 그들에 대한 존중과 호감을 가지지 않고 어떻게 의사로서 여러분의 삶을 유지할 수 있겠습니까?"(Rossi et al., 1983)

내담자들의 진실하지 못함에 대한 상담자의 직면은 그들을 방어적으로 만들지 않을 때만 효과가 있다. 중요한 것은 단지 상담자의 솔직함 그 자체가 아니라, 내담자들이 수용할 수 있는 방식으로 표현하는 것이다.

> 주위 사람들이 자신을 너무 괴롭힌다는 피해망상을 보이는 여성이 남편과 함께 Erickson을 찾아왔다. 그녀는 자기가 미친 것으로 생각하느냐고 질문했다. 엄숙하고 심각한 표정으로 Erickson이 반응했다.

"나는 의사이기 때문에 '미쳤다'라는 단어를 사용하지 않습니다. 하지만 당신이 정신적으로 문제가 있다고 생각합니다." 다음에 그는 아주 자상하게 설명했다. "신체적으로 아픈 부분이 있다면, 그 병을 치료하기 위해서 우리는 병원으로 찾아갑니다. 마찬가지로 정신적으로 아픈 부분이 있다면 정신병원에 가야 합니다."

Erickson은 그 부부와 꽤 오래 문제를 토론했다. 남편은 이렇게 비관적인 견해를 가진 의사는 없었으므로 다른 의사를 찾아가자고 주장했다. 그녀가 남편에게 말했다. "선생님은 솔직했고 나에게 정신적으로 아프다고 말했잖아요. 당신도 우리 집에서 두 블록이나 떨어진 곳에 사람들이 하는 말을 들을 수 없다고 말했어요. 내가 정신적으로 아픈 건지도 모르죠." 이틀 후에 그녀는 정신병원을 찾아갔다 (Erickson, 1962a).

Erickson의 상담 접근이 종종 비지시적으로 보이지만, 여전히 내담자들에게 특정한 방향으로 나아가도록 교묘하게 영향력을 행사한다는 점에서 진실하지 못하다고 비난하는 사람들이 있다. 그는 다음과 같이 답변했다.

> 모든 어머니는 자녀가 생존하기를 원한다면 자녀를 조종한다. 그리고 당신이 물건을 사러 갈 때, 값을 깎기 위해 판매원을 조종한다. 그리고 식당에 갈 때마다 종업원을 조종한다. 그리고 학교에서는 교사들이 학습시키기 위해 학생들을 조종한다. 사실상, 인생은 하나의 커다란 조종 터가 된다. ······ 모든 인간 생활은 주고받는 것이다. 우리 지각 체계의 순수함을 유지하기 위해서 영향을 주는 상호작용을 피할 수는 없다(Rosen, 1982: 163).

이와 같이 적극적인 진실성의 노출은 기본적으로 내담자들을 조종하는 일방적인 관계를 만들어 낸다는 비난에 설득력이 있다. 상담자의 진실성은 강도 높은 수용과 공감의 결과로 생길 수 있는 혼돈된 의존성의 위험을 피할 수 있다. '상대방에게 마음을 여는 것'은 상담자와 내담자 모두에게 중요한 관계 형성의 디딤돌이다.

상담자가 내담자들의 실존과 고통을 외면하면, 성공적인 치료는 불가능하게 된다. 따라서 상담자는 그들의 왜곡된 현실도 있는 그대로 수용하려고 해야 한다. Erickson은 어떤 상황에서도 내담자의 현실을 수용하도록 노력했다.

상담을 거부하는 내담자에게 Erickson은 다음과 같이 언급했다. "놀랍지 않으세요? ······ 이렇게 거부할 수 있는 자유를 즐길 수 있다는 것을요. 그건 대단한 것입니다. 그리고 당신은 지금 마음의 움직임에 호기심을 가질 수도 있고, 다른 어느 때의 경험과 오늘의 경험이 어떻게 다른지 궁금할 수도 있습니다.

지금 당신의 내면은 무엇을 경험하고 있습니까? 대답을 안 하셔도 됩니다. …… 단지 경험하고 느껴 보세요. (휴식) 물론 당신은 아무것도 못 느낄 수 있습니다. 이런 경험이 무슨 도움이 될까 하고 의심을 가질 수도 있습니다."

상: 무엇이 당신을 이곳에 오게 했습니까?

내: (한 참 후에) 모르겠어요.

상: (잠시 기다리다가) 죄송합니다. 내가 너무 어려운 질문을 했나 봅니다. …… 모를 수 있죠. …… 정말 모를 수 있습니다. …… 또 제가 진심으로 당신을 위해서 여기에 있는지 의심할 수도 있고, …… 너무 많은 어려움을 겪으면서 모든 게 소용없다고 생각할 수도 있습니다. …… 또 이제까지 상담이라고 하는 것이 도움이 안 되었고, 그래서 지금 짜증이 날 수도 있습니다. …… 그런데 무엇이 여기로 오게 했나요?

내: 모르겠어요.

상: (다시 잠시 기다리다가) 당신은 모릅니다. 그렇죠? 그래서 모르는 것이나 말하고 싶지 않은 것을 말할 필요는 없습니다. …… 그런데 모르는 것도 하나의 긍정적인 경험이 될 수 있습니다. …… 무엇이 긍정적인 경험이 되는지 궁금하지 않으세요?
(내담자가 계속 침묵을 지키면) 지금처럼 침묵을 지키고 내면에 몰입하면서 …… 모르기 때문에 어떤 것으로 채워질 수 있습니다. …… 그리고 무엇으로 채우느냐는 전적으로 당신이 선택하는 것입니다. …… 무엇으로 채우고 싶으세요?

내: (침묵 후에) 모르겠어요.

상: (잠시 기다리다가) 어려운 질문이지요. 모르신다면 알기 위해서 저에게 질문을 할 수도 있습니다.

내: (침묵)

상: 죄송합니다. 당신이 경험하는 과정을 제가 방해한 것 같습니다. 물론 저에게 말씀을 안 하셔도 됩니다.

내: (침묵)

상: (내담자를 관찰하고 객관적인 사실을 묘사하면서) 이 방이 좀 덥죠? 앉고 있는 의자가 불편하지 않으세요?

내: 괜찮습니다.

상: 그런데 우리가 모르지만 아는 것도 있죠? …… 이제 당신은 나의 얼굴을 알고 나도 당신의 얼굴을 압니다. 다음에 우리가 다시 만난다면 서로의 얼굴을 기억할 겁니다. 그럴

죠?…… 그리고 당신의 의식은 분명히 모릅니다. (상담자가 몸을 앞으로 기울이면서) 하지만 당신의 마음 한구석에 있는 무의식은 무엇인가를 소중하게 생각하기 때문에 여기에 있을 수 있습니다.

내가 이해하고 따라갈 수 있도록 당신이 지금 경험하는 것을 좀 더 이야기해 주신다면 좋겠지만 그러지 않을 수도 있습니다. 다만 가끔 내가 이해하기 위해서 잠깐 멈추게 하는 것은 양해를 바랍니다. 괜찮죠?

내: 네.

상: 여러 가지 걱정 때문에 당신은 지금 무척 힘들 수도 있고 그래서 여기에 있는 것이 불편할 수도 있고 누구도 이런 상황을 싫어합니다. 그럼에도 여기에 오신 것은 정말 힘든 결정이었을 겁니다.

그래서 상담을 거부할 수도 있지만, 그래도 참고 여기에 계시는 것에 대해 정말 고맙게 생각합니다. …… 그리고 지금처럼만 하셔도 언젠가는 문제해결에 크게 도움이 되는 일이 일어날 수도 있습니다. …… 그런데 만약 달라질 수 있다면, 상황이 어떻게 달라지기를 원하시나요?

내: 나도 달라지고 싶지만 아직은 가능하다는 생각이 안 들어요.

상: 당신이 생각하는 것을 솔직하게 말해 주셔서 정말 고맙습니다. 그런데 혹시 지금까지 이 짧은 만남에서 당신이 만들어 낸 여러 가지 변화를 알아채셨어요?

불일치 경험을 활용하면 변화를 촉진시킨다. 예를 들어, 내담자들의 무의식을 표현하는 신체는 경직된 패턴과는 다르게 반응할 수 있다. "당신 신체의 어떤 부분이 지금 당신이 하는 말을 인정하지 않는 것 같습니까?" 이러한 불일치 감각에 주의를 기울이면, 함께 존재하면서도 깨어 있을 수 있다.

현재 생각에 대한 또 다른 의식은 생각을 알아차리고 그저 왔다가 사라지는 뇌의 감각처럼 철저하게 있는 그대로 수용한다. 이때 핵심은 생각이 그저 우리 마음속에 들어온다는 것이다. 부정적이거나 걱정하는 생각 없이 지나가도록 놔둔다.

상담과정은 내담자를 염두에 둔 상태에서 수행된 짧고 정확한 실험을 통해 자기발견을 포함한다. 이는 상담자가 내담자의 태도, 감정, 행동을 형성하는 무의식적 구조에 대해 개발한 가설을 참고하여 설계된다. 가설이 정확하고 실험이 제대로 수행되면 내담자에게서 의미 있는 감정 반응을 불러일으킬 수 있다.

이러한 반응은 내담자의 자기발견의 기초가 된다. 그러한 실험이 가능하고 결실을 맺는 안전하고 긍정적인 분위기를 제공하기 위해서는 상담자의 따뜻함, 유연성, 전전두엽과 변연계를 연결시키는 능력이 가장 중요하다(Kurtz, 1990).

Erickson은 어떤 상황에서도 내담자들의 현실에 허용적이 되려고 노력했다. 예를 들어, "좀 더 집중하면, 눈을 감을 수도 있습니다."라고 암시하면, 어떤 내담자는 저항에 집중하면서 눈을 뜨는 것으로 반응한다.

하지만 상담자가 "그리고 고유한 생각에 좀 더 집중하기 위해서 눈을 뜨고 한곳을 바라볼 수도 있습니다."라고 하면, 내담자의 반응을 따라가는 것이 되어 상담자는 그의 무의식과 라포(rapport)를 맺게 된다.

허용적이 된다는 것이 단순히 상담의 진행을 내담자들이 원하는 대로 끌려간다는 의미는 아니다. 내담자들의 자원에 대한 자세한 정보를 얻고 활용하여 그들의 심리적인 수준을 높이기 위해서는 상담자의 보다 적극적인 자세가 요구된다.

> 상담은 기본적으로 상담자와 내담자 사이에 존재하는 신뢰를 바탕으로 대인관계 기능을 주축으로 한다. 따라서 이러한 상태에서의 기법과 절차도 상담자가 일방적으로 주도하기보다는 내담자들의 수준이나 그들이 처한 상황, 목적에 따라 달라야 하고 그들과의 상호작용을 통해서 실천되어야 한다(Rossi, 1980d: 28).

Erickson의 접근 방법 가운데 중요한 원칙 중 하나는 내담자들의 '개별적인 특이성을 따라가면서 그들의 잠재 능력을 활용하는 것'이다. 상담자의 간접적인 제안은 단지 변화의 계기를 제공할 뿐이다.

상담자가 내담자들의 이익을 우선시하고 그들의 수준을 한 단계 높이기 위해서 상담 초기에 반드시 관심을 가져야 할 질문은 "이 내담자들이 지금 여기에서 한 단계 나아가고, 회복을 도와주는 그들의 고유한 능력을 되찾기 위해 필요한 것은 무엇인가?"이다(Erickson, 1965a). 이러한 능력을 되찾는 출발점은 그들의 반응이다.

> 상담을 시작할 때 나의 첫 번째 산출물은 면접 상황에서 내담자들이 무엇을 보고 들을 수 있는지 조사하는 것이다. 나는 그들이 보고 듣는 것, 응시의 흐름, 위치의 변화가 무엇을 발생시키는지를 알기를 원한다. 또한 나는 다양한 소리들, 거리의 소음이 상담 상황에 영향을 줄 수 있기 때문에 관심이 있다(Rossi, 1980b: 352).

일단 내담자들이 자신의 준거틀에 틈을 만드는 경험을 하면, 그들은 변화의 가능성을 보게 된다. 자신이 변화의 주체가 될 수 있다는 무의식적인 믿음이 생기면 심리적인 일관성이 작용하기 때문에 더 큰 변화를 보다 쉽게 이룰 수 있다.

내담자들이 잠시 뒤로 물러나 멈추고 감정을 바라보면, 내면에 무엇이 일어나는지를 감지할 수 있다. 감정들을 분리시키면 소위 말하는 '무의식적인 학습'이 가능해진다. 상담자는 다음과 같이 질문한다. "그 감정 자체에 집중해 보세요. …… 무엇이라고 속삭입니까? 혹은 어떤 모습으로 다가옵니까? 아니면 무엇을 느끼게 합니까?"

무력감 때문에 3년 동안 상담을 받았지만 효과가 없었다고 주장하면서 또다시 실패를 예견하는 여성이 집단에 참여했다. 상담자는 스스로 몰입 상태로 들어가면서 지금 무엇을 경험하고 있는지 질문했다.

그녀가 침묵 후에 모르겠다고 반응하자, "우리는 인간이기 때문에 누구나 생각하고, 느낍니다. 하지만 만사 귀찮을 때도 있습니다. …… 지금 나는 당신이 무력감을 경험할 때 어떤 소리를 듣고, 어떤 색채를 보며, 어떤 느낌이 있는지 궁금합니다."라고 반응하면서 그녀에게 몰입하자, 그녀도 점차 자신의 내면에 몰입하면서 자신의 배경을 자세하게 표현할 수 있었다.

'지금-여기에서 내담자가 자신의 사고나 감정에 초점을 맞추고 수용하는 것은 자신의 문제를 넘어서서 서로의 존재 자체로서 교감을 나누게 한다.' 상담자는 그녀를 앞서 나가지 않았고 고정된 계획도 없었으며 문제를 극복할 수 있는 능력이 그녀에게 있다는 것을 강조하지도 않았다.

단지 내담자의 무력감과 연결되는 느낌을 감지하고 온전히 수용하면서 불확실성을 인내할 수 있는 능력을 지지하고, 그녀가 그러한 무력감을 '이겨 내려고 애쓰기보다는 더욱 귀를 기울여 친숙해'지도록 도왔다.

상담자는 또한 그녀에게 자신의 마음이 어디로 갔었는지 알아차리라고 말하고 그것을 유연하게 현재로 되돌릴 수도 있다. 트랜스 상태가 길어질 필요는 없다. 작은 시작이라는 생각은 새로운 습관을 시작하는 장벽을 줄이는 데 도움이 된다.

성찰은 특히 '신체 경험에 대한 무의식적인 인식과 현재 일어나고 있는 생각과 감정적인 경험을 노출'시킬 수 있을 때 발생한다. 여기서 경험이란 삶에 대한 우리의 반응과 그 반응 때문에 형성되는 것들을 말한다.

변형은 새로운 경험이 과거 경험에 대한 대안을 제공할 때 발생한다. 이러한 접근은 과거에 형성되었던 경험이 무의식적인 습관과 신념으로 이루어진다는 통찰력으로, 새로운 가능성을 제공하는 긍정적인 경험의 창조로 옮겨 간다.

무의식적인 마음은 경험을 통해서 표출된다. 경험을 수용하기 위해서는 우선 명확히 볼 수 있어야 한다. 내담자들이 멈추고 순간순간 경험에 초점을 맞추면서 자신의 내면을 관찰하게 한다.

그러면 자신의 경험을 오랜 세월 깊이 묻혀 있던 기억이나 사건들과 연결시켜 무엇이 문제인지를 보다 깊이 탐구하면서 경직된 패턴을 무너뜨리고 부정적인 행동화를 통제하게 된다(Lankton, 2001).

잠시 멈춰 보시겠어요? …… 당신의 의식은 지금 떠오르는 생각이나 느낌에 초점을 맞추기만 하면 됩니다. …… 그러면 당신의 무의식이 작용하기 때문에 문제에서 벗어날 수 있습니다. …… 지금 떠오르는 느낌이나 생각이 뭐예요? 그냥 받아들여 보세요.

예를 들어, 내담자가 부모와의 관계를 말하면서 몸을 떨 때, 상담자는 "좀 전에 엄마에 대한 이야기를 하면서 몸이 떨렸지요?"라고 묻는다. 이러한 관찰은 단순한 것이지만, 내담자는 자신이 전율하는 것에 대해 흥미를 가질 수 있다.

상담자는 "아마도 떨림이 무엇인가 중요한 이야기를 해 줄 수도 있습니다. 그 떨림의 경험 속에 잠시 머물러 보겠습니까? …… 그런 경험이 당신에게 무엇을 말해 주는 것 같습니까?" 내담자의 의식이 느려져 자신의 경험을 충분히 느끼는 순간, 그에게는 무의식적인 자각이 발생하는데, 그것이 유기적으로 또 다른 자각을 가져오게 한다.

> 내담자들의 부정적인 감정이라 할지라도 따라가면서 수용하고 그 공간 속으로 침투해 들어가면, 핵심에는 분명하고 뚜렷한 밀집된 에너지가 있다. 상담자는 이 에너지를 긍정적인 자원으로 변형시키기 위해 부드럽게 대면하는 방법을 배워야 한다(Tarthang Tulku, 1978: 54).

자동적으로 경직된 패턴을 부추기는 동기는 혐오나 욕구의 형태를 띠고 있다. 이런 이유로 '생각·감정·행동 패턴을 있는 그대로 수용하는 학습은 오랜 습관으로 돌아가려는 힘을 약화시킨다.' 멈추고 내면을 탐색하는 방법을 구체적으로 살펴보자.

> 자신의 손바닥을 바깥 방향으로 향하게 두고 얼굴 앞 적절한 지점에 둔다. 주위를 밖으로 향하고 있는 손바닥처럼 처음에는 밖의 세계에 초점을 맞춘다. 다음에는 손바닥이 자신을 향하도록 하면서 어떤 일이 발생하는지를 본다.

그런 다음 "이런 일도 나의 일부니까 받아들입니다. 혹은 지금 일어난 일을 놓아주고 자유롭기를 원합니다."라고 속삭이면서 손을 무릎으로 부드럽게 가져간다. 이러한 간단한 실험으로 편안해지고 온전하게 그 실제 속으로 들어갈 수 있다.

자신을 판단하지 않고 단지 객관적으로 관찰하면서 어떻게 관계하는지를 의식하는 것만으로도 경직된 패턴은 사라지기 시작한다. 내담자가 "내가 문제예요. 그냥 있어야 하는 건데."라고 자신을 비난할 수 있다.

상담자는 "잠시만요. 그런 비난은 당신의 삶이 원하지 않는 방향으로 가고 있다는 의미가 됩니다. 조금만 달리해 봅시다. 어느 방향으로 가야 할지 알기 위해서 자신을 평가하지 않고 그때의 상황을 그대로 바라봅시다. …… 자신의 신체, 감정, 생각, 행동은 어떻게 반응하는 것 같습니까?"라고 질문한다.

이러한 과정을 통해서 내담자는 자신에게 문제가 되는 부분이 회피, 무시, 휘말림, 지나친 애씀인지를 알 수 있다. 그가 자신의 반응을 관찰할 수 있다면, 그런 패턴을 이해하고 수용하게 된다. 그리고 결국에는 뒤에 숨어 있는 무의식적이면서 경직된 부분을 통찰할 수 있는 기초를 다지게 된다.

분노하는 내담자는 통제력을 잃는다. 그들은 스스로 조절할 수 없으며 일반적으로 의식하지 못한다. 그들은 순전히 반응적인 마음의 틀에 있고 감정을 명명할 수 없다. 분노가 발생하면 감정을 명명하는 능력이 상실되어 행동을 통제하고 선택하는 전두엽 피질이 폐쇄된다.

효과적인 단계적 목표는 '전두엽 피질을 다시 부팅하는 것'이다. 화난 내담자를 진정시키는 방법을 이해하는 것은 편도체 납치의 개념으로 시작된다. 편도체는 우리가 두려움과 즐거움과 같은 강한 감정을 처리하는 방법의 핵심이다.

사람이 위협을 느끼면 편도체는 신체가 싸우거나 도망칠 수 있도록 준비하는 스트레스 호르몬을 방출하는 신호를 보내 자동으로 싸움 또는 도피 반응을 활성화한다. 이 반응은 두려움, 불안, 공격성 및 분노와 같은 감정에 의해 유발된다. 이것은 우리가 크게 분노하는 사람들에게서 보는 감정이다.

위험이 있을 때 편도체는 전투 또는 도피 반응을 즉시 자동으로 활성화하려고 한다. 그러나 동시에 전두엽은 정보를 처리하여 위험이 실제로 존재하는지와 그에 대한 가장 논리적인 대답을 결정한다.

위험이 경미하거나 중간정도일 때 전두엽이 편도체를 무시하고 사람들은 가장 합리적이고 적절한 방식으로 반응한다. 그러나 위험이 심하면 편도체가 빠르게 작용한다. 전두엽을 압도하여 자동으로 전투 또는 도피 반응을 유발할 수 있다.

문제는 편도체가 스트레스에 대한 전두엽 피질의 반응을 통제하게 될 때 발생한다. '편도체는 전두엽을 비활성화하고 전투 또는 도피 반응을 활성화'한다. 전두엽이 없으면 명확하게 생각하거나 합리적인 결정을 내리거나 행동을 통제할 수 없다.

이것이 내담자들이 화가 났을 때 폭발하는 이유다. 그들은 더 이상 자신을 합리적으로 통제할 수 없다. 유일하게 효과적인 기술은 화가 나고 잠재적으로 폭력적인 사람이 전두엽 피질을 재부팅하여 스스로 통제력을 회복하도록 돕는 것이다.

다음은 모든 분노하는 내담자에게 일관되게 효과가 있었던 기술이다. '첫 번째 단계는 화난 말을 무시하는 것'이다. 상대방의 표현을 무시하기 위해서는 달리 받아들여야 한다. 그러면 그것은 단지 소음일 뿐이며 아무 의미가 없다. 의미 있고 은유적인 이야기는 상담자에게 중요하게 활용된다.

'두 번째 단계는 감정을 추측하는 것'이다. 이것은 화난 상황에서 매우 간단하다. 감정은 분노, 좌절, 불안, 두려움 및 무례다. 그 감정은 모든 분노의 95%를 덮는다. '세 번째 단계는 간단한 진술로 화난 사람에게 그 감정을 반영하는 것'이다. "당신은 화가 났습니다. 당신은 좌절하고 있습니다. 당신은 불안합니다. 당신은 두렵습니다. 당신은 무례합니다." 반응을 짧고 간단하게 유지한다.

'네 번째 단계는 불교에서처럼 분노를 양면적인 대상으로 보는 것'이다. 분노는 대치해야 할 대상으로서의 '번뇌'임과 동시에 깨달음을 성취하는 '자양분'으로 기능한다. 즉, 분노는 수행의 대상일 뿐만 아니라 깨달음을 위한 방편이 될 수 있다.

적대적 감정을 드러내는 것은 '편하고 솔직한 것'이다. 그러나 내담자들의 내면에 있는 분노, 적개심, 공포, 질투, 죄책감, 자기 경멸의 투사, 거부당하는 것에 대한 두려움, 경쟁심, 복수심에 찬 승리에서 얻는 가학적 쾌감을 드러내는 것은 어렵다.

> 우리가 할 수 있는 것은 다른 생각들을 차단시켜 분노에만 집중하는 것이다. 대상이 아닌 분노에 집중하면 분별도 없고 반응도 하지 않게 된다. 마찬가지로 불안이나 다른 부정적인 감정이 일어날 때, 그 감정에 대한 생각이 아니고 감정 자체에 집중한다(Tarthang Tulku, 1978: 54).

3. 내면에 안전감 확보

'수용, 안전감, 가치 및 사랑에 대한 느낌은 처음에 상담자를 통해 제공되지만, 내담자는 이런 상태를 내적으로 경험해야 한다.' 트랜스 상태에서 상담자라는 보살핌의 존재는 일반적으로 인식되지는 않지만 각 내담자 자신의 마음에 있는 사랑과 행복이라는 믿을 수 있는 내적 안전지대를 펼치는 다리가 될 수는 있다.

더 많은 경계를 설정해야 하거나 사회적 상황에서 덜 불안해하고 싶을 때, 상담자는 내담자의 몸에서 안전하다고 느끼는 토대를 세우는 것으로 시작한다. 내담자가 '안전감을 느낄 수 있을 때 피할 수 없는 스트레스도 견딜 수 있다.'

얼어붙거나 다른 사람들을 공격적으로 몰아붙이거나 회피하는 대신, 잠시 '신체를 경험하면 유연하게 반응'할 수 있다. 내담자가 어느 시점에서든 신체를 경험하면, 자신의 모든 부분과 친해지고 불안, 폭발 직전의 분노, 또는 자신을 향한 모욕적인 생각에서도 벗어날 수 있다. 이를 위해서 상담자는 내담자들이 균형 잡힌 시각을 가지도록 하기 위해 우선 그들의 행동을 받아들여야 한다.

> 내담자들이 어떤 행동을 보여 준다고 해도 나는 그들의 행동들을 받아들이려고 노력한다. 그런 다음에 내담자들의 행동을 활용하기 위해서 나는 그들이 받아들일 수 있는 반응을 하게 될 것이다(Short et al., 2005: 189).

상담자는 내담자들이 트랜스 상태로 들어갈 수 있도록 그들의 의식 상태를 쫓아간다. 상담자가 내담자들의 '내면에서 일어나는 움직임에 대해 수용을 반복할수록 그들은 트랜스 상태가 된다.' 내담자들이 모든 단계에서 '상담자와 함께 하고 있는 느낌을 받을 때 무슨 일이든지 협조할 자세'가 된다.

이런 자세는 상담자가 강요해서 되는 것이 아니다. 두렵고 힘들어하는 내담자들에게 아무 일도 생기지 않고 아무런 강요도 받지 않는다는 안전한 느낌을 줘야 한다. 안전감의 확보가 저항하는 내담자들의 내면 현실을 탐색하고 트랜스 상태로 유도하는 이상적인 출발점이 된다.

이러한 상태에서 내담자들은 삶을 지배해 온 경직된 패턴을 내려놓을 수 있고, 또 하나의 의식적인 자원이 표출될 수 있는 공간을 확보한다. 따라서 일반적으로 평범한 대화처럼 보이는 개입에서도 상담자는 내담자들을 트랜스 상태로 유도하고 치유적인 변화를 시도한다.

한 젊은 여성이 최근에 남편의 연애 사건을 알고서 도움을 받기 위해 Erickson을 찾아왔다. 그녀는 남편이 자신의 아파트에서 다른 여성과 성관계를 가진 것을 알고서 상처를 받았고 화도 났으며 복수를 결심했다.

그녀는 시내에서 잘 생긴 남성과 눈이 맞았다고 말하면서 남편에게 되갚아 주기 위해서 연애를 원했다. Erickson은 그녀의 무의식적인 마음속에 이미 해결책이 있고, 무엇이 해결책인지 알기 위해 최면을 이용하겠다고 설명했다.

그녀가 동의하자 트랜스 상태로 유도하고 의도된 연애 직후로 가도록 미래로 시간 이동을 했다. 미래 경험을 하면서 그녀는 대단히 우울해졌고, 더 큰 절망에 빠졌다. 연애 사건 후에 남편이 저지른 잘못과는 관계없이 자신의 그릇된 행동에 의해서 자기 존중감을 상실했고, 더 곤경에 처하게 되는 것을 경험했다.

더욱이 자신의 태도가 나무랄 만했으므로 남편이 더 이상 죄책감을 느끼지 않는다는 사실을 깨달았다. 트랜스 상태에서 그녀는 연애를 해서는 안 된다는 것을 확신시켜 달라고 Erickson에게 간청했다.

그래서 그는 그녀를 깨우고서는 트랜스 상태에서 그녀가 경험했던 모든 것을 서로 나누었다. 그녀는 감사해하면서 해답을 얻었고 분노의 감정을 조절하기 위해서 남편의 죄책감을 활용하겠다고 선언했다 (Short et al., 2005: 103).

Erickson은 처음부터 연애를 하게 되면 후회할 일이 벌어질 것이라고 조언하지 않았다. 대신에 그는 그녀가 바라는 상황으로 초대했다. 그리고 의식 상태에서 대화를 나눔으로써 어떻게 대처하는 것이 올바른지를 스스로 통찰할 수 있도록 도왔다.

생존과 안전을 위협받았던 내담자들은 외부의 자극이 자신의 안정감을 해친다고 받아들이기 때문에 대단히 민감하게 퇴행하여 반응한다. 상담자가 이러한 그들의 무의식적인 반응 패턴 수준을 이해하게 되면, 상담이론에 집착하기보다 그들의 반응 수준에 맞추어 점차적으로 향상시킬 수 있는 다양한 방법들을 모색할 수 있다.

이러한 내담자들의 저항을 줄이는 방법 가운데 하나는 자신을 친절하게 대하는 접근을 시도하는 것이다. 어려운 감정을 느낄 때, 아래 다섯 단계의 연습은 내담자들이 동정심을 느낄 자격이 있음을 상기시켜 줄 것이다.

① 어렵고 스트레스를 유발하는 삶의 상황을 생각해 본다. ② 상황을 염두에 두고 신체가 스트레스를 느끼는지 인식한다. ③ "이것은 **고통의 순간**이다."라고 스스로에게 말한다. ④ 고통은 삶의 일부라고 말한다. ⑤ 마음에 손을 얹고 말한다. "나는 나 자신에게 **친절하게 되기를 바랍니다**."

슬픔과 열정은 상담자에게 가장 강력한 도구다. 상담자의 슬픔은 상처받은 사람의 고통을 느낄 수 있는 능력이다. 또한 그의 열정은 상처를 주었던 사람들과 자신을 동일시할 수 있으며, 그들도 자신과 마찬가지인 사람임을 아는 능력이다.

Erickson은 '사람들을 자원이 풍부한 존재로 인식했고, 그들에게 경이롭고 독특한 고유의 어떤 것이 있다고 확신'했다. 그는 질문을 하고 나서 호기심과 기대에 찬 마음으로 대답을 기다렸다. 상담자가 이런 태도로 인내심을 가지고 기다려 준다면, 내담자들이 누구도 예상하지 못한 놀라운 반응을 할 수 있다.

내담자들의 기억을 영화 스크린으로 생각한다면, 상담자는 그들의 불연속성을 연결시키려는 시도를 생각할 수 있다. 흥분할 때 많은 사람들은 영화 스크린의 한가운데에 멍하게 있다. 그래서 한 번에 한 프레임씩 추가하기 시작한다.

그리고 단지 다음 일어나는 일에 집중한다. 상담자는 연결되는 구절로 시작한다. "그리고 다리에 있는 자원이 느껴지는 것처럼, 상체에서 무엇을 느낄 수 있나요? 우리는 계속 움직이고 있습니다. 그리고 다음엔 어떻게 되는가요?"라는 개입은 항상 누군가를 시간으로 움직이게 하는 데 유용하다.

"당신은 어떤 감정이 다가오는지를 알아차릴 수 있고, 그리고 그것은 사건과 연결이 될 수 있습니다. 그리고 그다음에 무슨 일이 일어나는지 탐색해 보세요." 이러한 개입은 두 가지 목적을 제공한다. 내담자의 현재 경험을 따라 옮기거나, 과거에 실제로 중단되었던 이야기를 따라 움직이는 것이다.

트라우마(trauma)의 특징 중 하나는 그것이 경험을 멈추게 한다는 것이다. 내면에서 '안정감을 느끼지 못하면 안전과 위협을 잘 구분하지 못한다.' 수시로 정신이 멍해지는 사람도 아주 위험한 상황에서 자신이 살아 있다는 느낌을 받을 수 있다. 하지만 엄마가 자신을 대하는 태도로 미루어 자기 자신이 끔찍한 사람이라고 결론을 내린다.

그는 다른 사람들도 자신을 형편없게 대할 거라고 예상한다. 마음이 무질서한 이들에게 이와 같이 왜곡된 자기인식이 확립되면, 뒤이은 경험으로 쉽게 정신적 외상을 입을 수 있다 (Finkelhor, Ormrod, & Turner, 2007: 149-166).

'자기 통제를 위해서는 자신의 몸과 친밀한 관계가 형성'되어야 한다. 이 관계가 형성되지 않으면 약이나 알코올, 끊임없는 재확인, 다른 사람들의 욕구에 충동적으로 응하는 행동 등 외부적인 조건에 의존해야 한다.

심리적 신체적 증상들은 스트레스나 정신적 외상과 밀접한 상관이 있다. 정신적 외상을 입은 어린이는 그렇지 않은 또래 친구들에 비해 천식 발생률이 약 50배 더 높은 것으로 알려지고 있다. 또 여러 연구를 통해 치명적인 천식 발작을 일으킨 성인과 어린이 중 다수가 발작이 찾아오기 전에는 호흡 문제를 인지하지 못하는 것으로 알려지고 있다.

오랜 천식으로 고통받는 12세 된 소년이 Erickson에게 의뢰되었다. 소년은 항상 호흡기를 가지고 다녀야 했다. 눈에 뜨일 정도로 불안감을 보였고 호흡을 편안하게 하기 위해 호흡기를 잡으려고 자주 손을 뻗쳤다. 그래서 그는 안타까워하면서 질문했다. **"너에게 천식이 있다는 것이 참 불안하겠구나. ……** **천식이 얼마나 심해?"**

그는 소년에게 천식에 대한 주관적인 경험을 자세하게 설명하도록 질문했다. **"숨을 쉬지 못할까 봐** **걱정이 되니?"** 소년은 그렇다고 반응했다. 이러한 상황은 누군가가 죽음의 공포에 대해 충분히 들어 준 첫 경험이었다.

소년은 가슴이 죄어드는 무서운 느낌에 대해 묘사하면서 적어도 잘 들어 주는 사람이 있다는 것에 마음을 빼앗겼고 보다 편안하게 숨을 쉬게 되었다. 자신의 제안을 받아들일 준비가 되었다고 느끼자, Erickson은 다음과 같이 말했다.

"내가 보기에 넌 불안에 대해 말하면서 호흡하는 것이 편안해졌거든." 소년은 그 사실을 인정했다. 그는 계속했다. **"난 네가 알았으면 하는 것이 있어. 천식의 어떤 부분은 너의 불안에서 온 것이고 또** **어떤 부분은 꽃가루 때문이지. 꽃가루 때문에 생긴 천식은 약을 먹어야 하거든. 하지만 불안 때문에** **생긴 천식은 어떻게 하면 될까?"**

그는 트랜스 상태로 들어가면서 말했다. **"자, 이제 네가 100%의 천식을 가지고 있다고 생각해 보** **자. 만약 천식을 1%를 줄이면, 넌 그 변화를 알아차리지 못하겠지만 천식은 1% 줄어든 것이지? 천식** **이 2% 줄어든다고 상상해 봐. …… 그리고 4% 줄어들고, …… 8% 줄어들고, …… 넌 여전히 변화를** **모르겠지만 천식은 줄어들었을 거야."**

이런 방법으로 Erickson이 천식을 줄이는 생각에 소년은 몰입되면서 호기심을 갖도록 했고, 마지막으로 소년에게 질문했다. **"이제 천식이 얼마나 줄어들었니? 2%, 4%, 8%, 16%, 32%"** 소년이 대답했다. **"난 20%가 줄어들었다고 생각해요."** 소년은 전보다 호흡기 사용을 80% 줄일 수 있었다(Erickson, 1965b).

의식에서는 앞으로 나아갈 수 없다고 생각하는 경우라도 마음속 깊이 존재하고 있는 또 하나의 의식은 인지적인 이해를 초월하여 앞으로 나아갈 수 있다. 따라서 의식적으로 저항하는 이들도 그들의 또 다른 의식은 협조적이 될 수 있다.

자, 이제 당신은 정말로 내가 하는 말에 주의를 기울일 필요가 없습니다. 왜냐하면 당신의 다른 마음은 주의를 기울일 것이기 때문입니다. 다만 당신의 의식적인 마음은 또 하나의 의식이 어느 방향으로 향할 것인지 궁금할 수는 있습니다.

그리고 당신이 의식적으로 모든 것을 기억할 필요는 없습니다. 왜냐하면 의식적인 지식과 관계없이 당신의 또 하나의 의식적인 마음은 내가 말한 것, 그것이 무엇을 의미하는지, 무엇이 필요한지를 알 수 있기 때문입니다.

(내담자가 편안해지는 태도를 관찰하고 몰입하면서) 지금 편안하게 느껴진다면 문제와 관련된 여러 가지 생각에 잠길 수 있습니다. 하지만 원한다면 다른 생각을 할 수도 있습니다. …… (내담자 움직임을 관찰하면서 다리가 떨린다면) 다리가 떨릴 수도 있고, 원한다면 움직임을 멈출 수도 있습니다.

하지만 어떤 상태가 되는지에 너무 신경을 쓸 필요는 없습니다. 그래서 지금 제가 하는 말을 무시할 수도 있습니다. 당신이 어떤 상태가 되건, 그것은 전부 올바른 것입니다. 중요한 것은 당신 자신만의 정말 고유한 방식으로 반응하는 것입니다.

그리고 저는 당신이 문제를 어떻게 해결할지 정말 모릅니다. 하지만 당신의 무의식은 필요한 만큼 창의적이 될 수 있기 때문에 마음 깊은 곳에서는 해결 방법을 찾을 수도 있습니다. …… 당신은 단지 그런 해결자원과 연결될 수 있도록 지금 생각하거나 느끼는 것을 따라가기만 하면 될 것입니다.

양손을 무릎 위에 놓습니다. …… 실제로 당신의 한 손은 다른 손과 다르게 느끼게 될 것입니다. 정말로 이것에 주의를 기울입니다. …… 그러면 한 손은 다른 손과 확실히 다른 느낌을 가지게 됩니다. …… 왜 한 손이 다른 손과 다른지 아세요?

상담자가 내담자에게 "한 손은 다른 손과 다르게 느끼게 될 것입니다."라고 말하면 내담자는 놀라면서 "그렇네, 그래!"라고 생각한다(상담자는 내담자에게 다른 손이기 때문이라고 지적하지 않는다).

일단 내담자의 무의식이 이런 확신을 갖게 되면 상담자는 "대부분의 사람은 한 손이 다른 손보다 가벼운 것을 경험할 수 있습니다."라고 덧붙일 수 있으며, 이는 팔의 부양과 경직으로 가는 길을 여는 강력한 암시다.

의식이 점차 느려지고 내면을 향하는 트랜스 상태에서 어떤 자극을 받는 순간 자신 안에서 어떤 반응이 일어나는지를 실험해 보면, 내담자 각각이 다른 식으로 경험을 조직하기 때문에 각기 다른 반응을 불러일으킨다.

무기력하고 꼼짝도 하지 않는 상태에서는 스트레스 호르몬을 자기 자신을 방어하는 목적으로 사용할 수 없다. 결국 문제를 이겨 내도록 마련된 활성 과정이 오히려 자신을 공격하는 작용을 해서 싸움-도주와 얼어붙어 버리는 반응을 촉진시킨다.

내담자들이 정상적인 기능을 되찾기 위해서는 이러한 반응이 지속되는 상태가 종결되어야 한다. '첫 단계는 신체가 기본적인 안전 상태로 회복되고 충분히 이완되어 민감한 반응을 줄일 수 있어야 한다.'

안전에 대한 내적인 감각은 수동적인 내담자에게서는 발생할 수 없다. 안전함을 느끼기 위해서 우리는 신체 및 심리적인 수준 모두에서 스트레스의 원인들에 대처할 수 있는 내적인 자원들을 가지고 있다. 이러한 목적을 위해서 상담 작업은 다음과 같은 의문에 초점을 맞춘다.

- 내담자가 감정적인 안전함을 발달시키지 못하도록 만드는 것은 무엇일까? 그리고 그러한 결과로 어떤 일이 발생하는가?
- 아동이었을 때 감정적인 안전함을 발달시키지 못했던 내담자들이 나중에 삶에서 감정적인 안전함을 발달시킬 수 있도록 하기 위해 상담에 필요한 것은 무엇일까?

많은 내담자들이 무력감을 확인하는 방향으로 자신의 에너지를 집중시키면서 문제의 수렁에 빠져든다. 하지만 긍정적인 경험을 되찾는 방향으로 유도되면 불가능한 상황을 뛰어넘는데, 내담자들은 상담자의 이야기에 몰입되어 트랜스 상태에서 신체적인 긴장을 풀었을 때, 긍정적인 경험을 더 쉽게 찾아낸다.

심호흡을 하면서 큰 숲속으로 들어간다고 상상해 보십시오. …… 천천히 걸으면서 하늘과 나무들을 바라보세요. …… 햇살과 산들바람을 느껴 보세요. …… 느끼고 경험해 보십시오. 숲속의 소리를 들어 보세요.

그리고 숲속을 거닐면서 …… 즐겁게 뛰노는 어린 아이들과 마주칠 수도 있습니다. …… 그러면 자연스럽게 우리 자신의 어린 시절에 즐거웠던 경험을 떠올릴 수 있습니다. …… 이런 경험들은 살아 있는 생명체 모두가 가지고 있는 아주 중요한 부분들이죠(Richeport, 1985: 551).

싸우거나 도망치는 반응은 위험에 대한 신체의 자연스러운 반응이다. 그것은 다가오는 차나 으르렁거리는 개처럼 지각된 위협에 반응하는 데 도움이 되는 일종의 스트레스 반응이다. 동결은 의식적인 결정이 아니다. 자동 반응이라서 통제할 수도 없다. 이것을 '반응 부동성'이라고도 한다.

하지만 싸우거나 얼어붙는 반응 동안 많은 생리적 변화가 일어난다. 그 반응은 인지된 두려움을 담당하는 뇌의 부분인 편도체에서 시작된다. '외부의 자극에 민감하게 반응하는 편도체'는 시상하부에 신호를 보내 반응하는데, 시상하부는 자율 신경계(Autonomic Nervous System)를 자극한다.

자율 신경계(대뇌의 직접적인 영향을 받지 않으며 우리 몸의 기능을 자율적으로 조절하는 작용을 하는 신경계)는 교감 신경계(Sympathetic Nervous System: SNS, 긴장, 흥분, 놀람 등 갑작스런 환경 변화에 대응할 수 있도록 조절하며 교감 신경이 흥분되면 심장 박동 증가, 혈압 증가, 호흡 속도 증가 등의 변화가 일어난다.)와 부교감 신경계(Parasympathetic Nervous System: PNS, 신체를 이완시키고 소화 기관의 반응을 빠르게 하며 몸이 안정감이 있도록 조절하는 역할을 함. 즉, 긴장 상태에 있던 몸을 평상시 상태로 되돌린다.)로 구성되어 있다.

인간의 교감 신경계는 싸우는 반응을 촉진하는 반면, 부교감 신경계는 얼어붙는 것을 촉진시킨다. 어떤 시스템이 당시의 반응을 지배하느냐에 따라 어떻게 반응하느냐에 따라 달라진다. 일반적으로 자율 신경계가 자극되면 신체는 스트레스 호르몬인 아드레날린(adrenaline)과 코르티솔(cortisol)을 방출한다. 이 호르몬들은 매우 빨리 방출되어 내담자의 몸에 급속히 영향을 미칠 수 있다. 신체에는 다음과 같은 영향을 준다.

- **심장 박동수**: 심장 박동이 빨라져 주요 근육에 산소를 공급할 수 있다. 얼어붙는 동안, 심장 박동수가 증가하거나 감소할 수 있다.
- **폐**: 호흡이 빨라져 혈액에 산소를 더 많이 공급한다. 얼어붙은 반응에서 숨을 참거나 호흡을 제한할 수 있다.
- **눈**: 주변 시력이 높아져서 주변 환경을 알 수 있다. 동공이 팽창해서 빛을 더 들여보내면 더 잘 볼 수 있다.
- **귀**: 귀가 활기에 차고 예민해진다.
- **혈액**: 피가 탁해져서 응고인자가 증가한다. 이것은 부상에 대비할 수 있게 한다.
- **피부**: 피부는 땀을 더 많이 흘리거나 차가워질 수 있다. 창백해 보이거나 소름이 돋을 수도 있다.
- **손과 발**: 혈액이 주요 근육으로 증가하면서 손과 발이 차가워질 수 있다.
- **고통 지각**: 싸움이나 얼어붙음은 일시적으로 고통에 대한 인식을 감소시킨다.

van der Kolk(2014)는 비행기 충돌 사고 후 생존한 6명의 내담자를 대상으로 폭넓은 면담과 치료를 실시했다. 2명은 사고 현장에서 빠져나온 사람들이다. 사고 당시 의식을 잃었다고 밝혔다. 몸은 다치지 않았지만 정신적으로 무너진 것이다.

다른 2명은 공황 상태에 빠져 치료가 시작된 후에도 한참 동안 극도로 흥분한 상태였다. 또 다른 2명은 침착하게 기지를 발휘해 다른 승객들이 비행기 잔해 속에서 빠져나올 수 있도록 도왔다. 확연히 다른 반응을 보여서 집중력을 잃지 않는 사람도 있고, 정신적으로 무너지는 경우도 있으며, 아예 정신이 나간 상태가 되는 이러한 차이는 왜 발생하는 것일까?

Porges(2011)의 이론에서 그 설명을 찾아보자. 자율 신경계는 교감 신경계와 부교감 신경계로 구성되고, 세 가지 핵심적인 생리적 상태(싸움, 회피, 얼어붙음)를 조절한다. 그리고 특정 시점에 이 세 가지 중 어느 쪽을 활성화할 것인지를 결정하는 것은 안전하다고 느끼는 수준이다.

첫 단계인 '사회적 개입 유도'는 위험에 처했다고 느끼는 순간마다 본능적으로 가동된다. 이 단계에서는 주변 사람들에게서 도움과 지원, 편안함을 추구한다. 그런데 아무도 도와주러 오지 않거나 위험이 갑작스럽게 닥쳐 그대로 맞닥뜨리면 좀 더 원시적인 생존 방식이 되살아난다. 바로 '싸움-도주' 반응이다. 공격을 가한 대상과 맞서 싸우거나 안전한 장소로 달아나는 것이다.

이 단계는 진화적으로 훨씬 더 오래전에 형성된 경험과 깊은 관계가 있다. 이어서 자율 신경계가 책임을 넘겨받아 근육과 심장, 폐를 움직여 싸움 또는 도주 태세를 취하게 된다. 음성은 빠르고 거칠어지며, 심장은 더 빨리 뛰기 시작한다. 이때 만약 개와 같은 동물이 공간에 있으면, 우리 몸에서 땀샘이 활성화된 것을 냄새로 감지해 같이 흥분하고 으르렁댄다.

그런데도 그런 상황에서 빠져나가지 못하거나, 제압당해서 노력이 실패로 돌아가면, 환경과 자신 사이를 완전히 차단시키고 에너지 소모를 최소한으로 줄이는 방법으로 스스로를 지키려고 한다. 즉, 싸움 또는 도주 반응으로 위협이 해결되지 않으면, 이제 최후의 수단이 가동된다.

이 상태를 '얼어붙은 상태' 또는 '붕괴 상태'라고 한다. 심장 박동이 뚝 떨어지고, 숨을 쉬지 못하며, 소화계는 기능을 멈추거나 배출을 유도한다. 이 시점이 되면 우리는 상황과 분리되어 무너지고 얼어붙어 버린다.

이 단계는 파충류 뇌가 가동하는 마지막 응급 시스템이다. 이 시스템은 대부분 가해자에게 꼼짝 못하고 잡혀 있거나 아이가 자신을 겁주는 양육자에게서 도망가지 못하는 상황처럼 신체를 마음대로 움직이지 못할 때 관여하게 된다.

기능이 정지되고 세상과 분리되는 반응은 설사나 구역질 등 소화 기관 증상과 관련이 있다. 또 심장 박동을 늦추고 호흡을 얕아지게 만든다. 이 시스템이 가동되면 상대방이나 자기 자신이 겪고 있는 일이 더 이상 중요하게 느껴지지 않는다. 인지 기능이 중단되면서 신체적 고통도 더 이상 인지하지 못한다.

자율 신경계의 자기 조절은 본질적으로 두 가지 반대 기능으로 나눌 수 있다. 자율 신경계에는 두 부분이 있다. 교감 신경계는 더 큰 각성으로 올라가게 하고, 부교감 신경계는 더 차분하고 덜 흥분한 상태로 내려오는 데 도움이 된다.

상향 조절은 신경 경로를 따라 신경세포(neuron)가 더 많이 발사된다는 것을 의미한다.

따라서 교감 신경계의 상향 조절은 신경계의 이 상승 지점이 더 활동적일 때를 나타낸다. 상향 조절은 신체에서 사용할 수 있는 에너지의 양을 증가시킨다.

상향 조절과 반대인 규제 하향이 있다. 하향 조정은 교감 신경계의 경로를 따라 내려간다. 동시에 부교감 신경계가 상향 조정되어 교감 신경계가 하향 조절하는 데 도움이 된다. 교감 신경계의 상향·하향 조절은 내면에서 일어나는 것을 느끼고 경험할 수 있는 생물학적 과정이다.

교감 신경계 상향 조정은 스트레스가 많은 일에 대한 반응일 때 끔찍하게 느껴질 수 있다. 그러나 교감 신경계 상향 조정은 재미있는 것에 대한 반응일 때도 기분이 좋을 수 있다. 대조적으로 교감 신경계 하향 조절은 거의 항상 이완을 느낀다.

교감 신경계 하향 조정에 초점을 맞추는 것은 불안, 분노 또는 스트레스 상태와 양립할 수 없기 때문이다. 또한 교감 신경계 하향 조정은 교감 신경계를 억제하여 문제에 효과적으로 대처하기 위해 너무 많은 스트레스를 생성하지 않도록 한다.

그렇다면 교감 신경계 하향 규제를 어떻게 장려할 수 있을까? 신체가 휴식, 소화 및 복구할 수 있는 상태로 정착하도록 어떻게 도울 수 있는가? 하향 규제 상태에 있을 때 어떻게 알 수 있는가? 스트레스 반응을 하향 조절하는 것은 획득한 능력이다. 그것은 근육과 같다. 그것이 강해지려면 시간이 지남에 따라 그것을 만들어야 한다.

영아는 스트레스 반응(보채기, 울음 등) 능력을 가지고 태어났지만, 교감 신경계의 스트레스 반응을 하향 조절하는 데 도움이 되는 부교감 신경 경로는 출생 시 나타나지 않는다. 이것은 올라갈 수는 있지만 스스로 내려올 수는 없다는 것을 의미한다. 오히려 오래 무시해 버리면 '얼어붙는 상태'가 된다.

아기의 신경계는 보호자와의 수많은 지지적 상호작용을 통해 진정시키는 능력을 개발한다. 이 제동 시스템의 개발은 아동의 요구를 충족시키는 지속적이고 긍정적인 상호작용을 통해 어린 시절 내내 계속된다.

아이가 하향 조절하는 법을 배우는 것을 방해하는 또는 충분히 진정되는 경험을 하지 못하게 하는 많은 상황이 있다. 이러한 상황이 항상 부모의 잘못은 아니다. 아마 아이의 어머니도 스스로 통제할 수 없는 불안과 우울, 외상 후 스트레스를 경험해 왔기 때문일 수 있다.

또는 가족이 빈곤 속에 살았을 수도 있고, 지속적인 스트레스 요인들이 관계된 모든 사람의 안전감에 영향을 미쳤을 수도 있다. 어쩌면 가족 중 누군가가 사망하거나 큰 병을 앓지만 치료를 받을 수 없는 상황이었을 수도 있다. 아니면 자녀가 전쟁 중에 자라났을 수도 있고, 부모는 모르고 있었지만 아이는 학교에 다니는 동안 지속적으로 괴롭힘을 당했을 수도 있다.

어떤 반응들은 수의적이어서 스스로 조절을 할 수 있다. 하지만 어떤 반응들은 불수의적이어서 스스로 조절을 할 수 없거나 할 수 있더라도 제한적이다. 강한 스트레스 자극이 주어지면 인간을 포함한 동물들은 도망가거나 싸우거나 얼어붙는 스트레스 반응을 보인다. 이런 스트레스 반응들은 대부분 불수의적이어서 조절을 할 수 없다. 그러나 이들 중에 일부는 수의적이서 제한적이지만 조절을 할 수 있다.

치료의 첫 번째 과제 중 하나는 스트레스 반응을 하향 조절하는 사람의 능력을 평가하고 지원하는 것이다. 무언가에 의해 자극을 받은 후 시스템이 얼마나 빠르고 원활하게 비활성화되는가? 그들은 몇 시간 또는 며칠 후에도 여전히 작은 혐오스러운 사건에 괴로워하고 있는가?

이런 개입과 관련해서 상담자들이 저지르는 실수 중 하나는 내담자의 대처능력에 대한 사전 점검을 간과하는 일이다. 일반적으로 내담자를 스트레스 상황에 노출시켜 스트레스에 잘 대처해 나갈 수 있도록 돕기 위해서는 먼저 내담자에게 스트레스 대처능력이 있는지의 여부를 점검하는 것이 필요하다. 바꿔 말하면, 준비되지 않은 상태에서 내담자를 압도되는 스트레스 상황에 노출시켜서는 안 된다는 것이다. 압도되는 경험이 스트레스에 대처하는 능력보다 더 큰 상황에서는 오히려 노출이 문제나 증상을 더 악화시킬 수도 있다. 이런 이유 때문에 먼저 내담자 대처능력을 점검한 후, 대처능력이 없으면 대처능력을 형성하는 과정을 거친 후에, 내담자를 스트레스 상황에 노출시켜 대처행동을 하면서 치료나 적응, 문제해결, 학습과 성장을 해 나갈 수 있도록 도와야 한다.

임상적인 적용의 목적은 뇌과학을 일상에서 실천할 수 있는 행동으로 바꾸는 것이다. 예를 들어, '자신의 행동에 책임감을 느낄 만큼 마음을 충분히 가라앉히려면 우선 내면의 감각을 인식하는 곳이자 신체의 관측소인 전전두엽 영역이 활성화'되어야 한다. 따라서 상담자는 내담자의 호흡에 초점을 맞추고 시작하는 것이 좋다.

과민성 스트레스 반응에 대처하는 방법에는 다양한 전략과 치료법이 포함된다. 심호흡을 포함하여 이완을 촉진하는 활동을 함으로써 스트레스 반응을 상쇄할 수 있다. 긴장되거나 무서운 순간에 의도적으로 호흡에 초점을 맞추면 뇌의 생리가 더 안심되고 편안한 상태로 바뀔 수 있다.

또 다른 전략은 규칙적인 운동이다. 건강한 사회적 관계를 키우는 것도 중요하다. 사회적 지원은 지각된 위협에 대한 심리적·생리적 반응을 최소화할 수 있다. 그것은 안전과 보호 의식을 제공하여 덜 두렵게 만든다.

청소년기로 넘어가는 연령대의 아이들은 특히 '자신의 몸과 친해지고, 신체에서 발생하는

불안한 감각에 대처'하도록 도와주는 일에 주력한다. 10대 아이들이 습관적으로 음주와 흡연을 하는 주된 이유가 몸에서 느껴지는 두려움과 분노, 무기력한 감각을 견딜 수 없기 때문이라는 사실이다(van der Kolk, 2014: 91).

광분하다가 꼼짝도 안 하는 극단적인 상태가 반복적으로 나타나는 아이들에게는 자기 통제력을 가르치면 도움이 된다. 뇌와 신체가 어떻게 작용하는지, 스스로를 통제하려면 우선 내적 세계를 잘 알아야 하고, 두려움, 혼란, 기쁨을 느끼게 하는 대상이 무엇인지 정확하게 구분할 수 있어야 한다.

감정 상태를 알려면 자신의 느낌을 구분하고 주변 사람들의 감정과 조율할 수 있어야 한다. 거울을 바라보게 하는 아주 단순한 활동으로 이를 유도할 수 있다. 아이들에게 거울을 보게 하면 자신이 슬프고, 화가 나며, 지루하고, 실망했을 때 어떤 모습인지를 스스로 인지할 수 있다.

그런 다음 아이들에게 "그런 얼굴을 보니 어떤 기분이 드니?"와 같은 질문을 한다. 그리고는 뇌가 어떻게 구성되어 있고, 감정이란 무엇이며, 몸 어디에 감정이 기록되는지, 또 주변 사람들에게 감정을 전달하려면 어떻게 해야 하는지 토론한다.

아이들은 얼굴 근육에 자신의 감정 상태가 담긴다는 사실을 알게 되고, 얼굴 표정이 다른 사람들에게 어떤 영향을 주는지 시험해 본다. 아이들이 신체감각을 인지하고 구분할 수 있도록 이끌어 주면 뇌 관측소의 기능을 강화시킬 수 있다. 예를 들어, 가슴이 답답하고 조이는 기분이 들면 긴장했다는 신호일 수 있고, 호흡이 얕아지면 초조한 상태일 수 있다.

"화가 나면 어떤 기분이 들고 신체감각은 어떻게 바뀌는가? 그러다 심호흡을 하거나 잠깐 줄넘기를 하거나 샌드백을 얼마간 치고 나면 어떤 변화가 생기는가? 지압점을 꼭꼭 눌러 보는 방법은 도움이 되는가?"

아이들과 관련된 보호 업무를 담당하는 사람들에게 이처럼 감정 반응에 대처할 수 있는 다양한 방법을 제공해야 한다. 분노의 순간, 즉 분노가 아이를 공격하는 순간에 다음과 같은 질문을 해 보는 것도 도움이 된다.

- 만약 이 화가 말을 할 수 있다면, 뭐라고 말할까?
- 화의 신체적인 표현은 무엇인가?
- 지금 이 화를 진정시키는 데 도움이 되는 것은 무엇일까?
- 화가 솟구친 후에 차분하게 생각하는 데 얼마나 걸리는가?
- 만약 화가 너를 겨냥하고 있다면, 너에게 어떤 중요한 메시지를 담고 있는가?

청소년들이 바람직한 변화를 되돌아보고 격려하기 위한 한 가지 방법은 그들이 예전의 방식대로 하려는 '급박한 욕구나 유혹을 어떻게 저항했는지'를 묻는 것이다. 이 질문은 '변화는 힘든 것이다.'라는 의미를 확장시켜, 새롭고 좀 더 생산적인 행동 패턴을 창출하는 내담자들의 능력에 대한 상담자의 믿음을 전달한다.

예를 들어, 문제가 되는 음주의 경우, 상담자는 다시 술을 마신 실패한 사실을 비난하기보다 하루라도 음주를 하지 않았을 경우나 술을 마셨을 경우에도 어떻게 그만둘 수 있었는지에 초점을 맞춘다.

결과적으로 음주 패턴을 문제행동으로 간주하고 이러한 패턴을 변화시켜야 되겠다는 강요된 느낌 때문이 아니라, 진정 원하는 목표를 도달하는 한 가지 수단으로써 금주를 하겠다는 결심을 할 수도 있다.

심인성 천식을 앓고 있는 청년이 엄마와 함께 Erickson을 찾아왔다. 그런데 엄마는 자식에게 모든 것을 다 해 주고 있었다. 음식을 먹을 때, 물이나 샌드위치 심지어 냅킨도 가져다주는 것을 보고, 먼저 청년의 독립심을 키워 줘야겠다고 판단했다.

그래서 청년에게 취업할 것을 제안했다. 그 청년은 취업에 관심이 없었지만 그는 천식을 치료하기 위해서 은행에 취업을 했고, 처음에는 주 1회, 다음은 2주 1회, 나중에는 3주 1회로 상담실을 찾아왔다.

상담 내용은 은행 업무에 대한 것이었다. 그가 은행에서 저지른 실수를 말할 때마다 Erickson은 실수를 저지른 내용을 무시하고 어떻게 바로 잡았는지, 누가 도와주었는지 등 긍정적인 부분에 관심을 보였다.

후에 청년은 은행 일에 매우 열성적이었고, 대학에 갈 돈을 모으게 되었다. 전에 그는 대학에 진학할 의사가 없었지만 진학을 결심하게 되었다. 결국 천식 공격에 대한 그의 견해는 병이 아닌 성가신 것으로 간주하게 되었고, 그의 초점은 대학진학에 두어졌다(Haley, 1973: 66-67).

이러한 개입은 Erickson이 무엇이 문제인지에 대한 지적이나 해석 없이 접근하는 전형적인 방식이다. 그의 초점은 내담자들의 부적절함을 교육시키는 것이 아니라 그들의 세계를 확장시키는 데 있었다.

현대 최면은 상대적으로 수동적인 내담자로부터 치료 반응을 촉구하기 위해 올바른 제안을 찾는다. 하지만 Erickson의 경우는 그렇지 않았다. 그의 접근 방식은 내담자의 내적 자원을 활용하는 것이었다.

완벽함의 추구는 적절한 목표가 아니다. 많은 내담자들이 일반적으로 문제에서 벗어나는 완벽한 방법을 찾으면서 자신의 한계를 만든다. Erickson은 모든 심리치료적인 노력 이면에 있는 기본적인 목표가 내담자들이 인식하지 못했던 능력들을 찾아내는 것으로 보았다. 이것이 변화의 초월적인 목표다(Short et al., 2005: 31).

상담자의 임무는 인간 잠재력과 내부의 자원을 자극하는 것이고, 내담자 내면에 안전감을 확보하는 것이다. 첫 회기의 상담 장면에서 극단적으로 불안감을 보이는 내담자에게 상담자는 내담자의 손을 잡고, 다른 손은 내담자의 가슴에 올려놓도록 한 후에 다음과 같이 암시했다(Zeig, 2022: 8).

눈을 감으시고, 저의 말을 주의 깊게 들어 주세요. 우리 손의 위치, 당신 중 하나를 잡고 있는 내 손의 위치, 다른 하나는 당신의 가슴 부분에 고정되어 있는 동안, 당신의 몸에 있는 신경의 흐름을 즉시 바꿀 겁니다.

이것은 우리가 서로 완벽하게 조화를 이룰 때 같은 규모의 정신적 진동에 놓이게 될 것이며 건강하고 치유적인 영향이 결과가 될 것입니다. 당신은 이제 곧 이 영향을 온몸으로 느낄 것입니다. 당신은 이미 그것을 느끼기 시작하고 있습니다. 당신의 몸에 있는 신경의 힘은 곧 평온한 상태에 도달할 것입니다. 그것은 이미 오고 있습니다. 조용한 느낌이 온몸에 오고 있습니다.

당신의 모든 신경계는 편안해집니다. 당신은 그 모든 것을 조용하게 느낍니다. 당신의 얼굴도 곧 완벽하게 편안해질 것입니다. 벌써 오고 있고, 얼굴도 좋아지고 있습니다. 당신의 얼굴은 지금 따뜻함과 편안함이 느껴집니다(www.mindful.com).

4. 심리적 수준의 향상

내담자들의 욕구와 강점에 따라 다양한 접근이 필요하지만 상담자가 그들이 가진 모든 문제를 해결해 주는 것은 아니다. Erickson은 세심한 관찰을 통해 내담자들의 심리적인 수준을 이해하고 따라가면서 한 단계 향상시켜 통제감을 확보할 방법들을 찾았다. 내담자들의 현재 수준에 대한 상담자의 이해는 이어서 그들이 학습 과정에 동참하는 이해의 과정을 거친다.

상담자는 세심한 관찰을 통해 내담자들의 심리적인 수준을 이해하고 따라가면서 한 단계 향상시켜 통제감을 확보할 방법들을 찾는다. 내담자들의 현재 수준이 어떤 단계에 있는지를 알기 위해서 상담자는 문제와 해결에 대한 그들의 이해가 어떠한지를 알아야 한다.

상담자는 그들의 단어, 개념, 문제의 원인과 해결책에 대한 지식, 해결의 전개 과정이나 증상의 소멸에 대한 그들의 관점을 이해하고 한 단계 높일 수 있는 전략을 세운다(Sylvester, 2005: 428).

연구자들은 '고통의 부재가 반드시 사람이 높은 심리적 안녕을 가지고 있음을 나타내는 것은 아니'라는 것을 발견했다. 높은 심리적 행복감은 행복을 느끼고, 높은 자존감을 유지하는 것이다. 심리적 건강이 높은 사람들은 유능하고, 행복하며, 삶에 만족한다고 보고한다(Morin, 2023).

연구에 따르면 심리적 건강이 높은 사람들은 더 건강하고 오래 살 가능성이 높다. 그들은 또한 더 나은 삶의 질을 누릴 가능성이 높다. 더 나은 심리적 행복은 또한 더 적은 사회적 문제와 관련이 있다. 예를 들어, 심리적 건강이 높은 사람들은 범죄 활동에 참여하거나 마약과 술을 남용할 가능성이 적다. 또한 긍정적인 심리적 건강은 더 높은 수입과 자원 봉사와 같은 친사회적 행동을 예측하는 경향이 있다.

사람들은 또한 기본적인 욕구가 충족되었을 때 긍정적인 심리적 행복을 누릴 가능성이 더 높다. 안전한 지역에 살고, 충분한 음식을 먹으며, 적절한 피난처를 갖는 것은 모두 정서적 건강을 위한 중요한 요소들이다. 심리적 건강을 향상시키고 싶다면, 더 잘 느끼고 기능하기 위해 할 수 있는 몇 가지 일이 있다. 여기에 전반적인 행복감을 향상시키기 위해 하는 질문에 대한 개요가 있다.

① 목표를 가진다(작은 목표를 설정). ② 긍정적으로 생각한다(긍정적인 전환 반응 패턴, 긍정적인 삶의 사건을 기억, 친절한 행동의 실행, 생각, 행동, 몸에 주의를 기울임, 자기최면). ③ 감사를 표현한다(자신의 강점에 대한 파악, 용서의 실천, 관계를 유지하고 사회적 지원을 요청).

작은 성취를 향한 적절한 방법은 원대하고 완벽한 성취를 줄여서 작은 목표를 설정하고, 이러한 목표를 달성하는 데 필요한 단계들을 심리적으로 미리 연습하며, 가능한 장애물들을 예상하여 극복할 수 있는 방법들을 규정하고, 작은 목표들을 달성하는 데 필요한 기술들을 습득하면서 발견될 수 있다(Weiss, 2002).

상담자는 대인관계에서 '긍정적인 전환 반응 패턴'에 관심을 가지도록 초점을 수정할 수 있다. Erickson은 가족 갈등으로 힘들어하는 내담자들의 주의를 긍정적인 부분에 관심을 가지도록 유도하면서 기존의 관계 패턴을 무너뜨리는 전략을 세웠다.

상담자는 항상 내담자가 상담실을 나갔을 때, 그와 관계있는 타인들이 어떻게 반응할 것인가를 알려고 노력해야 한다. 문제의 원인이 무엇이건 문제는 현재 내담자로 지목되는 이가 상호작용하는 사람들과의 지속적인 행동에 의해서만 계속되고, 따라서 의미 있는 타인의 행동이 적절히 변화되거나 제거된다면, 문제는 그 본질이나 근원에 관계없이 해결되거나 사라지게 된다(Haley, 1985b: 147).

부모와 갈등이 심한 자녀의 경우, 서로 신뢰하지 못한다. 상담자는 이러한 갈등을 문제해결의 요소로 활용한다. 그래서 자녀에게 부모가 놀랄 만한 착한 일을 한다면, 어떤 일이 벌어질 것인지를 묻지만, 아이는 부정적인 반응을 보인다. 이럴 경우, 아이가 보기에 부모가 알아차리지 못하는 과제를 제시하면 받아들인다.

다음 만날 때까지 부모님을 깜짝 놀라게 할 만한 일을 한두 가지 할 수 있겠니? 그런데 그 일이 어떤 것인지는 말해서 안 된다. …… 부모님께서 하실 일은 자녀가 언제, 어떻게 그런 일을 해내는지를 관찰하는 것입니다. 다음 회기에서 다룰 것이기 때문에 이 주제에 관해 토론해서도 안 됩니다(O'Hanlon & Weiner-Davis, 2003: 137).

새로운 관계를 설정하려는 사람의 어떤 자극이 상대방의 기대 밖일 경우, 상대방은 자신의 느낌을 정당화하기 위해 방어적으로 반응한다. 관계를 유지하기 위해 기억해야 할 중요한 사항은 '일단 시작해 봐야 한다는 것과 즉각적인 반응이 실망스럽다고 해도 이에 대응하지 말아야 한다는 것'이다.

트랜스 상태는 의식의 인지적인 요소만으로는 만들어 내기 힘든 마음을 움직이는 새로운 경험적인 학습을 통해서 부정적인 패턴을 긍정적으로 변형시킨다. 그리고 이러한 변형이 심리적인 수준에서의 변화를 초래할 수 있다.

또한 개인이 이미 가지고 있는 능력을 보다 잘 발견하고 활용하도록 도울 수 있다. 정기적인 '자기최면 훈련은 주의력 향상, 작업 기억력 및 정신 효율성 향상과 같은 뇌 기능의 긍정적인 개선'과 관련이 있다. 매일의 자기최면 훈련은 뇌 상태에 영향을 미친다. 뇌 훈련은 광범위한 정서적 및 정신적 과정에 영향을 미치는 뇌 내의 대규모 네트워크를 활성화하는 것을 포함한다.

정기적인 자기최면 연습은 시간이 지남에 따라 심리적 통찰력과 정서적 치유에 도움이 된다. 정신건강 문제 및 육체적 고통을 완화하는 것을 목표로 하는 자기최면 기반 중재는 다양한 증상과 문제를 해결하고 치료하는 데 사용될 수 있다.

> 한 여성 내담자가 매일매일의 삶을 진정으로 경험할 수 없다고 호소했다. 그녀는 마치 자신의 삶을 그녀 앞의 영화 스크린에 전개되는 것처럼 바라보았다. 그녀의 내적 경험은 어릴 적 고통받았던 성폭력의 기억에 의해 지배되고 있었다.
>
> 상담자는 눈을 감고 내면에 초점을 맞추어 트랜스 상태에서 자신의 경험 속에 포함된 기억들과 매일의 삶을 떠오르는 그대로 바라보도록 암시했다. 이러한 암시에 따라 그녀는 경험의 조각난 파편들만을 드문드문 기억할 수 있었다.
>
> 다음에 그녀는 분할된 스크린의 한쪽 면에서는 매일매일의 삶, 다른 면에서는 폭력을 당한 기억들을 또렷하게 보기 시작했다고 보고했다. 트랜스 상태에서 나온 후에 그녀는 처음으로 더 이상 폭력의 기억들이 자신의 경험을 지배하지 않는다고 말했다(O'Hanlon & Bertolino, 2002: 35).

몸이 안전하다고 느껴야 예전에는 압도당하기만 했던 기억들을 언어로 표현할 수 있다. '자신의 내면에서의 재통합 그리고 타인과 조화를 이루려면 시각, 청각, 촉각, 균형감각 등 신체 감각이 유연하게 통합되어야 한다.'

또한 자신의 내면에서 벌어지는 일에 두려움이 아닌 호기심으로 접근하면서 모든 것이 변화한다. 감지되는 감각을 지각할 수 있다면, 뇌에서 '화재경보기' 역할을 하는 변연계의 기능을 약화시킬 수 있으며, 그로 인해 잠재적인 자극에 대한 과도한 반응도 줄어들 수 있다 (Banks, 2007: 308).

문제를 가진다는 것은 장애물 때문에 내면의 요청을 받아들이지 못한다는 의미가 된다. 다른 하나의 의식은 풍부한 '내적 현실'로 볼 수 있다. 그래서 의식이 일으키는 문제를 내적 현실인 다른 하나의 의식과의 대화를 통해 변화시킬 수 있다.

사람들은 가르침에 따라 모든 것을 해석하고 개인적인 의미를 부여하는 경향이 있다. 그들은 가르침을 받고 읽은 대로 주관적으로 현실을 경험하기 때문에 객관적인 현실을 바라보거나 경험하는 것을 왜곡할 수 있다.

이러한 것들은 모든 의식이 가지는 편견이다. 그런데 만약 우리가 이러한 편견을 깨닫는다면, 우리의 활동 범위를 넓힐 수 있다. 자기최면 훈련의 경험들은 모든 이들이 확립한 편견들이 무제한적이라는 것을 알게 한다.

오직 내담자 자신만이 내적 과정을 이끌어 갈 수 있는 유일한 사람이며, 자신의 과거 경험을 재통합할 수 있는 능력을 가지고 있다. 트랜스 상태에서의 암시는 자아의 통제 영역을 벗어나 내담자의 고유한 정신적 과정을 활용하는 것이다.

'많은 내담자들이 준비가 된다면, 그들의 의식적인 마음은 잊어버렸지만 또 하나의 의식적인 마음에는 문제해결을 위해서 다시 불러내고 활용될 수 있는 기억, 느낌, 그리고 감각 등 자신의 온갖 경험들을 가지고 있다.'

상담에서는 내담자들과 협력하여 이러한 자원들을 수용하고 활용할 수 있어야 한다. 모든 사람들이 어떤 문제에 직면하든 그들의 또 하나의 의식에는 해결책이 있다. 또한 실천으로 이어질 수 있는 작은 것들을 발견하고 확대시킴으로써 불가능하게 보이는 것들을 성취할 수 있다.

상담자는 내담자 중심의 고유한 틀을 따라가면서도 예외나 미래와 연결되는 성공에 적극적으로 관여함으로써 '개인의 내면에 있는 **회복 잠재력을 드러나도록 돕기 위해 트랜스 지향적인 소통을 추구**'한다.

트랜스 상태에서 어떤 내담자들은 외부의 자극을 긍정적으로 받아들이고 어떤 이들은 거부하기도 한다. 눈물을 흘리거나 행복감을 느끼는 이들도 있지만 아무것도 느끼지 못하는 이들도 있다.

중요한 점은 이런 작은 실험을 통해서 내담자들은 '**자신의 경험을 조직하는 경직된 패턴을 통찰**'하게 된다는 것이다. 그리고 무엇이 자신의 지각과 행동을 조직하는지를 알게 되면 변화도 발생할 수 있다.

유연한 에너지 흐름을 위해서 상담자는 내담자들이 자연스럽게 트랜스 상태로 들어가는 상태를 관찰해야 한다. 내담자 개인마다 다르지만 내적인 변화나 타인에 의하여 관찰될 수 있는 다음과 같은 고유한 움직임들이 있다.

> 얼굴 표정의 변화, 안면 근육의 떨림, 습관적인 움직임의 감소, 한쪽을 계속 응시하기, 눈 깜박임이 사라지는 것, 거의 완벽한 부동성, 음조의 질에 있어서의 변화, 근육의 이완, 자신의 이야기나 감정적인 몰입, 먼 곳을 쳐다보기 등이 있다.

상담 중에 내담자들의 무의식적인 마음과 치료적 동맹을 맺고 변화의 주체로 활용하기 위해서 상담자는 그들의 의식을 어떤 주제에 고정시켜 트랜스 상태로 이끌어 무의식에 부정적인 영향을 미치는 것을 최소화하는 개입을 시도한다.

> Erickson이 무의식적인 마음에 대해 언급할 때, 그것은 매우 실제적이며, 관찰할 수 있고, 논증될 수 있는 현상을 의미하는 것이었다. 그는 무의식적인 마음을 단순히 은유로만 사용한 것은 아니다.

그는 사람들이 실제로 팔과 다리를 가지고 있는 것과 같은 의미로 무의식적인 마음이나 자각의 무의식 수준을 이해했다. Erickson의 관점에서 무의식은 관찰될 수 있는 모든 인격의 매우 실제적인 구성체였다(Havens, 1985: 42).

Erickson은 각각의 내담자와 상황에 따른 독특한 개입을 하면서 비록 전에 성공을 거둔 접근이라고 하더라도 같은 문제에 대해 꼭 같은 작업을 하는 사례가 거의 없었다. 그는 끊임없이 창의적인 작업을 했기 때문에 그의 접근법을 연구하는 상담자들에게 좌절감을 준다. 하지만 그의 개입에도 하나의 패턴이 존재했다. 예를 들어, 병적인 도벽의 문제를 예로 들어 보자. '낮은 수준에서는 단순한 호기심에서부터 습관화된 스트레스 해소 전략, 신경전달물질의 부족으로 인한 도덕적 판단 능력의 결핍, 자신을 스스로 통제할 수 있다는 왜곡된 자만심, 나에게만 행운이 따라올 수 있다는 왜곡된 인지, 지나치게 발달된 경쟁심, 과거 사랑의 결핍으로 인해서 소유하고 싶은 욕구를 통제하지 못하는 충동성' 등이 될 수 있다.

Erickson은 증상 이면에 있는 다양한 수준의 요인들을 고려해야 상담자가 적합한 개입을 할 수 있다는 것을 강조했다. 내담자들의 심리적 수준을 이해하기 위해서는 Maslow의 동기의 성장모형을 참고할 수 있다. 그는 생리적 동기의 일차적 중요성을 인정하면서도 인간다운 삶을 추구하려는 경향성을 강조함으로써 다양한 인간의 심리적 수준을 이해하는 데 기여했다.

Erickson이 정신병원에서 일할 때 한 젊은 남성 환자가 자신이 예수라고 주장하면서 주위에 종이를 뿌리며 메시아처럼 행진하곤 했다. 그는 사람들에게 기독교 정신을 심어 주는 것을 자신의 사명으로 여겼고 다른 이들을 축복해 주기 위해서 그들의 머리 위에 손을 얹고 기도하기를 즐겼다.

하지만 이러한 행동은 다른 환자로부터 따돌림을 당하는 결과를 초래했다. 이 문제를 해결하기 위해서 Erickson은 권위 있는 태도로 말했다. "이 지구상에 태어난 너의 목적은 사람들에게 봉사하는 것이야. 이를 위해 네가 해야 할 과제가 있느니라."

그에게 준 첫 번째 사명은 테니스 코트의 울퉁불퉁한 곳을 매끄럽게 하는 것이었다. "하느님은 결코 코트의 울퉁불퉁한 곳을 그냥 내버릴 의도가 없느니라." 얼마 후에 Erickson은 다시 접근했다.

"나는 자네가 목수로서의 경험이 있다는 것을 알고 있네. 인류에게 봉사하기 위해서 자네 기술을 이용해서 독서실에 책장을 좀 만들어 주게나." 그는 결국 독서실 일을 거들게 되었다(Gordon & Myers-Anderson, 1981: 43).

충격적인 일이나 사건을 겪은 후 나타나는 PTSD를 겪는 내담자들은 인지 기능이 급속히 떨어질 수 있다는 연구 결과가 있다. 전체적으로 PTSD와 관련된 증상이 다양하고 많을수록 인지 기능은 급속하게 나빠지는 것으로 나타났다.

Erickson은 내담자의 개인적인 통제감을 강화시키기 위해 그의 분열되고 상징적인 사고 패턴과 행동을 강점으로 활용했다. 축복해 주기 위해 타인들의 머리에 손을 얹히는 행동은 울퉁불퉁한 테니스 코트를 매끄럽게 하는 것과 유사하다.

'삶에서 일어나는 사건에서 단순히 자신이 영향을 미치거나 변화시킬 수 있는 방법이 있다고 믿게 되면, 자기 존중감이 향상되고 무의식적인 자각이 발생하며 환상적인 상황에 보다 현실적으로 대처하는 경향'을 보인다.

Erickson은 "이 환자의 수준을 향상시키기 위해서 지금 당장 유용한 것은 무엇인가?"라는 질문을 스스로에게 던지면서 내담자의 삶을 보다 의미 있게 개선시킬 수 있었다(Erickson, 2010: 31).

그래서 지금–여기에 초점을 맞추는 질문은 도움이 된다. 내담자들에게 "그런데 지금 뭐가 떠오르세요?"라는 질문을 하면, 그들의 '무의식을 부정적인 경험보다는 변화 가능한 현재에 초점을 맞추게 하여 긍정적인 몰입 상태'로 이끈다.

치료학은 '과정이 병리학에 기초하지 않고 오히려 온전함이 일어나는 치유에 대한 기본적인 신뢰에 기초하는 치유 경험을 제공하는 방법'을 말한다. 이 과정은 이것이 자발적으로 일어나기 위한 치료적 설정과 관계 맥락을 제공한다.

상담 관계에 대한 Rogers의 공헌으로 연구자들의 관심은 "상담자가 변화를 촉진시키기 위해서 무엇을 해야 하는가?"와 더불어 "상담자와 내담자가 작업할 때 어떤 일이 일어나는가?"도 중요시하게 되었다.

내담자의 변화에 대한 동기를 향상시키는 네 가지 기본 원리가 있다.

첫째, '공감 표현하기'는 Rogers의 치료적 관계를 토대로 강한 치료동맹을 맺는 것이다. 상담자는 내담자를 무조건 존중하고, 적극적인 경청을 통해 지지하며, 내담자가 자신의 생각·감정·행동이 중요하다는 것을 수용할 수 있도록 돕는다. 또한 상담자는 내담자의 변화에 대한 양가적 태도를 인정하고 수용해야 한다.

둘째, '불일치감을 발전시키기'는 내담자의 생각·감정·갈등을 경청하면서 현재 내담자의 삶과 그가 원하는 삶 간의 불일치에 대해 짚어 주는 것을 의미한다. 내담자의 불일치를 발전시킬 수 있는 방법은 개방형 질문, 인정, 반영, 요약이다.

셋째, '저항과 함께 구르기'는 내담자의 변화에 대한 저항을 설득하거나 논쟁하려고 하지 말고, 저항은 변화 과정에서 중요하며, 자연스러운 것임을 인정하는 것을 의미한다. 만약 변화에 대한 저항이 없었다면, 변화는 이미 발생했을 것이다. 반영을 통해 상담자는 피드백을 주고, 다양한 관점에서 문제를 재해석하며, 내담자가 언급했던 변화에 대한 동기를 상기시킨다.

여기서 중요한 점은 변화가 가져다줄 이익과 불이익에 대해 탐색하는 것이다. 또한 내담자가 이전에 고려하지 못했던 생각을 제시함과 동시에 내담자의 저항을 인정함으로써 불일치를 만들어야 한다. 상담자는 저항과 함께 구르기를 할 때 내담자가 문제와 변화에 대해 느끼는 저항에 책임감을 느낄 수 있도록 해야 한다.

넷째, '자기효능감 지지하기'다. 이는 바람직한 변화를 자신이 성취해 나갈 수 있다는 인식을 향상시켜 주는 것을 의미한다. 상담자는 다양한 방식으로 내담자의 자기효능감을 향상시킬 수 있다. 예를 들면, '내담자가 성취 가능한 변화'를 주제로 상담자와 내담자가 이야기하는 시간을 증가시키면 내담자의 자기효능감을 높일 수 있다. 또 성공경험을 촉진하기, 긍정적 피드백을 제공하기, 장점을 탐색하기, 단점에 대한 관점 바꾸기 등을 통해서도 내담자의 자기효능감을 증진시킬 수 있다.

하지만 상담자는 내담자의 변화에 대한 욕구를 높이고자 할 때 유념해야 할 사항이 있다. 내담자로 하여금 변화의 필요성을 깨닫게 도와줄 뿐만 아니라 변화의 필요성을 인정할 수 있는 시간을 주고, 변화를 위한 구체적인 전략을 제시하며, 내담자가 긍정적으로 변화할 때, 건설적인 피드백을 제공하는 것이다.

연구자들에 따르면 변화는 '심사숙고 이전 단계'에서부터 '심사숙고' '준비' '실행' '유지' 단계로 나눌 수 있다. 이러한 모델은 내담자들의 단계를 평가하고 그에 따른 개입을 실천에 옮길 때, 그들이 변화에 동참할 가능성을 높인다는 것을 보여 준다. 준비 단계 이전의 내담자들을 준비가 된 것처럼 대하면 문제가 될 수 있다.

💬 변화의 단계

행동을 지속적으로 변화시키는 것은 거의 간단한 과정이 아니다. 일반적으로 상당한 시간과 노력과 감정을 필요로 한다. 변화의 단계 (또는 초이론적) 모델은 그러한 변화를 설명하고 영향을 미치려고 하며, 많은 경우에 효과가 있다.

(1) 1단계: 심사숙고 이전

변화의 초기 단계는 사전 숙고다. 사전 숙고 단계에서 사람들은 변화를 고려하지 않는다.

이 단계의 사람들은 종종 자신의 행동이 문제가 되지 않는다고 주장하기 때문에 부정으로 묘사된다. 어떤 경우, 이 단계 사람들은 자신의 행동이 해를 끼치는 것을 이해하지 못하거나 자기 행동의 결과에 대해 정보가 부족하다. 이 단계에 있다면 현재 상태에 체념하거나 자신의 행동을 통제할 수 없다고 생각할 수 있다.

이 단계에 있다면 내담자에게 몇 가지 질문을 하는 것으로 시작한다. "과거에 이 행동을 바꾸려고 시도한 적이 있습니까? 문제가 있다는 것을 어떻게 인식합니까? 당신의 행동을 문제로 생각하려면 어떻게 해야 합니까?"

(2) 2단계: 심사숙고

이 단계에서 사람들은 변화의 잠재적 이점을 점점 더 많이 인식하게 되지만 대가는 훨씬 더 두드러지는 경향이 있다. 이 갈등은 변화에 대한 강한 양면성을 만든다. 이러한 불확실성 때문에 변화에 대한 숙고 단계는 몇 달 또는 몇 년 동안 지속될 수 있다. 많은 사람들이 심사숙고 단계를 통과하지 못한다.

변화를 감정적·정신적·신체적 유익을 얻기 위한 수단이라기보다는 무언가를 포기하는 과정으로 볼 수 있다. 행동 변화를 고려하고 있다면 물어볼 몇 가지 중요한 질문이 있다. "변화를 방해하는 것이 있습니까? 이러한 변화를 이루는 데 도움이 될 수 있는 것에는 어떤 것들이 있습니까?"

(3) 3단계: 준비

준비 단계에서 더 큰 삶의 변화를 준비하기 위해 작은 변화를 시작할 수 있다. 예를 들어, 체중 감량이 목표라면 저지방 식품으로 전환할 수 있다. 금연이 목표라면 매일 브랜드를 바꾸거나 담배를 덜 피울 수 있다.

전문가와 상담하거나, 헬스클럽에 가입하거나, 자조 서적을 읽는 것과 같은 일종의 직접적인 행동을 취할 수도 있다. 준비 단계에 있다면 지속적인 삶의 변화를 성공적으로 이룰 가능성을 높이기 위해 취할 수 있는 몇 가지 단계가 있다.

행동을 바꾸는 방법에 대해 가능한 한 많은 정보를 수집한다. 동기부여 진술 목록을 준비한다. 목표를 기록한다. 조언과 격려를 줄 수 있는 지원 그룹, 상담자 또는 친구와 같은 자원들을 찾는다.

(4) 4단계: 실행

변화의 네 번째 단계에서 사람들은 목표를 달성하기 위해 직접적인 행동을 취하기 시작한다. 종종 이전 단계에 충분한 생각이나 시간이 주어지지 않았기 때문에 해결 방법이 실패한다. 예를 들어, 많은 사람이 새해 결심을 하여 체중을 줄이고 즉시 새로운 운동 요법을 시작하고, 더 건강한 식단을 시작하고, 간식을 줄인다. 이러한 결정적인 단계는 성공에 필수적이지만 이전 단계가 간과되었기 때문에 이러한 노력은 종종 몇 주 만에 포기된다.

현재 목표 달성을 위해 조치를 취하고 있다면 긍정적인 조치에 대해 축하하고 보상한다. 강화와 지원은 변화를 향한 긍정적인 단계를 유지하는 데 매우 중요하다. 시간을 내어 동기, 자원 및 진행 상황을 주기적으로 검토하여 자신의 능력에 대한 헌신과 믿음을 새롭게 한다.

(5) 5단계: 유지

변경 단계 모델의 유지 관리 단계에는 이전 동작을 성공적으로 피하고 새로운 동작을 유지하는 작업이 포함된다. 새로운 행동을 유지하려는 경우 유혹을 피할 방법을 찾는다. 오래된 습관을 더 긍정적인 행동으로 바꾼다. 재발을 성공적으로 피할 수 있을 때 자신에게 보상한다.

흔들리더라도 자신에게 너무 가혹하거나 포기하지 않는다. 대신, 그것은 단지 사소한 좌절이었다는 것을 상기한다. 다음 단계에서 배우게 되겠지만, 재발은 흔하며 평생 변화를 만드는 과정의 일부다. 이 단계에서 사람들은 변화를 계속할 수 있다는 확신을 갖게 된다.

(6) 6단계: 재발

모든 행동 변화에서 재발은 흔히 발생한다. 재발을 겪을 때 실패, 실망, 좌절감을 경험할 수 있다. 성공의 열쇠는 이러한 좌절이 자신감을 훼손하지 않도록 하는 것이다. 왜 그런 일이 발생했는지 자세히 살핀다. 재발을 일으킨 원인은 무엇인가? 앞으로 이러한 유발 요인을 피하기 위해 무엇을 할 수 있는가?

재발은 어려울 수 있지만 가장 좋은 해결책은 행동 변화의 준비, 조치 또는 유지 단계부터 다시 시작하는 것이다. 자원과 기술을 재평가하는 것을 고려한다. 동기, 행동 계획 및 목표에 대한 헌신을 재확인한다.

또한 앞으로 있을 유혹에 어떻게 대처할 것인지 계획을 세운다. 적절한 준비와 조치가 취해지지 않으면 결의안이 실패한다. 새로운 행동을 가장 잘 준비하고, 행동하며, 유지하는 방법을 이해하면서 목표에 접근하면 성공할 가능성이 높아진다.

해결중심 상담자들은 내담자들을 '고객형, 불평형, 방관형'으로 나누었다. 내담자들의 변화에 대한 동기 수준은 다음 두 가지 질문에 대한 반응에 따라 달라질 수 있다. ① 문제가 있는가? ② 그 문제를 다룰 준비가 되어 있는가?

방관형은 두 가지 질문에 부정적이다. 불평형은 첫 번째 질문에는 긍정적이지만 두 번째 질문에는 부정적이다. 고객형은 두 질문에 모두 긍정적이다. 고객형이 되어야 변화에 대한 준비가 되었다고 볼 수 있다.

> 내담자들의 현재 수준이 어떤 단계에 있는지를 알기 위해서 상담자는 문제와 해결책에 대한 그들의 이해가 어떠한지 알아야 한다. 상담자는 그들의 단어, 개념, 문제의 원인과 해결책에 대한 지식, 해결의 전개 과정이나 문제의 소멸에 대한 그들의 관점을 이해하고 한 단계 높일 수 있는 전략을 세운다(Sylvester, 2005: 428).

내담자들의 수준에 대한 평가는 4가지 중요한 목적을 지닌다. ① 미래의 상호작용을 위한 협력체계 구축과 희망의 씨앗을 뿌릴 수 있는 분위기 평가, ② 내담자의 문제에 대한 행동, 신념, 대처 요인들을 명료화하는 데 필요한 정보 습득, ③ 내담자들과 함께 상담계획 협상, ④ 과정을 진행하면서 얼마나 상담이 효율적으로 이루어질 것인지를 평가하는 데 필요한 기본적인 데이터를 얻는 것이다(Jensen, 2011: 84).

내담자들의 현재 수준에 대한 상담자의 이해는 이어서 그들이 학습 과정에 동참하는 이해의 과정을 거친다. 많은 내담자들이 비록 나름대로 자신의 문제에 대해 이해하는 것 같지만 실행에 옮기는 것은 서툴다.

문제에 대한 이해는 그것을 통해서 문제가 무엇인지를 명료화하는 효과를 얻을 수 있고, 자신의 상황에 대해 특별하고 분명한 인식을 얻을 수 있기에 그들의 수준을 한 단계 올리는 데 도움이 된다.

의식적인 것과 무의식적인 요소들을 포함해서 문제들을 해결해 가는 과정에서 내담자들의 의도적인 노력 정도의 부족이나 접근 방법의 어색함 등은 어떤 치료적인 접근을 설정할 것인가를 결정하는 데 도움이 될 수 있다(O'Hanlon, 2009: 52).

변화에 대한 동기를 증가시키는 면접의 원리는 준비를 조금씩 해 나가도록 돕는 것이다. 이를 위해서 상담자는 다양한 삶의 영역에서의 상징적인 변화의 출발점인 '여유'와 '선택권'을 가질 수 있도록 고무시킨다.

다음에 동기부여를 향한 첫걸음을 탐색한다. 변화가 필요하다는 확신이 결핍되어 있는 내담자들에게는 문제보다 무엇인가 새롭고 보다 흥미를 끌 수 있는 것에 초점을 맞춘다 (Short et al., 2005: 225).

내담자는 먹고 싶은 강렬한 충동 때문에 상담을 요청했다. 상담자는 그에게 마치 음식을 집을 때처럼 천천히 팔을 뻗었다가 안으로 굽혀 보는 실험을 반복하도록 제안했다. 그리고 그런 상황에서 자기 자신의 내면에서 발생하는 모든 것들, 어떤 느낌과 말, 생각, 기억, 충동이 저절로 일어나는 것에 주의를 기울이면서 자연스럽게 트랜스 상태로 들어가도록 도왔다.

그가 경험의 신비 속으로 들어가면서 알게 된 느낌은 어떤 긴박감이었다. 상담자는 이런 긴박감을 탐구하기 위해 몸의 어느 부분에서 느껴지는지를 물었다. 그는 팔과 다리에서 느껴진다고 반응했다.

하지만 내담자는 이런 몰입 상태에서 어떤 자각에 이르게 되었는데, 그것은 자신에게 힘이 있어야 하고, 그러기 위해서는 먹어야 한다는 것이었다. 상담자는 무엇을 위해 힘이 필요한지를 물었다.

그는 아버지의 기대를 충족시키기 위해 자신을 습관적으로 몰아치는 것을 알아차리게 되었다. 또한 아버지가 원하는 것을 맞추어 주지 못한다면, 인정받지 못한다고 믿는 한 부분이 자신의 내면에 있음을 깨닫게 되었다.

그런 왜곡된 신념이 늘 먹고 싶은 충동적인 경험을 만들어 냈던 것이다. 또한 그는 의식의 표면에서 나타나는 것과 심층에서 나타나는 것이 분리되어 있는 것이 아니라, 서로 연관되어 있음을 알게 되었다.

'높은 흥분 상태를 보이는 이들은 사고 지향적인 해결 방안에 제대로 반응하지 못한다.' 심하게 분노하거나 좌절하는 이들에게 그들이 느끼는 부정적이고 흥분된 감정을 인정하고 새로운 해석을 긍정적으로 할 수 있다면, 변화하려는 동기가 상승한다.

'위축되거나 우울한 이들에게는 부정적인 사건이 그들의 잘못으로 인해 발생하는 것이 아님'을 암시한다. 그들은 수동적인 상태에 머무르려는 욕구가 더 강해서 행동으로 옮기는 데는 시간이 필요하므로 점진적인 발전을 도모해야 한다.

상담자가 임상적 무지에서 시작하지만 심리적 수준을 향상시키는 지름길은 특이한 내담자들의 표현과 태도를 주의 깊게 관찰하고 그들과 공유하는 것이다. 그들이 보여 주는 독특한 반응들(내적 수준을 표현하는 언어구조, 의미 있는 표현, 독특한 감정 표현이나 신체적인 움직임 등)에 대한 공유는 문제를 탈주관화하여 해리(dissociation) 현상이 일어나도록 돕는다.

상담자는 내담자들이 스스로 수준을 한 단계 올릴 때를 관찰하고 더 확대시킬 수 있도록 돕는다. 예를 들어, '위축된 내담자가 높은 자발성을 보일 때, 자기 표출을 힘들어하는 이가 상징적인 자기 표현을 할 때, 충동적인 내담자가 기다림을 보일 때, 좌절감으로 괴로워하는 이가 안정성을 유지할 때, 분열적이거나 자기 중심적인 이가 타인을 위해서 무엇인가 할 때, 정신적인 외상으로 고통을 받는 내담자가 두려움에 떨면서도 침착함을 유지할 때, 부정적인 부분에 집착하는 이가 초점을 옮겼을 때' 등이다.

공포감에 빠질 때 나타나는 신체 반응들은 심리적인 어려움으로 인한 반응으로 볼 수 있지만, 증상에서 빠져나올 수 있는 자원을 암시하는 것으로 볼 수도 있다. 이러한 움직임을 보다 깊이 탐색하게 되면, 해결을 위한 단서를 찾을 수 있다.

초점 옮기기도 도움이 된다. 초점 옮기기 전략은 고도로 자동화되고 경직된 패턴을 초래하는 감정, 행동, 사고를 일시적으로 분리시키는 것으로 정의할 수 있다. Erickson(1977)은 "심리치료의 비밀은 평상시와는 다른 방식으로 내담자들이 원하는 것을 하도록 돕는 데 있다." 라고 했는데 초점 옮기기의 정수를 표현한 것이다.

종종 내담자들은 그들의 고통과는 다른 생각으로 그들의 마음을 채울 수 있다는 것을 상상할 수 없다. Erickson은 자신의 고통이 그의 마음을 가득 채울 정도로 포괄적이라는 사람의 학습된 한계를 확장하는 가장 좋은 방법을 가지고 있었다.

우선 그는 내담자의 상황 설명을 주의 깊게 들을 것이다. 그런 다음 그는 내담자가 고통에 완전히 집중함으로써 만들어진 트랜스를 강화하기 위해 고안된 방식으로 질문을 하곤 했다. Erickson은 천천히 그리고 진지하게 말했다.

"저기에 거대한 굶주린 호랑이가 꼬리를 휘두르며 당신을 똑바로 쳐다보고 있습니다. 그 크고 굶주린 호랑이의 노란 눈을 똑바로 바라봤을 때도 똑같은 고통을 느낄 수 있을까요?" 일단 내담자가 자신의 고통이 변화될 수 있다는 것이 가능하다는 것을 인식하면, 그는 그것을 변화시키고 통제하는 데 보다 더 개방적이 된다.

상담자가 내담자들의 깊이 이완된 상태를 주의 깊게 관찰하면서 따라가고 문제와 동떨어진 특정한 부분에 초점을 맞추고 경험하도록 제안하게 되면, 무의식에 남아 있는 문제와 해결책에 관련된 부분들을 찾아낼 수 있다(Gendlin, 1996: 59).

7세 된 여아가 담요에 둘러싸여 Erickson에게 의뢰되었다. 아이는 몇 주 동안 구토, 설사, 요실금, 호흡곤란과 같은 증상을 보였다. 그녀는 학교에서 귀가하다가 개에게 물렸다. 그런데 개 주인은 그녀가 개를 괴롭혔기 때문에 발생한 일이라고 우겼다. 어느 정도 회복되었을 때, 다시 같은 개로부터 공격을 받았다.

개 주인은 오히려 그녀의 부모를 상대로 법적인 조치를 취하겠다고 협박했다. 그 후로 아이는 집 밖으로 나설 수가 없었다. Erickson은 조심스럽고 느리게, 얼마나 많은 담요가 있어야 하는지, 누가 담요를 준비하는지 질문하면서 상담을 시작했다.

이 과정은 신뢰와 안전감 형성을 위해 느리고 길었으며 아이를 트랜스 상태로 이끌었다. 그의 다음 개입은 그녀의 공포를 정당화시키고 증상과 연결시키는 것이었다. 그는 놀라운 표정을 지으며, 정신적 외상을 견디어 낸 것에 대해 설명했다.

"난 네가 이렇게 강하고 용감한 것에 놀랐어! 더 심하게 아프지 않은 것에 놀랐고, 지금은 네 심장이 더 빨리 뛰지 않는 것에도 놀랐거든. 그리고 여기서는 손발을 떨거나 더 이상 토하지 않는 것에도 놀랐어!"

이러한 개입으로 그녀는 자신에 대해 긍정적인 관점을 발전시키기 시작했다. 그녀는 웃고 농담도 했으며 전혀 사람을 해치지 않는다는 설명에 그의 개를 보고 싶어 했다. 여섯 번을 더 만난 후, 아이는 상담이 필요 없게 되었다(Erickson, 1961).

Erickson은 아이의 위기 상황을 개인적, 관계적인 성장과 변화를 이룰 수 있는 기회로 활용했다. 위기 상황은 내담자들의 경직된 패턴과는 반대되는 경험을 활성화시킬 수 있는 가장 적절한 시기다.

또한 적절한 시점에 시공을 초월할 수 있는 트랜스 상태에서 내담자들의 무의식에 존재하는 유연성을 확보한다면, 문제에서 벗어날 수 있다. 일부 내담자들이 변화하지 않는 것은 실패 가능성에 주목하여 자신을 보호하는 일에 최우선 순위를 두기 때문이다. 불면증 환자는 한쪽 눈이 잠드는지를 관찰하기 위해 다른 쪽 눈으로 잠들 수 없는 이유를 알아내려고 애쓴다.

이러한 투쟁을 중단시키는 방법 가운데 하나는 무엇이 잘못되었는지에 대한 언급보다 새롭게 신경 쓰이는 문제를 제기하는 것이다. 부정적인 결과를 초래하는 초점을 다른 상황으로 옮기게 되면, 새로운 패턴이 시작될 수 있다.

또한 감정적인 요소가 포함될 때 초점 옮기기는 더 강력해진다. 필요한 경우에 Erickson은 내담자들을 무례하거나 당황스럽게 만들어 그들의 감정적인 요소를 끌어올리고 증상을 제어하는 힘으로 활용했다.

내담자들이 상세한 부분에 초점을 맞출 때 강력한 감정적인 경험을 하게 되면, 반응하는 방법을 변화시킨다. 자동적으로 반응할 가능성을 줄이는 것은 기존의 주의 집중과는 다른 부분에 관심을 갖는 것이다(Short et al., 2005: 48).

Erickson의 의과대학 제자가 긴급한 문제로 찾아왔다. 그는 아주 아름다운 여성과 결혼했으나 발기가 되지 않아 2주 동안 성관계를 가질 수 없었다. 그는 결혼 전에 다른 여성과 성관계를 가진 적이 있었다.

2주 동안 비참한 신혼여행을 보낸 후에 아내는 결혼을 취소하기 위해 변호사를 만났다. Erickson은 신부를 만나 볼 수 있는지 들어보고 다음 방문 때 그녀의 협조를 얻기 위해 데려오라고 부탁했다.

다음에 아내와 함께 상담실에 왔을 때, Erickson은 부인을 먼저 만났다. 이 문제에 대한 그녀의 인식을 들은 후에 그가 질문했다. "당신 남편이 당신에게 보낸 찬사에 대해서 생각해 보셨습니까?" 그녀는 이게 무슨 말인지 알고 싶어 했다.

Erickson은 남편의 발기 불능 상태는 그녀가 벌거벗고 있을 때라는 점을 강조한 후에 말했다. "자, 분명히 남편께서는 당신의 아름다움에 완벽하게 압도당하고 있습니다. 그리고 그가 발기 불능이라고 오해하고 있습니다.

하지만 남편은 당신의 아름다움을 진심으로 편안하게 감상할 능력이 부족하기 때문에 발기 불능이 된 것입니다. 어떻게 해야 할까요? …… 상담실 밖으로 나가셔서 제가 한 말을 곰곰이 생각해 보세요."

다음에 남편을 부른 후에 같은 이야기를 하면서 그녀 앞에서 완벽한 아름다움에서 결점을 찾아보거나 다른 쪽으로 초점을 옮기라고 충고했다. 그 부부는 집으로 돌아가는 도중에 관계를 가지기 위해 차를 멈춰야만 했다(Haley, 1985b: 118-119).

남편은 실패의 느낌이 신체적인 조건과 연결되어서 부인과 성관계를 가질 수 없었다. 그런데 Erickson의 상황에 대한 재구조화는 갑자기 실패의 느낌을 단절시켰고 아내가 인간이라는 사실을 무의식적으로 수용하는 기회를 창조해 냈다.

내담자들이 자신의 문제를 노출하게 되면 감당하지 못할 수 있다고 호소할 때, Erickson은 다음과 같은 개입을 했다. "그건 너무나 당연한 걱정입니다. 누구도 갑자기 내면에 있는 모든 것이 폭발되기를 원하지 않습니다. 당신이 원하지 않는다면 감정을 점검해 보고 보다 쉽게 다음 단계를 거치기 위해서 한 번에 하나씩 나오도록 할 수도 있습니다. 아니면 감정적인 부분들은 그대로 놔두고 인지적인 요소만 분리시킬 수도 있습니다(Erickson, 1955)."

또한 상담자가 부분적으로 문제를 다룰 수 있는 능력을 찾아내는 것도 도움이 된다. "어디에 있을 때 보통 문제가 발생합니까? 언제 문제를 가장 심각하게 느낍니까?"라는 질문은 문제의 규모를 나눔으로써 문제 대한 평가과정도 되지만 동시에 치료적인 틈을 만들 수 있다. 문제 대신에 의미 있는 예외를 찾을 수도 있다.

오랜 임상 경험을 통해서 나는 작은 성취를 이루는 것이 완벽주의적인 욕구를 극복하고 변화에 대한 동기를 유발하는 무의식적인 자각을 이끌어 낸다는 것을 알았다. 이러한 자각이 보다 더 큰 성취로 이끌 수 있는 노력을 편안하게 도출해 낸다.

부분화의 논리는 내담자들 안에 존재하는 자원들을 인식하기 위한 노력을 응용하는 것이다. 다시 말하면, 내담자들이 현실적인 상황에 완벽하게 적응하지 못할 때, 상담자는 "그들이 떠맡을 수 있는 준비가 된 작은 부분은 무엇인가? 그들이 언제, 어디에, 어떻게 문제를 다룰 수 있는 능력에 대해 편안하게 느끼는가?"와 같은 내적인 대화를 통해서 그들이 성취할 수 있는 자원을 찾아야 한다(Short et al., 2005: 75).

작은 성취는 간접적인 제안을 포함한다. 너무 많은 상담자들이 내담자들에게서 직접적인 변화를 이끌어 내야 한다고 생각하지만, 상담자는 변화를 위한 최초의 자극을 제공하는 것이다. 치료는 산꼭대기에서 눈뭉치를 굴리는 것과 같다.

> 나는 단지 내담자들의 무의식을 활용하기 위해 그들을 가벼운 트랜스 상태로 이끈다. 너무 많은 이론가들이 내담자들에게서 직접적인 변화를 이끌어 내야 한다고 생각할 수 있다. 하지만 상담자는 변화를 위해 그들의 수준에 맞는 최초의 자극을 제공하는 것이다. 치료는 산꼭대기에서 눈뭉치를 굴리는 것과 같다. 눈 뭉치는 밑으로 내려가면서 점점 더 커지고 산의 형태에 알맞은 눈사태를 유발한다(Rosen, 1982: 56).

> 심인성 두통을 성공적으로 치료받았던 한 내담자가 30년 결혼생활 내내 싸우고 있는 자신의 삼촌 부부를 Erickson에게 의뢰했다. 그는 "결혼생활을 하면서 충분히 싸우지 않았나요? 이렇게 해서 얻어지는 게 뭡니까? 왜 인생을 즐기지 않으세요? 내가 생각하기에 삶은 즐거워야 합니다. 그리고 당신들이 즐길 시간은 그리 많이 남아 있지 않습니다."라고 조언했다. 그리고 부부에게 Arizona에 있는 작은 산인 Squaw Peak에 침묵을 지키며 등산하라고 조언했다. 이 후에 그들은 서로 존중하면서 삶을 즐기게 되었다.

Erickson은 다음과 같이 설명한다. "나는 단지 그들의 무의식을 활용하기 위해 가벼운 트랜스 상태로 이끌었다. 그 부부는 성공적으로 치료받은 조카로부터 나에 대한 이야기를 들었고 믿음과 기대감을 가지고 있었을 것이다.

그런 믿음이 그들의 자원이다. 나는 작은 과제를 부여하면서 그들이 지금까지 부정적인 경험이 인간 본성에 대해 진정으로 무엇을 가르쳐 주는지를 탐색해 보기를 원한 것뿐이다(Rosen, 1982: 56)."

💬 다양한 대처 전략을 위한 시간과 장소를 찾는 방법

우리가 상담에서 배우는 것을 적용하는 것은 말처럼 쉬운 일이 아니다. 여기서 도움이 되는 기술들과 그 기술들이 가장 효과적인 것처럼 보일 때를 공유한다. 인생은 누구에게나 특히 정신 질환을 앓고 있는 사람들에게는 벅찰 수 있는 스트레스 상황들로 가득 차 있다.

그렇기 때문에 치료는 종종 우리가 고통을 극복하고 일상생활에서 떠오르는 모든 것을 다룰 수 있는 능력을 느낄 수 있도록 돕는 대처 기술을 가르치는 것을 포함한다. 대처 기술은 우리의 회복력, 자존감, 그리고 압도적인 감정을 관리하는 능력을 상당히 향상시킬 수 있다.

하지만 내담자들은 어려움을 겪는다. 대처 기술이 너무 많아서 언제 특정한 기술을 적용해야 할지 정확히 알기 어려울 수 있다. 게다가 비록 그것은 사실과 거리가 멀지만, 그 지경에 이르렀을 때 아무것도 도움이 되지 않는 것처럼 느껴지기 때문에, 자신이 몹시 기분이 나쁠 때 대처 기술을 사용하기가 힘들다.

비록 이것이 압도당했을 때 자신의 심박수를 줄이는 데 도움이 된다는 것을 배웠지만, 침대에 누워 주체할 수 없이 흐느끼고 있을 때, 자신의 얼굴에 찬물을 끼얹는 것이 어떻게 기분을 크게 향상시킬 수 있는지 알기 어렵다.

그러한 어려움들로 인해 대처 기술을 효과적으로 사용하지 못하고, 정신건강에 부정적인 영향을 미친다. 감정이 자신을 통제할 수 없고, 아주 사소한 좌절도 감당할 수 없다고 느낀다. 하지만 적절한 시기에 적절한 대처 기술을 사용하기 시작하자, 더 회복력 있고, 능력 있고, 통제력이 있다고 느낄 수 있다.

일상생활에서 대처 기술을 구현하는 데 있어 가장 큰 어려움은 특정 기술을 사용할 적절한 시기를 모른다는 것이었다. 정서적 강도 수준이 다를 때 사용할 수 있는 기술이 다르다는 것을 알게 되면서 모든 것이 달라진다.

어떤 대처 기술들은 우리가 감정이 10에 있다고 느끼고 행동을 완전히 통제할 수 있는 감정적 위기에 대처하는 것을 돕기 위해 고안되었다. 반면에 다른 대처 전략들은 일단 우리의 감정이 조금 더 조절되면 우리가 문제를 직면하고 도전적인 인생 사건들을 헤쳐 나갈 수 있도록 돕기 위해 만들어졌다. 아래에서 이러한 각각의 상황에 적합한 기술들을 공유한다.

(1) 감정적인 위기 상황에서 사용하는 기술

논리적으로는 감정이 자신을 다치게 할 수 없다는 것을 알지만, 내담자가 큰 감정을 느낄 때 그 감정들은 위험하고 심지어 생명에 위협을 느낀다. 마치 감정이 통제력을 모두 가지고 있는 것처럼 느껴지며, 그 감정들이 자신에게 원하는 것에 굴복해야 한다. 하지만 문제는 그것이 사실이 아니라는 것이다. 몸이 진정되고 감정의 강도를 낮추기 위해 여러 가지 기술을 사용할 수 있다.

① 차가운 물에 얼굴을 담그기

온도, 격렬한 운동, 빠른 호흡, 그리고 짝을 이루는 근육 이완의 기술은 자신의 신체 화학을 빠르게 변화시키고 신경계를 진정시키는 것을 목표로 한다. 체온을 변화시키는 감정을 10에서 3으로 낮추는데 가장 접근하기 쉽고 도움이 된다. 찬물을 얼굴에 끼얹거나, 찬물로 샤워를 하거나, 심지어 몸에 얼음 찜질을 하는 것도 상상하는 것 이상으로 도움이 될 수 있다.

② 주의를 딴 데로 돌리기

집중을 방해하는 것은 매우 고통스러울 때 사용할 수 있는 또 다른 유익한 대처 기술이다. 자살 충동을 경험했을 때, 감정이 지나갈 때까지 기다리는 것 외에는 할 수 있는 일이 많지 않다. 집중을 방해하는 것을 기술로 사용하는 것은 괴로운 것에서 마음을 돌리고 대신 편안한 쇼나 좋아하는 비디오 게임에 집중할 수 있기 때문에 도움이 된다.

잠시 후 강렬한 감정은 지나가고, 감정을 처리할 수 있는 공간이 넓어진다. 즉, 산만함과 회피의 차이를 아는 것은 산만함을 대처 기술로 사용할 때 필수적이다. 기술로 산만함에 너무 많이 기대고 대신 감정 처리를 전혀 회피하기 쉬울 수 있다.

주의를 산만하게 하는 것은 일시적인 것이지만, 회피는 계속된다. 저는 주의를 산만하게 해서 감정 상태를 낮추며 현재에 있고 능력이 있다고 느끼도록 돕는다. 일단 준비가 되었다고 느끼면, 현재의 문제에 직면하고 제가 겪고 있는 일을 처리할 것이다. 반면에 회피는 내담자가 결코 해결할 계획이 없는 감정을 밀어내기 위해 끊임없이 주의를 산만하게 사용하는 것처럼 보인다.

③ 반대 행동하기

크고 무서운 감정을 조절하는 것을 도와주는 또 다른 가치 있는 대처 기술은 반대 행동이다. 현재 상황에서 효과적이지 않은 강한 감정을 경험하고 있다면, 이 기술은 그 감정이 당신에게 지시하는 것과 반대의 행동을 하라고 조언한다.

내담자가 슬프고 하루 종일 침대에 누워 울고 싶은 충동을 느낀다고 말한다. 대신에 그는 일어나서 야외를 잠깐 산책할 수 있다. 반대 행동은 내담자를 기본으로 돌아오는 데 도움을 줄 수 있다.

(2) 규제를 많이 받을 때 사용하는 기술

침착함을 찾기 위해 반대 행동, 또는 산만함과 같은 기술을 사용한 후에도, 내담자의 삶의 문제들은 마법처럼 해결되지 않을 것이다. 그러나 그들이 할 수 있는 것은 어려움에 대해 논리적으로 생각하고 더 장기적인 해결책으로 이어지는 다른 기술들을 실행할 수 있는 공간을 주는 것이다. 이러한 전략들은 또한 내담자가 회복력과 자존감을 형성하도록 도울 수 있다.

① 문제해결하기

자신의 감정이 좀 더 통제하에 있다고 느낀 후, 종종 좀 더 능력을 느끼고 상황에 접근하기 위한 계획을 세울 수 있도록 문제해결 모드로 전환한다. 이것은 종종 잠재적인 해결책의 목록을 만들고, 각각에 대한 장단점을 작성하고, 궁극적으로 가장 합리적인 행동을 선택하는 것을 포함한다.

이 과정은 당신이 그 상황을 자세히 생각하도록 도울 수 있어서 더 접근하기 쉽게 느껴진다. 이러한 생각들을 일기로 쓰는 것도 도움이 되어서, 그 문제가 당신의 머릿속에서 단지 덜컹거리지 않도록 한다.

② 급진적 수용하기

우리가 변화할 수 없는 상황에 처했을 때 우리는 무엇을 할 수 있을까? 그럴 때 문제해결이 덜 도움이 될 수도 있고, 급진적인 수용이 그림에 나타나는 부분이다. 급진적 수용은 자신의 상황을 받아들이는 것을 의미한다.

그렇다고 해서 그 상황에 대해 괜찮은 것은 아니다. 그저 그런 일이 일어나고 있음을 인정하고 일단 대처해야 함을 받아들이는 것일 뿐이다. 수용의 반대는 부정으로 인해 불안하고 현실과 단절된 느낌을 받을 수 있다.

급진적인 수용은 상황을 아무리 나쁘더라도 앞으로 나아가 평화를 느낄 수 있는 방법을 찾는 데 도움이 될 수 있다. 자신이 처한 상황이 씁쓸할 때 주의를 기울이며 급진적 수용을 실천한다. 매일 전국의 뉴스 기사에 등장하는 대량 총격 사건, 인종 차별 등 우리가 살고 있는 세상의 잔인함을 받아들이려고 애쓴다.

이대로는 안 된다거나 끔찍한 세상에서 살 가치가 없다고 느끼는 자신을 발견하면, 일기를 꺼내어 이런 모습이 있다는 것을 스스로에게 상기시킬 수 있고, 끔찍하지만 바꿀 수는 없다. 그러면 통제할 수 있는 것과 감사한 것에 대해 적는다.

밀턴 에릭슨의 상담이론과 실제

5장

간접적이고
허용적인 접근

전통적인 접근에서 효과적인 상담은 주어진 이론의 가정들을 기초로 하여 내담자의 내적 역동이 해석되고 설명하는 과정을 통해 일어난다고 보았다. 이러한 관점에서 보면 변화는 내담자가 통찰력을 가지게 됨으로써 일어난다.

그러나 이러한 가정은 내담자들에게 최선이 아닐지도 모르는데 그들로 하여금 상담자의 세계관에 적응하도록 요구한다. Erickson은 엄격한 치료 절차와 연계된 인간 행동에 대한 정교하고 복잡한 해석들을 필요로 하는 것보다 상담의 과정을 더욱 지연시키고 비용이 많이 들어서 많은 이들에게 유용하지 못하게 된다고 보았다.

전통적인 최면은 내담자에게 명확하고 직접적인 제안을 제공하지만 Erickson은 보다 간접적인 접근 방식을 선택했다. 이 접근 방식에서 상담자는 내담자가 트랜스 상태에 있는 동안 점을 스스로 모을 수 있는 언어를 사용한다. 이 언어는 내담자가 직접 지시하지 않고 무언가를 하거나 말하도록 하는 데 사용된다. 예를 들어, "다리가 점점 무거워지고 있습니다."라고 말하는 대신 "다리가 점점 무거워지는 것을 느낄 수 있습니다."라고 제안한다. 내담자는 이러한 제안을 명령으로 연결하고 실제로 다리가 무거워지는 것을 느낀다.

이러한 접근의 주요 이점은 '내담자가 자신의 속도로 트랜스 상태로 들어갈 수 있다는 것'이다. 상담자는 내담자에게 지시하거나 경험을 강요하지 않는다. 상담자의 임무는 단순히 다른 의제가 없는 경험을 제안하는 것이다.

내담자는 자신이 아무것도 하지 않고 자신의 속도로 갈 수 있다는 것을 알고 있기 때문에 트랜스 상태로 긴장을 풀기가 더 쉽다. 이 기법은 내담자의 내면 문제를 다룰 때 가장 유용하다.

Erickson과 그에게서 영향을 받은 상담자들의 주된 과업은 '내담자들이 변화를 위해서 전에는 인식하지 못했던 잠재력에 접근'할 수 있도록 도움을 주는 것이다. 상담자는 내담자들의 문제를 대신 해결해 주는 것이 아니다.

오히려 내담자들이 '스스로 고유한 결론에 도달하고 문제해결을 위해서 어떤 자원들이 나타날 수 있는 맥락'을 제공한다. 따라서 Erickson은 내담자들의 무의식에 인식하지 못했던 잠재된 자원에 접근하고 활용하기 위해 간접적이고 허용적인 접근을 시도했다(O'Hanlon, 2009: xiii).

건강한 사람은 직접적인 개입에 반응할 수 있다. 하지만 역기능적인 내담자 자신은 직접적인 개입을 두려워한다. 만약 상담자가 내담자들에게 직접 강요한다면, 그들은 삶의 방식에서 직접적으로 저항했던 것과 꼭 같은 방식으로 저항할 것이다. 간접적인 접근만이 평가를 덜 필요로 하기 때문에 다양한 방식에서 내담자들의 저항을 줄일 수 있다(Beahrs, 1977: 57-58).

Erickson은 자기 노출을 주저하는 내담자들에게 "당신이 편안하게 나눌 수 없는 어떤 비밀도 말할 필요는 없습니다."라고 말했다. 이렇게 허용적인 제안이 내담자들을 자유롭게 하고 저항을 줄인다(Short, Erickson, & Erickson-Klein, 2005: 194).

Erickson 기법의 주된 도구는 간접적인 심리적 수준에서의 의사소통이다. Haley는 Erickson의 가장 독특한 기법 중에 하나는 사람들에게 간접적으로 영향을 줄 수 있는 능력이라고 지적했다(Haley, 1982: 7).

대부분의 정신적 외상을 입은 내담자들은 문제와 관련해서 상반되는 감정과 갈등하는 태도를 드러낸다. 그들은 극복하기 어렵다고 느끼는 문제에 대해 짧고 효율적인 치료를 원한다. 또한 상담자가 문제를 해결할 수 있을 만큼 전능하기를 바란다.

그들은 치료에서 어떤 일이 발생하든 자신에 대해 완벽한 통제를 유지하고 싶어 한다. 하지만 이런 태도는 이율배반적이다. 상담자는 다양한 메시지를 활용해서 이런 상반된 태도를 간접적으로 다루어야 한다(Alon, 1985: 312).

Erickson의 접근 방법이 내담자들을 따라가는 것처럼 보이지만, 여전히 그들에게 특정한 방향으로 나아가도록 교묘하게 영향력을 행사한다는 점에서 가식적이라고 비난하는 사람들이 있다. 이들은 그의 제안이 허용적이고 간접적인 것처럼 보이지만 은근히 속임수를 쓰는 것이라는 함축된 의미를 전달한다.

이것은 분명 Erickson의 의도가 아니다. 상담에서 조작을 피할 수는 없다. 문제는 "어떻게 건설적이며 치료적으로 조작할 것인가?"라는 점이다. 자신의 접근이 지나치게 조작적이라는 비평에 대해 그는 다음과 같이 답변한다.

모든 어머니는 자녀가 생존하기를 원한다면 자녀를 조종한다. 그리고 당신이 물건을 사러갈 때, 값을 깎기 위해 판매원을 조종한다. 그리고 식당에 갈 때마다 종업원을 조종한다. 그리고 학교에서는 교사들이 학습시키기 위해 학생들을 조종한다. 사실상 인생은 하나의 커다란 조종터가 된다.

모든 인간생활은 주고받는 것이다. 우리 지각체계의 순수함을 유지한다는 이유 때문에 서로 영향을 주는 상호작용을 피할 수는 없다. 조작의 대가는 촉진의 대가이며 가장 위대한 자유를 허용하고 자극한다(Rosen, 1979).

허용적인 접근의 기본 철학 가운데 하나는 불완전함이 개인의 문제가 아니라, 존재의 자연스러운 부분이라는 것이다. 상담은 상담자의 요구에 내담자들이 순응하는 것이 아니다. 내담자들을 존중하고 그들의 준거틀 속에서 작업할 수 있을 때, 상담을 가치 있게 평가할 가능성을 높이고 성과에 대해서도 긍정적인 기대를 가지게 된다(Schnur & Montgomery, 2010: 240).

1. 내담자의 잠재력에 접근하기

Erickson과 그에게서 영향을 받은 상담자들의 주된 과업은 '내담자들이 변화를 위해서 전에는 인식하지 못했던 잠재력에 접근'할 수 있도록 도움을 주는 방법이다. 내담자들이 자원을 찾는 것을 준비시키기 위해 Erickson은 다음과 같이 스토리텔링(storytelling)을 했다.

> Erickson이 어렸을 때, Wisconsin 농장에 주인을 알 수 없는 말이 침입했다. 그 말에게는 어떤 표식도 없었다. 주인에게 돌려주려고 그는 단지 말을 타고 길 위로 들어섰다. 그러고서는 말이 원하는 대로 가게끔 했다.
>
> 가끔 말은 큰 길에서 벗어나 들판으로 가려고 했다. 그러면 Erickson은 고삐를 약간 끌어당기면서 말의 주의를 돌렸고, 말이 가야 할 곳이 큰 길임을 알려 주었다. 마침내 말이 수마일 떨어진 어떤 농장에 도착했을 때, 놀란 주인이 그에게 물었다.
>
> "어떻게 우리 농장의 말인지 알았니?" Erickson은 대답했다. "전 몰랐어요, 하지만 말은 알고 있었겠죠. 전 단지 말을 길 위로 올려놓았을 뿐이에요." 나는 이렇게 하는 것이 상담을 하는 방식이라고 생각한다(O'Hanlon, 1987: 8-9).

상담자는 내담자들의 문제를 대신 해결해 주는 것이 아니라, 그들이 '스스로 고유한 결론에 도달하고 문제해결을 위해서 어떤 자원들이 나타날 수 있는 맥락'을 제공한다. 따라서 Erickson은 그들의 무의식에 잠재된 자원에 접근하고 활용하기 위해 간접적이고 허용적인 접근을 시도했다(O'Hanlon, 2009: xiii).

모든 치료과정에서 나는 내가 제공하는 도움을 가지고 내담자들이 어떻게 할 것인지를 확신하지 못한다. 다만 내가 허용적이 되면서 그들이 주도권을 가지게 되면, 그들의 무의식은 경직된 사고·감정·행동 패턴들을 자신에게 이익이 되는 방향으로 유연하게 변화시킬 수 있다(Erickson, 1963).

사실 간접적인 의사소통은 암시적이다. 간접적인 기법의 선구자로서 Erickson은 '비언어적인 행동, 각각의 암시가 포함된 다양한 수준의 의사소통을 통해서 내담자들이 완벽하게 의식적으로 인식하지 않아도 그들의 무의식 반응에 영향을 줄 수 있는 과정이 발생한다.'라고 지적했다(Erickson & Rossi, 1981: 3).

Erickson은 내가 만난 사람 중 가장 주목할 만한 의사소통자다. 그는 자신이 말하고 행동하는 모든 것에 대해 믿을 수 없을 정도로 정확했다. 각각의 단어와 몸짓은 그가 의사소통하려고 했던 것을 정확하게 의도하는 것이었다.

그리고 나에게 미친 영향은 내가 사랑받고 있다고 느꼈고 실제로 경험한 것이다. 그는 의사소통을 하기 위해 열심히 노력했고, 그 결과 그는 내가 보다 더 나은 상담자가 되도록 도울 수 있었다(Zeig, 2022: 8).

Erickson은 '의식이 놓치거나 간과할 수도 있는 부분을 간접적인 형태의 의사소통으로 감지하고 그에 대해 반응하기 위해 내담자들의 무의식의 능력을 수용했다.' 그는 언어적 간접 화법과 더불어 목소리의 톤, 어미의 변화, 숨소리의 패턴, 침묵, 신체언어와 같은 보다 섬세한 의사소통에 초점을 맞췄다(Havens, 1985: 226).

내가 내담자들에게 의식 수준에서 말할 때, 나는 그들이 의식뿐만 아니라 트랜스 상태의 수준에서 듣기를 원한다. 그리고 어떤 트랜스 상태에서도 광범위하고 깊은 심리치료가 이루어질 수 있다.

그렇기 때문에 나는 내담자들이 깊이 몰입된 트랜스 상태인지에 대해서는 크게 관심이 없다. 그러나 우리는 단순히 치료적인 결과를 보장하기 위해서 내담자들에게 말하는 방식을 이해할 필요가 있다.

상징적이거나 은유적인 언어의 활용, 틈틈이 씨를 뿌리는 살포기법, 자신을 내담자들에게 일치시키는 접근, Yes set, 내담자들의 표상체계 활용, 점진적인 발전을 도모하는 개입,

초점 전환, 유머의 활용, 내담자들의 혼란을 유도하는 개입, 심지어 역설적인 제안이나 역경을 부과하는 방법들도 트랜스 지향적인 의사소통이다.

내담자들의 무의식적인 마음은 언제나 개방적이기 때문에 상담자의 개입이 그들의 무의식 수준에 어떤 반향을 불러일으킬 수 있다면, 트랜스 암시적인 영향을 주는 것으로 볼 수 있다.

가능한 한 모든 것을 관찰하는 것, 내담자들에게 영향을 주고 그들의 반응을 고양시킬 수 있는 제안을 언어화하는 방법을 아는 것은 대단히 중요한 일이다. 트랜스 상태와 현상을 이끌어 낼 때 무엇보다 중요한 것은 내담자의 내면에서 아이디어들을 서로 연결시키는 문제이며, 또한 연속적으로 생각과 연상을 이끌어 내어 최종적으로는 행동으로 반응하도록 인도하는 문제다(Erickson & Rossi, 1981: 3).

Erickson은 평생 내담자들을 도울 수 있는 허용적인 조건들을 만들기 위해 애썼다. 그는 생애 말년에 어떤 경험이 바람직한 상담자가 되도록 가르쳤느냐는 제자들의 질문에 "내담자들을 소중하게 여기고 덜 통제하게 되도록 끊임없이 노력하는 것이었다."라고 대답했다(Erickson & Rossi, 1981: 4).

Erickson은 금주 단체가 자신보다 알코올 중독자들을 더 잘 다룬다고 믿었기 때문에 보통 그들을 금주 단체로 안내했다. 한 알코올 중독자가 Erickson에게 상담을 신청하면서 다음과 같이 자신의 문제를 호소했다.

"제 조부모님은 두 분 모두 알코올 중독이셨습니다. 제 부모님도 그렇고요. 또한 제 아내의 부모님도 마찬가지예요. 아내도 알코올 중독이고 저는 11번이나 치료병동에 입원을 했었습니다. 제 형제들도 마찬가지입니다. 너무 힘든 문제죠."

Erickson은 그의 직업을 물어보았다. "신문사에서 지역사회의 1차 산업에 대한 기사를 씁니다. 하지만 술 때문에 언제 그만둘지 몰라요." 그가 말했다. "좋습니다. 내가 어떻게 해 주기를 바라고 있군요. 자, 이제 나의 제안이 당신에게 적합하지 않을 수도 있습니다. …… 식물원으로 가세요. 그리고 수분이 전혀 없는데도 3년을 견디는 선인장들을 호기심을 가지고 바라보십시오. 그리고 많은 생각을 해 보세요."

여러 해가 지나서 한 여성이 Erickson을 찾아왔다. "저는 박사님을 이미 알고 있습니다. 사막에서 선인장이 어떻게 살아가는지 배우도록 알코올 중독자를 식물원에 보낸 분이 어떤 분인지 뵙고 싶었어요. 그 후로 아빠는 술을 끊었어요. 지금은 잡지사에서 일하세요. 신문사를 나왔죠. 신문사 일이 직업적으로 술을 가까이 하기 쉽다고 하셨어요(Rosen, 1982: 80-81)."

생애 후반기에 Erickson은 간접적인 방법을 더욱 비중 있게 사용했다. 간접적인 제안은 어떤 이유에서든 '의식적인 마음이 하지 않으려고 하는 것을 억지로 하도록 직접적인 시도를 하지 않음으로써 내담자들의 저항을 줄이고' 상담자가 그들을 존중하고 있다는 것을 보일 수 있다.

'간접적인 제안은 내담자들이 자신에게 적절한 의미를 찾게 하고 새로운 반응을 할 수 있도록 촉진하는 자신의 잠재력을 탐색'할 수 있기 때문에 치료적인 사용의 토대가 되는 것은 은유와 이야기, 역설과 역경의 부과 등이다.

> 만약 내담자가 자신의 손이 점점 더 가벼워지고 있다고 제안을 받고 "제 손은 무거워지고 있는데요."라고 반응한다면, 상담자는 "좋습니다. 아직은 더 무거워지고 있군요."라고 수용적인 반응을 한다. 이렇게 허용적인 접근이 트랜스를 사용하든 안하든 인간 문제에 대한 Erickson의 기본적인 패턴이다(Haley, 1973: 24).

Erickson이 사용한 간접적인 형태의 의사소통은 반사적 반응을 유도하는 것 이상의 방법을 위해서 고안되었다. 전부는 아닐지라도 그의 간접적 의사소통의 대부분은 의식을 우회하여 무의식을 만나기 위한 것이다.

> 내가 내담자들에게 의식 수준에서 말할 때, 나는 그들이 의식뿐만 아니라 무의식 수준에서 듣기를 원한다. 그리고 어떤 트랜스 상태에서도 광범위하고 깊은 심리치료가 이루어질 수 있다.
>
> 이 때문에 나는 내담자들이 깊은 트랜스 상태인지에 대해서는 크게 관심이 없다. 우리는 단순히 치료적인 결과를 보장하기 위해서 내담자들에게 말하는 방식을 이해할 필요가 있다(Erickson & Rossi, 1981: 3).

상담자가 필요하다고 생각하는 반응을 내담자들이 따라오지 못하면, 바라는 결과를 얻기 위해 더 세게 밀어붙이고 싶은 유혹이 생긴다. 하지만 상담자와 내담자 사이에 통제에 대한 주도권 싸움이 발생하면, 에너지를 이기는 방향으로 몰두시키기 때문에 허용적인 접근을 하기가 힘들어진다(Short et al., 2005: 24-25).

> 많은 상담자가 내담자들로부터 어떤 자극이 오는지 관찰하고 기다리며, 자신의 무의식

이 그들의 자극에 반응하도록 허용하는 대신에, 어떤 개입을 해야 하는지를 머릿속에서 분주하게 계산하면서 너무 많은 시간을 보낸다(Gilligan, 2001b: 25).

최근에 이혼을 한 내담자가 전처를 죽이고 싶은 충동에 시달리다 상담실을 찾아왔다. 본인도 그 충동이 너무 무서워서 신경을 쓰지 않으려고 부지런히 일했지만 충동은 더 커져 갔다. 상담자는 그 충동의 정체를 알아보고 그 충동이 당신에게 말을 거는 건 아닌지 알아볼 마음은 없느냐고 물었다.

내담자는 내키지 않았다. 혹시라도 묻어 둔 충동이 튀어나와 더 강력해지면 어쩌나, 그 충동에 굴복해서 나중에 후회할 일을 저지르면 어쩌나 걱정이 되었다. 상담자는 그에게 그 충동에 마음을 열면 충동이 변할 수도 있다고 설명했다.

그 내담자는 결국 상담자의 제안대로 해 볼 것을 결심했다. 상담자는 그를 트랜스 상태로 유도하고 의도된 살인 직후로 가도록 미래로 시간 이동을 했다. 미래 경험을 하면서 그는 대단히 우울해졌고, 더 큰 절망에 빠졌다.

살인 사건 후에 자신의 그릇된 행동에 의해서 자기 존중감을 상실했고, 전혀 만족감을 느낄 수 없음을 경험했다. 다시 상담자는 내담자에게 그 충동에 마음을 집중하여 연민과 호기심을 가지고 질문을 던져 보라고 했다.

"전처를 죽이지 못하면 무슨 일이 벌어집니까?" 그랬더니 무력감을 느낄 것 같다는 답이 돌아왔다. 내담자는 전처가 자기를 떠나 다른 남자를 만나는 장면을 떠올렸고, 자신을 한없이 무력한 남자로 느꼈다.

상담자는 다시 그 무력감에 집중해 보라고 제안했다. 그리고 그런 무력감이 신체 어느 부분에 어떤 영향을 주는지 탐색할 것을 권유했다. 그랬더니 그는 또 하나의 장면을 떠올렸다. 다섯 살 때 부모님이 서로 싸우는 장면이었다.

아버지가 어머니를 폭행했고, 어머니는 결국 2층 창문에서 뛰어내려 상해를 입었다. 내담자는 지금의 무력감이 어렸을 때 느낀 무력감일 수 있다는 사실을 깨달았다. 그리고 말할 수 없는 연민에 압도되어, 그 어린아이를 생각하며 눈물을 흘렸다.

이러한 과정을 거친 다음에는 전처를 죽이고 싶은 충동이 새 짝을 찾고 싶은 욕구로, 힘을 갖고 싶은 욕구로 변했고, 내면의 힘에 귀를 기울인 결과, 힘과 보살핌 사이에 균형을 유지할 수 있었다.

과거의 당했던 성폭력을 다시 유도할까 봐 여러 가지 부적응적인 행동(예를 들어, 과도한 음식 섭취)을 하는 여성에게 상담자는 멈추고 그때 느꼈던 그 경험이 어떤 것이었는지 솔직히 느껴 보라고 요청한다.

만약 부적응 행동 중에 과식을 하는 것이 있다면, 그녀는 그 상황에서 엄청난 허기를 느낄 수 있을까? 음식을 먹고 싶은 강렬한 욕구가 자신의 잘못이 아니라는 깨달음으로 고통스러운 자동반응의 연쇄를 차단할 수 있다.

몸은 진실을 기억한다. 자기 행동을 통제하고 변화시키는 방법을 인지적으로 충분히 학습할 수는 있지만, 이는 새로운 해결 방안을 시도해 볼 수 있을 만큼 충분히 안정되어 있을 때만 가능하다.

트라우마가 가슴이 터질 것 같은 느낌이나 속이 뒤틀리는 기분으로 몸에 남아 있다면, 가장 먼저 '싸움-도주 상태에서 벗어나 위협에 대한 인식을 바꾸고 타인과 관계를 형성'할 수 있도록 도와주어야 한다.

트라우마를 경험한 아이들 역시 몸을 움직이는 모든 활동과 놀이, 그 밖에 즐겁게 참여할 수 있는 다양한 형태의 활동에서 배제되지 않아야 한다. 아이들의 경험 범위 내에 자연 세계를 포함시키고 활용함으로써 모든 요소에 깊이 살 수 있게 해 준다. 만지고, 보고, 동물, 곤충, 꽃, 돌, 나무, 풀 등을 냄새 맡고 느낀다. 가능성은 무한하다(van der Kolk, 2014: 351).

심리치료 분야에서 내담자 자신의 노력을 통해 내담자의 복지에 도움이 되고 상담자의 지도로 성취되는 새롭고 변화된 사고, 느낌, 행동을 효과적으로 수행하는 것보다 더 큰 필요나 문제는 없다.

내담자의 총체적인 행동의 그러한 본질적인 변화를 어떤 식으로든 보장하기 위해서는 그에게 개념에 대한 수용성과 반응성이 필요하며, 능력은 정신치료를 필요로 하는 장애의 특성에 의해 너무 자주 제한된다.

최면은 일반적인 인식 상태에서 나타나는 동일한 능력을 초월하여 아이디어에 대한 즉각적인 수용성과 반응성을 특징으로 하기 때문에 종종 심리치료에서 놀라운 효과로 사용될 수 있는 것은 이러한 이유 때문이다.

이러한 보통 능력의 최면적 초월에서 증가된 수용성은 그들의 고유한 가치와 중요성에 대한 아이디어에 대한 자발적이고 목적적인 검토와 평가로 특징지어지며, 이는 다시 그들의 실제적인 장점의 측면에서 그것들에 대한 완전하거나 부분적인 수용 또는 거부를 가능하게 한다.

우리 모두가 내담자의 말을 듣는 것은 우리 자신의 태도를 명심하는 것이 필요하다. 때때로 한 내담자가 와서 "나는 당신이 죄악처럼 밉고 당신을 계속 미워하고 싶고 당신이 나를 좋아하지 않기를 바랍니다."라고 말할지도 모른다.

그리고 그 내담자는 당신에게 그것을 말하는 데 있어 완벽하게 정직하고 직설적이다. 당신은 내담자가 당신을 미워하고, 당신을 좋아하지 않지만 당신의 지능을 존중한다고 말할 만큼 충분한 존중을 가지고 있다는 것을 기뻐해야 한다.

내담자가 자신의 견해를 표현하는 능력은 치료에 도움이 된다. 내담자가 더 자유롭게 말할 수 있을수록 더 좋아진다. 사람들을 대하는 가장 좋은 방법은 그들을 완전한 생명체로 보는 것임을 우리는 인식해야 하며, 그들을 그런 방식으로 대해야 한다.

허용적인 기법을 사용하는 것은 중요하다. 내담자가 선입견을 갖게 되면, 그러한 선입견에 맞서 싸우기 시작하고 내담자에게 적대자가 되어 달라고 요청하는 것이기 때문에 허용적인 기법을 사용하는 것은 매우 중요하다.

당신이 내담자를 허용하면, 내담자는 당신을 따르려는 경향이 나타난다.

만약 당신이 밖에서 발생하는 교통 소음에 최대한 짜증이 난다는 것을 내담자에게 알려 준다면, 당신의 내담자는 당신 대신 그 교통 소음에 귀를 기울일 것이다. 하지만 당신이 내담자에게 주의를 기울이고 있다는 것을 그가 발견한다면, 그 내담자는 당신에게 주의를 기울일 가능성이 매우 높다(Erickson, 1958).

2. 내담자의 무의식과 관계 맺기

내담자들의 기능을 결정하는 주요 요인인 무의식에 대한 Freud의 초기 개념은 Erickson이 무의식의 메커니즘에 주목하여 내담자를 이해하고 치료하는 데 영향을 주었다. 그러나 Erickson은 긴 기간 해석으로 이끌어지는 통찰에 의존하는 접근(정신분석)에 너무 많은 시간을 낭비한다고 보았다.

또한 Erickson은 무의식을 회복적인 통찰을 이루기 위해 단지 조사되고 꺼내야 할 회상의 저장고로만 여기지 않았다. 그는 경험을 통해서 내담자들의 치료에 이용될 수 있는 무의식적인 마음의 강력한 힘을 믿게 되었고, 상담과정에서 무의식의 도움을 얻기 위해 새롭고 독창적인 방법들을 개발했다.

Erickson은 정신분석 이론에 정통했던 것이 틀림없다. 그의 초기 논문들은 분석적인 경향을 보인다. 그러나 무의식에 대한 정신분석과 Erickson의 접근 사이에는 상당한 차이가 있다. Erickson은 자신이 말하는 무의식의 개념이 Freud가 사용한 무의식과는 다르다는 것을 분명히 했다(Erickson & Rossi, 1975).

일반적으로 무의식이라고 할 때, 의식의 관점에서 의식화되지 않는 부분을 의미한다. 나는 무의식을 '의식의 다른 수준에서 활동하는 상태'로 보고, 그런 의식 상태를 손쉽게 개념화하기 위해 무의식이라는 용어를 활용한다(Rossi, 1980c: 23).

Erickson은 무의식을 의식이 다른 수준에서 활동하는 상태이고, 삶의 경험을 통해서 얻어지는 광범위한 영역에 걸쳐있는 연상들의 복합적인 틀로 간주했다(Rossi, 1980c: 27). 이는 마치 다양한 채널을 가진 TV에 비유할 수 있다. 이용 가능한 채널은 동시에 존재하지만 청취자는 한 번에 하나씩 시청할 수 있다.

정신분석적인 전통에서는 무의식 마음을 병리적인 행동의 보이지 않는 요소라고 보는 데 반해, Erickson은 무의식이 각종 정보나 능력의 근원일 뿐만 아니라 변화를 이루는 강력한 자원이라고 보았다. 무의식을 치료적인 주체로 본다면, 무의식에 대해 긍정적인 견해를 발전시키기가 쉬워진다.

19세기 말, '무의식'이라는 개념은 두 가지 흐름으로 나타난다. Freud는 무의식이 의식 속으로 뚫고 들어오고자 하는 불쾌한 힘으로 이루어져 있다고 보았다. 그의 치료 방법은 의식과 이성적인 자각 밖에 존재하는 그런 개념들을 의식화하는 통찰을 바탕으로 만들어졌다.

또 한 가지 흐름은 Jung으로부터 발전된 것인데 최면치료자들의 지지를 크게 받았다. 그는 무의식을 긍정적인 힘으로 간주했다. 무의식은 가장 최선의 방법을 선택하게끔 도와준다고 보았다. 그러므로 최면치료자들은 한 사람의 삶에서 무의식이 그대로 발현되도록 놔둬야 한다고 주장했다.

Erickson은 후자의 관점을 택하여 최면이나 가족치료에 관해서 인간 행동의 긍정성을 강조하는 경향을 보였다. 이것은 부분적으로 개인의 내면에 있는 성장을 향한 욕구가 있다는 그의 가정과 부분적으로는 긍정을 강조함으로써 내담자들과 보다 바람직한 협력체계를 구축할 수 있다는 견해의 근거가 된다.

부정적인 감정과 행동을 끌어내는 것에 대한 무의식을 의식화하는 정신분석학적으로 정형화된 상담자들과는 달리 Erickson은 변화를 고무시키기 위하여 사람들이 긍정적인 방식으로 무엇을 할 수 있는지를 새롭게 해석했다. 그는 어려움을 최소화하는 것이 아니라, 개인이나 가족의 기능을 개선시킬 수 있는 부분을 사람들의 어려움 속에서 찾았다(Haley, 1973: 33-34).

Erickson은 의식적으로 저항하는 내담자들도 그들의 무의식은 협조적이 될 수 있다고 보았다. '저항 이면에 치유되고자 하는 강력한 무의식적인 욕구가 존재한다는 것을 이해한다면, 상담자는 어떤 내담자에게서도 새로운 가능성'을 볼 수 있다.

> 일반적으로 우리의 삶을 지배하는 감정은 무의식에서 나온다. 어떤 이들은 객관적인 상황에 관계없이 일단 안정이 위협받는다고 느끼게 되면, 그들의 의지와는 다르게 무의식에 존재하는 감정의 흔적들의 영향을 받아 부적절한 해결전략으로 정신자원을 소진하면서 적응력이 방해받는다(Erickson, Ross, & Rossi, 1976: 182).

내담자들은 무의식적인 감정의 힘에 의해 경직된 패턴이 유지되지만, 정작 의식은 그러한 사실을 알지 못하기 때문에 문제의 원인을 다양한 요인에 투사시키면서 해결책을 쉽게 찾지 못한다.

부정적인 감정이 자신에게 투사되면 자기 학대와 같은 고통이 되고, 그것이 다른 것에 투사되면 객관적인 사실과는 관계없이 타인에 대한 집착이나 공격이 시작된다. 상담은 내담자들의 무의식 속으로 들어가 이런 부정적인 감정 패턴을 긍정적인 패턴으로 바꾸는 작업이다.

Erickson은 내담자들로부터 어떤 반응을 기대하는 개입이 아니라, 그들이 처한 현실의 맥락을 따라가면서 그들의 반응에 주의 깊게 대처하는 접근방식을 택함으로써 스스로 문제를 해결해 나가도록 배려했다(Erickson, 1966).

상담을 내담자들이 주도하는 과정으로 규정짓는다면, 명료하게 공식화된 중재 단계를 제시하는 것은 모순되는 시도일 수 있다. 중재 방법은 내담자들의 준비 수준에 따라 스타일, 형식, 기간 등에서 매우 다양하기 때문에 이론적인 틀로 개념화하는 것은 힘든 일이다. 그러나 간단히 요약한다면 '**수용과 활용**'이다.

> Erickson은 내담자들에게 몰입하고 그들을 온전히 수용하고 따라가면서 '**무엇이 잘못되었는지**'보다는 '**무엇을 놓쳤는지**'에 관심을 가졌다. 이러한 관심은 치료과정 동안 그들과 치료적인 동맹을 맺고 강점을 활용하는 방향과 주제를 정해주는 중요한 요소가 되었다(McNeilly, 2001: 58).

이어서 상담자는 내담자들의 경험을 새롭게 재조직할 수 있도록 의식적인 통제를 넘어서서 새로운 경험으로 이어 갈 수 있도록 돕는다. Erickson은 네 가지 짧은 표현으로 내담자들의 감정을 다루는 자신의 치료적인 방법론을 요약했다.

첫 번째, 내담자들의 체계와 합류하여 라포를 형성하라. 두 번째, 주어진 라포를 바탕으로 경직된 패턴을 흔들어라. 다음에 그들에게서 나오는 독특한 산출물들을 문제해결에 알맞게 선택하도록 도와서 통제감을 확보하라. 마지막으로 원하는 변화를 촉진시키기 위하여 이러한 통제감을 활용하라(Beahrs, 2006: 307).

Erickson이 무의식적인 마음에 대해 언급할 때는 단순한 의미의 은유로 사용한 것이 아니라, 그에게 무의식적인 마음은 매우 실제적이며 관찰될 수 있고 논증될 수 있는 현상을 의미하는 것이었다.

그는 사람들이 실제로 팔과 다리를 가지고 있는 것과 같은 의미로 마음이나 자각의 무의식 수준을 이해했다. Erickson의 관점에서 무의식은 관찰될 수 있는 모든 인간 인격의 매우 실제적인 구성체였다(Havens, 1985: 42).

내가 사람들에게 해결할 수 없는 문제를 마치 꿈속에 있는 것처럼 보라고 하면, 그들은 종종 독특한 시각을 가지게 된다. 그리고 내가 그들에게 문제의 이미지를 무의식 속에 넣어 달라고 요청하면, 그들은 더 나은 방향으로 변화하는 데 도움이 되는 것들을 보고 느낀다(Greenleaf, 2006).

트랜스 상태에서 우리는 우리의 무의식과 관련이 있으며, 참신함과 새로운 학습의 맥락에서 우리 몸과 대인관계의 개선을 초대한다. Erickson은 자신의 삶에서 문제의 해결을 촉구하기 위해 무의식에 들어간 많은 사례를 우리에게 제공했다.

"당신은 의사에게 가서 단지 이것을 위해 무엇을 해야 할지 모르겠어요. 하지만 치료가 필요하다고 말합니다. 나는 당신에게 무슨 문제가 있는지 모르지만 분명히 보살핌이 필요합니다. 이제 우리가 그것에 대해 무엇을 할 수 있는지 봅시다."

사생아를 낳은 직후에 별 다른 이유 없이 팔과 손이 마비된 여성이 Erickson에게 의뢰되었다. 그녀의 손가락은 손바닥 안으로 굽어져 펴지지 않았다. 이런 상황이 6년 동안 지속되었으나 의사들은 어떤 도움도 줄 수 없었다.

Erickson은 그녀의 손을 잡고 스스로 트랜스 상태로 들어가면서 그녀도 트랜스 상태로 들어간 것을 확인한 다음, 그렇게 오랫동안 손에 꽉 잡고 있는 것이 무엇인지를 묻자, 그녀는 너무 깊고 어두운 비밀이라고 반응했다.

그는 내용을 알고 싶지는 않지만 비밀을 나눌 만큼 자신을 신뢰하는지를 질문하고서 그 비밀을 자신의 손으로 옮겨 그녀의 손을 자유롭게 해 주고 싶다고 말했다. 그녀는 자신의 비밀을 Erickson의 손으로 옮겼다.

그래서 그가 그녀의 비밀을 움켜잡았다. 이러한 과정을 거쳐 그녀는 손을 펼 수 있었고, 시간이 흐르면서 자유롭게 움직이게 되었다. 그 비밀이라는 것은 그녀의 아버지가 아이의 아빠라는 끔찍한 사실이었다(Druding, 2006: 278).

상담자가 증상의 원인을 정확하게 알지 못해도 해결책은 있을 수 있다. 이 사례에서 Erickson은 자기 노출을 두려워하는 내담자에게 그녀의 현실을 상징적으로 대신 떠맡으면서 그녀의 무의식과 협력체계를 구축하여 문제를 해결할 수 있었다.

분명히 무의식에는 증상으로 나타나면서 발전되는 문제를 자발적으로 해결할 자원들이 있다. 의식이 무엇을 학습하는지 모를 때에도 트랜스 상태에서 무의식은 다양한 수준에서 가장 효율적으로 학습할 수 있다(Williams, 1985: 179).

스트레스를 받는 순간이었다. 한 젊은 여자가 내 앞에 앉아 왜 들어왔는지 말하려고 했는데, 그것은 나에게 중대한 관심사였다. 나는 상담 센터의 새로운 인턴이었고 각 내담자의 문제를 문서화해야 했다. 하지만 이 경우, 나는 곤경에 처했다.

30분 후에도 나는 쓸 것이 전혀 없었다. 이 여자가 말하는 모든 문장은 이해할 수 없었고, 명사나 동사가 부족했으며, 사실상 아무런 정보도 전달받지 못했다. 나는 가장 기본적인 정보가 부족한 차트에 대해 상사가 어떻게 생각할지 궁금했다.

다행히 Erickson의 개입이 생각났다. 나는 계속되는 동시에 잠시 멈추고 있던 내담자의 말을 끊었다. 내가 말했다. "지금 나한테 말하고 싶지 않은 게 20가지는 될 겁니다. 당신 인생 이야기는 지극히 개인적인 부분들입니다. 누가 당신의 이런 것들을 공유하기를 기대할 수 있겠어요?"

그녀는 조용히 고개를 끄덕였다. 나는 계속 말했다. "당신은 지금부터 20년 후에도 나에게 말하지 않을 것입니다. 그 비밀들은 당신만 간직할 수 있는 거예요." 그녀가 고개를 끄덕였다.

"아마 몇 년 동안 알고 지낸 사람에게 말할 수 있는 비밀이 더 있을 겁니다. 5년에서 7년이죠. 하지만 난 여기 1년밖에 안 있어요. 우리가 이런 문제를 논의하는 것이 적절하리라고는 기대할 수 없습니다." 이 주제는 매우 사적이었지만 그녀의 가장 적은 주제였다. 그녀가 말했다. "내 남자 친구와 문제가 있어요."

중국인들에게는 "산을 옮기고 싶으면 첫 번째 조약돌부터 시작하라."라는 표현이 있다. 해결 중심 상담은 피술자들로 하여금 '다음 작은 단계'를 지속적으로 확인하게 한다. 예를 들어, "체중 감량이나 분노 조절 같은 목표를 향해 나아갈 다음 작은 단계는 무엇일까?"처럼 말이다.

사람들은 극적이고 즉각적인 결과를 갈망하며 질주하는 야망을 얼마나 자주 품고 있는가. 이 비대한 의제는 종종 아이러니하게도 성공을 아주 먼 미래로 밀어낸다. 한 번에 모든 것을 달성할 수 있는 더 많은 시간, 에너지 및 자원이 있어야 한다.

앞으로 24시간 안에 우리 모두가 한 가지 작은 행동, 어쩌면 친절한 행동, 어쩌면 이 세상을 더 나은 곳으로 만들기 위해 공정하고 옳은 것을 주장하는 행동을 할 것이다. 그리고 만약 우리 각자가 그 약속을 꿰뚫어 본다면, 24시간 안에 세상은 정말로 달라질 것이다.

그다음 주에 그녀는 치료를 받으러 왔고 처음으로 무심코 모자를 벗었는데, 우리 상담에서 모자를 벗은 적이 없다는 것을 모르는 것 같았다. 내가 가리켰고 우리는 웃었다. 그녀는 더 이상 물건을 모자 밑에 둘 필요가 없었다(Poizner, 2004).

정신분석에서는 병리적인 외적 징후들을 통해 무의식 밖에서 그 속을 들여다보려고 노력했던 것에 반해, Erickson은 내담자들의 무의식 속으로 들어가 머무르면서 치료적인 파트너인 무의식과 더불어 작업했다.

트랜스 상태는 먼저 내담자의 의식 상태를 변형시켜 두뇌의 지적 활동을 자율 신경 계통으로 옮기게 하고, 다르게 지각하며, 유연하게 사고하고 느끼는 상황을 만든다. 다시 말하면, 상담자는 '내담자들의 자율적이며 무의식적인 부분인 치료적 제삼자와 접속하여 이를 정신 자원으로 수용하고 활용하는 방법을 함께 배운다.'

Erickson은 상담의 추진력이 상담자의 이론적 배경에서 나오는 것이 아니라, 바로 내담자로부터 나온다고 보았다. Erickson의 모델은 상담자에게 무엇을 예상하는 것이 아니라, 내담자의 고유한 경험 패턴에 맞추면, 어디를 볼지에 대해 말해 준다.

모호한 목적의 과제가 투사적인 기법으로 작용하기 때문에 내담자들에게 어떤 상당한 양의 통찰을 제공하는 것처럼, 어떤 과제에 대해 그들이 반응하는 태도는 상담에 임하는 그들의 태도에 대한 정보를 제공해 준다.

종종 깊은 트랜스 상태에 있는 내담자의 반응은 중요한 변화가 일어났다는 것을 Erickson에게 보여 주었다. 내담자들의 준거틀을 느슨하게 하여 그들이 새로운 신념으로 이동하게 준비하는 질문들이 있다.

- 당신은 구체적으로 무엇을 원하는가?
- 원하는 것을 가질 때 당신은 무엇을 보고, 듣고, 느낄 수 있겠는가?
- 언제 당신이 그것을 갖게 될지를 어떻게 알까?

- 당신은 그것을 어디서, 언제, 어떻게, 누구와 함께 원하는가?
- 당신은 어떤 자원을 필요로 하는가? 당신은 지금 무슨 자원을 갖고 있으며, 긍정적인 결과를 얻기 위해 무엇을 필요로 하는가?
- 당신은 전에 이런 자원을 가졌거나 실행한 적이 있는가?
- 그 결과는 당신이 생태적으로 원하는 것인가?(즉, 그것은 당신 및 당신과 관계 있는 사람들에 대해서도 긍정적이고, 건강에 좋은가?) 무슨 목적으로 그것을 원하는가? 당신이 그것을 가진다면 무엇을 얻거나 잃게 될까?

무의식적인 자아와의 탐구와 협력에 기반을 두는 접근 방법은 어떤 경우에는 금기시될 수도 있다. 이 방법은 개인들이 기능을 발휘하기 위해 사용하는 원래의 방어 메커니즘과 대처 기술에 영향을 미칠 수 있다.

무의식적인 자아 탐구는 트라우마를 경험했거나 심리적 구조가 저개발된 일부 내담자에게는 압도될 수 있다. 예를 들어, 경계선 성격이나 나르시시즘의 특성을 가진 내담자에게는 적극적으로 권장해서 안 되고 보다 철저한 안전감 확보가 중요하다.

> 무의식적인 자각을 위해서 나는 내담자들의 무의식과 치료적 동맹을 맺고 그 속에 잠재된 자원이 자연스럽게 드러날 수 있도록 은유적이고, 간접적이며, 허용적인 접근을 시도한다. 그러면 그들은 자신의 고유한 방식으로 해결책을 창조하는 새로운 학습을 스스로 촉진시키는 과정으로 이어 간다(Rossi, 1973: 10).

> 정신병동에서 입원환자들을 대상으로 한 집단치료 시간에 극도로 무감각한 감정 패턴을 보이는 정신분열증 환자가 있었다. 상담자는 그녀의 감정을 되찾을 수 있는 기회를 갖고자 했다. 그런데 회기 중에 우울증 환자가 자신의 처지를 호소하며 슬프게 눈물을 흘렸다. 상담자는 손수건을 꺼내서 분열증 환자에게 건넸다.
> 그녀는 망설이다가 울고 있는 우울증 환자에게 손수건을 건넸다. 상담자는 과정 검토를 통해서 손수건을 건넨 이타주의의 의미를 탐색했고, 그녀에게는 무감각한 감정 패턴에 대해 방향을 트는 전기가 마련되었다.

'무의식적인 자각은 내담자들이 고유한 방식으로 삶에 활력을 불러오는 행동·사고·느낌들을 표출'할 수 있을 때 발생한다. 상담자와의 상호작용으로 이러한 강점이 채택되면, 바람직한 결과로 이끌기 때문에 내담자들은 진정한 자기와 접촉한다는 느낌을 가진다. Erickson의

아들인 Allan의 경험을 살펴보자.

> 나는 나의 무의식적인 마음을 등에 짊어진 배낭처럼 여겼다. 그리고 필요할 때 문제를 그 배낭 속에 집어 놓고서 원하는 결과가 나올 때까지 기다렸다. 아빠는 나에게 무의식적인 자원들을 활용해서 배낭 속의 문제들을 증류시키면 적절한 시기에 모든 것이 순조롭게 연결되는 유연성을 발휘하는 결과를 얻을 수 있다고 믿도록 도와주었다(Erickson, 2006: 126-127).

내담자들은 무의식의 과정을 통해 새로운 조합과 정신적 메커니즘을 활성화한다. 상담자는 내담자들이 의식적 주의를 삭제한 구체적인 것에 집중함으로써 그들의 준거틀을 느슨하게 하여 새로운 신념으로 이동하게 준비하는 질문들이 있다.

- 당신은 지금 상황에서 바람직한 결과를 얻기 위해 무엇을 필요로 합니까?
- 언제 당신이 원하는 것을 성취하게 될지 어떻게 알까요?
- 당신은 그런 성취를 어디서, 언제, 어떻게, 누구와 함께하기를 원하십니까?
- 당신은 원하는 것을 성취하기 위해 어떤 자원을 필요로 합니까?
- 당신은 전에 이런 자원을 가졌거나 실행에 옮긴 적이 있습니까?

내담자들이 상담 장면에서 상담자와 함께하고 있다는 느낌을 받을 때 무슨 일이든지 협조할 자세가 된다. 이런 자세는 상담자가 강요해서 되는 것이 아니다. 두렵고 힘들어하는 내담자들에게 부정적인 어떤 일도 생기지 않고 아무런 강요도 받지 않는다는 안전한 느낌을 줘야 한다. 이를 위해서 저항하는 내담자들의 내면 현실을 탐색하고 몰입 상태로 유도하는 것이 이상적인 출발점이 될 수 있다.

내담자들은 '객관적인 현실이 아니라, 현실에 대한 주관적인 구성에서 오는 존재 방식을 상담자에게 투사'한다. 그래서 상담자가 진실로 자신을 위해 여기에 존재하는지, 실수를 해도 관계가 지속될 수 있는지를 무의식적으로 실험한다. 저항은 내담자들이 변화에 대항하여 스스로를 보호하는 방법이다.

상담자는 동토의 땅에 사는 내담자들에게 봄을 가져다주는 역할을 한다. 상담자의 능력은 내담자들이 자신의 고유한 생각을 확장시킬 수 있는 환경을 어떻게 조성하느냐에 달려 있다. 상담자는 '변화에 적합한 상황을 만들어 주는 역할만 하고 치료적 주체인 내담자들의 무의식이 더 많은 역할을 담당'하도록 돕는다.

이런 역할을 담당하는 것이 확대된 자기인식이다. '몰입된 또 하나의 의식 상태'에서는 의식의 방해를 덜 받기 때문에 '**참 자기**(The Self)'가 흘러나오기가 용이하다. 이러한 상태에서는 나와 나 아닌 것이 그리 멀리 떨어져 있지 않으며, 날카로운 것을 부드럽게, 번쩍이는 것을 온화하게, 막힌 곳을 통하게 한다.

Erickson은 내담자들의 의식이 간섭하지 못하는 상태에서 무의식과 대화를 나누고 싶었기 때문에 트랜스 상태를 도구로 활용했다. 또한 내담자 중심의 고유한 틀을 따라가면서도 예외나 미래와 연결되는 성공에 적극적으로 관여함으로써 개인의 내면에 있는 회복 잠재력이 드러나도록 돕기 위해 최면 지향적인 소통을 추구했다.

트랜스 상태의 상담의 가장 큰 장점은 의식의 장애를 받지 않고 무의식 속에서 무의식과 더불어 독립적으로 작업하는 것을 가능하게 한다는 것이다. 또한 무의식에 대한 빠르고 폭넓은 접근을 제공한다(Rossi, 1980d: 61-62).

이러한 접근의 기본적인 원리는 '이완과 몰입'이다. 긴장을 풀고 외적 현실에 대한 주의를 돌려 내적 현실로 몰입한다. 그렇게 함으로써 의식이 잠정적으로 해제된다. '계속 내면에 초점을 맞추고, 현재 일어나고 있는 일에 대한 인식을 높이게 되면, 자연스럽게 문제해결에 가까워지는 상태가 된다.'

지금 느끼는 감정을 제대로 살펴보기 위해서는 우리가 지금 감정을 느낀다는 사실 자체를 먼저 인식해야 한다. 사실 많은 사람들이 물질이나 알코올의 중독에 빠져 아예 감정을 느끼지 못하는 사람처럼 살고 있다. '내면의 감정에 귀를 기울이고 느껴 보려는 의지를 가질 때만 내면을 살펴보고 알아 가기 시작'할 수 있다.

적극적인 경청이나 참여적인 관찰을 위해서는 집중할 수 있어야 한다. 주의를 집중시키는 능력은 내담자가 트랜스 상태에서 자기 조직을 관찰하기 위해 필요로 하는 필수 기술이다. 상담자는 내담자들이 장기간 동안 지속적으로 특정한 경험을 가지고 머물도록 돕기 위해 노력한다.

예를 들어, 몸 어딘가에서 불쾌한 감각을 느낀다면, 트랜스 상태를 사용함으로써 뇌의 다른 영역과의 상호작용을 강화시킬 수 있다. 이렇게 함으로써 더 긴 시간 동안 특정 신경 활성화 패턴을 자극하는 것이 가능해진다.

다시 예를 하나 들어 보자. 몇 달 전, 대학에서 한 그룹의 심리학 학생들을 대상으로 시연하면서, 한 학생은 상당히 이성적이었고, 그의 태도는 매우 사실적이었으며, 감정적인 표현은 거의 없었다. 상담자는 그의 오른쪽 어깨가 왼쪽 어깨보다 훨씬 더 높이 걸려 있다는 것을 알아차렸다.

상담자는 그를 트랜스 상태로 이끌고 어깨를 들어 올리는 작고 신중한 개입을 시작했다. 다음에 상담자는 기다렸다가 그에게 내면에서 일어나는 사건들을 알아차릴 수 있는지 물었다. "아니…… 아무것도……." 그는 꽤 당황스러워 보였다.

그는 평소처럼 자동적인 주의력을 발휘했다. 어쩌면 그는 트랜스 상태에서 벗어나 일련의 생각을 따랐을지도 모른다. 이런 상황에서 그의 외부 상호작용이 활성화되어 집중하기보다는 자신의 경험 속에서 방황했을 수도 있다.

예측은 상담자가 개입함으로써 촉발된 보통 자동으로 건너뛰는 훨씬 더 깊은 관련 경로 패턴을 불러올 수 있다. 상담자는 기다리면서 그가 내부에서 일어나는 사건을 계속 주시하도록 격려한다.

상담자는 그의 네트워크 영역의 넓은 영역이 자극되기 시작한다고 추측한다. 아마도 1, 2분 후에, 슬픔의 징후가 학생의 얼굴에 퍼져 나간다. 상담자가 물었다. "지금 무슨 일이 일어나고 있는 거죠?"

그리고 그는 내면의 미묘하면서도 깊은 슬픔에 대해 이야기하기 시작한다. 내면세계에 깊이 집중함으로써 감정적인 경험의 수준이 나타났다. 만약 이런 경험을 더 오래 유지한다면, 아마도 연관성의 의미도 나타났을 것이다.

이러한 맥락에서 중요한 사실은 상담자의 도움으로 특정 장소와 일정 기간 동안 주의를 유지하는 법을 배울 수 있다는 것이다. 이것은 차례로 이러한 발견의 믿을 수 없을 정도로 유용한 적용을 암시한다. 이 경로가 더 자주 취해지면서 뇌는 그러한 상황에서 주의망을 활성화하고 유지하는 법을 배울 것이다.

그런 다음 특정 신경 영역의 관련 내용을 위한 문이 열린다. 이것은 일상적인 방법이 아니다. 기다림과 집중을 통해 보통 일상의 속도로 건너뛰고 있는 암묵적 기억의 영역이 이제 경험과 시험을 위해 이용 가능하게 된 것이다(Weiss, 2002).

트랜스 상태에서는 주의산만을 줄이고 마음을 안정시켜 순간에 발생하는 감각, 감정을 감지하는 능력을 향상시킨다. 상담자는 목소리를 늦추고, 때로는 눈을 감아서 자신 안으로 관심을 돌리는 모형을 만든다.

이러한 태도는 개인의 내적 작용에 대해 호기심과 비판단적이 될 수 있고, 문제를 협력적으로 탐구할 수 있는 다양한 경험을 불러일으킬 수 있다. 트랜스 상태에서 인식의 초점은 대단히 중요하다.

종종 마음의 관심은 다른 사고의 열차를 따라 방황하거나 도망갈 것이다. 또는 여러 가지 연관성이 떠오른다. 이런 일이 발생하면, 그것에 대한 인식이 일어나고, 받아들여지며, 알아차린 다음, 원래의 목표로 되돌아가면 된다. '현재에 대한 인식에 초점'을 맞추는 것만 빼면, 올바른 방법이라고 할 수 있는 형식은 없다.

인식은 우리 자신과 환경 사이의 내면에서 경험하는 광경, 소리, 냄새, 맛 및 접촉에 집중할 뿐만 아니라, 우리 안에서 일어나는 신체감각을 인식하고, 고통스럽더라도 비판단적으로 모든 경험을 받아들이는 것을 의미한다.

'인식을 확대시키는 과업은 현재 순간에 주의를 기울이는 법을 배우는 것'이다. 이러한 작업은 작고 일상적인 것에서 시작된다. 또는 도전적인 이메일이나 문자 메시지에 응답하기 전에 자신과 체크인하는 것일 수도 있다.

따라서 삶의 순간순간이 인식의 확대를 실천할 수 있는 기회가 될 수 있다. 신체, 감정, 사고에 주의(attention)를 집중하고 비판단적이 되면, 시작할 준비가 된 것이다. 신체 경험에 집중시키는 암시를 보자.

편안하게 앉아서 몸을 향해 주의를 집중합니다. …… 피부에 주의를 기울이는 것으로 시작합니다. …… 피부가 시원하거나 따뜻하거나 건조하거나 습기가 있나요? …… 특정 신체 부위에 따끔거림, 가려움증, 통증 같은 어떤 감각이 있나요?

어떤 감각도 눈치채지 못할 수도 있습니다. …… 감각을 좋든 나쁘든 판단하지 않고 주의 깊게 집중합니다. …… 근육의 안쪽으로 이동합니다. …… 몸을 스캔하고 얼굴 근육부터 시작하여 몸을 통해 아래로 내려가는 근육 그룹에 주의를 기울이십시오.

당신이 느끼는 감각, 아마도 단단한 느낌, 혹은 무거움에 주목합니다. 당신이 경험하는 것에 주목합니다. …… 하지만 아무것도 바꾸려고 하지 마세요. …… 그런 다음 더 내면으로 나아가 호흡을 계속합니다.

공기가 코를 통해 들어오고 폐로 내려가 다시 밖으로 나가는 것에 주목하십시오. …… 공기가 따뜻하거나 차가워지나요? …… 호흡을 부드럽게 아니면 억지로 쉽니까? …… 호흡을 따라가십시오. 호흡은 변하지 않는 과정처럼 보일 수도 있지만, 각 호흡이 새로운 것임을 인식합니다.

이제 당신의 맥박에 주의를 기울입니다. …… 처음에는 감지하기 어려울지 모르지만 인내심을 갖고 감각을 느끼기 시작할 수도 있습니다. …… 그렇지 않다면 손목 안쪽의 맥박에 손가락을 대십시오. …… 마지막으로, 몸 전체에 주의를 기울이고, 어떤 감각이 일어나는지 알아차리도록 해 봅니다. …… 감각에 집중하면서 몇 분 동안 조용히 앉아 있습니다(Simpkins & Simpkins,

2006: 86-87).

　이러한 접근 방식 다음에 감정과 사고에 대한 인식의 확대로 이어 간다. 이러한 트랜스 상태를 위해서 자신의 의식을 예리하게 만들고, "지금 내가 무엇을 알아차릴 수 있을까?" 혹은 "어떻게 대응해야 할까, 아니면 이런 상황에 어떻게 대처해야 할까?"라고 스스로에게 물어보는 습관이 필요하다.

　　Sally는 1978년부터 치료를 받아 온 36세의 여성이다. 상담이 시작될 때, 그녀는 자신의 삶이 고통스럽고 실망스러웠으며 자신과 자녀들의 삶을 통제할 수 없다는 생각에 슬퍼했다. (Sally는 비만이었다.)

　　그녀는 단지 자신을 안전하고 사랑한다고 느끼는 사람과 관계를 갖기를 간절하게 원했다. 하지만 Sally는 계부, 조부모가 신체적·성적·정서적 학대를 하는 가정에서 자랐다. 예상대로 Sally는 사람들을 신뢰하지 않았다.

　　그녀는 많은 관계에서 피해자로 계속 자신을 설정하고 인터넷 대화방에 중독되었으며, 대화방에서 만난 남자와 자주 밤새도록 대화를 나눴다. 그녀는 수년간의 치료 기간 동안 투쟁에 대한 통찰력을 얻었지만 원하는 변화를 만들지는 못했다.

　　상담자가 Sally를 처음 만났을 때, 그녀는 회기 중에 자신의 내부 경험을 언급할 수 없었다. 그녀는 식사, 데이트 및 가족생활을 거의 통제하지 못했다. 예를 들어, 첫 번째 회기에서 그녀는 이웃과의 작은 사건에 화를 냈다.

　　내: (화가 나서 창밖을 응시하면서) 나는 Miranda에게 너무 화가 나요. …… 도대체 나를 어떻게 생각하는 거예요(그녀는 계속 주먹을 쥐고 빠르게 호흡하기 시작한다).
　　상: 그녀에게 화를 내 보세요.
　　내: (목소리를 높이며) 저는 더 이상 그녀에게 쓸모가 없는 것 같아요.
　　상: 주먹에 있는 분노를 느껴 보십시오.
　　내: (Miranda에게 계속 화를 내면서) 그녀와 끝내고 다시는 나와 내 아이들을 만나지 못하게 할 거예요.
　　상: 지금 기분이 어때요?
　　내: 그냥 화가 나요!
　　상: 몸에서는 이 분노를 어떻게 경험합니까?
　　내: 화났어요!
　　상: 잠깐 시간을 내어 주의를 내면으로 돌리고 화가 난 기분을 알아차려 보세요.
　　내: (눈이 커지고 분노에 쌓여 상담자를 쳐다보며) 화가 난다고요!

　　상담자가 여기서 시도하는 접근은 참조하는 진술을 내면에서 표현하기 시작하도록 돕는 것이다. 그녀가 화를 냈던 문제에 해결책을 찾거나 이 사건에 대한 응답으로 왜 화가 났는지 이해하더라도 도움이 되지 않는다.

　　상담자는 신체를 활용해서 그녀의 경험을 내부적으로 참조하는 대화를 시작했다. 이 시점에 Sally는 자신의 경험에 대한 전체적인 감각을 보고할 언어나 실습이 없었다. 그녀는 작은 사건에서 왜 그렇게 화를 내는지 이해하지 못했고, 심지어 이 격렬한 분노에 의문을 품는 것도 알지 못했다.

> 상: 눈을 마주쳤을 때 무엇을 알았습니까?
> 내: 날 긴장하게 만들었어요.
> 상: 그것에 대한 반응으로 지금 어떤 감정을 느끼고 있습니까?
> 내: (침묵)
> 상: 육체적인 감각은 어떻습니까?
> 내: …… 신경이 …… .
> 상: 나는 이 일을 제대로 해야 한다는 압력이 느껴졌고 눈을 마주칠 때 당신이 안전하다고 느끼기를 바랐습니다. 나는 의자에서 조금 앞쪽으로 기대어 당신에게 초점을 맞추고, 더 부드럽게 말하고 있다는 것을 알았습니다.

　　다시 한번 상담자는 트랜스 상태를 시작하는 진술만 소개했다. 그녀가 올바르게 하고 있는지 아닌지, 또는 그녀가 보고한 것과 다른 것을 느낄 필요가 있는지에 대해서 상담자의 판단은 없었다. 상담자의 마지막 개입에 대한 응답으로 Sally는 몇 초 동안 부드럽게 조용히 앉을 수 있었다.

　　실천의 맥락에서 트랜스 상태를 유지한다는 것은 이 실험에 대한 Sally의 반응이 원래의 것이 아니라는 것을 의미한다. 상담자는 Sally가 그 순간 상담자가 가진 집중력과 비판단 자세를 느낄 수 있다고 생각했다.

　　트랜스에 대한 감수성이 높아짐에 따라 정기적인 의식으로는 얻을 수 없었던 핵심 경험에 대한 정보가 나왔다. 그녀에게는 무의식적으로 더 안전하다고 느꼈다. 시작 회기에서 상담자는 자신이 한 일을 더 의식적으로 만들려고 노력했다.

　　때때로 상담자는 의식적으로 호흡하는 것을 느끼게 했다. 종종 숨을 크게 쉬는 것처럼 보였다. 상담자는 그 후 그녀의 오래된 패턴이 사라지는 방향으로 진행했으며, 그녀는 자신의 생각과 감정으로 무엇을 하는지 선택할 수 있었다.

　　그녀는 현재 자신의 경험을 참조할 수 있는 능력을 얻음으로써 자신의 현재 상황을 일으킨 삶의 역학에 대해 더 많이 이해할 것이다. 둘에게는 일이 진행되고 있지 않은 것처럼 보이는 한 세션의 중간에 작은 전환점이 있었다.

> 내: (의심스런 눈으로) 저한테 화났어요?
> 상: 아니요.

내: 그렇습니다. 선생님은 나에게 화가 났어요!

상: (이 시점에서 상담자는 대답을 하지 않고 잠깐 눈을 감고 몇 번의 심호흡을 했고 자신의 경험을 체크인했다. 상담자는 Sally와 상담 과업의 지지부진에 상당히 좌절했다.) **당신한테 화내진 않았지만 여기서 일어나는 일에 좌절했어요.** (그녀는 큰 눈으로 상담자를 돌아보았다.) **당신이 방금 말한 것이 화가 났다는 표현이 아닌가요?**

내: (Sally는 상담자의 신호를 받고, 30초 동안 숨을 깊게 쉬었다.) 나는 어떤 시점에서 우리는 결말을 맺고 더 이상 아무것도 나누고 싶지 않다는 것을 알고 있기 때문에 고집스러워하고 있다고 생각합니다. 너무 상처를 받을까 두렵습니다.

이 시점에서 Sally는 몇 가지 내부의 변화를 표현할 언어를 배웠으며 이 회기에서 이를 사용하여 트랜스의 간단한 맛을 보고 자신의 능력과의 관계를 찾을 수 있었다. 그녀는 자신의 경험을 생각하면서 내면의 자기 자신을 표현할 수 있는 힘을 느꼈다. 그녀는 그것이 다르게 느껴졌다고 보고했다.

이 회기를 마치고 몇 주 동안 그녀는 그녀의 인생에서 처음으로 체육관에서 운동을 시작했고 다이어트 패턴을 바꾸기 시작했다. 그녀는 다음 회기에 자신이 맛보는 힘을 계속 느끼고 있다고 보고했다.

그 후 대부분의 회기에서 Sally는 자기최면 능력을 향상시켰다. 트랜스 상태에서 Sally는 현재 순간에 자신이 느끼는 감정을 인지하고 반응방식을 선택할 수 있었다. 매주 그녀는 자신의 현재 상황을 만든 삶의 역학에 대해 더 많이 이해했다. Sally는 계속 체육관에 갔고 두 달 안에 거의 40kg을 줄였다.

좁은 자기인식은 부정적인 결과만 가져오는 전략을 고수하는 내담자와 상담자에게 종종 일어난다. 삶의 여러 가지 영역에서 실패를 거듭하는 경우에도 그 밑바닥에는 좁은 자기인식이 존재한다.

또한 내담자를 위해 조언하고 안내하는 역할을 맡은 상담자가 잘못된 전략과 기법을 고수할 때, 그리고 치료에 진전이 없는 것을 내담자의 저항 탓으로 돌릴 때에도 꼭 같은 현상이 나타난다.

삶에 대한 자신의 이야기는 우리의 과거와 현재, 때로는 미래까지도 결정하므로 그것이 왜곡되면 매우 부정적이고 파괴적인 결과를 초래할 수 있다. 그리고 왜곡된 자기 이야기에서 비롯된 고통을 치유하는 방법 또한 이야기에서 찾을 수 있다.

상담자는 주관적 상태를 서술하는 이야기를 새롭게 창조함으로써 개인의 자기인식을 수정하고 강화할 수 있다. …… 내담자의 경험이 과거에서 벗어나 미래를 향하도록 안내함으로써 신경계와 정신의 통합을 뒷받침해 주는 이야기를 함께 만들어 낼 수 있다(Cozolino, 2018: 24).

자기인식을 바탕으로 구축될 수 있는 것이 자기 조절 능력이다. 이러한 능력이 취약한 사람들은 끊임없이 괴롭히는 감정과 싸워야 하지만, 여기에 우수성을 보이는 사람들은 실패와 혼란을 딛고 더 높은 도약을 할 수 있다.

자기 조절 능력은 트랜스 상태에서 형성된 능력을 통해 감정을 적절하게 다룰 수 있을 때 나타난다. 이러한 자기 조절 능력은 스트레스를 받는 감정과 충동적인 감정들을 관리하고 침착하게 동요하지 않는 상태로 머무는 것과 관련이 있다. 즉, 자신의 기분과 감정을 제대로 파악하고 조절하는 능력이다. 스트레스 상황에서도 과민해지지 않고 차분하며, 불안한 감정으로부터 자신을 효과적으로 방어할 수 있으며, 부정적인 감정을 신속하게 치유하는 능력을 의미한다.

이렇게 함으로써 동기 유발 능력이 형성된다. 즉, 자기 관리란 자신이 감정을 어떻게 느끼는지에 대한 인식을 활용하여 적응력을 기르고 스스로 행동을 바람직한 방향으로 이끌어 가는 능력을 말한다.

> 트랜스 상태에서 우리는 무의식적인 마음을 활용한다. 무의식적인 마음이라고 할 때 나는 무엇을 의미하는 것인가? 나는 마음의 이면에 있는 학습의 저장소를 의미한다. 무의식적인 마음은 기억과 학습의 저장소를 구성한다(Rossi, 1980c: 27).

무의식과 관계를 맺지 못한다는 것은 의식이 지나치게 제한되어 내면의 요청을 받아들이지 못한다는 의미다. Erickson은 무의식을 단순히 의식과의 대비되는 개념으로 설정하기보다는 너무나 풍부한 '내적 현실'로 보았다. 트랜스 상태에서의 상담은 내담자의 내적 현실에 접근하기 위해서다.

Erickson이 사용한 간접적인 형태의 의사소통은 반사적 반응을 유도하는 것 이상의 것을 위해서 고안되었다. 전부는 아닐지라도 그의 간접적 의사소통의 대부분은 의식을 우회하여 무의식을 만나기 위한 것이다.

상담자는 내담자들의 표현 이면에 있는 것들을 관찰해야 그들의 경험을 수용하고 공감적인 이해를 할 수 있다. 따라서 상담자는 치료적인 관계를 발전시키기 위해 내담자들을 어떻게 도와줄 것인가에 앞서 마음을 비우고 그들에게 몰입해야 한다. 부정적인 사고에서 벗어나지 못하는 내담자에게 다음과 같이 개입한다.

어떤 생각이나 판단을 내리든 간에, 그것을 만지고 호흡과 몸으로 되돌아오는 것만으로 그칩니다. 생각은 문제가 아니고 적도 아닙니다. 생각은 살아 있으면 나타나는 자연스러운 결과입니다. 우리는 생각들을 매우 부드럽게 대할 수 있습니다. 단지 그것들을 아주 가볍게 만지고 놓아 줄 수 있습니다.

상담자가 내담자들의 무의식적인 패턴에 영향을 주는 데 초점을 맞출 때, 변화는 가장 효율적이고 영속적으로 성취된다. Erickson은 이러한 관점에 동의했다. 생애 말년에 그는 이러한 목표를 달성하는 가장 효율적인 접근을 발전시켰다.

> 나는 젊은 시절에 한 내담자에게 너무 많은 시간을 보냈다. 나는 많은 사람들에게 어떻게 생각하고 어떻게 문제를 다룰 것인지를 가르치곤 했다. 나는 그들에게 다음과 같은 내용의 편지를 수없이 많이 보냈다.
>
> "당신은 내가 만나는 내담자들을 다루는 방식을 완벽하게 변화시켰습니다." 나는 지금도 많은 내담자들을 만난다. 그러나 덜 빈번하게, 보다 짧은 시간에 만난다(Rosen, 1982: 25-26).

3. 간접적인 접근의 핵심: 은유적인 이야기

은유는 하나의 개념을 설명하거나 전달하려 할 때 무언가 다른 것에 비유하는 표현이다. 언어는 단순한 의사소통의 도구가 아니다. 우리는 삶이 복잡하기 때문에 설명할 방법을 찾는데, 언어는 삶을 드러내는 방법이다. Erickson은 은유가 단순한 기법이 아니라, 심리치료에 있어서 변화과정의 중심부에 있다는 것을 강조했다.

> 나는 은유가 인지와 정서의 세계에 양다리를 걸치고 있기 때문에 감정의 영역 속에서 사고 과정을 촉진시키고 무의식의 영역 속에 있는 자원들을 드러나게 할 수 있다고 믿는다. 새로운 은유의 힘은 기존의 틀을 깨고 새롭게 정립된 틀을 만들기 위해 새로운 의미를 창출하는 데 있다.
>
> 이것은 단순한 상상력이 아니라 새로운 의미를 통해 세상을 다시 그려 내고, 우리에게 현실에 대해 무언가 새로운 것을 이야기해 줌으로써 세상을 새롭게 바라보게 하여 궁극적으로 삶의 새로운 통합을 가능하게 한다(Thompson, 1990: 247-248).

Erickson의 접근 방식에서 가장 중요한 아이디어는 활용과 관련이 있다. 이야기는 본질적으로 치료적일 수 없다. 하지만 이야기는 내담자를 트랜스 상태로 만드는 데 도움이 될 수 있다. 대화식 트랜스는 이야기가 잘 전달되면 아주 쉽게 일어난다.

주제에 집중하고 속도를 맞추고 목소리로 이끌면 이야기가 매우 치료적인 방식으로 사용될 수 있다. 이야기를 하는 것은 주제 내에서 감정을 만드는 데 도움이 될 수 있다. 이야기는 누군가가 위기나 딜레마를 해결하는 데 도움이 될 수 있다. 그들은 말의 이야기가 보여 주는 것처럼 변화를 위한 강력한 도구가 된다.

오랜 문제를 극복하려는 내담자들에게는 변경하기가 어려울 수 있다. 이런 내담자에게 활용할 수 있는 비유는 증기선의 아이디어다. 배의 선장이 배를 돌리기로 결정하면 계획을 실행한다. 그러나 배는 즉시 눈에 띄는 변화를 일으키지 않는다. 거대한 배를 돌리는 데 시간이 걸리기 때문에 변화가 더 점진적으로 발생한다.

내담자의 진행 상황에 대해서도 마찬가지다. 사람들은 결과를 볼 수 없을 때 진전이 없어 보이는 것에 좌절하는 것이 일반적이다. 그러나 증기선과 마찬가지로 방향을 바꾸고 중요한 변화를 위한 충분한 추진력을 구축하는 데 시간이 걸린다.

이야기가 보편적으로 영향을 미칠 수 있고 인간의 상호작용에 근간을 두고 오랜 세월 만들어져 온 것이라 해도, 모두에게 맞는 것은 아니다. 은유는 간접적으로 치료에 접근하기 때문에 좀 더 직접적인 접근을 선호하고 거기에 더 잘 반응하는 내담자들에게는 잘 안 맞을 수도 있다.

또한 은유는 유일한 치료적 개입이 아니다. 은유는 여러 다른 개입을 포함한 전체 치료 계획에 속하는 일부분이다. 스토리텔링에서 내담자들의 관심은 필수적이다. 관심은 그들이 계속 듣게 만드는 것이다.

일단 개인적인 유대감을 형성한 후에는 이미 내담자들의 관심을 사로잡았을 가능성이 높으며, 그것을 유지하는 것이 필수적이다. 재미있고 매혹적인 이야기는 항상 흥미롭기 때문에 그것부터 시작해야 한다. 또한 스토리텔링 기법에 더 많은 향신료를 추가하여 더 재미있게 만들 수 있다.

다음으로 해야 할 일은 할 이야기를 고르는 것이다. 상담자와 내담자 모두 이야기에 편안해야 한다. 만약 상담자의 이야기가 불확실하거나 불만족스럽다면, 내담자들은 아마도 그것을 느낄 것이고, 결과적으로 흥미를 잃게 될 것이다.

아무리 재미있는 이야기라도 이야기하는 사람이 흥미가 없는 것처럼 들린다면 지루하게 들릴 수 있다. 그래서 내담자들이 상담자의 이야기에 몰입하도록 하기 위해서는 조금 더 재미있고 흥미롭게 만드는 것이 필수적이다.

매일매일의 심리치료에서 Erickson은 예상하지 못한 일들을 했다. 그는 전통적인 상담자들이 행하는 것과는 반대되는 실천을 했다. 예를 들어, 그는 내담자들에게 전화를 해서 약속을 잡는 일이 흔히 있었다. 슈퍼비전(supervision)을 할 때도 그는 제자들에게 첫 회기에 현장의 내담자를 몰입시키도록 고무시켰다. 이러한 유도과정에서 진단적인 정보를 모으는 일은 그에게 흔한 것이었다(Zeig, 1985: 17).

Erickson은 내담자들이 '의식적으로 문제를 다룰 준비가 되어 있지 않은 경우에 은유, 스토리텔링, 모호한 목적의 과제 등을 활용해서 흔히 문제를 상징적으로 다루는 방법'들을 준비했다(Lankton & Lankton, 1983: 16). Zeig는 『A teaching seminar with Milton H. Erickson』에서 상담할 때 이야기를 활용하는 방법의 몇 가지 의의를 다음과 같이 언급했다(Rosen, 1982: 33-34).

- 이야기는 위협적이지 않고 내담자들의 관심을 끈다.
- 이야기는 독립성을 강화한다. 개인은 이야기의 메시지를 포착해서 스스로 결론을 내리거나 행동으로 옮긴다.
- 이야기를 통해 변화에 대한 자연스러운 저항을 줄일 수 있다.
- 이야기를 활용하면 인간관계를 통제할 수 있다.
- 이야기는 융통성의 본보기를 제시한다.
- 이야기는 혼란을 불러일으키고 트랜스 반응을 끌어낼 수 있다.
- 상담자가 어떤 개념으로 이야기로 전달하면 내담자들의 무의식에 더 잘 기억될 수 있다.

스토리텔링은 일련의 사건을 하나 이상의 다른 사람들과 관련시키는 것으로 정의할 수 있다. 이야기는 과거나 미래의 모델이 될 수 있다. 또한 이야기는 여러 가지 매체를 통해서도 전달될 수 있다.

그러나 스토리텔링은 말 그대로 이야기를 주로 자신의 목소리와 몸으로 전달하는 것을 말한다. 트랜스를 연습하는 데는 많은 시간과 노력을 필요로 한다. 상담자는 내담자의 인내심을 갖도록 다음을 스토리텔링한다.

작은 도끼로 커다란 나무둥치를 쪼갠다고 가정해 봅시다. 아흔아홉 번을 내려쳐도 나무둥치는 쪼개지지 않습니다. 백 번째 내려치자 나무둥치가 쩍 하고 갈라집니다. 백 번째 도끼질을 한 뒤에 이렇게 생각할 수도 있습니다.

"이번에는 이전과 다르게 찍었나? 도끼를 다르게 잡았나? 아니면 선 자세가 이전과 달랐던가? 아흔아홉 번 동안 갈라지지 않더니 어째서 백 번째는 효과가 있었던 걸까?" 그렇지만 백 번째가 효과를 보기 위해서는 앞서 아흔아홉 번의 도끼질이 반드시 필요했습니다. 딱딱한 나뭇결을 부드럽게 만드는 효과가 있었던 것입니다.

의미 있고 은유적인 이야기는 상담자에게 지름길이 될 수 있다. 옛날에 한 심리학 교수가 학생들로 가득 찬 강당에서 스트레스 관리 원리를 가르치면서 무대 위를 돌아다녔다. 그녀가 물 한 잔을 들어 올리자, 모든 학생들은 그들이 전형적인 '반이나 비어 있는 것' 또는 '반이나 찬 것'이라는 질문을 받을 것이라고 예상했다. 교수는 미소를 지으며 물었다. 학생들의 반응은 예상한 대로였다. 그녀가 대답했다.

내 관점에서 볼 때, 이 유리의 절대적인 무게는 중요하지 않아요. 그것은 모두 내가 얼마나 오래 그것을 들고 있느냐에 달려 있습니다. 1, 2분만 들고 있으면 그냥 견딜만 합니다. 한 시간만 똑바로 들고 있으면 무게 때문에 팔이 좀 아플지도 모르죠.

하루 종일 똑바로 잡고 있으면 팔이 경련을 일으키고 완전히 마비되어 유리를 바닥에 떨어뜨릴 수밖에 없습니다. 각각의 경우에 유리의 무게는 변하지 않지만, 오래 들고 있으면 들수록 더 무겁게 느껴집니다.

학생들이 동의한다는 뜻으로 고개를 끄덕이자 그녀는 말을 이었다. 잠시 생각해 보면 아무 일도 일어나지 않는다. 그것에 대해 조금 더 생각해 보면 조금 아프기 시작한다. 하루 종일 그것에 대해 생각하면 완전히 마비된 기분이 들 것이다.

Erickson은 내담자들의 '문제와 명백하게 관련이 없어 보이는 자연적인 현상들 사이에서 연상을 통해 은유적으로 문제를 해결'했다. 이러한 접근은 다양한 정신적인 에너지들이 다소 무의식적 수준에서 모두 관여하여 의식적인 한계나 저항을 비켜 나가 결국 치료적인 효과를 증대시킨다.

전형적인 예로써, 만약 Erickson이 성관계 문제에 대해 직접적인 대화를 꺼리는 부부의 문제를 다루고 있다면, 그는 그 문제에 대해 비유적인 방법으로 접근한다. 그는 성관계와 유사한 삶의 한 양상을 선택하여 성적 행동을 바꾸기 위한 방법으로써 패턴을 변화시킬 것이다.

예를 들어, 그는 부부가 함께 저녁 식사를 하는 것에 대해 이야기하며 그들의 선호도에 대한 이야기를 이끌어 낼지 모른다. 그는 부인이 저녁 식사 전 애피타이저(식사 전 식욕을 돋구는 음식)를 얼마나 좋아하는지 물어볼 것이다.

반면에 남편은 바로 고기와 감자를 먹는 것을 좋아한다는 이야기를 할 것이다. 혹은 아내는 조용하고 여유 있는 저녁식사를 즐기는 반면, 성미가 급한 남편은 바로 식사를 원할 수도 있다.

　만약 부부가 성관계와 관련된 이야기를 시작하려 한다면 Erickson은 재빨리 주제를 바꾸고, 다시 비유로 돌아갈 것이다. 그는 이 대화를 부부가 서로에게 만족스럽고 즐거운 저녁 식사를 계획하라고 지시하며 마무리할 수도 있다.

　이것이 성공적이었을 때, 이 접근방식은 부부가 즐거운 저녁 식사를 갖는 것에서 즐거운 성관계를 가질 수 있도록 변화시켜 주며, 부부는 Erickson이 의도적으로 이러한 목표를 세운 것조차 모를 수 있다(Haley, 1973: 27-28).

　모든 이야기는 외면과 감정적인 중심을 가지고 있다. 외적인 측면은 이야기의 장소와 시간, 그리고 다른 세부 사항들과 관련이 있다. 내면적인 측면은 등장인물들의 관계, 그리고 그리움과 다른 감정들과 관련이 있다. 독자와 청취자가 감정적인 수준에서 연결하는 것은 이야기의 내부 측면이다.

　대표적인 스토리텔링의 사례는 아라비안나이트에 나오는 사산왕조의 '샤푸리야르'왕이다. 그는 아내로부터 당한 배신감(일종의 정신적 외상으로 인한 적개심) 때문에 세상의 모든 여성을 증오했다.

　그는 신부를 맞이하여 결혼한 다음 날 아침에 그녀를 죽여 버렸다. 그 나라의 한 대신에게 '세헤라자데'라는 어질고 착한 딸이 있었는데 그녀가 자진해서 왕을 섬기고 매일 밤 재미있는 이야기를 들려주었다. 왕은 이야기를 계속 듣고 싶은 나머지 그녀를 죽이지 않는데 이야기는 천 일 밤 계속되었다. 드디어 왕은 정신적 외상에서 벗어나게 된다는 줄거리다.

　만약 은유가 문제 접근에 적절하다면, 놀랍도록 강력한 역할을 한다. Erickson은 교육적인 목적이나 내담자를 더 깊은 트랜스 상태로 빠지게 하는 수단으로 은유를 활용했다. 또한 은유는 행동으로 표현될 수도 있다.

　Erickson은 자녀들이 잠자리에 드는 시간에 그들이 배웠으면 하는 삶의 교훈과 가치를 은유적으로 가르치기 위해 스토리텔링을 자주 활용했다. 이러한 이야기의 주된 주인공은 하얀 배(White Tummy)라는 이름을 가진 개구리였다. 그는 자녀들을 트랜스 상태로 유도하면서 전달하고자 하는 메시지를 은유적으로 표현했다.

　옛날 옛적에 커다란 연못에 개구리 한 마리가 살고 있었단다. 그 개구리는 초록색 등과 하얀 배를 가지고 있었는데, 하얀 배(White Tummy)가 그 개구리의 이름이었어. 하얀 배는 연못 가운

데 있는 연꽃 위에 앉아 따뜻한 햇빛을 받으면서 행복했지. 그리고 밑에는 시원한 물이 있었고, 앞에는 윙윙거리며 지나가는 파리들이 있었거든.

큰 파리,…… 작은 파리,…… 빨간 파리,…… 초록색 파리,…… 파란색 파리,…… 노란색 파리,…… 그리고 이따금 하얀 배가 가장 좋아하는 아주 크고 뚱뚱하며 먹음직한 자주색 파리가 옆을 지나가곤 하는 거야. …… 그런데 어느 날 하얀 배는 따뜻한 햇빛을 받으면서 파리를 기다리고 있었는데…… (Erickson-Klein, 2006: 97).

이러한 이야기가 계속 이어지면서 때로는 개구리의 삶에서 가장 즐거운 순간도 있었고, 때로는 아이들이 직면하고 있는 어려움을 이겨 내는 순간도 있었다. 만약 그날 하루를 보내면서 자녀 중에 누군가가 상처를 입을 수 있다.

그러면 개구리는 신체적인 장애를 당하지만 결국 그 상처가 예기치 않는 자산으로 변하는 이야기로 채워졌다. 한 자녀가 불행한 날을 보내면, 개구리는 연못의 진흙탕의 소용돌이 속에서 고생하지만 결국에는 역경을 이겨 내는 이야기로 이어졌다.

해가 감에 따라 Erickson은 '미세한 육체적 신호를 감지하는 능력을 스토리텔링의 기능과 결합'하여 훨씬 더 간접적인 접근법을 활용했다. 나중에는 거의 모든 간접적인 방법을 사용했고, 때로는 최면이라는 말을 언급조차 하지 않았다.

의존적인 내담자들은 다음과 같이 불평할 수 있다. "선생님은 저에게 이야기를 들려주기만 할 뿐, 그것들이 담고 있는 의미에 대해서는 말해 주지 않으십니다." 상담자는 다음과 같이 대답할 수 있다.

"만일 누군가가 맛있는 과일을 주면서 당신을 위한답시고 모두 입으로 씹어서 준다면 그걸 좋아하겠어요?" 이야기로부터 배운 새로운 정보를 활용할 때, 변화를 이루어 내는 기쁨과 책임감은 내담자들의 몫이다.

Erickson(Rossi, Ryan, & Sharp, 1983)이 오랫동안 신체적인 고통에 시달린 여성을 상담한 적이 있었다. 두 시간 동안의 상담에서 그는 스스로 트랜스 상태로 들어간 다음, 그녀를 트랜스 상태로 이끌었고 정원을 가꾸기 위해 괭이질을 하는 사람들이 어떻게 처음에 물집이 생겨서 고통받고, 다음에는 굳은살이 생겨나며, 시간의 흐름에 따라 고통 없이 장시간 괭이질을 할 수 있는지를 설명했다.

또한 그는 매운 멕시코 음식이 익숙하지 못한 사람에게는 참을 수 없지만 점점 익숙하게 되면 그 감칠맛을 즐길 수 있게 된다고 말했다. 그런 다음 그녀에게 고통을 느끼게 되는 신체 부위에 굳은살을 돋게 할 수 있는지를 질문했다. 그녀는 고통에서 벗어나는 방법을 알게 되었다.

상담을 '거부하는 내담자들에게는 명백하게 관련이 없는 어떤 것들 사이에서 연상을 통해 은유적으로 접근하는 것이 도움'이 된다. 상담자는 가능성을 암시하는 은유적인 접근으로 내담자들의 딜레마를 상징하는 이야기를 활용할 수 있다.

세상에는 삶에 적응하는 여러 가지 방식이 있습니다. 나라면 북극해에서 헤엄치는 게 싫겠지만 바다코끼리는 그걸 즐깁니다. 고래도 마찬가집니다. 나는 남극이 춥다고 생각합니다. 황제 펭귄처럼 영하 60도에서 알을 낳아 가랑이 사이에 알을 품고 6주 동안 굶주리면서 뚱뚱한 내 짝이 바다에서 돌아와 대신 알을 품어 줄 때까지 기다리고 싶지도 않습니다.

알다시피 고래처럼 거대한 포유류가 바다에서 플랑크톤과 같은 아주 작은 입자를 먹고 삽니다. 나는 고래의 입으로 바닷물이 몇 톤이나 들어가야 플랑크톤으로 배를 채울 수 있는지 정말 궁금합니다(Rosen, 1982: 92).

이러한 접근으로 상담자는 내담자들의 '저항을 수용하면서 감정의 강도에 따라 경험의 주체를 내담자가 아닌 다른 것으로 대체'한다. 우리가 삶을 설명하는 방식이 감정을 수반하는 삶을 구성할 뿐만 아니라 우리의 행동을 결정한다.

우리의 감정과 사고만이 언어를 규정짓는 것이 아니라, 역으로 언어도 우리의 감정·사고 심지어 행동까지도 규정짓는다. 내담자들이 자신의 문제를 조금이라도 노출하게 되면 스스로 감당하지 못할 수도 있다고 호소할 때, Erickson은 그들의 걱정을 인정하면서 다음과 같은 개입을 했다.

그건 너무나 당연한 걱정입니다. …… 누구도 내면에 있는 모든 것들이 갑자기 폭발되기를 원하지 않습니다. …… 당신이 원하지 않는다면 감정을 점검해 보고, …… 보다 쉽게 다음 단계를 거치기 위해서 한 번에 하나씩 나오도록 할 수도 있습니다.…… 아니면 감정적인 부분들은 그대로 놔두고…… 인지적인 요소만 분리시킬 수도 있습니다. 내가 한 말이 어떻게 들리세요?(Erickson, 1955: 51)

내담자들의 문제해결은 경직된 패턴을 멈추면서 시작된다. 문제를 해결하려는 시도를 내려놓고, 대신에 한 발짝 뒤로 물러서서 반응하지 않음(nonreactivity)의 렌즈를 통해 관찰하고 '경직된 패턴을 부드럽게 인식하는 것이 어떤 느낌인지' 보는 것이다. 이렇게 함으로써 문제를 살펴보고 새로운 패턴으로 넘어가게 된다.

내담자들의 의식을 어떤 상황이나 대상에 몰입시킨 다음, 선입견을 버리고 무엇이 어떻게 진행되는지를 구체적으로 명료하게 경험할 수 있다면, 무의식에서는 의식적인 노력보다 더 많은 것들을 학습할 수 있다(Rosen, 1982: 63-64).

상담자가 모든 내담자들이 자유로운 주체라는 것을 온전하게 수용하기 위해서 그들에게 '문제해결이나 상담을 방해할 때, 자신의 내면에서 어떤 속삭임이 들리는지 살펴보라고' 제안한다. 그래야 그들은 중상 때문에 생기는 좌절감을 솔직하게 표현할 수 있고, 결국에는 감정적인 의존에서 벗어나 자유로움을 찾는다.

사냥꾼이 원숭이를 잡으려고 대나무로 만든 새장 안에 바나나를 집어넣었다. 대나무 새장은 입구가 좁아 손을 넣을 수는 있지만 바나나를 움켜쥔 채로는 손을 뻗을 수 없는 구조로 되어 있다. 원숭이 한 마리가 새장을 발견하고는 바나나를 먹기 위해 새장 안으로 손을 넣어 바나나를 움켜쥐었다.

일단 바나나를 손으로 움켜쥔 원숭이는 손을 펴려고 하지 않았다. 원숭이는 결국 사냥꾼에게 잡히고 말았다. 원숭이는 지금 당장 바나나를 먹어야 한다는 생각에 움켜쥔 바나나를 놓지 못했던 것이다.

Erickson은 스토리텔링을 활용하여 '상징적으로 새로운 연상을 불러일으킬 수 있다면, 내담자에 따라 새로운 의미를 창조할 수 있고 삶의 경험을 넓혀서 새로운 패턴으로 재통합'하도록 도울 수 있다고 보았다.

트랜스 상태에서 내담자들은 자주 꿈, 상징, 다른 무의식적인 표현들을 직관적으로 이해한다. 그들은 Erickson이 소위 말하는 '무의식적인 학습'에 더 가까워진다. 이런 상태에서 내담자들은 비판적인 감각을 줄이고 상담자의 제안을 수용한다. 그러나 만약 이러한 제안들이 내담자의 가치와 충돌한다면, 수용은 일어나지 않는다.

> Erickson은 은유로 내담자들과 의사소통을 했지만, 다른 치료자들과 가장 확실하게 구분되는 접근은 그들의 은유가 무엇을 의미하는지를 해석하지 않았다는 것이다. 그는 특별한 필요성을 느끼지 않는 한, 무의식적인 소통을 의식적인 형태로 전환시키지 않았다 (Haley, 1973: 28).

상담자는 가능성을 암시하는 은유적인 접근으로 내담자들의 딜레마를 상징하는 이야기를 활용한다. 상담자는 내담자들의 저항을 수용하면서 감정의 강도에 따라 체험의 주체를 내담자의 의식이 아닌 무의식으로 대체한다.

중요한 점은 우리가 삶을 설명하는 방식이 감정을 수반하는 삶을 구성할 뿐만 아니라 우리의 행동을 결정한다는 것이다. 우리의 감정과 사고만이 언어를 규정짓는 것이 아니라, 역으로 언어도 우리의 감정, 사고 심지어 행동까지도 규정짓는다.

내담자들의 문제와 관련된 적절한 비유나 은유적인 이야기들은 그들의 의식적인 마음을 쉽게 끌 수 있다. 이야기를 들으면서 그들의 무의식적인 마음은 연상 과정을 통해 자신의 의식적인 마음이 인식하지 못하는 사이에 문제해결에 도움이 될 수 있는 자원들을 자연스럽게 동원하게 된다(Erickson et al., 1976: 225).

파일럿이나 항해사들은 자신의 비행기나 배를 아름다운 여성으로 묘사한다. 왜냐하면 비행기나 배가 하늘이나 바다를 날렵하게 헤쳐 나가는 우아한 여성이 아니라 크고 뚱뚱한 남성이라고 생각한다면 조작하기가 훨씬 더 힘들 것이기 때문이다. 잠비아의 치료 의식에 관한 이야기는 집단상담 초기에 활용된다.

잠비아에서는 만약 부족의 일원이 정서적으로나 신체적으로 아프게 되면, 사람들은 조상의 치아가 그 사람 안에 박혀서 그렇게 된다고 믿습니다. 모든 부족 구성원들은 서로 연결되어 있기 때문에 한 사람의 고통은 다른 사람에게 영향을 줍니다.

따라서 구성원 모두가 치료에 동참해야 합니다. 부족의 치료 의식은 "진실이 드러날 때 치아가 빠질 것이다."라는 이해에 기초합니다. 아픈 사람이 스스로 경험하고 있는 분노나 미움 혹은 욕망을 드러내야 하지만, 온전한 진실을 드러내기 위해서는 모든 부족민들이 자신의 묻어 둔 상처와 두려움, 분노와 실망을 밝혀야 합니다.

부족민들은 다음과 같이 생각합니다. "춤추고 노래하고 북을 두드리는 동안에 모든 것이 드러나야만 진정한 해방이 일어난다. 이 힘든 진실이 공개되어 마음속의 치아가 뽑히면, 온 마을은 정화된다."

질병이나 우울증이 개인의 책임이고 고통이라고 생각하는 일반 문화와 달리, 이 부족의 구성원들은 고통에 대해 비난받거나 고통으로부터 고립되지 않습니다. 오히려 고통은 공유된 관심이고 모든 사람들의 삶의 일부입니다.

자신의 고통을 개인적인 것으로 여기지 않는다면, 삶을 바라보는 습관적 시선은 깊이 있게 변화한다. 스스로를 판단하지 않으려고 노력할 때조차 질투 어린 생각들, 이기적인 경향, 강박 성향 등을 개인의 문제이자 결함의 표시라고 가정하기 쉽다.

하지만 만약 타인들에게 면밀히 주의를 기울인다면, 자기 혼자만이 욕구와 두려움을 느끼는 것이 아님을 알게 된다. 내담자들에 대한 자신이나 타인들의 묘사는 그들이 누구인가에 대한 절대적인 진리라기보다는 하나의 이야기에 불과하다.

하지만 이러한 이야기는 개인의 내면에도 영향을 주기 때문에 스스로 부정적인 은유를 내면화하게 되면, 그들의 경직된 패턴을 구성하는 하나의 요소로 작용하고 부적응 패턴을 보이는 중추적인 역할을 한다.

그러나 이러한 부정적인 은유에도 변형의 가능성은 존재한다. 상담에서 내담자들의 '은유를 적절하게 활용하면, 간접적인 개입의 형태로 그들에게 직접적인 반응을 요구하지 않으면서도 감정과 이성을 동시에 활성화시킨다.' 그래서 그들의 무의식은 상담자의 말을 단순히 들을 뿐 아니라 경험한다(Garnier & Yapko, 2010: 143).

세미나에 참석한 한 남성은 체중이 정상보다 거의 30kg이나 더 나갔다. 세미나가 진행되면서 Erickson은 그가 비만을 영적인 측면에서 해석하고 있다는 점을 알게 되었다. 그는 영적인 사람들은 외모를 중요시하지 않으므로 자신과 잘 지내려고 노력하겠지만, 반대로 경박하고 영적이지 못한 이들은 자신을 피할 것이기 때문에 상대할 필요조차 없다는 것이었다.

E: 자신의 몸을 어떻게 생각하세요?.

내: 아무 것도 아니죠. 그냥 영혼을 태운 도구에 불과해요.

E: 그 도구의 성능이 어때요?

내: 목적지까지 데려다줄 정도만 된다면 나머지 성능이야 문제가 되지 않죠.

E: 알겠습니다. 그런데 잠시 눈을 감고 생각해 봅시다. …… 당신 말대로 당신의 몸은 당신을 목적지까지 태워다 주는 도구에 불과합니다. 하지만 그 도구가 사라진다면, 당신의 영혼을 태울 수 있는 다른 도구가 있나요?

내: 없는 것 같은데요.

E: 그렇다면 당신의 영혼을 태울 수 있는 유일한 도구네요. 만약에 당신의 몸이 당신의 영혼이 사는 사원처럼 유일한 도구라면 어떻게 다루시겠어요?

내: (잠시 침묵 후에) 나의 몸이 진정 무엇인지 알게 되었습니다.

그는 중요한 몇 가지 변화를 꾀했다. 그는 무의식중에 무엇을 먹을지, 언제 먹을지, 어떻게 먹을지, 그리고 몸을 어떻게 다뤄야 하는지에 대한 새로운 규칙을 정했다. 하나의 은유를 통해 자신의 몸에 대해 과거에 생각했던 모든 것이 바뀌게 되었다(Erickson, 1941: 4).

어떻게 제시되느냐에 상관없이, 은유는 여러 가지 이유로 강력한 개입이다. 첫 번째로 '은유는 저항을 거의 발생시키지 않는다.' 문제가 아니라, 문제와 단지 유사하기 때문에, 내담자는 자신의 문제에 대해서 특정한 입장을 고수하려고 할 수도 있지만 은유에 대해서는 특정한 입장을 고수하기가 힘들다. 두 번째로 '은유는 문제를 극적으로 재구성하는 능력'을 지니고 있다. 세 번째로 효과적인 '은유는 내담자들의 삶에서 친숙한 측면과 생각을 활용'한다는 것이다.

상담자는 은유를 통해 새로운 연상을 불러일으키면서 내담자들의 경직된 무의식적인 마음을 유연하게 만들고 새로운 의미를 창조하며 삶의 경험을 넓혀서 새로운 패턴으로 재통합하도록 도울 수 있다.

심한 따돌림으로 고통받는 청소년에게 상담자가 다음과 같이 언급할 수 있다. "세계 최고의 갑부인 빌 게이츠가 고등학생 시절 지나치게 외톨이어서 자폐증을 의심받았다는 사실을 아니? …… 외톨이의 장점이 뭘까? …… 그들은 일반 사람들이 못 느끼는 예리한 감정을 가졌거든…… 지금 상황이 너에게 주는 긍정적인 의미는 무엇일까?" 치료적인 과업은 고통스러운 경험에서 교훈을 얻어 새롭게 대처할 기회를 잡는 것을 검토해 볼 수 있는 상황을 만드는 것이다.

내담자들이 상담 초기에 정신적 외상 사건을 언어로 표현할 가능성은 거의 없다. 하지만 비밀로 감추고 정보를 억눌러 버리는 한 자신과 전쟁을 벌일 수밖에 없다. 내담자들을 아주 천천히 조금씩 유도하는 것이 성공으로 가는 비결이다.

자신에게 가장 '핵심이 되는 감정을 숨기려면 엄청난 에너지가 소모된다.' 그 결과 의미 있는 일을 추진할 수 있는 에너지가 고갈되고, 늘 지루하며 세상과 단절된 느낌만 남게 된다. 또한 내담자들이 내적 현실을 무시하면 자기 자신에 대한 감각, 정체성, 목표 의식도 그 속에 먹혀 버린다.

이들이 일단 침묵하기로 작정하면 도움을 요청하는 호소가 말이 아닌 행동인 자살 시도, 우울증, 급작스러운 공격성 등으로 나타날 수 있다. 하지만 상담자는 이처럼 이해하기 힘든 전혀 다른 모습들이 그들을 생존하게 해 주는 기능임을 인정하고 수용할 수 있어야 개선될 수도 있다.

> Erickson은 경직된 패턴을 유지하는 내담자들이 드라마틱한 측면을 생각해 보기를 바랐기 때문에 자신의 경험을 스토리텔링했다(때로는 매우 길게). 그들은 그의 이야기를 통해서 자기 자신의 패턴에 새로운 의미를 부여하거나 심지어 의식적으로 견디기에 너무 힘든 경험도 참아 낼 수 있었다(Lankton, 1980).

다섯 살의 아이인 Edgar는 경제적인 압박감으로 삶을 이어 가는 부부의 장남이다. 어머니는 임신 휴유증으로 2년 전부터 치료를 받기 시작했다. 얼마 후 그녀는 머리에 상처를 입은 Edgar에 대한 응급 진료를 요청했다.

그녀는 방금 Edgar를 병원에서 퇴원시켰다고 전화로 말했다. 아버지의 분노와 조급한 공격으로 아이는 벽에 부딪혀 두개골이 골절되었다. 아이는 아버지를 두려워해서 집으로 돌아가고 싶어 하지 않았다.

상담자는 가족 상황을 이해하고, 그들의 감정을 인식하며, 그들의 자원을 탐구할 수 있도록 상담에서 온 가족을 만났다. 일단 가족 구조와 문제가 발생한 맥락에 대한 생각이 떠오르면, 상담자는 문제와 다른 해결책을 나타내는 이야기(또는 아이들과 함께 이야기를 만들 수도 있다.)를 할 수 있다.

학대 상황에서는 연루된 사람이 아니라 행동을 비난하고, 실수를 저지르는 부모로 보려는 노력이 필요하다. 이 경우 상담자는 그 아이가 의자에 앉아 움직이지 않고, 아무도 보고 싶지 않으며, 참여를 거부했기 때문에 이야기를 만들었다. 상담자는 그에게 사자 새끼와 그 가족에 대한 이야기를 들려주었다.

엄마 사자는 새끼 사자를 먹이려고 음식을 찾아다녔고, 아빠 사자는 자기 영역을 지키려고 머물면서 방해받는 걸 싫어했다. 사자 새끼는 정말로 사냥을 하고 싶어했다. 새끼 사자는 나이 든 사자들이 으르렁거리며 싸우는 것을 보았고 그도 그것을 너무 하고 싶어 죽을 지경이었다.

새끼 사자는 누군가와 함께 놀기를 원했지만 엄마 사자가 도착했을 때, 피곤해서 새끼 사자와 놀 수가 없었다. 어린 새끼는 엄마 사자가 같이 놀기에는 흥미롭지도 않고 중요하지도 않다고 생각하기 시작했다.

어느 날 그 새끼 사자는 나이 든 사자들이 했던 것처럼 하기로 결정했다. 그는 나이 든 사자처럼 으르렁거리는 아버지 옆에서 달려갔지만 아빠 사자는 움직이지 않았다. 새끼 사자는 성공하지 못한 채 점점 더 크게 으르렁거렸다. 마침내 그는 아빠의 발과 귀를 물어뜯어 주의를 끌기로 결심했다.

그는 오래전에 아빠의 발이 다쳤다는 사실을 몰랐다. 그가 아빠를 물었을 때 얼마나 놀랐는지, 그의 아빠는 그를 바위에 던져 넣었다. 불쌍한 작은 사자는 매우 심하게 다쳤다. 바로 그 순간에 엄마는 사냥에서 돌아왔다. 겁에 질린 그녀는 새끼 사자에게 달려가 그를 핥기 시작했다.

그녀는 다른 때보다 더 큰 소리로 아빠 사자를 향해 크게 으르렁거렸다. 아빠 사자도 어린 아들에게 무슨 일이 일어났는지 보려고 달려갔다. 아들을 해치고 싶지도 않았고, 왜 그렇게 강한 타격을 입혔는지, 평소에 공격과 방어를 위해서만 나오는 발톱이 왜 나왔는지 알 수 없었다.

이 이야기는 이 새끼 사자가 특별한 동굴에서 어떻게 치유되었는지를 계속 말해 주고 있지만, 그의 작은 심장은 여전히 매우 슬프고 여전히 뭔가가 아프다. 모든 가족은 부모와 새끼가 상처를 치료하는 것을 도운 표범 상담사와 만나러 갔다. 표범 상담사는 그들에게 말했다. **"이제 상처가 감염되기 전에 치유해야 할 때입니다."**

이야기를 듣는 동안 Edgar는 머리에 열린 상처를 보여 주는 자신의 그림을 그렸다. 그는 상처 위로 반창고를 그렸고 회기가 끝날 때 그는 집에 가는 것을 거부하지 않았다. 그의 아버지는 자신의 과거 정신과 진단에 대해 이야기하고 정신과 의사를 다시 방문하기로 동의했다. 그들은 세 번의 회기를 더 상담했다.

가정환경의 문제가 계속되고 있지만 아버지의 공격성은 사라지고 더 가까워졌으며 의사소통이 더욱 활발해졌다. 활용된 Erickson의 기법은 스토리텔링, 은유, 이야기를 통해 재구성하는 것이었다(Fabre, 2006: 7).

Erickson은 단지 앉아서 내담자에게 어떤 이야기를 했다. 내담자들은 무슨 변화가 있었는지 의아해하면서 떠났고, 나중에서야 문제가 저절로 해결되었다는 것을 발견했다. Erickson은 이런 과정의 중요성을 다음과 같이 강조했다.

> 상담 장면에서 자발적으로 발생하는 협조적인 트랜스 상태는 상담자가 의도적으로 유도해서 생기는 경우보다 훨씬 더 빈번하게 일어난다. 하지만 상담자 중심의 너무 많은 개입들은 내담자들이 내적 탐색과 무의식적인 학습 과정에 참여할 수 있는 순간들을 무시하거나 파괴해 버린다(Erickson & Rossi, 1979: 16).

Erickson은 북극 제비갈매기, 바다거북, 고래의 이동 패턴이나 사막에서의 꽃들의 성장 패턴들을 경이롭게 관찰했고, 삶의 다양성에 대한 그의 지식은 의미 있는 치료를 구성하는 중요한 바탕을 제공했다.

은유는 내담자들을 몰입 상태로 이끌고, 변화를 위한 간접적인 제안에 그들의 마음을 개방하도록 돕는다. 순간적인 공황 장애를 보이지만 치료를 머뭇거리는 내담자에게 Erickson은 다음과 같이 개입했다.

저는 언젠가 동물원에 간 적이 있습니다. 살아 있는 생명체에 대해서 잘 배울 수 있는 멋진 곳이지요. 동물원에 대해서 생각해 보세요. 동물원은 엄청나게 다양한 생명들이 있는 곳입니다. 그처럼 풍부한 생명들, 모두가 나름대로 독특한 창조물들이지요. 모든 면에서 그들은 각자에게 필요한 다양한 특성들을 가지고 있습니다.

엄청나게 큰 몸집을 가진 것들도 있고, 작은 몸집을 가졌기 때문에 번성한 것들도 있지요. 밤중에 먹이를 먹기 때문에 성공한 것들도 있고, 낮에 그런 것들도 있으며, 어떤 것들은 너무 유순해서 쉽게 깜짝깜짝 놀라는 것들도 있고, 어떤 것들은 공격적이어서 저보다 몸집이 몇 배나 큰 동물에게 달려들기도 합니다.

어떤 것들은 주변과 조화를 이루기 위해서 자신의 색을 변화시키기도 하고, 어떤 것들은 땅속에 굴을 파기도 하며, 다른 동물들은 날아다니기도 하지요. 그 이상 신비로운 것들도 얼마든지 있어요. 자연으로부터의 학습은 굉장한 것입니다.

하지만 가장 잘 적응하는 동물은 물론 인간입니다. 인간은 열대지방에서부터 극지방까지 온 지구에 적응하면서 살지요. 당신도 온도에 따라서 적응할 수 있습니다. 지역에 따라 변화될 수도 있고요. 당신은 특별한 장소에 적응할 수도 있습니다. 시간이 흘러감에 따라서 적응하기 위한 능력을 키워 가지요.

무엇을 배운다는 것은 어려운 일이기도 합니다. 하지만 당신은 적응할 수 있지요. 적응할 것인가, 사라져 버릴 것인가, 그것은 당신이 선택할 문제입니다. 하지만 어느 것도 숨길 수는 없습니다. 성공적으로 적응하는 것도 가치 있는 일이지요. 그렇게 함으로써 가능해지는 모든 것들을 즐기기도 합니다(Richeport, 1985: 550-551).

이야기들은 많은 간접적인 제안의 중요한 매개물을 제공한다. 내담자들은 이야기가 전해지는 동안 어떤 것도 하지 않지만, 긴장감이 해소되고 변화에 대하여 마음을 개방할 수 있도록 돕는다(Frykman, 1985: 187).

스토리텔링을 듣는 내담자의 역할은 상담자의 수행과 내담자 자신의 과거 경험, 신념 및 이해를 기반으로 자신의 마음속에 생생하고 다중 감각적인 이미지, 행동, 인물 및 사건을 적극적으로 창조하는 것이다. 이야기는 독특하고 개인화된 내담자의 마음속에서 일어나고, 경험있는 이야기의 공동 창작자가 된다.

> Erickson은 대인관계에서 직접적인 접근법을 사용하지 않고, 어떤 것이 어떻게 유용할 수 있는지 설명했다. 때때로 내담자가 그 메시지를 깨달았다는 반응을 보일 때까지 이야기를 계속해서 들려주곤 했다.
>
> 때때로 나는 그의 말을 가로막으며 이렇게 말하곤 했다. "박사님, 방금 나한테 몇 가지 이야기를 해 줬는데 모두 비슷한 주제를 공유하는 것 같아요. 나한테 무슨 말을 하는 겁니까?" 그러나 그가 내게 직접 대답하는 경우는 드물었다. 대신 그는 내가 그것을 얻을 때까지 다른 이야기를 들려주곤 했다.
>
> Erickson은 내담자가 깨닫기를 원한다는 것을 염두에 두고 있다면, 그는 내담자가 깨달을 때까지 이야기를 짜고 최면에서 파생된 방법을 사용하여 보다 적응력 있는 정체성을 개발하기 위한 참조 경험으로 사용했다(Zeig, 2022: 8).

4. 내담자의 은유 활용

상담자가 내담자들이 제시하는 은유를 활용한다면, 훨씬 더 효율적이 될 수 있다. 내담자들은 부정적인 감정을 강조하는 은유를 무의식적으로 자주 사용한다. "세상의 온갖 고통이 나의 어깨에 얹어 놓은 것 같습니다." 이러한 무의식적인 연합은 변화의 가능성을 인식하지 못하게 한다.

그들의 은유가 삶에 강력한 영향을 미침에도 의식적으로 선택해 본 적은 거의 없다. 따라서 내담자들은 자신이 표현하는 은유가 어떤 영향을 주는지를 의식적으로 깨닫기만 해도 긍정적으로 바꿀 수 있다.

세상의 온갖 고통이 당신의 어깨에 얹어 놓은 것 같다고 표현하는 것이 당신에게 어떤 영향을 주고 어떤 느낌을 가지게 합니까? 그런 영향과 느낌을 받게 될 때, 당신도 모르는 사이에 당신의 삶을 어느 방향으로 이끄는 것 같습니까?

또한 자신이 선택한 부정적인 감정에 휩쓸리게 하는 은유를 구체적으로 표현하고 실질적인 존재로 나타내면서 더욱 격렬한 부정적 감정을 경험하게 되면, 즉각적인 조치를 선택해야 하기 때문에 변화에 대한 동기를 부여받게 된다.

고통이 어깨를 짓누르는 삶의 이야기가 계속 이어질 때, 어떤 미래를 예상할 수 있습니까? 그런 미래의 삶을 경험해 보십시오. 그것이 진정 당신이 원하는 삶입니까? 만약 그런 삶이 당신이 원하는 삶이 아니라면 진정 당신이 원하는 삶은 어떤 것입니까?

다음에 상담자는 내담자들의 무기력한 은유를 실질적인 존재로 표현해 보도록 도우면서 그들이 삶을 바라보는 방식을 변형시킨다. 상담자가 내담자들이 무엇에 주목하도록 돕느냐에 따라 그들의 무의식적인 마음에 다양한 영향을 미칠 수 있다.

어깨를 짓누르는 고통을 구체화해 봅시다. 그 고통이 무엇으로 되어 있습니까? (무거운 무쇠로 되어 있다고 반응하면) 무거운 무쇠에 짓눌린 당신의 어깨에서 땀이 흘러나오는 것을 상상해 보세요. …… 그리고 시간이 흐를수록 땀과 무쇠가 화학작용을 일으켜서 서서히 산화하고 결국에는 사라져 버립니다. …… 느끼고 경험해 보십시오.

스트레스를 받으면 전전두엽 피질 회로 기능이 억제되고, 불안, 공포 등의 감정에 개입하는 편도체 기능이 활성화된다. 이때 내담자의 은유를 활용한 스토리텔링을 통해 '전전두엽 피질을 다시 활성화시키고 편도체와 전전두엽 회로의 균형이 맞춰지며 이성적으로 생각하고 판단'할 수 있게 된다.

또한 자율 신경계 중 몸을 이완하는 부교감 신경계를 활성화하는 호르몬이 분비되면서 혈압이 낮아지고 마음이 안정될 수 있다. 자신과 자신이 경험하고 있는 것 사이에 공간을 만들 수 있을 때, 부정적인 감정에 부드러워질 수 있다. 스토리텔링은 그런 공간을 만드는 기반이 될 수 있다.

Erickson은 내담자들의 무의식을 의식화시키거나 해석하려고 노력하는 대신에 그들이 부정적으로 드러내는 은유적인 표현을 따라가면서 어떤 가정이 내포되어 있는지를 살피고 그들의 무의식에 영향을 줄 수 있도록 긍정적으로 확장시켰다.

나이가 들어 가면서 서로 간의 성적인 갈등 때문에 상담실을 찾아온 부부가 "우리는 손발이 안 맞아요."라고 스스로 은유적인 표현을 했다. Erickson은 "멋진 표현이군요. 만약 원하는 대로 된다면 어떻게 표현할 수 있을까요?"라고 질문을 했다.

남편은 "손발이 척척 맞겠죠. 마치 남녀 피겨 스케이팅 선수들처럼 말입니다."라고 대답했다. Erickson은 "그렇습니다. 훌륭한 피겨 스케이팅 선수들이 춤추는 것을 바라보는 것은 황홀하죠. 그런데 아마 그들도 피나는 노력을 통해서 손발이 맞게 되었을 것입니다."라고 대응하고 실험 과제로 둘이 함께 정기적으로 춤을 출 것을 제안했다.

춤추기가 그들의 성적인 관계 개선을 위한 상징으로 활용되었다. 함께 춤을 추면서 서로의 관계에서 부족했던 주고받으며, 밀고 당기며, 이끌고 따라가는 방법들을 몸으로 배웠다(Richeport, 1985: 553).

내담자들이 가진 강점을 은유로 활용하는 것도 도움이 된다. 상담의 다양한 영역에서 유머나 드라마를 활용하지만, Erickson이 특별한 것은 이를 자신의 의사소통 패턴에 통합시켰다는 점이다. 어떤 사례든지 Erickson의 개입은 내담자 개인의 고유한 강점과 자원을 드러내고 활용하는 것이었다.

화초를 재배하는 Joe는 자신의 직업을 좋아했고 좋은 가장이었으며 지역사회에서도 존경을 받았다. 그는 말기 암으로 고통을 받았고 진통제를 너무 많이 복용해서 내성의 문제가 생겼으며 이 때문에 안정을 취할 수가 없었다. Erickson은 그를 도와주고 싶었지만, 그가 최면에 대해 불신감을 가지고 있다는 정보를 입수했다. 그는 다음과 같이 치료작업을 시작했다.

"Joe, 나는 당신과 이야기를 나누고 싶습니다. 나는 당신이 화초를 재배한다는 것을 알고 있습니다. 그리고 나도 Wisconsin의 농가에서 자랐기 때문에 화초를 좋아하고 지금도 화초를 키우고 있습니다.

그래서 우리는 공통점이 있고 내가 이야기할 때 편안하게 듣기를 바랍니다. 난 많은 이야기를 하려고 합니다. 하지만 당신이 나보다 더 잘 알기 때문에 꽃에 대한 이야기를 하지는 않겠습니다. 그건 당신이 원하는 것이 아니잖아요?

내가 토마토 묘목에 대해 말할 때 편안하게 듣기를 바랍니다. 왜 토마토 묘목이냐고요? 그건 묘하고 색다른 호기심을 불러일으킵니다. 사람들은 씨앗을 땅에 뿌리고 자라나는 것에 희망을 느낄 수 있습니다. 그리고 열매를 맺어서 만족감을 가져다줍니다.

평화와 편안함을 가져다줄 수 있는 비 때문에 씨앗은 별다른 어려움 없이 물을 빨아들입니다. Joe, 그 조그만 씨앗은 천천히 부풀어 오르고 잔뿌리와 땅 위로 솜털을 내보내는 것을 상상해 보세요.

우리는 솜털을 보지 못할 수도 있지만 토마토가 자라나는 데 중요한 역할을 합니다. 그리고 당신이 내 말을 듣고 있기 때문에 계속하겠습니다. 그리고 계속 들으면서 진정으로 무엇을 배우는지 궁금할 수도 있습니다.

당신은 성장하는 것을 볼 수도, 들을 수도 없지만 토마토는 성장합니다. 만약 당신이 식물의 느낌을 생각할 수 있다면, 줄기가 생기고 작은 잎들이 돋아나고 뿌리가 뻗어 가는 것에서 편안함을 느낄 수 있습니다.

이건 마치 어린아이를 키우는 것과 비슷합니다. 그리고 평화와 편안함을 느끼게 합니다. 그리고 토마토는 곧 작고 아름다운 꽃봉우리를 가지에 맺고 결국에는 많은 가지에 꽃봉우리를 맺게 됩니다.

그리고 나는 당신도 진정 편안함을 느낄 수 있는지 궁금합니다. 당신도 알다시피 식물은 굉장한 즐거움을 줍니다. 그리고 식물을 마치 사람처럼 생각할 수 있다면 정말 많은 즐거움을 줄 것입니다.

작은 토마토 열매가 형태를 갖춰 감에 따라 갈증을 느끼는 아이들에게는 먹고 싶은 욕구를 느끼게 합니다. 당신도 알다시피 토마토는 매일 자라나는 식물입니다. …… 좋습니다. Joe. 나는 농장에서 자라났고 토마토가 굉장한 식물이라고 생각합니다.

Joe, 작은 씨앗이 편안하게 잠을 이루고 결국에는 자라나서 곱고 아름다운 열매를 맺는 것을 생각해 보세요. 그래서 그 씨앗을 바라보는 것만으로도 행복을 느낄 수 있습니다(Erickson, 1966: 203)."

사회적 고립을 극복하는 한 가지 방법은 의사소통인데, 스토리텔링을 통한 의사소통은 본질적으로 내담자들이 더 참여적이며 듣고 싶은 심리적 요구를 충족시킨다. 스토리텔링을 통해 경험을 공유하고 의사소통할 수 있다는 것은 내담자들이 행복하게 만드는 과거의 경험을 다시 경험한다는 것을 의미한다.

스토리텔링은 조부모가 내러티브(narrative)의 형태로 문화 지식을 손자에게 전달할 때 떨어져 살고 있는 가족을 연결하여 세대 간 유대감에 도움이 되는 것으로 입증되었다. 또한 개인은 자신의 이야기에서 투사하는 긍정적인 자아상과 동일시할 때 자신에 대해 자기 존중감을 가지게 된다.

은유는 길고 복잡할 수도 있으며, 교육적인 목적으로 활용될 수도 있고, 내담자들이 더 깊이 집중하고 트랜스 상태로 빠지게 하는 수단으로 활용될 수도 있다. 복잡한 과정을 단순화하기 위해 Erickson은 적절한 은유를 활용했다.

결혼식을 올리지 못한 상태로 동거하고 있던 젊은 부부가 부모의 압력 때문에 아이를 유산시키기 위해서 의사의 승인을 얻으려고 Erickson을 찾아왔다. 그들이 유산을 원하지 않는다는 것을 Erickson은 눈치챘다.

그리고 만약 정말 유산을 원한다면 무슨 일이 있건 간에 태어날 아이의 성이나 이름, 생김새에 대해서 상상하거나 생각해서는 안 된다고 후 최면 암시를 했다. 만약 상상하면서 이름을 짓게 되면 태어나지도 못할 아이에게 너무 미안한 일이 될 것이라고 말했다. 결국에 젊은이들은 아이를 낳기로 결심했다(Rossi, 1980d: 72).

Erickson은 관찰을 통해서 부부가 유산을 원하지 않는다는 것을 알았지만 어떤 것이 옳은 판단인지를 언급하지는 않았다. 그는 부모들의 간섭에 수동적으로 저항하는 그들에게 죄책감을 수반하는 역설적인 암시를 통해서 그들이 올바른 선택을 할 수 있도록 그들의 무의식에 긍정적인 영향을 주었다.

> 대단히 왜곡된 내담자들이라도 병리적인 상징들을 해결책과 연관되도록 변형시킬 수 있다면, 그 속에 응고되어 있는 경험들이 유연하게 흘러가면서 자신도 모르는 사이에 자발적인 자각이 일어날 수 있다(Robles, 2001: 445).

Anna는 전문적인 여성이자 싱글맘이었다. 그녀가 나(Connirae)를 만나러 왔을 때, 그녀의 10대 아들은 법적인 문제가 있었고 그녀와 함께 살라고 법원에 명령을 받았다. 아들은 꽤 적대적이었고 대부분 의사소통을 거부하며 그의 방으로 들어갔기 때문에 매우 어려운 상황이었다.

Anna의 전 남자친구(몇 년 동안 아들의 의붓아버지였던)는 아들과 함께 Anna를 돕고 싶어 다시 관계를 맺었다. Anna는 이 지원에 감사했고 그녀의 전 남자친구와 다시 연결하는 것을 좋아했다. 그녀는 **"우리는 마음이 통합니다. 우리가 아직 사랑하고 있다는 것을 알 수 있습니다. 하지만 그는 지금 다른 여자와 살고 있고 그녀에게 헌신하고 있습니다."**라고 말했다.

Anna는 그 모든 것에 압도당했다. 감정적으로 그녀는 점점 더 전 남자친구에게 애착을 느꼈다. 그녀는 이 깊어지는 관계에 대해 뭔가가 옳지 않을 수 있다고 걱정했지만 저항하기는 어려웠다.

작업을 통해, 상담자는 먼저 그들의 상황에 대한 그 사람의 무의식적인 은유를 발견한다. 나는 **"이 모든 상황이 어떤 것인가요?"**라고 물었다. Anna는 **"제가 너무 깊이 들어가 있는 것 같아요."**라고 대답했다. 그녀의 은유를 이끌어 내기 위해 특정한 질문을 계속하자, 다음과 같이 나타났다:

- 그녀는 바다 깊은 곳에 허리를 세우고 바다를 바라보고 있다.
- 그녀의 발밑에 모래가 있다.
- 그녀 뒤에는 해변이 있고, 그 뒤에는 건물들이 있다.
- 물은 시원하고 어둡다. 그녀가 멀리 나갈수록 점점 더 차갑고 어두워진다.
- 물살이 휘몰아치며 그녀를 끌어내리고 있는 중이다.

Anna는 그녀의 은유를 더 쉽게 인지할 수 있는 순서가 있고, 그녀가 상담자에게 필요한 정보를 제공하지 않을 때 상담자가 인지할 수 있는 방법이 있다. 자, 이것이 상담자의 은유라고 상상해 본다.

그래서 상담자는 바다를 바라보고 서 있고, 수평선까지 오직 물만이 있다. 발밑에는 모래가 있다. 뒤에는 해변이 있고, 상담자는 허리까지 시원하고 어두운 물속에 있으며, 상담자를 아래로 끌어당기고 밖으로 끌어내는 힘을 느끼고 있다. 이제 관용구를 사용하여 상담자의 자세를 설명하면서 자신의 경험을 주목한다.

- 허리까지 차 있네요.
- 지원이 좀 있긴 하지만, 아주 견고하지는 않아요. 무너질 수도 있으니까요.
- 이미 상당히 깊은 곳에 들어가 있습니다만, 앞으로 가는 방향으로 계속 가다 보면 곧 머리 위로 들어가게 됩니다.
- 가는 방향으로 계속 가다 보면 다 젖을 거예요.
- 물살에 쉽게 떠내려갈 수 있고, 깊이가 깊어질수록 더 쉽게 떠내려갑니다.

관용구가 실제로 상담자의 은유일 때, 일종의 본능적인 지식과 명료함을 가져다줄 수 있는 방식으로 우리의 삶에 맞는 관용구라는 "네, 물론이죠!"라는 경험이 있는 경향이 있다. 나는 Anna와 함께 그 은유에서 그녀의 위치를 묘사하기 위해 관용구를 몇 개 더 추가했다.

- 물은 깊어질수록 더 차갑습니다. 이 방향으로 움직이면 차가운 사람이 됩니다.
- 당신이 기대하기만 하면 되는 것은 깊은 물속으로 들어가고, 머리 위로 들어가고, 실려 가며, 점점 더 추워지는 것입니다.

내가 마지막 두 가지를 말했을 때, "냉정한 사람이 되고 있다."는 Anna에게 무언가를 암시했다. 그녀는 "정말 사실이에요! 저는 이런 식으로 관여할수록 차가운 사람이 되고 있어요."라고 말했다. 지금 상황이 Anna를 괴롭혔다는 것은 분명하다.

그녀는 차가운 사람이 되는 것을 좋아하지 않았다. 상담자가 관용구를 사용하여 내담자의 장면을 묘사할 때, 그의 삶에서 무슨 일이 일어나고 있는지 알 필요가 없고, 그의 경험을 맞추는 데 있어 '올바름'을 가질 필요가 없다.

나는 "당신이 차가운 사람이 되고 있다."는 것이 무엇을 의미하는지 알 필요가 없었다. 그녀는 자신이 '너무 깊은 빠져드는 것'을 우려했었다. 하지만 그 은유는 그녀가 무슨 일이 일어나고 있는지를 더 상세하고 본능적인 방법으로 인식하도록 도왔고, 그녀는 즉시 자신이 해야 할 일이 무엇인지 분명히 했다.

나는 Anna에게 이 자세로 무엇을 하고 싶은지 물었다. "어떤 방향으로 가고 싶나요? 한 걸음 더 앞으로 나가서 더 깊은 곳으로 들어가 더 차가운 사람이 될 수 있어요." 그녀가 말했다. "아니, 돌아서고 싶어요. 돌아서서 해변 쪽으로 가고 싶어요."

다음 회기에 그녀는 지난 회기가 삶의 상황에 전환점이 되었다고 말했다. 그녀는 전 남편을 만나는 것에 분명한 한계를 세웠고, 자신의 삶을 영위하기 위한 조치를 취했다. 그녀는 은유 작업이 자신이 해야 할 일을 할 수 있는 명확성과 용기를 준 것에 만족했다.

Anna는 후속 메일을 보냈다. "저는 선생님과 함께 했던 일과 그 이미지들이 저에게 얼마나 많은 도움을 주었는지에 대해 많은 생각을 해 왔습니다. 저는 제 마음이 이전에 있던 감정적이고 심리적인 장소에서 앞으로 나아갔기 때문에 매우 많이 변했습니다. 정말 강력합니다."

은유는 우리가 어디로 가야 할지 알 수 있도록 도와준다. 은유는 우리의 상황에 대한 명확한 그림을 얻을 때, 때때로 그것은 무엇을 해야 할지 충분히 알 수 있다. 은유는 우리의 무의식의 지혜와 상황 전체에 대한 정보를 제공한다.

우리가 의식적인 마음을 사용하여 생각하려고 할 때, 그것은 더 선형적인 과정이다. 은유는 전체에 대한 우리의 무의식적인 이해를 엿본다. 이것은 움직임의 은유가 사용될 수 있는 한 가지 방법을 잠깐 볼 수 있는 것이다(Andreas, 2015).

내담자들이 어느 정도 트랜스 상태가 되면, 은유적인 방법을 적절하게 활용할 수 있다. 은유는 의식적인 마음에 혼란을 줄 수 있지만, 무의식적인 마음은 은유 속에 담겨진 메시지를 채택하고 상황을 다르게 볼 수 있다는 암시를 받아들인다.

Erickson은 내담자들에게 이야기를 들려주면서 스스로 트랜스 상태로 들어갔다. 상담자가 트랜스 상태로 들어가면 단지 습관적인 불안이 줄어들 뿐만 아니라, 상담자 자신의 무의식적인 연상에 더 개방적이 된다.

따라서 상담자가 트랜스 상태로 되면, 내담자들이 불안을 떨쳐 내고 내면의 잠재력을 탐색하며, 주어진 상황을 다양한 시각으로 바라보는 방법을 찾도록 도와줄 수 있다(Rosen, 1982: 30).

나의 가장 즐거운 경험 중 하나는 정신과 의사로부터 정신분열증 진단을 받은 여성과 함께 일하는 것이었다. 그녀는 다른 사람들이 인식하지 못하는 것을 듣고 보았음에도 불구하고 특수교육 학생들과 함께 일하고 일상생활에 참석하며 자신의 차를 운전하는 매우 행복하고 운이 좋은 기능적인 인간이었다.

여러 면에서 그녀는 다른 사람들과 똑같았다. 그녀는 지진을 두려워했다. 그러나 그녀는 친절하고 협조적이지만, 어떤 사람들에게는 위협적이고, 불친절하며, 집요했다. 상담자는 그녀가 지진에 대한 두려움을 극복하는 것을 돕기 위해 EMDR 치료법을 사용했다. 그녀는 스마트폰의 응용 소프트웨어를 사용할 수 있었고, 자신의 주의를 분산시키고 일시적인 고통을 완화시킬 수 있었다.

그러나 그녀가 지진에 취약하다고 스스로 느꼈을 때, 그녀의 상상력은 그녀에게 모든 것이 흔들리고 있다고 확신시켰다. 그녀를 돕기 위해 상담자는 그녀의 강력한 상상력을 이용하기로 결심했다.

상담자는 그녀에게 그녀가 놀라운 상상력을 가지고 있으며 지구상의 어느 곳에서나 지진에 대해 듣고 자신의 집에서 일어나고 있다고 상상할 수 있다고 말했다. 그녀는 자신이 정말로 지진을 상상했다는 것을 깨달았지만, 자신의 상상력이 오랫동안 자신에게 끼친 영향을 통제할 힘이 없다고 느꼈다.

마침내 두려움을 영원히 추방할 수 있는 것처럼 보였던 것은 상상 속의 지진이라는 부정적인 트랜스 상태에 들어가기 시작했을 때, 단단하고 안정적이라는 것을 알고 있는 것들을 붙잡게 하는 것이었다.

나는 그녀에게 각 신체 부위를 정신적으로 살펴보게 하고 혼잣말을 하게 했다. 만약 내가 단단하고 무거운 것을 만지고 있다면, 그것은 움직이고 있는가? 내가 만지고 있는데 그게 움직이지 않는다면, 내가 움직이고 있는 것인가?

충분한 연습을 하면 그녀는 물리적 현실 테스트를 통해 부정적인 트랜스에서 벗어날 수 있다. 그녀는 지진에 대한 두려움을 떨쳐 내는 것이 기뻤지만, 그러자 몇 명의 나쁜 영혼들이 그녀에게 달라붙어 잠을 방해했다.

우리는 그녀가 편안하고, 행복하며, 통제력을 갖도록 하는 많은 최면 실습을 했다. 이 회기들은 그녀가 여전히 그녀를 괴롭히는 것과 싸울 준비를 하는 데 도움이 되는 것 같았다.

이 여성은 40대였고 10대들과 함께 특수 교육을 받았다. 학생들은 좌절하거나 실망했을 때 자신의 감정을 조절하는 데 어려움을 겪었다. 그녀는 영혼들이 자신에게 하는 것을 별로 통제하지 못하는 것에 대해 불평했다.

그들은 종종 지금 세상과 다음 세상 사이의 해결책을 찾고 있는 영혼들로 나타났다. 상담자는 그 영혼들이 존재하는지에 대해 그녀와 논쟁하지 않았다. 그녀는 향정신성 약물을 복용하고 있었고, 유능한 정신과 의사의 보살핌을 받고 있었다.

하지만 이 환각들은 그녀에게 매우 현실적인 것처럼 보였고 여전히 그녀를 괴롭혔다. 그녀는 영혼을 도울 수 있는 능력을 가지고 있다는 것을 좋아했다. 때때로 그들은 그녀가 그들의 가족에게 메시지를 전달하기를 원했지만, 그 후에 그녀에게 그들과 연락하기 위한 정확한 정보를 주지 않았다.

드문 경우지만 영혼들은 화가 나서 그녀 또는 그녀의 어머니에 대한 위협을 가했으며, 이런 상황은 그녀를 매우 혼란스럽게 했다. 상담자는 영혼들이 무엇을 원하는지 물었고, 그녀는 그들이 그녀가 줄 수 없는 것들을 원한다고 말했다.

그녀는 종종 영혼이 이런 불합리한 것들을 요구했을 때 당황하고 화가 났다. 상담자는 그녀가 학교에서 아이들이 불합리한 요구를 할 때 강한 한계점을 둘 수 있는지 물었다. 그녀는 할 수 있다고 말했다. 그녀는 만약 영혼들에게 화를 내면, 그들은 단지 그들의 나쁜 행동을 증가시켰을 뿐이라고 설명했다. 만약 그녀가 학교에서 아이들에게 대응하는 것처럼 침착하다면, 그들은 훨씬 더 잘 반응했다.

상담자는 그녀에게 이런 상황을 완화시킬 수 있다고 얼마나 자신하느냐고 물었고, 그녀는 매우 자신만만하다고 말했다. 상담자는 이것이 그녀를 혼자 두지 않고 무리한 요구를 하는 영혼들과 함께하는 좋은 접근법처럼 보인다고 말했다.

상담자는 그녀에게 그들이 들어올 것 같은 그녀의 집에 있는 특정한 장소로 가서 물과 담요, 좋은 책을 가져오라고 지시했다. 그리고 영혼들이 그녀를 깨웠을 때, 그녀는 그 구역에 가서 앉아서 책을 읽고, 영혼들이 도착하기를 참을성 있게 기다렸다. 보통 새벽 3시였다.

영혼들이 찾아왔을 때, 상담자는 그녀가 행동 문제가 있는 학교 학생들을 대하는 것처럼 그들을 자연스럽게 대할 것을 제안했다. 그녀는 이렇게 준비했는데 영혼이 찾아오지 않았다고 말했다.

그러나 몇 주 후에 그녀가 방심할 때 한 영혼이 돌아왔다. 그때 그녀는 스스로 문제를 해결했다. 그녀는 얼룩을 묻히는 의식을 하고 어떤 기도를 했는데, 그것은 그 특정한 영혼을 영원히 추방하는 것 같았다.

길을 잃은 불행한 영혼에게 이리저리 떠밀리는 대신, 영혼이 자신을 어떻게 대하는지 통제할 수 있다는 사실이 자랑스러웠다. 그녀는 희생당하고 무력하다고 느끼기보다는 자신의 문제를 해결하는 데 더 창의적이 되었다.

상담자는 지진에 대한 두려움이 가라앉고 성가신 영혼이 사라질 때까지 참을성 있게 내담자와 이야기를 나눴다. Erickson은 내담자가 자신이 말한 환각을 보러 왔을 때 방문할 수 있도록 내담자의 환각을 그의 옷장에 있는 봉투에 보관한 적이 있었다. Erickson처럼 상담자는 최면의 온화함과 활용의 힘을 보여 주었다.

Erickson이 해석을 피하는 것은 내담자들의 언어적인 진술뿐만 아니라, 그들의 신체적인 움직임도 포함된다. Erickson은 비언어적인 표현의 정확한 관찰로 유명하지만, 그가 받아들인 정보는 비언어적으로 남아 있는 경우가 있다.

> Erickson은 은유로 내담자들과 소통을 했지만, 다른 치료자들과 가장 확실하게 구분되는 접근은 그들의 은유가 무엇을 의미하는지 해석할 의지가 없었다. 그는 무의식적인 소통을 의식적인 형태로 바꾸지 않았다(Haley, 1973: 28).

미국 콜로라도 협곡에 사는 독수리들은 가시나무의 나뭇가지로 둥지를 만듭니다. 그리고 그 위에 깃털을 겹겹이 쌓아 포근하게 만든 후 알을 낳는다고 합니다. 그러다 새끼들이 어느 정도 자라면 어미 독수리는 둥지 속 깃털을 모두 버립니다.

텅 빈 둥지 속에서 가시에 찔리면 새끼들은 가시를 피해 가장자리로 가는데 이때, 어미 독수리는 새끼들을 쪼아 둥지 밖으로 떨어지게 합니다. 그러면 아직 나는 법을 모르는 독수리 새끼는 어설픈 날갯짓을 계속합니다.

하지만 결국은 아래로 곤두박질을 치게 됩니다. 하지만 새끼 독수리들이 바닥에 떨어지려는 찰나, 공중을 선회하던 어미 독수리가 큰 날개를 펴서 땅에 닿기 직전의 새끼를 자신의 날개로 받아 냅니다. 어미 독수리는 그런 과정을 반복하는 사이에 새끼 독수리는 날개를 퍼덕거리면서 자연스럽게 나는 법을 배운다고 합니다.

유능한 상담자는 사건의 자연스러운 흐름 속에서 피할 수 없는 경험이나 내담자들의 행동과 상관없이 일어나는 경험에 대해 조언을 함으로써 실패할 가능성이 불필요하게 발생하는 것을 막는다.

또한 상담자는 거의 간접적이고 심지어는 인식할 수 없는 조언에 의존하는 경향이 있다. 이런 간접적인 조언들은 문구, 단어 등등으로 이루어져 있는데 상담자는 과거 경험을 통해 이런 것들이 깨달음, 생각의 경향, 내적 반응을 효과적으로 유도한다는 것을 알고 있다.

게다가 조언은 가장 광범위하게, 가장 허용적인 방식 혹은 이중성을 지닌 방식으로 주어지기 때문에 내담자들이 나타내는 그 어떠한 반응도 적절한 것으로 여겨질 것이며 그들 스스로의 최면 능력에 대해 확신을 갖고 신뢰하게 된다.

55세의 여성인 Mildred는 남편이 사망한 후 치료를 위해 의뢰되었다. 그녀는 자신이 전혀 움직이지 않고 삶의 가장 작은 측면에 대해서도 결정을 내릴 수 없었다. Mildred는 자신이 문제를 해결할 수 없다는 사실에 우울하다고 설명했다.

그녀는 도전적이라고 느껴지지 않은 직장을 떠날 수도 없었다. 집을 팔 것인지 유지할지 결정하지 못한 채. 은행을 바꾸고 싶지만 어쩌지 못해 좌절했다. 그녀는 늙었지만 멋진 개를 어떻게 해야 할지 당황했다.

그리고 그녀의 아이들이 새집에 대한 계약금을 위해 돈을 빌리고 싶어 하기 때문에 걱정되었다. 그녀는 어떤 결정을 내리거나 자신의 자신감과 생활방식을 약화시키는 행동을 취할 수 없다는 것을 직면하지 않을 수 없었다.

상담자는 그녀가 혼란스럽고 무기력하며 우울해 보이며 자신의 삶을 앞으로 나아갈 동기가 필요하다고 보았기 때문에 그녀에게 스토리텔링을 활용하기로 결정했다. 그래서 구덩이에 빠진 녹색 개구리 이야기를 했다.

"작은 녹색 개구리가 길을 뛰어다니다가 갑자기 트럭이 달려오는 상황에 처해서 구덩이에 박혔지만, 구덩이가 너무 깊어서 작은 개구리가 아무리 높이 뛰어도 가장자리에 닿을 수 없었습니다. 한번은 거의 뛰어넘을 뻔했지만, 개구리는 미끄러져 바닥으로 떨어졌습니다.

할 수 있는 한 열심히 노력했지만 개구리는 빠져나올 수가 없었죠. 지칠 때까지 계속 점프했어요. 마침내 나가려고 노력하는 것에 지친 작은 개구리는 휴식을 취하기 위해 앉았습니다. 그는 다음에 해야 할 일에 대해 정말로 생각해야 했어요.

바로 그때 또 다른 개구리가 길을 뛰어 내려왔습니다. "도와주세요", 구덩이에 빠진 개구리는 "이 구멍에서 나를 꺼내 줘요."라고 외쳤어요. 두 번째 개구리는 구덩이에 빠진 개구리의 울음소리를 듣고 구멍 가장자리로 가서 들여다보았습니다. 그는 다른 개구리를 보았을 때 "구덩이에서 뭐하고 있어요?"라고 말했죠.

"나는 구덩이에 빠졌고 지금은 빠져나올 수 없어요. 도와줄 수 있나요?" 두 번째 개구리는 최선을 다했습니다. 먼저 그녀는 앞다리를 구멍에 최대한 집어넣었지만 갇힌 개구리는 최대한 높이 뛰어올라도 손을 뻗을 수 없었죠.

다음에 두 번째 개구리는 자신의 긴 뒷다리를 구멍에 꽂았습니다. "점프해요."라고 갇힌 개구리에게 말했습니다. "내 다리를 잡아요. 그리고 나는 끌어낼 수 있어요." 그러나 구멍에 있는 개구리가 아무리 단단하거나 얼마나 높이 뛰어올랐는지에 상관없이, 갇힌 개구리는 친절한 개구리의 뻗은 다리에 닿을 수 없었어요.

마지막으로, 두 번째 개구리는 "글쎄, 나는 도울 수 없는 것 같으니 포기하는 것이 좋겠네요."라고 말했습니다. "안 돼!" 구멍 속의 개구리가 비명을 질렀죠. "잠깐, 좋은 생각이 있어요. 당신은 나와 함께 구멍으로 뛰어내리고 나는 당신의 등에 올라갈 것입니다. 그러면 이 구멍에서 뛰어내릴 수 있을 것 같아요."

"바보 같은 짓이에요." 구덩이 밖의 개구리가 말했습니다. "당신이 내 등을 사용할 수 있도록 내가 구멍에 뛰어든다면, 나는 당신처럼 거기에 갇히기 쉽거든요. 좋은 선택이 아니야. 게다가 나는 데이트 약속이 있어요."

구덩이 밖 개구리는 "안녕과 행운을 빌어요."라고 말하며 개구리를 구덩이에 놔둔 채 길을 따라 뛰어갔습니다! 하지만 잠시 후에 그녀는 거친 숨소리를 들었을 때, 깜짝 놀라 돌아서서 다른 개구리가 길을 따라 뛰어다니는 것을 보았어요.

"잠깐만요. 내가 마지막으로 당신을 보았을 때, 당신은 길에서 그 구덩이에 갇혀 있었죠. 나는 내가 아는 모든 방법으로 당신을 도우려고 노력했지만 내가 한 일은 아무 효과가 없었어요. 어떻게 그 틀에 박힌 틀에서 벗어날 수 있었어요?"

개구리는 "처음에는 트럭이 나를 갇히게 만들고 이번에는 큰 트럭이 와서 우연히 내가 빠진 구덩이를 메우는 바람에 무사히 빠져나올 수 있었어요."라고 대답했습니다. Mildred는 그 이야기에 당황했다. 그녀는 그 이야기와 그녀의 문제 사이에 아무런 연관성이 없다고 생각했다.

"내가 당신의 도움을 받으러 왔는데 왜 나에게 이야기를 하는 겁니까? 게다가 나는 그 이야기가 무엇을 의미하는지 이해하지 못합니다. 설명해 주세요." "글쎄요, 우리는 단지 이야기를 하고 설명하지는 않습니다."

회기가 끝날 무렵 그녀는 다소 좌절하고 약간 화를 냈다. 그럼에도 불구하고, 그녀는 상담을 계속하기 위해 돌아오기로 약속했다. 다음 회기까지 2주가 지났다. 그녀는 처음 만났을 때보다 훨씬 덜 긴장하고 덜 불안해 보였다.

"글쎄요, 나는 모든 이전 계정을 폐쇄하고 새 계정을 열었습니다. 나는 오래된 회계사를 해고하고 새로운 회계사를 고용했습니다. 나는 집의 제목을 바꿨고, 나는 그것을 유지할 것입니다. 아이들은 은행에서 돈을 빌릴 수 있습니다.

나는 아이들이 나에게 너무 의존하기를 원하지 않아요. 여행을 하고 싶어요. 그래서 이제 그 끔찍한 직장에서 은퇴하고 다른 일을 해야죠." 그녀의 목소리는 침착했다. "어머나, 내 트럭이 따라온 것 같아요(Barretta, 2006: 6)."

Mildred와 같은 고착된 삶의 패턴을 가진 내담자의 경우, 다소 구체적인 은유를 통해 그녀는 구덩이에 박힌 개구리의 곤경을 들을 수 있었다. '의식적인 수준에서 그녀는 이야기를 단순히 들었지만, 무의식적인 수준에서는 그녀만이 행동으로 옮길 수 있다.'는 것을 깨닫기 시작했다.

그녀는 해야 할 일을 결정하고 그것을 할 수 있다는 것을 알았다. 은유에 포함된 메시지는 모든 것이 말하고 끝났을 때, 그녀가 갇혀 있는 구덩이에서 벗어나고 문제를 해결하기 위해 움직이는 것은 그녀 자신의 자원이라고 말했다.

유머나 스토리텔링뿐만 아니라 Erickson의 드라마틱한 개입은 오랜 경직된 패턴에 반응하는 새로운 경험적 기반을 마련해 주었다. 그는 내담자들의 주의가 고착되어 있을 때 주어진 자극에서 새로운 의미를 자유롭게 찾기를 바랐다.

어떤 사례든지 Erickson의 개입은 개인의 고유한 강점과 자원을 드러내고 활용하는 것이다. 연구에 의하면 '만성 정신질환자에게 스토리텔링은 약물치료나 전형적인 심리치료보다 훨씬 효과적'이었다고 보고한다. 망상, 조울증, 환청, 환시, 관계 기술의 부족, 낮은 자아존중감, 편집증적 사고, 주의집중력 결핍으로 진단받고 정신병동에 입원했던 환자들에게 스토리텔링을 해 준 결과 증상이 크게 호전되었다.

> 한 여성이 박사학위 심사에서 계속 떨어졌다. 심사위원들은 그녀가 충분히 합격할 자격을 갖추고 있다고 여겼지만, 그녀는 심사 시간에 완벽한 공포에 빠졌고 한마디도 못했다. 그래서 Erickson은 그녀를 트랜스 상태로 데려가서 변호사 시험에서 늘 떨어지는 다른 내담자에 대한 이이기를 했다.
>
> 다음에 그에게 Arizona가 얼마나 살기 좋은 곳인지, 이렇게 좋은 곳에 사는 것에 비하면, 변호사 시험에 합격하는 일이 얼마나 하찮은 것인지를 스토리텔링하고, 다시 공포에 빠질 때는 경험하는 것들을 바라보게 했다.
>
> 몇 회기에 걸쳐 엄습하는 공포를 객관적으로 바라보는 실습을 하면서 한 달 후에 그녀는 심사 도중에 전혀 공포 상태에 빠지지 않고 무난하게 시험에 합격할 수 있었다(Zeig, 1980: 63-64).

감정은 우리로 하여금 위협을 감지하게 하고, 시련을 처리하게 하며, 사랑하는 사람과 연결시켜 줌으로써 우리의 생존을 돕는다. 효과적으로 치료를 하고 싶다면, 은유를 의사의 처방전처럼 사용해서는 안 된다. 또한 은유는 유일한 치료적 개입이 아니다. 은유는 여러 다른 개입을 포함한 전체 치료 계획에 속하는 일부분이다.

어려운 문제를 다룰 때는 문제에서 벗어나 내담자들의 반응과 증상에서 흥미로운 설계를 구상하라. 다음으로 내담자들의 설계와 비슷하고 더 나은 흥미로운 설계를 제안하는 이야기를 하나 또는 그 이상 선택한다(Rosen, 1982: 35).

지금 당신이 안정된 보폭으로 곧장 난 길을 걷고 있는데 문득 배가 고파집니다. 처음 보이는 식당을 지나치다가 자기도 모르는 사이에 발걸음을 늦춥니다. 당신이 여성이라면 자기도 모르게 보석상 진열창 쪽으로 방향을 돌릴 수도 있습니다.

운동선수라면 자기도 모르게 스포츠 용품점 쪽으로 방향을 돌릴 것입니다. 만약 당신이 치과에 가야 하는데 가기 싫어서 치아를 방치하고 있다면, 치과 앞을 지날 때 무의식중에 빨리 걸을지도 모릅니다. 무의식은 몸으로 말합니다(Rosen, 1982: 70).

Erickson은 이 이야기를 통해서 학습과 감각 연상에 시간을 할애하라고 말하고 있다. 강력한 부정적인 감정이 내담자들을 압도할 때, 주의를 전환시켜 그들의 감지되는 감각을 이용하는 것은 반응 능력을 향상시킨다.

5. 내담자의 잠재력을 끌어올리는 상담 사례

Stephen은 알코올 중독으로 30일간의 주거 치료 프로그램을 마쳤을 때 상담자에게 의뢰되었다. 그는 그 프로그램에 참여하면서 인지행동 재발 예방 전략의 뇌 질환에 대한 기초 교육을 받았다.

Stephen은 중학교 때부터 마약과 술을 사용하기 시작했다. 그의 아버지는 알코올로 사망했다. 그의 두 형들은 술을 많이 마시고 주말에 파티에서 자주 약물을 복용했다. Stephen은 쌍둥이 자녀가 태어나자 좀 더 자신을 통제하려고 했다.

하지만 그는 집에서 거의 시간을 보내지 않았고 자신의 사업장에서 오랜 시간을 일했으며, 몇 시간 뒤에는 술집에서 고객들을 만났다. 그의 쌍둥이가 세 살이 되었을 때, 그는 마침내 도움이 필요하다는 것을 깨달았다.

40세가 된 Stephen은 아들들에게 더 나은 어린 시절을 주려는 동기가 매우 강했다. 상담자는 회복과 관련된 감정을 관리하기 위해 트랜스를 사용했다. Stephen의 현재 순간 경험을 창구로 활용하여 그의 삶을 색칠하고 그의 관계를 손상시키는 분노와 방어를 밝혀내는 전략을 세웠다.

초기 작업에서는 Stephen의 분노에 집중했다. 그는 작은 일 때문에도 폭발했고, 특정 활동의 상실과 그가 피해야 할 술집 때문에 더 술을 마시고 싶은 욕구를 촉발시켰으며, 관계에서도 문제를 일으켰다.

그는 아내의 이해 부족에 조급해질 때도 있었다. 그는 가족들이 아버지의 병의 진짜 본질에 대해 이야기하지 않는 것에도 화가 났다. 분노가 그의 마음속에서 솟구치고 있었지만 그는 그것을 의식하지 못했다.

"정말 화가 났군요, 그렇죠?"라는 상담자의 공감에 Stephen은 "화나는 일에 대해 말할 때는 에너지가 넘쳐 납니다."라고 반응했다. "말하시면서 주먹을 웅크리고 있죠?"와 같은 상담자의 언급은 트랜스 상태로 가는 과정에 도움이 되었다.

트랜스 상태는 현재 순간을 바꾸거나 피하려 하지 않고 주의 깊게 주의를 기울이는 것을 포함한다. 상담자는 Stephen의 의식 바로 바깥에 놓여 있는 그의 몸 속의 실제 감정과 에너지와 접촉하여 그가 거기에 관심을 두도록 도왔다.

그가 갑자기 외쳤다. "그래요! 난 미쳤어요." 그는 자신의 목소리에 놀란 기색이 역력했다. 상담자는 속도를 조금 늦추고 그를 초대하여 "이 감정에 대해 연구하는 건 어때요?"라고 묻고서는 분노의 질을 연구하게 했다.

가슴과 팔과 주먹이 모두 조여들었기 때문에 상담자는 그를 초대하여 몸의 그런 부분을 트랜스 상태에서 탐색하도록 했다. "당신의 가슴과 팔에 무슨 일이 생긴 것 같네요." 상담자가 개입했다. "몸 안의 그런 부분의 느낌으로 시작해 보는 것도 좋을 것 같습니다. …… 거기에는 너무나 많은 에너지와 긴장감이 있습니다."라고 말했다.

그 감정에 수반되는 감각을 천천히 탐구하면서 Stephen은 자신의 이야기 내용과 덜 동일시되었고, 자신의 내적 경험에 대해 더 궁금해졌다. 주먹을 꽉 쥐고 팔을 들어 올리고 싶은 충동을 느끼면서 그의 트랜스 상태는 더 깊어졌고, 그런 신체적인 변화를 인지할 수 있었다.

상담자는 Stephen에게 그런 움직임이 일어날 때마다 불러일으킬 수 있는 여러 가지 생각, 감각, 감정, 이미지, 기억들을 탐색하기 위해서 행동에 좀 더 여유를 가지고 늦추도록 천천히 해 볼 것을 격려했다.

Stephen은 눈을 감고 아주 천천히 주먹을 쥐고 두 팔을 머리 위로 치켜들었다. 그의 가슴 전체가 그렇게 확장되었다. "나는 회색곰 같아요." 그가 말했다. "난 으르렁거리고 싶어요. …… 싸울 준비가 됐어요."

"그 모든 것, 긴장, 으르렁거리고 싶은 충동, 준비 태세가 되어 있군요." 공감 후에 상담자가 제안했다. "생각하지 말고, 이런 충동과 감각에 빠져들도록 내버려 두세요. 싸울 준비가 된 곰이 당신을 어디로 데려가는지 보십시오."

Stephen은 잠시 자신의 경험을 조용히 살피다가 슬픔의 표정이 그의 얼굴을 스쳤다. "손해가 너무 많아서…… 어떻게 대처해야 할지 모르겠어요. …… 겁이 납니다. …… 그리고 지금 내 주위의 모든 사람들을 겁주고 있어요."

이러한 통찰력은 두려움에 대한 그의 근본적인 감정과 회색곰이 되어 자신을 보호하기 위한 그의 감정적인 전략을 더 잘 처리할 수 있게 해 주었다. Stephen은 팔과 주먹에 스며드는 긴장의 신체 신호를 세심하게 검토하게 되면서 그가 피해왔던 근본적인 감정을 알아차릴 수 있었다.

재발 방지를 위한 트랜스는 자연의 아름다움을 도구로 사용하는 것이었다. 겨울이 오고 있었고, 스키 시즌이 되었다. "열세 살 때부터 우리는 막대기와 나무로 만든 스키를 들고 비탈길로 올라가곤 했어요. 그런 식으로 하지 않는 건 상상도 못하겠어요. 어떻게 해야 할지 모르겠어요. 아내와 아이들은 내가 화를 낼까 봐 제 눈치를 봅니다." 상담자가 말했다. "정말 혼란스럽죠?"

그는 고개를 끄덕이며 말했다. "그냥 가서 스키를 타고, 예전처럼 재미있게 놀고 싶을 뿐이지만, 그게 내가 정말 원하는 게 아니라는 건 알아요. 적어도 산장에서 맥주라도 안 마시는 건 정말 힘들겠죠." 상담자가 물었다. "이 모든 것을 연구하기 위해 작은 실험을 해 보는 건 어떨까요?" 상담자는

Stephen을 내면의 경험으로 안내했다.

지난 겨울은 무척 추웠습니다. …… 차가운 밖에서 스키를 타다가 숙소로 돌아오면 장작이 타는 난로 가에 있는 것만으로도 감사하게 느껴집니다. …… 난로는 겨울에 대단히 도움이 되는 물건이죠. …… 난로 곁에 있으면 따뜻함과 편안함을 느낄 수 있다는 것을 우리는 경험으로 알고 있습니다.

단지 조용히 앉아서 시간이 흐르게 되면 더욱 편안해지면서…… 기분이 더욱 좋아짐을 느끼게 됩니다. …… 그리고 아름답게 타오르는 장작들을 보고 있으면…… 시간이 흐르는 줄 모르게 되고…… 점점 더 깊은 몰입 상태로 들어갈 수 있습니다.

상담자는 단지 판단 없이 이미 일어나고 있는 생각, 이미지, 감정, 기분, 감각, 충동을 알아차리라고 제안했다. 그는 준비가 되었다는 신호로 상담자에게 고개를 끄덕였다. 상담자는 눈을 감고 그 자신의 모든 감각을 이용하여 그에게 부츠와 스키 도구를 착용하고 눈 속에 서 있는 자기 자신을 상상해 보라고 제안했다.

이러한 개입은 그의 관심과 생각을 현재의 고통과는 동떨어진 일에 붙잡아 두기 위해서다. 왜냐하면 그의 고통에 대해서 공감하면서 동시에 다른 관계 설정 상황으로 넘어가야 하기 때문이다. 그런 상황이 지금과는 멀리 떨어져 있기 때문에 그는 훨씬 덜 흥분된 상태에서 말을 할 수 있었다.

그가 천천히 말했다. "내가 제일 먼저 알아차린 건 숲의 냄새입니다. 공기가 너무 상쾌해서…… 기분이 좋습니다." 상담자가 말했다. "그냥 숨을 들이쉬고 공기 냄새를 맡는 게 어때요?" 그가 말했다. "와, 이 일을 얼마나 좋아하는지 전혀 몰랐어요. 나무와 공기와 푸른 하늘……."

그의 온몸이 기억과 상상 속에서 편안해졌다. "기분이 좀 풀리죠?" 상담자는 현재 경험에 대해 물었다. "그래요, 생각만 해도 살아 있는 것 같아요. 정말 거기 있는 것 같아요." 상담자는 Stephen에게 살아 있는 듯한 느낌을 더 깊게 심어 주기 위해, 그렇게 하는 것처럼 몸을 곧게 펴는 육체적인 경험과 연결시켜 보라고 격려했다.

그의 얼굴에 커다란 미소가 떠올랐다. 상담자가 말했다. "정말 기분이 좋죠?" "네!" 그가 대답하면서 미소는 더 커졌다. "나 자신도 정말 기분이 좋아요. …… (그는 좀 더 긴장을 풀고) 그리고 비탈을 바라보면 정말 흥분됩니다. 빨리 올라가고 싶어요."

상담자는 Stephen에게 긍정적인 감정과 감각을 그대로 간직하고, 얼굴에 떠오른 미소에 깊이 빠져들도록 격려했다. 잠시 후에 그는 상담자에게 말했다. "이렇게 기분이 좋습니다. 약에 취한 것도 아닌데." 상담자는 Stephen이 접근한 자신의 선함과 살아 있는 모습을 충분히 경험하도록 도왔다.

"내가 술을 마시기 전, 정말 어렸을 때부터 이런 기분을 느껴 본 적이 없는 것 같아요. …… 만약 내가 이 기분을 느낄 수 있다면, 나는 재미를 위해 맥주를 마실 필요가 없겠죠. 그리고 나 자신과 싸울 필요도 없을 겁니다."

시간이 흐르면서 Stephen은 자연의 즐거움을 계속 활용하는 방식으로 받아들일 수 있는 능력을 키웠다. 술이나 약물에 취하고 싶은 충동을 느낄 때마다 그것은 견딜 수 있는 자원이 되었다. 몸 안의 좋은 감정에 접근하면 충동을 느낄 때 휩쓸리지 않는다는 사실이 자연스러운 과정이 되었다. 그러한 과정에서 Stephen은 자신을 매우 순진하고 젊은 자신의 일부와 연결시킬 수 있었다.

Stephen이 위에서 설명한 내부 자원을 개발하고 트랜스 능력을 향상시켰을 때, 그는 자신의 약물 남용과 관련된 근본적인 문제와 충족되지 못한 욕구를 탐구하는 것을 받아들일 수 있었다.

점차 Stephen은 끊임없이 활성화되는 깊은 불안을 경험하고 연구하게 되었다. 한 회기에서 그는 매우 빠르게 말하기 시작했다. 이와 관련된 무의식적인 재료들을 탐구하기 위해 트랜스 상태에서 작은 실험을 시도했다.

트랜스 상태를 활용하여 중독을 유도하는 기본 감정을 밝혀내는 데 현재 순간을 유지하는 것은 일상화되는 습관의 기초가 되는 감정뿐만 아니라 깊고 본능적인 근원이 되는 정보를 얻을 수 있다.

Stephen이 위에서 설명한 내적인 자원들을 개발하고 더 깊은 트랜스 상태로 들어가게 되면서, 그는 자신의 약물 남용과 관련된 근본적인 문제와 충족되지 않은 욕구를 탐구하는 것을 받아들일 수 있었다. 또한 그는 끊임없이 활성화되는 깊은 불안을 충분히 경험하고 연구할 수 있었다.

중간의 한 회기에서 그는 매우 빠르게 말하기 시작했다. 이와 관련된 무의식적인 재료를 탐구하기 위해 트랜스 상태에서 현재에 머무르는 작은 실험을 시도했다. 중독을 유도하는 내면의 감정ㅈ을 발견하기 위해 트랜스 상태를 사용하면, 강박 습관의 기초가 되는 감정뿐만 아니라 깊고 본능적인 정보를 얻을 수 있다.

Stephen은 자신의 내면 경험에 주의를 돌렸다. 순간 경험을 알아차릴 때, 그는 빠른 말 패턴을 반복했지만, 그렇게 하는 동안 말도 안 되는 상황과 전혀 어울리지 않는 음절을 사용했다. 그는 즉시 엄청난 불안을 느꼈다.

"내 직감에 커다란 불타는 긴장감의 매듭이 걸려 있는 것 같고, 나는 매듭에서 벗어나기 위해 빠르게 말하고 있어요."라고 그가 반응했다. "우리가 조금만이라도 상황을 검토해도 괜찮을까요?" 상담자가 물었다. "조금만요." 그가 상담자에게 말했다.

그래서 둘은 정신을 차리고 불타는 긴장감의 매듭의 감각적인 경험을 탐구하기 시작했다. Stephen은 그 불타는 매듭이 자신의 갈비뼈 밑에 박혀 있고, 자신을 매우 힘들게 하며, 오랫동안 그곳에 있었다고 보고했다.

그가 주의를 기울이자, 심박수가 더 빨라지는 것을 느낄 수 있었다. 상담자는 천천히 과정을 진행하면서 그가 다시 떠오르는 감각과 감정을 바라보도록 제안한 다음에 그가 경험하는 것이 무엇을 가리키는지 물었다.

"그 불타는 긴장감의 단단한 뭉침을 말로 표현한다면, 지금 여기서 당신에게 무슨 말을 할까요?" 그는 감각에 더 깊이 빠져서 보고했다. "안전하지 않아요." 상담자가 물었다. "두려워요?" Stephen은 고개를 위아래로 끄덕였다.

상담자가 다시 물었다. "이런 긴장감이 하는 말을 계속 들으면서 안전하지 않은 것에 대해 탐색할 수 있을까요?" 상담자가 Stephen이 말한 것을 확인했다. "다음에 무슨 일이 일어날지 모르는 것 같네요." "무슨 일이 일어날지 모르겠어요. 나는 부모님들이 멈추기를 바랍니다." "물론 그러시겠죠."

상담자가 말했다. "부모님들이 싸우고 소리치고 일을 망가뜨리면 너무 무서워요. 그리고 당신은 혼자 숨어야 합니다. 부모님들은 당신이 세상에서 안전하다고 느끼도록 도와주고, 겁을 주지 않도록 도와주어야 했어요."

Stephen의 눈은 눈물로 가득 차 있었다. "아이들은 집에서 안전하다고 느낄 필요가 있어요. 아이가 집에서 안전하다고 느끼지 못할 때는 그의 몸에서 안전하다고 느낄 수 없습니다. 그래서 저는 아이들의 안전을 제일 중요하게 여깁니다."

Stephen은 상담자가 자신에게 말을 하자 눈에 띄게 긴장을 풀고, 그의 어린 부분에는 없어진 안전과의 연결, 이해를 제공했다. 우리는 이 기억을 그것이 형성된 특정한 상태에서 계속 처리했다. 잃어버렸던 긍정적인 경험이 적절하게 제공되었을 때, Stephen은 자연스럽게 그 경험들을 통합하기 시작했다. 그는 "내가 어떻게 두려움을 내 안에 간직하고 있었는지 알게 되었습니다."라고 말했다.

"이제 나는 내가 괜찮다는 것을 알 수 있어요. 내 횡격막이 부드러워지는 것을 느낄 수 있습니다. 선생님을 만나고 세상에는 저를 도와주는 다른 사람들도 있다는 걸 알았습니다. 내 아내처럼요." 그가 덧붙였다.

이러한 순간은 무한한 가능성을 제공한다. 트랜스 상태는 현재 일어나고 있는 일에 대한 문을 열어 준다. 이러한 인식을 통해 과거로 인해 생각과 감정이 흐려지거나 부정적인 미래를 예상하고 있을 때를 알 수 있다.

내담자가 과거 긍정적인 내면의 자원에 접근함에 따라, 상담 관계에서는 지금-여기로 돌아올 수 있다. 내담자의 신체적인 변화가 끊임없이 자신에게 더 연결되도록 도와주는 신호로 사용할 수 있다.

이 사례에서는 ① 현재 경험과 성격의 논리적 전략에 대한 탐구, ② 재발을 예방하는 것, ③ 중독을 유발하는 근본적인 정서적 손상에 대한 탐구, ④ 내담자의 자원 개발 등으로 절차를 활용했다(Murphy, 2017).

밀턴 에릭슨의 상담이론과 실제

6장

저항을 수용하고
선택권 주기

내담자들의 무의식은 상담자의 외부 개입으로 인하여 본능적으로 발생하는 저항 경향성을 가진다. 하지만 저항을 줄여야 그들은 의식의 한계를 넘어서서 문제해결에 활용할 수 있는 자원을 노출시키고 치유를 향해 움직인다.

내담자들이 상담과정 중에 나타내는 그 어떠한 행동, 태도 혹은 감정의 활용은 Erickson의 기본적인 상담 접근 원칙이다. 내담자들이 행동하거나 생각하거나 느끼는 그 어떤 것이라도 깊은 트랜스 경험을 유도하는 데 활용될 수 있다. 거부도 활용될 수 있으며 거부 반응은 직접적으로 깊은 상태를 유도할 수도 있다.

거부, 적대심, 끊임없는 움직임, 주체할 수 없는 웃음, 불안 등등은 상담자가 상담 상태에 이르는 올바른 방법이 있다고 믿을 때에만 문젯거리가 된다. 만약 내담자들이 상담에 참여하기로 동의했다면, 또 그들이 사무실에 스스로 찾아왔다면, 그들이 하는 것은 다 괜찮은 것이며 상담자도 그렇게 반응해야 한다.

그들의 행동과 반응들은 그들이 있는 곳에서 상담 상태로 가기 위해 택해야 할 방향에 대한 설명으로 볼 수 있고 이 행동과 반응들은 감사히 받아들여져야 하며 내담자들을 점진적으로 혹은 재빠르게 깊은 상태로 유도하기 위해 창의적으로 활용되어야 한다(Havens, 1985: 218).

오직 내담자들만이 필요하면서도 독특한 정보를 제공할 수 있기 때문에 만약 상담자가 변화에 알맞은 분위기를 창조하지 못한다면, 그들은 효율적으로 변화를 추진할 수 없다(Havens, 1985: 136-137).

Erickson은 제자들에게 그들만의 고유한 기법을 창의적으로 만들라고 충고했다. "나의 목소리나 억양을 모방하려고 하지 마세요. 오로지 여러분 자신의 것을 창조해 내십시오. 여러분 자신의 자연스러운 자기(self)가 되세요(Rossi, 1980d: 70)."

Erickson은 제자들에게 "여러분이 내 작품을 읽을 때, 기술, 패턴, 제안의 문구에 주의를 기울이지 마십시오. 정말로 중요한 것은 변화에 대한 동기와 그 자신의 능력을 완전히 아는 사람은 없다는 사실입니다."라고 충고했다(Zeig, 2022).

1. 저항에 접근하는 방법

많은 내담자들이 제한적이거나 불안정한 상태에서 상담실을 찾는다. 그들은 확신이 없고, 갈등이 있거나, 혹은 허무함을 느끼며, 때로는 혼란스럽거나, 단절되거나, 통제 불능인 것처럼 보이는 방식으로 행동한다. 아마도 그들은 치료를 받은 적이 없거나, 치료를 경험했지만 결코 다르게 느끼지 못했을 것이다.

그러나 계속되는 저항도 '상담자에 의하여 휘둘림을 당하지 않으려는 내담자들의 힘을 집중할 수 있는 자원으로 보고 문제에 휘둘리지 않는 방향으로 전환될 수 있다는 관점'을 가진다면, 비교적 편안하게 그들을 바라볼 수 있다. Erickson은 지속적으로 저항하는 내담자들에게 기본적으로 다음과 같은 태도를 유지했다.

당신에게는 나에게 대항하는 힘이 있습니다. …… 그리고 그 힘에 집중해 보십시오. …… 그러면 당신에게 이익이 되는 방향으로 활용될 수 있습니다. …… 어떻게 활용될 수 있는지 궁금하지 않으세요? …… 저에게 휘둘림을 당하지 않는 힘을 활용하면,…… 문제에 휘둘림을 당하지 않을 수도 있습니다(Rossi Ryan, & Sharp, 1983: 237).

저항을 변화할 수 있는 힘으로 간주하면, 접근 방법은 다양하다. Erickson은 상담이 항상 내담자들을 심리치료 이론에 맞추는 것이 아니라, 이론이 내담자들에게 알맞도록 디자인되어야 한다는 것을 강조했다(Erickson & Rossi, 1979: 415).

> 내담자 중심의 협조적인 상담자는 긍정적인 변화를 위한 유일한 방법이 존재한다는 관점에 집착할 필요가 없기 때문에 내담자들이 어떤 반응을 보여야 한다고 고집할 이유가 없다. 대신에 상담자는 그들이 새로운 인식을 인지할 수 있는 또 다른 목소리를 제공할 수 있어야 한다.
>
> 결국 어떤 아이디어를 받아들일 것인지, 변화를 산출하는 방법에 대한 개인적인 이론들을 어떻게 적용할 것인지는 전적으로 내담자들의 선택에 달려 있다(Bertolino, 2002).

Erickson에게 글을 읽을 줄 모르는 중학교 1학년 소년이 의뢰되었다. 부모는 아들로 하여금 글을 읽게 하려고 가능한 모든 방법을 동원했다. 부모가 애쓸수록 소년은 거부했다. 지금까지 소년의 여름 방학은 항상 글을 읽게 하려는 가정교사와 씨름하는 과정이었다. 이번 여름 방학은 Erickson에게 보내졌다.

그는 다음과 같이 말하는 것으로 상담을 시작했다. "나는 네 부모님이 좀 완고하다고 생각하거든. 너는 네가 읽을 수 없다는 것을 알고, 나도 네가 읽을 수 없다는 것을 알아. 이제 너와 나 사이에 그 문제는 잊어버리자.

하지만 나는 너를 위해서 무엇인가를 했으면 해. 그건 물론 네가 좋아하는 것이어야 하지. 자, 무엇을 가장 좋아하니?" 이러한 Erickson의 개입에 아이가 말했다. "여름마다 나는 아빠와 함께 낚시를 가고 싶었어요."

그는 아빠가 어디로 낚시를 가는지 아느냐고 물었다. 아이는 아빠가 경찰 공무원인데 Colorado, Washington, California, 심지어는 Alaska까지 낚시를 간다는 것이었다. 아이의 아빠는 미국 서부 전역의 해안가를 따라 두루 다녔다.

그는 낚시를 할 수 있는 곳에 위치해 있는 마을들의 이름을 아이가 알고 있는지 궁금했다. 둘은 미국 서부 해안가의 지도를 만들면서, 좋은 낚시터가 되는 마을들의 위치를 배치했다. 둘은 지도를 읽지 않고 쳐다보았다.

그가 어떤 마을의 위치를 잘못 찾으면 아이는 정확하게 바로 잡았다. Colorado의 Springs라는 마을을 California에서 찾으면 아이는 콜로라도에서 그 마을의 정확한 위치를 바로 찾았다. 읽지는 못하나 바로 잡을 수는 있었다.

아이는 관심이 있는 마을의 위치를 급속도로 빠르게 학습했다. 그 이름을 읽지는 못했다. 둘은 지도를 보고 낚시를 할 수 있는 지점을 찾으면서 즐거운 시간을 보냈다. 아이는 기꺼이 상담실에 왔고, 다음은 물고기와 다양한 종류의 미끼들에 대해 토론했다. 둘은 또한 동물도감을 펼쳐서 다양한 물고기들을 보았다.

8월이 끝날 무렵, Erickson은 아이에게 제안했다. "이제 개학하면, 읽기 시험을 봐야 할 거야. 부모님이나 선생님은 네가 해낼 수 있는지 무척 걱정하고 있겠지. 그래서 말인데, 그분들에게 네가 당한만큼 갚아 주고 '내가 참 잘못했구나.'라고 반성하게 하려면 어떤 일이 일어나야 할까?"

소년은 "내가 책을 읽으면 돼요."라고 대답했다. "그래, 네가 더듬거리면서라도 읽게 되면 그분들은 놀라서 기절할 거야. 그렇게 해 볼 생각은 있니?" 아이는 괜찮은 놀려 먹기라고 생각하고서는 바로 글을 읽기 시작했다(Metcalf, 1995: 106-107).

저항도 넓은 의미에서는 내담자가 자신이 상황을 통제하려는 노력이다. 학업에 실패하는 아이들에게 Erickson은 다음과 같은 표현을 자주 했다. "얼마나 많이 공부할 것이냐를 결정하는 것은 전적으로 너의 권리란다. 나는 네가 원하는 것보다 더 많이 공부하기를 바라지 않거든."

내담자들이 자세를 바꾸고, 싸우며, 안절부절못하고, 방향을 바꾸며, '좋은' 혹은 '나쁜'만을 제시하고, 강렬함과 공허함을 드러내며, 웃거나 농담으로 안전을 이끌어 내는 것을 포기하면 어떻게 될까? 상담자는 그런 내담자의 내면 상태를 확인하기 위해 스스로에게 다음의 질문을 한다.

"그 에너지는 어디로 가는가? 몸에서 느껴지는 것은 무엇인가? 외부에서 보이는 신체는 어떻게 내부 감각에 부합하는가?" 감정은 무의식 마음이 유연성이 떨어져 경직되게 막히고 얼어붙는 정도에 따라 내담자들의 사고에도 영향을 준다.

Erickson은 내담자들이 '자신의 감정 속으로 들어가는 경험을 트랜스 상태에서 하게 되면, 융통성을 확보하여 유연해지고 문제에 대해 객관적인 시각'을 가지게 된다고 보았다. 심리학자들은 통찰이 무의식적인 것인지 아니면 처음부터 의식적인 것인지에 대해 논쟁을 벌여 왔다.

다행스럽게도 무의식적인 통찰력의 증거를 얻는 것은 어렵지만 불가능하지는 않다. 실험의 결과는 적어도 통찰력이 먼저 무의식적인 수준에서 발생하고 나중에 의식이 된다는 것을 나타낸다.

> 상담자의 개입에 따라 일단 내담자들이 문제에 대해 어떤 감정적인 경험을 하면 유연성이 확대되면서 새로운 시각으로 바라보게 되고 이어서 문제에 대한 또 다른 관점들을 선택할 수 있다. 그리고 이러한 관점의 변화가 궁극적으로 현존하는 문제에 대해 다르게 대처하는 무의식적인 결단을 내리게 한다(O'Hanlon, 1987: 33).

상담자가 변화를 제한시키면 내담자들은 저항한다. 그리고 저항하기 위해서는 어떤 희생도 치르려고 하기 때문에 증상을 포기할 수도 있다. 저항도 힘이다. 상담자는 그 힘의 방향을 그들에게 이익이 되는 쪽으로 향하도록 돌려놓는다.

내담자들이 반항적이고 방어적인 태도를 보이거나 멍한 모습 혹은 극도로 분노하는 모습 등 이해할 수 없는 행동을 보이면, 이러한 행동들이 심각한 위협에서도 살아남으려고 경직된 패턴을 반복하는 것임을 이해하는 것이 중요하다. 아주 저항적인 태도에도 긍정적인 의도가 있으며, '문제행동들도 자신들의 내적인 욕구를 충족시키려는 최상의 노력'일 뿐이다.

> 저항은 지나치게 영향을 받는 상호작용에 대한 거부의 표현이므로 상담자의 경직성에 대한 도전이고 비관주의와 두려움에서 벗어나고자 하는 몸부림이다. 따라서 상담자는 항상 내담자에게 저항할 수 있는 기회를 줘야 한다. 그의 저항 이면에는 타인의 연민을 애타게 갈구하는 한 인간이 존재한다(Dolan, 2000: 2).

내담자들이 인지적으로 이해하지 못하는 상황에서도 경험을 통해 문제를 해결할 수 있다는 개념은 Erickson의 중요한 공헌 중에 하나다. 따라서 그는 내담자들의 의식에 호소하는

'직접적인 개입보다 긍정적인 변화가 일어날 수 있는 맥락을 조성하는 자체(간접적인 접근)를 더 중요하게 간주'했다(Erickson, 2006: 5).

한 여인이 1년 전 뇌졸중으로 전신마비가 된 남편을 데리고 California에서 부터 Erickson을 찾아왔다. 그는 프러시아계의 독일인이었고, 전통이 있는 집안에 대해 대단한 자부심을 가지고 있었다. 마비가 된 후 다시는 회복될 수 없다는 말을 자주 듣던 중에 Erickson을 찾아오게 되었다.

이러한 이야기를 부인으로부터 들은 Erickson은 도와주겠지만 부인이 절대로 중간에 끼어들지 말 것을 요구했다. 그녀가 동의하자 Erickson은 환자에게 욕설을 퍼부었다. 비웃고 조롱하면서 '**더러운 나치 놈, 구제 불능한 인간, 정신병자**'라고 욕을 해 댔다. 환자의 분노가 커지자, Erickson은 아직 준비가 덜 되었으니 제대로 혼나기 위해서 다음 날 오라고 지시했다.

바로 그때 환자는 1년 만에 처음으로 말을 할 수 있었다. "**싫소.** ……" 그러자 Erickson은 반복해서 비난을 퍼부었다. 환자는 되풀이해서 '**싫다**'라는 말을 했다. 다음에 그는 자리에서 일어나 비틀거리며 출입구로 걸어갔고, 계단을 내려갔다.

다음 날 그가 돌아왔을 때 Erickson은 자신의 언행을 사과하고 겸손하게 협력적으로 회복과정을 시작했다. 두 달의 기간에 그는 걷기, 말하기, 쓰기와 같은 능력이 회복되었고, 자신의 직장으로 돌아갔다 (Haley, 1973: 115).

상담을 진행하는 데 저항이 일어나면 돌아가야 한다. 내담자를 한쪽 의자에 앉혀서 온갖 저항을 불러내고는 다른 쪽 의자에 앉힐 수 있다. 내담자는 저항을 한쪽에 남겨 두고 아무런 저항 없이 다른 쪽에서 작업할 수 있다(Rosen, 1982: 80).

Erickson은 심리치료에 관한 이론적인 접근을 자연환경과 비유하여 설명하기를 좋아했다. 예를 들어, 상담자가 내담자들에 대한 존중과 인내심을 가져야 한다는 것을 그는 다음과 같이 은유적으로 표현했다.

상담자는 기다림의 과정, 즉 내담자들이 진정한 자신이 되어가는 과정을 즐겨야 한다. 씨를 뿌리고 언제, 어떤 꽃이 필지 모르기 때문에 땅을 파헤치기보다는 호기심을 가지고 즐겁게 돌보면서 때를 기다릴 수 있어야 한다(Rosen, 1980: xii).

자연과의 경험으로 Erickson은 상담자의 강박적인 노력이 오히려 더 큰 저항을 유도한다는 것을 통찰했다. 이럴 경우, 인위적이고 부자연스러운 노력을 그만두는 것이 필요하고 저항을 줄인다.

　　상담자가 무시하면 일종의 혼란스러운 경험이 되지만 내담자가 저항하고 싶은 욕구는 사라지게 된다. 내담자들의 저항을 줄이기 위해서는 그들이 근거를 찾을 수 있도록 상담자는 다음과 같은 질문을 스스로에게 물어본다.

- 이 상황에서 현재의 경험으로 무엇을 얻을 수 있을까?
- 이 내담자는 나를 어떻게 인식하는가?
- 상황에 영향을 미치는 환경에서 또 무슨 일이 일어날 수 있는가?
- 내담자의 행동은 필요나 발달된 기술에 대해 무엇을 말해 주는가?
- 반응에 유연하게 대처하고, 내담자의 필요에 따라 상호작용을 조정하며, 당신의 목소리/현실/상호작용(환영, 위협 등)에 대한 내담자의 인식을 인지하라. 상황에 무엇을 가져오는지 알아야 한다.
- 조용하고 주의 깊은 존재가 되어라.

> 　　과체중의 여성이 Erickson을 찾아왔다. 그녀는 남성 전문가의 권위적인 모습에 불편해하면서 자신을 통제하려고 시도하는 누구에게도 저항했으므로 문제를 호소하였지만 해결할 수는 없었다.
>
> 　　문제에 대해 말하기를 꺼렸으므로 Erickson은 관찰한 대로의 사실을 묘사했다. "내가 무엇을 하든 간에 당신은 이 시간을 쓸모없게 만들어 버리는 표현을 계속해서 할 것입니다. 내가 하는 말이 어떻게 들리세요?"
>
> 　　그녀는 그렇다고 대답했다. 그러자 Erickson은 사실 그녀가 자기를 조종해 왔고 그건 보답해야만 할 특권이라고 주장했다. 그녀의 보답에는 과체중을 개선하는 것도 포함되었다(Short, Erickson, & Erickson-Klein, 2005: 191-192).

　　Erickson은 내담자의 경험으로부터 구체적인 것을 끌어내기 위해 무의식을 초대하는 '개방형 질문(Open-ended suggestions)'을 사용했다. 일반적으로 주관적인 질문이라고 하는 개방형 질문은 간단한 '예' 또는 '아니요'로 대답할 수 없는 질문이다. 일반적으로 더 긴 대답을 요구하고 응답자가 자세한 설명을 하도록 요구한다.

　　개방형 질문은 응답자의 주관적인 관점을 이해하는 데 사용된다. 질문자는 시각화 도구 및 기술을 사용하여 나중에 분석할 수 있는 미묘한 피드백과 응답자로부터 풍부하고 정직한 의견을 얻을 수 있다.

　　우리 모두는 알지 못하는 잠재력을 갖고 있으며, 보통 그것이 어떻게 표현될지 모릅니다. 혹은 당신은 얼마나 많이 배우는지 모르면서 배우고 있습니다. 그리고 내가 당신에게 '이것을 배우세요.' '저것을 배우세요.'라고 하는 것은 옳지 않습니다.

　하지만 당신은 원하는 모든 것을 배울 수 있습니다. 더 긴장을 풀면, 곧 또는 아마도 몇 분 안에 더 깊은 몰입 상태로 들어갈 수 있습니다. 호흡이 깊어지면 아마도 맥박이 더 느려질 수 있고 눈이 닫힐 수도 있습니다. …… 당신이 편안하게 휴식을 취하는 동안 떠다니는 자신의 감각을 느낄 수도 있고, 단순히 신체가 더 가볍게 혹은 더 무겁게 느껴질 수도 있습니다.

　내담자가 저항할 때 말보다 행동으로 옮기면 대단히 효과적일 수 있다. 이러한 접근은 마치 상담자가 말이 고갈되어서 행동으로만 그에게 메시지를 전달할 수밖에 없는 것처럼 대응하는 전략을 구사하는 것이다.

　청소년 집단상담에서 상담자의 개입에 "모르겠어요."라고 반응하면서 계속 장난치는 구성원들이 있었다. 개선될 기미가 없자, 상담자는 "너희의 머리는 모를 수 있지만 몸은 이해할 수 있거든. 그래서 나는 너희의 몸이 정말 무엇을 알고 있는지 궁금하거든. …… 너희는 궁금하지 않아? 몸의 움직임이 무엇을 이해하는지를 알기 위해서 몸에 주의를 기울여 봐."

　다음에 상담자는 여러분의 몸이 무엇을 말하는지 자신도 알아야겠다며 일어서서는 돌아가면서 각각의 구성원들을 가볍게 포옹했다. 가장 심하게 장난쳤던 아이의 차례가 되자, 힘껏 껴안으면서 "네 몸은 나에게 특별히 더 도와달라고 호소하는 것 같구나."라고 진지하게 말했다.

　이런 경험 다음에 상담자는 구성원들이 집단에 집중하지 못할 때, "네 몸이 무엇을 도와 달라고 호소하고 있니?"라고 되물었다. 이러한 과정을 통해서 장난을 치면 뭔가를 도와달라는 호소로 받아들이는 집단의 규준이 설정될 수 있었다.

　저항은 내담자들이 현재의 경직된 패턴을 유지시킴으로써 병리적이지만 균형을 유지하고자 하는 욕구에서 나온다. 상담에 적응하는 자체가 그들의 입장에서는 균형이 깨어지는 것이므로 어떤 방식으로든 거부한다.

　이럴 경우, 상담자는 저항을 권유한다. 만약 '저항하라는 권유를 구성원들이 수용하면, 제안을 따르기 시작했다는 의미'가 된다. 거부하면 순응하는 것이므로 그들은 무의식적으로 문제 상황에 대해 통제력을 가지게 된다.

　비행 청소년 집단에서 상담을 방해하는 구성원이 있었다. 상담자는 다음과 같이 개입했다. "하나만 분명히 하자. 네가 여기에 앉아서 나를 방해하는 것이 아무것도 하지 않고 시간을 보내는 것보다 훨씬 낫다고 생각하거든.

> 그래서 말인데, 이렇게 다른 친구들과는 다르게 할 수 있다는 것이 다른 친구들 앞에서 얼마나 자랑스럽니? 기분이 얼마나 통쾌해? (대답이 없었으므로) 얼마나 좋은 기회니? 다시 내가 하는 것을 방해하고 기분이 어떤지 말할 수 있겠니?" 이런 상황이 계속되자, 그는 집단에 적응하기 시작했다.

일반적으로 변화하고자 하는 동기가 없는 사람들은 상담이 도움이 안 되고, 아무런 의미가 없다고 말한다. 그러나 나는 그들의 언급을 무시하고 게으름이나, 너무 쉽게 포기하는 것과 같은 그들이 말하는 핵심적인 주제와는 관련이 없는 것들을 문제로 정의한다. 나는 계속해서 불친절하게 개입하고 보다 더 노력하도록 다그친다.

이러한 나의 태도에 그들이 심하게 공격하면 나는 풀이 죽는다. 그들은 계속 공격하거나 저항하는 일에 자신을 집중시킬 것이고, 성공적으로 몰입 상태가 될 것이다. 그러면 나는 매우 부드러워진다(Rossi, 1980a: 326).

Sallyann과 Epston(1996)은 문제를 외부의 침입자로 보고 내담자들을 참여케 하는 실습을 개발했다. '증상과 의사소통을 하게 되면, 그것은 이미 증상의 성격을 잃어버린다.' 상담자는 외부에서 공격하는 문제의 다양한 역할들을 상담자나 다른 의뢰인이 맡아서 해 보도록 제안할 수 있다.

이제 눈을 감고 여러분이 문제가 되어서 그의 내면을 파고 들어가 보십시오. 그로 하여금 당신에게 휘말리도록 속삭여 보세요. 결국에 문제인 당신이 원하는 목적이 무엇입니까? 그 목적을 달성하기 위해서 과감하게 공격해 보십시오.

이 과정은 공격하거나 받는 모두에게 감정적인 경험이 되기 때문에 인지적인 작업의 한계를 벗어날 수 있다. 또한 대인관계에 대한 민감성을 키우고 상담자에 대한 저항을 문제에 대한 저항으로 전환시킬 수 있다.

> 상담자는 내담자들의 저항을 열린 마음으로, 사실은 우아하게 수용해야 한다. 왜냐하면 저항은 문제 부분에서 결정적으로 중요한 소통이며 자주 그들의 방어를 개방적으로 변화시키는 자원으로 활용될 수 있기 때문이다. 하지만 내담자들은 이러한 변화를 인식하지 못한다(Rossi, 1980a: 299).

예를 들어, 갑자기 외부에서 비행기의 굉음 소리가 들린다면, 상담자는 내담자의 스트레스를 비행기에 실고 떠나가는 장면을 상상하도록 도울 수 있다. 만약 개 짖는 소리가 들린다면, 아름다운 공원에서 자유롭게 질주하는 장면과 호숫가 잔디밭에서 휴식을 취하는 장면을 상상할 수 있다.

내담자들의 내면에서 온갖 걱정거리를 쌓은 느낌이 든다면, 먹구름처럼 그런 걱정거리를 모여들게 하고 결국에는 시원한 소나기를 내려서 걱정거리를 사라지게 하는 상상으로 이어 갈 수 있다.

꼬리에 꼬리를 물고 상념에 빠지게 된다면, 철로를 달리는 기차에 자신의 상념을 태우고 자신은 기차에서 내려 언덕에 앉아 멀어져 가는 기차를 바라보듯이 상념을 바라보는 자신을 상상해 보도록 도울 수 있다(Alman, 2001: 528). 상담자는 피해자들의 어조, 리듬, 이미지, 은 유, 행동, 신념, 저항조차도 활용한다.

이웃 사람들의 비웃는 소리가 나를 괴롭게 해요.

→ 그건 당신이 가진 특별한 능력입니다. 그런데 당신의 문제는 그런 특별한 능력을 제대로 활용하지 못했다는 것입니다. 다음에는 그런 능력을 충분히 활용해서 끝까지 들어 보세요.

끝까지 들어도 여전히 비난하는 소리가 들립니다.

→ 청각장애인들은 들을 수 없기 때문에 말을 할 수도 없습니다. 멀리서 다른 사람이 속삭이 는 이야기를 들을 수 있다는 것은 또한 당신이 원하는 메시지를 전달할 수 있는 능력을 가지고 있다는 의미도 됩니다. 다른 사람의 비난을 멈추기 위해 어떤 메시지를 전달하고 싶습니까?

💬 과도하게 부정적인 생각을 멈추는 10가지 방법

심호흡과 의료 전문가의 도움 요청을 포함한 기술은 과도한 생각의 스트레스를 완화하는 데 도움이 될 수 있다. 마침내 자신에게 몇 가지 조용한 시간이 주어지고, 그 감사 이메일을 보내는 것을 잊어버렸는지, 아니면 프로모션을 받을 가능성을 과대평가했는지 바로 궁금해 지기 시작한다.

걱정과 과도한 생각은 인간 경험의 일부이지만 방치될 때, 당신의 행복에 피해를 줄 수 있 다. 2021년 연구에 따르면, 같은 생각에 머무르는 것은 특정한 정신건강 상태의 위험을 증가 시킬 수도 있다. 그렇다면 지나치게 생각하는 사람은 무엇을 해야 할까? 이 조언들은 당신 이 올바른 방향으로 나아가도록 도와줄 수 있다.

① 뒤로 물러나서 자신이 어떻게 반응하는지 본다

당신의 생각에 반응하는 방식은 때때로 당신을 반추 혹은 반복적인 생각의 순환 속에 있게 할 수 있다. 반추는 종종 한 사람의 정신건강에 부정적인 결과를 야기할 수 있다. 다음번에 계속해서 마음속으로 일을 처리하는 자신을 발견했을 때, 그것이 자신의 기분에 어떤 영향을 미치는지 주목하라. **"짜증이 나거나, 긴장되거나, 죄책감을 느끼는가? 자신의 생각 뒤에 숨겨진 중요한 감정은 무엇인가?"** 자기인식을 갖는 것은 당신의 사고방식을 바꾸는 열쇠다.

② 주의를 다른 데로 돌린다

당신이 즐기는 활동에 참여함으로써 과도한 생각을 중단한다. 이것은 사람마다 다르게 보이지만 아이디어는 다음과 같다.

- 새로운 요리법을 다루면서 몇 가지 새로운 주방 기술을 배우기
- 가장 좋아하는 운동 수업에 가기
- 그림과 같은 새로운 취미를 갖기
- 지역 단체와 함께하는 자원봉사하기

생각에 압도당했을 때, 새로 시작하는 것은 어려울 수 있다. 산만함을 찾는 것이 어렵게 느껴진다면, 예를 들어 30분 동안 이틀에 한 번씩 작은 시간을 할애한다. 이 시간을 잠재적인 산만함을 탐색하거나 기존의 산만함을 처리하는 데 사용한다.

③ 더 큰 그림을 본다

5년이나 10년 후에 머릿속에 떠도는 모든 문제들이 당신에게 어떤 영향을 미칠까? 당신이 처음부터 파이를 굽는 대신에 주전자를 위한 과일 접시를 샀다고 정말로 신경 쓸 사람이 있을까? 사소한 문제들이 중대한 장애물이 되지 않도록 하라.

④ 다른 사람을 위해 좋은 일을 한다

다른 누군가를 위해 짐을 덜어 주려고 노력하는 것은 당신이 사물을 시야에 넣는 데 도움이 될 수 있다. 어려운 시기를 겪고 있는 누군가에게 도움이 될 수 있는 방법을 생각해 보라. 이혼 중인 친구분에게 몇 시간의 육아가 필요한가? 아픈 이웃을 위해 식료품을 사다 줄 수 있나?

당신이 누군가의 하루를 더 좋게 만들 수 있는 힘을 가지고 있다는 것을 깨닫는 것은 부정적인 생각들이 받아들여지는 것을 막을 수 있다. 그것은 또한 당신의 끊임없는 생각의 흐름

대신 당신에게 집중할 수 있는 생산적인 것을 제공한다.

⑤ 자동 부정적인 생각(Automatic negative thoughts)을 인식한다

자동 부정적인 생각(ANT)은 무릎을 꿇는 부정적인 생각을 말하며, 일반적으로 두려움이나 분노를 포함하며, 때때로 상황에 반응하여 발생한다. 당신은 당신의 생각을 기록하고 그것들을 바꾸기 위해 적극적으로 노력함으로써 당신의 ANT를 확인하고 작업할 수 있다.

- 노트를 사용하여 불안감, 기분, 그리고 자동으로 떠오르는 첫 번째 생각을 주는 상황을 추적한다.
- 세세한 부분까지 파고들면서 그 상황이 왜 이런 부정적인 생각을 일으키는지를 평가한다.
- 당신이 경험하고 있는 감정을 분해하고 그 상황에 대해 당신 자신에게 말하고 있는 것을 확인하려고 노력한다.
- 당신의 원래 생각에 대한 대안을 찾으세요. 예를 들어, "이것은 엄청난 실패가 될 것입니다."로 바로 뛰어드는 대신, "저는 정말로 최선을 다하고 있습니다."라는 대사를 따라 무언가를 시도해 본다.

⑥ 성공을 인정한다

당신이 생각에 잠겨 있을 때, 멈춰 서서 당신의 노트북이나 당신이 가장 좋아하는 휴대폰의 필기 앱을 꺼내 보라. 지난 한 주 동안 바로 일어난 다섯 가지 일들과 그것들에 대한 당신의 역할을 적어 본다.

이것들이 대단한 성과일 필요는 없습니다. 아마도 당신은 이번 주에 커피 예산을 고수했거나 차를 치웠을 것이다. 당신이 종이나 스크린에서 그것을 볼 때, 당신은 이 작은 것들이 어떻게 합쳐지는지에 놀랄 수 있다.

⑦ 현재에 머무른다

명상을 할 준비가 안 되었나? 지금 이 순간 자신을 지지할 수 있는 다른 많은 방법들이 있다. 지금-여기에 있는 몇 가지 아이디어가 있다.

- 플러그를 뽑는다. 매일 지정된 시간 동안 컴퓨터나 전화기를 끄고, 그 시간을 한 번의

활동에 보낸다.

- 당신이 가장 좋아하는 식사 중 하나를 자신에게 대접한다. 한 입 한 입마다 즐거움을 찾도록 노력하고, 음식의 맛, 냄새, 그리고 입 안에서 어떻게 느끼는지에 정말로 집중한다.
- 밖으로 나간다. 블록 주위를 잠깐만 돌더라도, 밖으로 산책을 한다. 지나가는 냄새나 들리는 소리에 주목해서, 도중에 당신이 보는 것들의 목록을 작성한다.

⑧ 다른 의견을 고려한다

때때로 당신의 생각을 잠재우는 것은 당신의 평소 관점에서 벗어나야 한다. 당신이 세상을 어떻게 보는지는 당신의 삶의 경험, 가치, 그리고 가정에 의해 형성된다. 다른 관점에서 사물을 상상하는 것은 당신이 소음 중 일부를 극복하는 데 도움을 줄 수 있다.

머릿속에서 빙빙 도는 생각들을 적어 보라. 각각의 생각들이 얼마나 타당한지 조사해 본다. 예를 들어, 당신은 곧 있을 여행이 재앙이 될 것이라는 것을 그저 알고 있기 때문에 스트레스를 받는 것일지도 모른다. 하지만 정말로 그렇게 될 것인가? 당신은 그것을 뒷받침할 어떤 종류의 증거가 있는가?

⑨ 자기 연민을 실천한다

과거의 실수에 연연하는 것은 당신을 놓아주지 못하게 한다. 만약 당신이 지난주에 한 일 때문에 스스로를 괴롭히고 있다면, 자기 연민에 다시 집중해 보라. 시작할 수 있는 몇 가지 방법은 다음과 같다.

- 스트레스가 많은 생각을 주목한다.
- 발생하는 감정과 신체 반응에 주의를 기울인다.
- 그 순간 당신의 감정이 당신에게 진실하다는 것을 인정한다.
- "내가 있는 그대로의 나를 받아들일지……." 또는 "나는 **충분하다.**"와 같이 당신에게 말하는 구절을 채택하라.

⑩ 자신의 두려움을 받아들인다

어떤 것들은 항상 당신의 통제를 벗어날 것이다. 이것을 받아들이는 방법을 배우는 것은 과도한 생각을 억제하는 데 큰 도움이 될 수 있다. 2018년의 한 연구는 부정적인 생각과 두려움을 받아들이는 것이 심리적인 건강을 개선하는 데 도움이 될 수 있다는 것을 보여 준다.

물론 이런 일은 말보다 쉬워도 하룻밤 사이에 일어나지는 않는다. 하지만 자주 걱정하는 상황에 직면할 수 있는 작은 기회들을 찾아보라. 아마도 상사의 동료에게 맞서거나, 당신이 꿈꾸던 그 혼자만의 여행을 떠나는 것일 수도 있다.

2. 저항을 무의식에 초대하기

창의적이 되려면 내담자들과 상황에 적합하도록 개인화되어야 한다. Erickson이 이론을 피한 것은 내담자들의 핵심을 더욱 분명하게 보기 위해, 그리고 내담자들의 욕구에 자신의 개입을 맞추기 위해서였다.

창의적인 개입을 위한 상담자의 과업은 어떤 기법이 가장 잘 작동할 것인지를 알아내는 것이다. 이것은 지속적으로 그들의 심리적인 수준을 평가함으로써 성취될 수 있다(Short et al., 2005: 182).

> 매일매일의 심리치료에서 Erickson은 예상하지 못한 일들을 했다. 그는 전통적인 심리치료자들이 행하는 것과는 반대되는 실천을 했다. 슈퍼비전을 할 때에도 제자들에게 첫 회기에 최면을 걸도록 고무시켰다. 첫 회기에 최면을 유도하는 과정에서 진단적인 정보를 모으는 일이 그에게는 흔한 일이었다(Zeig, 1985: 17).

Erickson도 이야기나 최면 암시를 되풀이했으나 각각의 개인에 맞추고 수정하기 위해서 조심스럽고 신중했다. 하지만 제자들이 다양한 반응들을 학습하기 위해서 한 가지 유도방식을 되풀이하도록 고무시켰다(Zeig, 1985: 16).

Erickson은 그 당시 도식적인 처방처럼 받아들여지던 정형화된 전문가들의 견해를 굳이 말하지 않고도 전문적인 개입 방법을 가르칠 수 있었다. 대신에 그의 설명은 상담에 중요한 많은 요소들을 강조했다.

> 세심하고 날카로운 관찰의 가치, 내담자들이 가진 지각 패턴과 동기를 이해하려는 의지, 증상의 체계적 기능에 대한 관심, 그들의 강점과 자원을 이끌어 내기 위한 개입을 고안할 때 필요한 창의성, 변화를 위한 중요한 매체인 의사소통의 예리한 은유 등이 Erickson이 강조했던 요소다(Zeig & Munion, 1999: 43).

Erickson은 내담자들이 어떤 경직된 패턴을 보이더라도 그들의 주의를 집중하도록 돕기 위해 자신의 반응을 내담자들이 알 수 있고, 할 수 있는 모든 가능한 범위 내에 포함될 수 있도록 노력했다.

그러면 내담자들이 트랜스 상태로 들어가려는 목적에 부합하게 된다. Erickson은 내담자들의 경험으로부터 모든 구체적인 것들을 얻기 위해 저항하는 그들의 무의식을 초대하는 자연스럽게 개방적인 암시를 활용했다.

당신은 말하거나 움직이거나…… 어떤 노력도 할 필요가 없습니다. …… 심지어 눈을 뜨고 있을 필요도 없습니다. …… 사람들은 자면서 자신들이 자고 있다는 것을 모를 수 있죠. …… 당신은 꿈을 꾸지만…… 그 꿈을 기억하지 못할 수 있어요. …… 그리고 당신은 눈꺼풀이 언제 저절로 감길지도 모릅니다.

이러한 개입에 어떤 내담자는 긍정적으로 받아들이기도 하고, 어떤 이들은 거부하는 반응을 보이기도 한다. 아무것도 느끼지 못하는 사람도 있고, 눈물을 흘리거나 행복감을 느끼는 사람도 있다.

다음에 내담자가 "저는 지금 할 말이 없어요."라고 말한다면, 상담자는 "그래도 생각해 보세요. 모두가 할 말이 있어요. 자, 지금 무슨 말을 하고 싶으세요?"라고 강요하지 않는다. 대신 상담자는 이렇게 말할 것이다. "할 말이 없다는 그 부분에 귀를 기울여 보겠습니까? 그렇게 해보면 뭔가를 이야기해 줄 것입니다."

Erickson은 상담자의 강박적인 노력이 오히려 더 큰 저항을 유도한다는 것을 통찰했다. 이럴 경우 상담자가 인위적이고 부자연스러운 노력을 그만두는 것이 저항을 줄인다. 상담자가 무시하면 일종의 혼란스러운 경험이 되지만 내담자가 저항하고 싶은 욕구는 사라지게 된다.

이중 구속 이론은 Bateson과 그의 동료들이 정신분열적인 사고가 반드시 선천적 정신장애가 아니라 외부에서 부과된 인지 이중 결합에 대한 반응으로 학습된 무력감의 패턴이라는 가설을 세웠고, 정신분열증과의 관계에서 처음으로 표현했다.

이러한 이중 구속은 종종 공개적인 강제 없이 통제의 한 형태로 활용된다. 이중 구속(double binds)은 상호 충돌하는 두 개 이상의 메시지를 보내서 응답하는 사람은 의사소통의 딜레마에 빠지게 된다.

한 메시지에 대한 성공적인 응답이 다른 메시지에 대한 응답 실패로 이어지는 상황을 만들어(그 반대의 경우도 마찬가지) 응답하는 사람이 자동으로 잘못된 것으로 인식된다. 이러한 이중 구속은 반응하는 내담자가 근본적인 딜레마를 해결하거나 상황을 거부하는 것을 방지한다.

Erickson은 내담자를 위해 강제적인 이중 구속을 설정했다. "지금 트랜스 상태로 들어가고 싶어요? 아니면 나중에 들어가고 싶어요?" 이중 구속은 사실상 우리가 무의식이 얼마나 많이 아는지를 모르기 때문에 다음과 같이 말할 수 있다.

"나는 당신의 무의식이 의식보다 그것에 대해 더 잘 안다고 생각합니다. 그리고 무의식이 의식보다 더 잘 안다면 아마도 당신이 생각하고 있는 것보다 더 잘 알 것입니다." 이중 구속에 대한 Erickson의 태도는 다음과 같다. "나는 내가 내담자들에게 말하는 것을 그들이 좋아하는 방법으로 정확히 선택할 수 있다고 생각한다."

이중 구속의 특별한 예는 이중 분리다. "당신의 몸으로서는 깨어날 필요가 없습니다. …… 당신 몸이 깨어날 때 당신이 깨어날 수 있지만, 몸은 알지 못한 채…… 목 윗부분만 깨어날 수 있습니다."

Erickson은 자연 현상을 관찰하라고 말하면서 열린 마음을 가지라는 암시도 끼워 넣었다. 그의 말이 후최면 암시로 작용해서 그의 말을 들은 사람은 자연을 볼 때마다 열린 마음을 떠올릴 것이고, 결국에는 감정에 열린 마음으로 반응할 것이다.

Erickson의 아들인 Lance는 어릴 때부터 심장질환이 있었다. 그는 아들에게 집 앞에 서 있는 거대한 떡갈나무에 대한 이야기를 자주 했다. Lance는 아직도 아버지가 백 년이 된 나무에 대한 이야기를 기억한다.

"저 나무는 오래 산단다. 그리고 더 커지고 강하게 된단다. 저 나무를 바라보면 저절로 기분이 좋아지고 감탄하게 되지?" 그리고 아버지와 아들은 그 나무가 땅과 햇빛에서 어떻게 에너지를 얻는지, 어떻게 다람쥐와 새들에게 집을 마련해 주고 먹을 것을 제공해 주는지를 자세하게 이야기했다.

Lance는 성장하면서, 항상 나무들을 쳐다보는 것을 대단히 좋아했다. 오늘날까지 그는 여전히 살아 있으며, 그의 말로는 나무의 대단한 숭배자다. 그는 그저 나무들을 쳐다보는 것만으로도 즐거워한다.

이제 그는 아버지가 자신에게 말한 이야기 속에 내포한 메시지를 깨닫고 있다. 그는 비록 심장질환을 가지고 있지만, 그것이 그가 오랫동안 살아가지 못할 어떠한 이유도 되지 않는다는 것을 알고 있다 (Erickson & Keeney, 2016: 27).

Erickson의 이야기가 아들의 생명을 연장하는 데 도움이 되었는지에 대한 진위를 판별하거나 아들에게 심장질환에 대한 염려를 덜어 주었는지를 증명하는 것은 어렵다. 그의 관점에서 본다면, 단지 도움이 되는 정보를 주었고 그 정보를 어떻게 활용하느냐 하는 문제는 전적으로 아들이 가진 무의식적인 지혜에 맡겼다.

오직 내담자 자신만이 내적 과정을 이끌어 갈 수 있는 유일한 사람이며, 자신의 과거 경험을 재통합할 수 있는 무의식적인 능력을 가지고 있다. '트랜스는 자아의 통제영역을 벗어나 내담자의 고유한 정신적 과정을 활용하는 것'이다. 외적 현실을 통제하는 것이 주된 의무인 의식으로서는 내적 현실로 진입하는 것이 쉽지 않고, 고유한 정신적 과정을 활용해야 저항에서 벗어난다.

상담자의 경험이나 능력에 관계 없이 내담자들을 내적 상태로 유도하고 반응을 하는 데 있어서 중요하게 고려해야 할 점은 '그들의 욕구와 만나고 개성을 가진 인간으로서 그들에 대한 존중, 무의식적인 기능 패턴에 대한 자각과 인식'이다. 내담자가 아닌 상담자는 내담자의 내적 상황에 자신을 맞춰야 한다(Rossi, 1980a: 161).

'부정적인 패턴은 내담자들이 자신의 지각과 행동을 조직하는 깊은 신념을 성찰'할 수 있을 때 바꿀 수 있다. 상담자는 내담자들의 패턴을 따라가고, 다음에 그들과 약간의 변화를 시도한다(Zeig & Geary, 2001: 258).

> 상담은 내담자들에게 하나의 배움의 과정, 재교육 과정이다. 효과적인 결과들은 오직 그들의 활동으로부터 발생한다. 상담자는 단지 그들을 자극해서 활동(종종 그 활동이 앞으로 어떻게 될지 모른 채)으로 인도하고, 원하는 결과를 얻기 위해 어느 정도의 과업이 행해져야 하는지 임상적인 판단을 내린다.
>
> 어떻게 인도하고 판단하느냐가 상담자의 문제가 된다. 반면에 내담자들의 과제는 그의 경험적인 삶을 새로운 방식으로 이해하기 위해 자신의 노력을 통해 배우는 것이다. 물론 그러한 재교육은 내담자들의 삶의 경험, 이해, 기억, 태도, 생각 등의 관점에서 필수적으로 진행되는 것이지, 결코 상담자의 생각이나 의견을 주입시키는 관점에서 진행되는 것은 아니다(Rossi, 1980d: 39).

나는 당신이 지금 이 상담실에서 최면에 대해 어떻게 배우건 관심이 없습니다. …… 누구나 이따금—잠들지도 깨어 있지도 않은, 중요하지 않은 순간에—선잠이 든 상태로 최면을 배우기 때문입니다.

나는 아침에 눈을 뜨면 바로 일어나는 것을 좋아하고, 아내는 늘 15~20분 정도 밍기적거리면서 천천히, 서서히 깨어납니다. 나는 혈액이 곧장 머리로 가지만, 아내는 혈액 공급이 매우 느립니다.

누구에게나 자기만이 방식이 있는 것이죠. …… 경험에 따른 학습은 단순히 경험하고 경험을 돌아보며 분석하지 않을 때 가장 잘 일어납니다. …… 경험하는 동안 경험을 너무 이해하려고 애쓸 필요는 없습니다(Rosen, 1982: 165).

Erickson은 "나는 당신이 이 상담실에서 최면에 대해 어떻게 배우건 관심이 없습니다. 누구나 이따금—잠들지도 깨어 있지도 않은, 중요하지 않은 순간에—선잠이 든 상태로 최면을 배우기 때문입니다."라고 언급했다.

또한 최면을 배우는 과정이 상담실 밖에서도 지속된다는 후최면 암시를 했다. 다음에 이런 학습이 아침에 눈을 뜨는 것과 같은 여러 가지 구체적인 상황에서 이루어진다고 간접적으로 암시했다.

더불어 그는 "누구에게나 자기만의 방식이 있는 것이죠."라는 표현으로 각자 자기만의 고유한 방식으로 이런 학습을 할 수 있고, 경험에 따른 학습은 분석하지 않을 때 가장 잘 일어난다고 암시했다.

트라우마가 된 일이 이미 지나간 과거일지언정, 정서적 뇌는 희생자가 겁먹고 무기력해지게 만드는 감각을 계속해서 만들어 낸다. 이들의 감각 세계는 대부분 출입 금지 구역이 되어 사회 활동도 피하게 된다.

그러나 '자기를 인식하려면 의식을 담당하는 뇌와 자기의 체계가 형성된 신체를 원활하게 이어 주는 연결고리가 마련되어야 한다.' 트라우마를 경험하면 바로 이 연결고리가 손상되는 경우가 많다. 이 구조가 수선된 후에 즉 아무 것도 아닌 것 같은 존재가 '누군가'가 된 뒤에야 비로소 트라우마에 대한 모든 이야기를 할 수 있다.

상담자가 자연스럽게 흘러나오는 허용적인 상담을 할 때, 내담자들은 무의식적으로 알아차린다. 그러면 애쓰지 않아도 라포가 형성되고 성장과 치유의 방향으로 흘러가게 된다. '허용적이 되어야 그들의 무의식은 삶을 자신의 힘으로 통제할 수 있다고 느낄 수 있기 때문에 상담자와 협력체계가 구축'된다.

> 상담자는 내담자가 상담 장면에서 자신의 신체 경험과 관련하여 갖게 되는 느낌, 사고, 감정 패턴에 대해 생각할 필요가 있다. 오늘 아침 나는 한 아이를 의뢰받았다. 그 아이는 상담실에서 제멋대로 날뛰었다.
> 그 아이에 대해 내가 알아차린 현실은 앞뒤로 달리는 것이다. 나는 아이가 나와 작업할 필요가 있기 때문에 활동을 계속 유지하는 것이라고 생각한다. 나는 아이와 어떻게 작업을 해야 할까? 나는 아이에게 말했다.

> "넌 이 문을 향해 뛰고 있구나. 여기까지 뛰어오고 저 문을 향해 달리고 있어. 여기 이 문까지 왔다가 다시 저 문으로 뛰어가지?" 아이가 알고 있는 첫 번째 사실은 내가 그 아이에게 어느 쪽으로 뛰게 될지 말해 주기를 기다리고 있다고 볼 수 있다.
>
> 만약 아이가 나의 접근에 저항한다면, 오른손 혹은 왼손으로 밀칠 것인지를 말했을 것이다. 여기서 알 수 있는 것은 내가 "네 오른손으로 나를 밀어. 이제 왼손으로."라고 말하기를 기다리고 있다는 것이다.
>
> 다시 말해서 상담자는 내담자의 상황에서 개인적인 성향을 이용하는 것을 배운다. 내담자로 하여금 그런 행동을 하게 하는 것은 그들 자신의 정신 과정임을 알아야 한다(Rossi et al., 1983: 104).

수많은 연구를 통해서 Erickson은 "무의식이 행동을 결정하는 요소이기 때문에 무의식적인 자각은 의식적인 통찰이 없이도 긍정적인 행동·기능의 변화를 가져오게 할 수 있다."라고 인식했다.

간접적인 암시는 무의식적인 자각을 이끌어 내고, 저항을 비켜 가게 하며, 내담자들을 위한 새롭고 긍정적인 경험을 창조하도록 돕는다. Erickson은 변화를 촉진시킬 수 있다면, 무의식적인 통찰까지도 활용했다.

Erickson은 증상을 내담자들의 무의식 마음에서 나오는 성장을 향한 소망이 상징적으로 표현되는 것으로 간주했다. 따라서 그는 자신의 증상에 대한 이해와 수용, 또는 변형을 통해 기존의 경직된 패턴에서 벗어날 수 있다고 확신했다.

> Erickson은 무의식에 대한 긍정적인 견해를 발전시켜 잠재되어 있는 본성으로 간주했다. 그에게 무의식은 각종 정보나 능력의 근원일 뿐만 아니라 변화를 이루는 강력한 자원이었다. "환자가 환자인 것은 그들의 의식이 제한된 준거 틀을 가져서 자신의 무의식과 관계를 맺지 못하기 때문이다."(Erickson, Rossi, & Rossi, 1976: 275)

> 내 사무실 근처에 있는 사립 여학교에서 수업에 자주 빠지고 학업이 어려운 Lana라는 2학년 학생을 나에게 의뢰했다. 일반적으로 이 나이의 소녀가 처음으로 전문가에게 올 때, 외모에 주의를 기울인다.
>
> 하지만 Lana의 머리카락은 흐트러져 있었으며, 땀에 젖은 옷은 세탁을 해야 할 것 같았고, 운동화도 닳아 있었다. 그녀의 옷은 너무 커서 마치 체중을 위장하는 것처럼 보였다. 그녀의 피부도 거칠었다. 가까이서 보면 이 모든 위장막 속에 매력적이고 똑똑한 젊은 숙녀가 들어 있었다.
>
> 그녀의 일반적인 외모를 바탕으로 나는 몇 가지를 추측했다. 나는 Lana가 우울하다는 것을 직감적으로 느꼈다. "왜 그녀는 자신의 외모를 혐오스럽게 만드는 거지?" 과거에 누군가 그녀를 해친 적이 있었는가? 학대를 당하거나 무시당한 적이 있었는가? 그녀의 혐오스러운 모습은 더 이상 해를 입힐

수 없을 정도로 자신을 고립시키는 것을 상징적으로 보여 주고 있었다.

다행히도 Lana는 최면에 열정적이었고 최면을 경험하고 싶어 했다. Erickson의 최면에서, 트랜스 유도의 핵심요소는 내담자에게 속도(pace)를 맞추고 이끄는 것(lead)이다. 나는 Lana에게 **"최면이 어떻게 너를 열정적으로 만드는 거니?"**라고 물었다.

그녀는 최면에 대한 놀라운 이야기를 들었고, 긴장이 풀리며 이색적인 경험도 할 수 있다는 것을 들었다는 대답이었다. 그녀는 최면이 사람들이 단시간에 극적인 변화를 일으킬 수 있다고 느꼈다. 예를 들어, 평생 동안 담배를 피우는 습관을 한 번에 그만두는 것과 같다. 나는 진심으로 동의했다.

나는 위안과 수면, 꿈과 같은 감정을 암시하는 말을 그녀의 호흡에 따라 숨을 내쉬면서 덧붙이기 시작했다. 또한 무의식적인 마음은 왜 그녀가 현재 이런 문제를 겪고 있는지 알 수 있을 거라고도 했다.

앞으로 며칠 동안 무의식 상태에서 꿈을 꾸면 이런 문제들의 근원을 밝히고 과거의 이런 면을 보는 방식을 바꿀 해결책을 제시할 수 있을 것이다. 그녀의 깨달음은 미래에 어떻게 자신을 볼 것인지에 대한 새로운 관점을 제공할 것이다.

나는 그녀에게 이 일을 마음속에 숨기라고 말했다. 나는 Lana에게 내가 대학에 다니면서 지루하고 재미도 없었던 이야기를 들려주면서 트랜스 회기를 마쳤다. 이틀 후에 Lana는 다음과 같은 이메일을 보냈다.

"우리 만남에서 선생님은 내 마음속에 한 가지를 간직하라고 했습니다. 기억할 수 있는 한, 나는 체중 때문에 몸부림을 쳤습니다. 내가 최면에 걸렸을 때 떠올랐던 기억은 학교에서 여덟 살에서 아홉 살쯤 된 나 중 하나였어요.

내 삶의 대부분을 알고 있던 한 소년이 내 옆에 서서 말했습니다. '넌 뚱뚱해서 임신한 것처럼 보여!' 체중에 대해서 생각할 때마다 이 기억이 머릿속에 떠오르는 것 같습니다. 내 인생에서 분명히 당황스러운 순간이었습니다. 상담이 끝난 후, 나는 매우 졸렸고, 결국 아주 일찍 잠자리에 들었어요.

나는 집에서 내가 구입한 무도회 드레스를 입어보는 꿈을 꾸었어요. 나는 여전히 드레스를 가지고 있지만, 나는 내 무도회에 그것을 입어 본 적이 없습니다. 왜냐하면 그것은 뒷면에 완전히 지퍼가 없었기 때문입니다.

재봉사는 바꾸지 못했어요. 꿈속에서 나는 옷이 내게 맞는지 알아보려고 옷을 입었어요. 처음에는 지퍼가 올라가지 않았지만, 조금씩 올라가고 나는 엄마에게 그것이 이제 내게 얼마나 완벽하게 맞는지 보여 주고 있어요! 오늘 아침에 일어났을 때, 수업에 가기 직전까지 왜 이런 꿈을 꾸었는지는 생각도 나지 않았어요."

한 달 후 학교 상담실에서 후속 전화로 Lana는 수업에 완벽하게 참석하고 있으며 학교 수영 팀에도 합류했다고 알려 왔다. 나는 관계, 발달 지연 문제, 그리고 그녀의 우울증에 대해 더 많은 시간을 할애하고 싶었다. 나는 Erickson의 무의식적인 자원에 접근하는 방법을 사용했다. 그리고 그녀는 자신도 잘 모르는 무의식의 도움을 받을 수 있었다(Norton, 2009: 6).

내담자들의 저항에 허용적이 되면 그들의 의식적인 마음을 피해 갈 수 있기 때문에 저항을 줄일 수 있다. 예를 들어, "당신이 상담을 통해서 얻고자 하는 것이 무엇입니까?"라는 질문에 "없습니다."라고 반응할 경우, Erickson은 내담자들이 선택권을 가졌다고 느낄 수 있도록 다음과 같이 제안했다.

없을 수 있죠. 저와 이야기를 나누는 것이 도움이 안 될 수도 있고 이 자리에서 원하는 것을 생각한다는 것이 오히려 더 괴로울 수도 있습니다. 그래서 원하는 게 없다는 자신의 생각을 계속 따라가십시오.

그러다 보면, 원하는 게 없는 비어 있는 부분이 어떻게 채워질지는 나도 모르고 당신도 모르지만 마음 한 부분은 진정 원하는 것으로 채워질 수도 있습니다. …… 나도 당신이 무엇을 원하는지 정말 모릅니다.

다만 내가 아는 것은 당신은 모르지만 당신의 내면에서는 어떤 일이 일어나고 앞으로 나아가기 위해서 누구의 도움을 받아야 하는지를 알고 있다는 것입니다. …… 그래서 말인데요, 당신의 기분이 괜찮아질 수 있도록 자신의 생각을 계속 따라가기만 하면 됩니다(O'Hanlon, 2009: 5)

상담자가 내담자들을 있는 그대로 따르려는 의지나 능력이 없을 때, 상담은 진부하게 되고 결과도 불확실해진다. 다를 수 있음에 대한 내담자들의 권리가 부정될 때 문제에서 해방되는 자유는 결코 의미를 가질 수 없다.

상담자는 내담자들의 어떤 언행이나 경험도 트랜스 상태로 들어가는 정당한 방식으로 수용하고 유용하게 활용할 수 있다. 상담에 참여하기를 주저하는 내담자들의 저항에 대비하는 Erickson 개입의 예를 보자.

저와 대화를 나눌 충분한 준비가 될 때까지는 내 말을 듣지 않아도 되고, 나에게 주의를 기울이지 않아도 됩니다. 상담을 통해 변화한다는 것이 쉬운 일이 아니기 때문에 정말로 서두를 필요는 없습니다.

그리고 지금 제대로 하고 있는지 걱정할 필요도 없습니다. 왜냐하면 상담에 대처하는 올바른 방법이나 틀린 방법은 없습니다. …… 모든 사람들이 각자 고유한 방법으로 문제를 해결할 수 있습니다.

오로지 신체적으로나 감정적으로 가장 편안한 느낌이 들고, 편안한 생각을 할 수 있다면, 결국에는 가장 좋은 방법으로 문제를 해결할 수 있을 것입니다. …… 그리고 지금 경험하는 것 중에서 좋아하는 것에만 자유롭게 주의를 기울이십시오.

특별히 어떤 것에 초점을 맞출 필요도 없습니다. 단지 당신이 즐겁게 경험하는 것을 따라가기만 하면 됩니다. …… 그러면 당신의 의식은 지금 일어나는 일을 알지 못할 수도 있고 자연스럽게 무시할 수도 있습니다. 그래서 말인데요. 내가 말하는 어떤 것도 당신에게 맞지 않는다면, 알맞도록 바꾸어 들을 수도 있습니다(Zeig, 2001: 23).

이러한 개입은 내담자들의 욕구를 존중하고 그들에게 선택권이 있다는 것을 암시하여 저항을 감소시킨다. 상담실에서 내담자들이 어떤 반응도 가능하다는 관점에서 바라본다면 그들의 저항은 없다.

심지어 부정적인 반응조차도 문제해결의 한 부분이 될 수 있다. 저항하는 내담자들은 상담자의 물음에 흔히 "몰라요." 혹은 "없어요." 혹은 침묵으로 반응한다. 상담자는 스스로 몰입 상태로 들어간다.

그래요. 아무런 생각이나 느낌이 없을 수 있습니다. …… 나는 지금 무엇을 해야 할지 모르고 있습니다. …… 그건 당신도 마찬가지일 것입니다. …… 그렇기 때문에 당연히 '없어요.'라고 말할 수 있습니다.

그런데 나는 '없어요.'라고 말하는 부분에 초점을 맞추고 싶습니다. …… 이것은 상담이라는 것에 대한 반감의 표현일 수도 있고, …… 상담자가 마음에 안 들거나, …… 당신의 마음에 안 드는 방향으로 이끌어 간다는 느낌의 표현일 수도 있습니다.

하지만 어떤 생각이나 느낌이건…… 그건 당신의 솔직한 표현이고 올바른 것입니다. …… 그래서 말인데요. …… '없어요.'라는 부분에 초점을 맞추면서 좀 더 확대시킨다면, …… 새롭게 뭔가를 말해 줄 수도 있습니다.

만약 문제에서 벗어나기를 진심으로 원한다면, 당신의 무의식적인 마음은 지금 해결책을 의식에 전달할 수 있고, …… 어느 정도 시간이 흐른 후에 알려줄 수도 있습니다. …… 언제, 어떻게 알려 줄 수 있을까요?

그리고 언제, 어떻게 바라는 목표가 달성될 것인지에 대해서는 무의식적인 마음이 선택할 수 있습니다. 그렇다면 우리는 어떻게 문제가 해결된 것을 알 수 있을까요? …… 해결책이 꿈속에서 나타날까요? ……

아니면 우리가 깨어 있는 동안에 찾아올까요? …… 혹은 조용히 생각하고 있는 순간이나…… 몽상에 잠겨 있는 동안에 찾아올 수도 있습니다. …… 또는 일을 하는 중이거나, …… 아니면 놀이를 하고 있을 때일 수도 있습니다. 아니면 물건을 사거나 운전을 하고 있는 중일까요?

저는 물론이거니와 당신도 정확한 시기와 방법을 모릅니다. 하지만 해결책이 나타나면 당신도 저도 매우 기뻐할 것입니다. 그런데 해결책이 나타난다면 무엇이 달라질까요?(Rossi, Erickson-Klein, & Rossi, 2008: 201)

3. 책임을 수용하는 선택

선택은 자신의 고유한 내적 준거틀로부터 나오기 때문에 불합리한 선택을 확대시키면 해결을 위한 단서를 확보할 수 있다. 이를 위해서 상담자는 직면 대신에 "당신이 그런 선택을 할 수밖에 없었다는 것은 뭔가 불가피한 사정이 있었겠네요. …… 그전에는 어떤 느낌이었나요?"라고 공감적으로 반영한다. Erickson의 경험을 보자.

> 나의 어린 시절 이중구속을 경험하는 사건이 발생했다. 영하의 날씨가 계속되던 어느 날 아빠는 소에게 물을 먹이기 위해 외양간에서 끌어냈다. 갈증을 해결한 후에 다시 외양간으로 돌려보내려 하자, 소는 문 밖에서 들어가지 않겠다고 고집스럽게 버텼다. 아빠는 아무리 애를 써도 소를 움직이게 할 수가 없었다.
>
> 나는 눈밭에서 놀고 있었는데 이 난국을 보고서는 웃지 않을 수 없었다. 아빠는 나에게 소를 외양간으로 넣어 보라고 했다. 나는 소가 저항을 원했기 때문에 충분히 저항할 기회를 주기로 결심했다. 아빠는 소를 외양간 안으로 넣으려고 애쓰는 반면 나는 꼬리를 잡고 외양간에서부터 멀어지도록 잡아당겨 이중으로 구속(double bind)했다. 소는 즉시 두 힘 중에서 약한 쪽에 저항할 것을 선택했고 나를 외양간 안으로 끌고 들어갔다(Erickson & Rossi, 1975: 158).

세심한 관찰을 통해 Erickson은 상담자의 강박적인 노력이 오히려 더 큰 저항을 유도한다는 것을 통찰했다. 이럴 경우, 인위적이고 부자연스러운 노력을 그만두는 것이 저항을 줄인다. 상담자가 무시하면 일종의 혼란스러운 경험이 되지만 내담자들이 저항하고 싶은 욕구는 사라지게 된다.

자신이 가진 문제나 단점의 부정적인 측면뿐만 아니라 긍정적인 측면까지도 조망하여 인식할 수 있는 내담자들은 문제나 단점으로 인한 역기능이 덜 발생하고, 설사 역기능이 발생하더라도 더 빠르게 회복하는 경향이 있다. 또한 이런 내담자들은 자존감도 더 높고 문제해결에 대한 효능감도 더 높은 경향이 있다.

이들의 또 다른 특징은 현실 수용, 특히 문제와 관련된 책임의 수용이다. 책임감(responsibility)이 상담이론서에 명료하게 진술되는 경우는 거의 없지만, 대부분 상담체계의 구성을 짜 맞추는 중요한 요소다. '책임감은 부정적인 반응을 유발하는 자극에 대해서 자신의 대응 전략의 잘못으로 문제 패턴을 유지하게 된 것이며, 변화할 수 없는 것이 아니라 책임을 회피했다는 성찰'과 함께 이루어진다.

한 처녀가 강박적인 불안 때문에 Erickson을 찾아왔다. 그녀의 행동은 대단히 강박적이고 제한적이었다. 옷을 입을 때나 독서를 할 때, 의자에 앉을 때조차 그녀만의 독특한 의식을 해야 했다.

그리고 끊임없이 몸을 씻었다. 심지어는 19시간을 계속해서 씻은 적도 있었다. Erickson이 몸을 씻기 전에 느꼈던 불안을 말하도록 고무시키자, 그녀는 심한 불안감을 그에게 확신시키려고 애썼다.

그는 자세히 표현하도록 유도하면서 불안이 너무 심해서 다른 어떤 것도 인식할 수 없었다는 그녀의 확신에 동의했다. 그리고서는 호기심을 가지고 질문했다. "샤워를 하는 동안 그렇게 심한 불안에 빠져들어 아무것도 의식할 수 없었으면, 내가 샤워하는 당신을 바라보는 것도 상관이 없겠네요?" 그녀는 황당하다는 반응을 보였다.

그는 다음과 같이 지적했다. "불안이 너무 심한 것을 인정합니다. 그렇게 불안에 몰입하면서 아무것도 의식할 수 없다는 것은 몰입할 수 있는 능력이 있다는 것이고 어떤 문제를 해결하는 데 그 능력을 이용할 수도 있습니다. 하지만 누가 당신을 바라보는 것을 의식할 수 있다면, 그것도 그렇게 나쁜 것은 아닙니다.

내가 소리를 내면서 욕실 쪽으로 다가가면 당신은 곧 알아차릴 것입니다. 아니, 누가 욕실에 있는 당신을 훔쳐보러 올지도 모른다는 생각만으로도 어쩔 수 없이 불안에 빠져드는 것을 막을 수 있습니다(Short et al., 2005: 45)."

일단 삶의 한 영역에서만이라도 자신의 책임을 받아들이게 되면, 더 이상 자신이나 관계를 파괴하는 패턴을 반복하는 삶을 지속하지 않겠다는 결단을 내릴 수 있다. 이러한 자기성찰을 통해서 내담자들은 자기 중심적인 태도에서 자신의 삶과 관계에 대해 새롭게 인식하면서 인간적인 삶으로의 변화를 추구하게 된다.

중요한 점은 내담자들이 '반성적인 성찰을 할 수 있도록 도우려면 그들이 선택권을 가져야 한다.'는 것이다. 선택권은 내담자들을 자기 통제의 경로에 들어서도록 돕는 지름길이 될 수 있다. 사소한 선택권이 내담자를 변화시킬 수 있다. 은둔형 외톨이를 예로 들어 보자. 이들의 특징은 무엇일까? 어떻게 경직된 패턴에서 벗어날 수 있을까? 은둔형 외톨이는 대부분 자신의 생활 공간에 틀어 박혀 있다.

외출하더라도 늦은 시간대에 사람들을 피해 사회적 노출을 최소화한다. 은둔의 이유는 가정불화, 대인공포증, 사회공포증 등이다. 일상에서 여러 좌절을 겪으며 무언가 해야겠다는 의지가 꺾이면서 은둔을 시작한다.

은둔형 외톨이에서 벗어나려면, 아무리 사소한 일이라도 성공 경험을 쌓아 나가야 한다. 하루 두 번 씻기, 끼니 제때 챙겨 먹기, 하루 한 번 자연이나 하늘 사진 찍기, 이불 개기, 하루 한 번 창문 열기 등 스스로 정한 규칙을 직접 지켜 보는 것이 좋다. 규칙을 세워 놓고도 가끔은 지키지 못할 수 있다. 그래도 '난 이것밖에 안 돼.'라고 자책하지 말고 다시 시작하는 게 중요하다.

선택권은 그들이 원한다면 증상을 유지하거나 제거할 수 있는 능력이 있다는 것을 알게 한다. Erickson은 일시적으로 내담자들의 자아의 방어 능력이 악화된 상태에서 상담자가 그들을 통제하고 해결책을 주입시키는 상담을 경계했다. 특히 급성 트라우마에 시달리는 내담자에게 조언은 부정적인 영향을 준다.

Erickson은 내담자 각각의 적합한 상황에 맞추면서 활용하는 접근을 선호했고, 내담자들에게 '선택권을 줌으로써 자발적인 방식으로 그들이 가진 지혜를 스스로 활용'할 수 있도록 도왔다. 선택권을 부여하는 Erickson의 관점을 보자.

> 나는 내담자들이 무기력한 노예로 남기를 원하지 않기 때문에 일방적으로 무엇을 하라고 제안하지 않는다. 자유로운 일꾼보다 노예로부터 얻을 수 있는 것은 많지 않다. 통제나 지시로는 진정한 관계가 형성되는 것이 아니다. 따라서 내담자들이 상담자의 제안을 따르기를 바란다면, 상담자도 그들에게 선택권을 주어야 한다(Erickson, 1966: 202).

선택권을 준다는 것은 상담자가 틈틈이 씨를 뿌리는 작업이다. 선택권은 내담자들을 자기 통제의 경로에 들어서도록 돕는 지름길이므로 상담자는 그들의 선택권을 확대시키기 위해 애써야 한다.

선택권에는 상담 장면에 누가 참석할 것인지, 물리적인 공간을 어떻게 구성하며, 상담 시간, 만나는 빈도 등을 내담자들과 협의하는 것을 포함한다. 심지어 활용할 기법, 탐색할 대상이나 내용조차도 논의의 대상이 될 수 있다. 이러한 과정이 경직된 패턴을 유연하게 만든다(Bertolino, 2010: 63-86).

> 내담자들을 변화시키려고 할 때, 상담자는 작은 부분에서의 선택권을 추구하는 것이 하나의 가능성을 보게 한다. 이런 변화는 그들에게 또 하나의 선택권을 준다. 또 다른 선택권은 또 다른 변화를 초래할 수 있다. 이제 계속 증가되는 선택권을 무시하고 기존의 경직된 패턴을 유지하기는 어렵다(Haley, 1973: 34-35).

Erickson은 사람들이 특정 순간에 자신을 위한 최선의 선택을 한다고 보았기 때문에 그들이 무엇을 하도록 처방하기보다는 무엇을 선택하건 따라가면서 긍정적인 변화를 향한 움직임으로 변형시켰다. 선택은 자신의 고유한 내적인 준거틀로부터 나오기 때문에 확대시킬 수 있다면, 해결책의 단서를 확보할 수 있다.

문제로부터 당신 자신을 보호하기 위해서 스스로 선택할 수 있는 가장 적절한 시간에, …… 가장 적절한 장소에서, …… 자신이 할 수 있는 가장 좋고 고유한 방식으로, …… 무엇이든 새롭게 해보세요. 그러면 우리 둘이 상담실에서 생각해 낸 모든 것들이 당신에게 좋은 경험으로 바뀔 수도 있습니다. …… 그리고 지금 이 순간 그 변화를 경험하지만 그것을 알아차리지 못할 수 있습니다. …… 때문에 너무 서두를 필요는 없습니다. …… 하지만 반드시 변화는 일어납니다 (Greenleaf, 2006: 336).

Erickson은 상담 초기에 내담자들의 무의식이 치료의 주체가 될 수 있도록 돕기 위해서 그들에게 선택권을 주었다. 선택권을 갖는다는 것은 자신의 운명을 통제한다는 의미가 된다. 좋은 상담자가 되기 위한 조건은 전체적인 삶의 과정이 '자신에 의해 통제되지 않는다고 해도 상황에 대해 있는 그대로 만족하는 것'이다.

선택권은 감정을 통제하는 데도 도움이 된다. '불쾌한 감정을 마비시키거나 밀어내는 대신 90초 동안 내면에 머물러 있도록 하는 것이다.' 불쾌한 감정은 슬픔, 수치심, 무력감, 분노, 취약성, 당황, 실망, 좌절 등이다. 90초는 신경 화학 물질이 신체의 물리적인 경험으로 돌진하는 데 걸리는 시간이다.

이러한 불쾌한 감정을 '나쁜' 또는 '부정적'의 범주에 넣는 대신, 불쾌한 언어의 간단한 변화는 일시적이고 탐색 가능한 경험을 재구성할 수 있다. 감정을 무너져 볼 수 있는 경험의 공간에 두는 대신, 우리는 힘을 실어 주는 인내로 전환할 수 있다.

Erickson은 자신의 경험을 통해 변화가 불가능한 것처럼 보이는 내담자들에게 가벼운 변화를 추구하고 기다리면서 상황을 긍정적인 방향으로 움직일 수 있는 전략을 세웠다. 그는 도움을 받아서 성공적으로 변화되었다고 보고하는 내담자들에게 자주 다음과 같이 성공 경험을 보상하며 공유하려고 노력했다.

훌륭한 것은 나의 기술이 아니라 당신이 자신도 모르는 사이에 상황에 슬기롭게 대처할 수 있는 능력을 가지고 있다는 것입니다. …… 그것만으로도 당신의 무의식적인 마음은 문제를 해결할 자원을 가지고 있다는 의미가 됩니다.

당신이 그런 자원을 가지고 있다는 사실만으로도 기쁘지 않나요? …… 나는 당신이 가진 잠재적인 능력을 볼 수 있었던 몇 안 되는 사람 중에 하나여서 대단히 기쁜데요(Erickson, 1960).

> 한 여성이 남성 상담자를 똑바로 쳐다볼 수 없다는 이유로 상담실에서 말하기를 거부했다. 그래서 상담자는 옆으로 돌아앉았다. 하지만 그녀는 상담자가 방 밖으로 나가야만 한다고 우겼다.
>
> 상담실에는 집단상담 때 사용하는 의자들을 넣어 두는 다락이 있었다. 상담자는 다락으로 기어 올라가 다락문을 약간 열고서 대화를 시작했고, 괜찮은 상담을 할 수 있었다. 그리고 상담자가 다락에서 내려와 내담자를 마주 보는 데는 3주라는 시간이 걸렸다(Greenwald, 1985: 238).

관계 속에서 지속적으로 상처를 입고 학대를 받은 내담자들은 어떤 외재화된 권위가 이런저런 식으로 해야 할 바를 말하며 지속적이고 반복적으로 자신의 의지를 다른 사람의 의지에 예속시키는 경험은 트라우마와 유사하게 받아들일 수 있다. 개개인의 경우에 이들은 통제할 수 없는 외부의 힘에 의해 저지당했다고 할 수 있다.

이와 같이 혼란스러운 상황에 둘러싸인 내담자들은 다른 사람과의 관계에서 자신들이 결코 안전하지 않다는 것을 배운다. 이런 종류의 트라우마 결과로 인해 내담자들은 자신과의 관계에서도 결코 안전하지 않음을 무의식적으로 습득한다.

촉진자로서 상담자의 역할에 대한 한 가지 결정적으로 중요한 측면은 '내담자와 진정한 경험을 공유'해야 한다는 것이다. 상담자는 무언가를 처방한 후 결과를 관찰하거나 해석하기 위해 외부에 서 있는 상황에 있지 않다.

Bowlby는 성공적인 관계의 매우 중요한 부분으로서 상호 기쁨을 언급했다. 상호 기쁨이란 양측 모두 상담과정에 함께 적극적으로 관여함을 의미한다. 이렇게 내담자와 함께 참여함으로써 내담자가 자신이 혼자가 아님을, 두 사람 모두 움직일 수 있는 신체를 지닌 인간임을 인식할 때, 올바른 선택을 할 수 있다.

> 한 제자가 Erickson에게 질문했다. "저의 내담자 중에 피아니스트가 있습니다. 그는 자신의 손가락 관절염 때문에 연주를 못하게 될까 봐, 벌써부터 피아노 앞에서 얼어붙는 공포심이 있습니다. 어떻게 도와줄 수 있을까요?"
>
> Erickson이 대답했다. "피아니스트는 손가락이 마비되거나 없어져도 그의 음악은 잊어버릴 수 없지. 그리고 어떻게 작곡하는지도 안다네. 한 손을 쓸 수 없을지라도 더 훌륭한 곡을 쓸 수도 있거든.
>
> 난 휠체어에 앉아 있지만 올림픽 메달을 딸 수 있었네." 그러고서는 수년 동안 투포환 선수(Donald Lawrence)를 지도해서 금메달과 동메달을 딸 수 있게 도와준 이야기들을 했다(Rosen, 1982: 102-103).

경험에 대한 자기 보상이 주어져서 자기 만족감을 가질 수 있을 때, 자신과의 관계에까지 의식을 확장시키고 자기 존중감도 확대된다. 주도권을 잡으려는 내담자들이 상담자를 통제하는 경우, 그들의 위치를 낮춰 조정할 필요가 있다.

대등한 위치를 강조할 수 있는 다양한 기법들이 있지만 내담자 개개인의 특성에 맞는 개입이어야 한다. 예를 들어, 시간 약속을 지키지 않는 내담자들에게 약속을 어긴 시간만큼 상담자에게 보상해야 될 의무가 있다고 주장하고, 그 보상으로 상담 장면에서 좀 더 솔직해지는 것이나 다른 것들을 요구할 수 있다.

상담자가 '진정한 모델이 되어 자신의 내적 경험에 주의를 기울이고 내담자의 경험을 통제하거나 강요하지 않으면', 내담자는 상담자를 위해 과제를 수행할 필요가 없음을, 어떤 외부의 권위에 맞추려고 억지의 노력을 할 필요가 없음을, 상담자와의 관계에서 진정한 위험을 무릅쓸 수 있음을 알게 된다.

과체중의 여성이 Erickson을 찾아왔다. 그녀는 남성 전문가의 권위적인 모습에 불편해하면서도 자신을 통제하려고 시도하는 누구에게도 저항했으므로 지금까지 문제를 해결할 수 없었다.

문제에 대해 말하기를 꺼렸으므로 Erickson은 관찰한 사실을 그대로 묘사했다. "내가 무슨 시도를 하던 간에 당신은 이 시간을 쓸모없게 만들어 버리는 표현을 계속해서 할 것입니다. 그런데 내가 하는 말이 어떻게 들리세요?"

그녀는 그렇다고 대답했다. 그러자 Erickson은 사실 그녀가 자기를 조종해 왔고 그건 보답해야만 할 특권이라고 주장했다. 그녀의 보답에는 과체중을 개선하는 것도 포함되었다(Short et al., 2005: 191-192).

상담과정에 대한 지식의 대부분은 임상적으로 자세한 관찰을 통해서 얻어지기 때문에 Erickson은 심각하게 손상을 입은 내담자들의 경우에도 그들을 관찰하면서 그들의 언어·비언어적인 태도를 따라갔다. 또한 그는 내담자들의 '무의식과 관계를 맺기 위해 그들의 내적 상태를 현상학적으로 반영'했다(Zeig, 1985: 4).

한 여성이 최면에 깊이 빠지지 못했다. 하지만 Erickson은 그녀에게 최면에 들어가는 법을 배울 수 있다고 틈틈이 암시했다. 그런 다음 전에 최면 실험에 참가했던 한 내담자의 이야기를 들려주었다.

어느 교수가 그 내담자에게 몇 가지 최면 실험을 시도한 뒤 Erickson에게 의뢰하면서 이렇게 말했다. "이 사람을 깊은 최면에 빠지게 하려고 별별 시도를 다 해봤지만 좀처럼 최면에 걸리지 않았습니다."

Erickson은 내담자에게 눈을 감고 일단 최면에 걸리는 척이라도 해 보라고 주문했다. Erickson은 그녀에게 눈을 뜨면 자기 모습만을 볼 수 있을 것이고, 그런 다음 주변 시야가 점차 좁아져서 오로지 자기

> 손만 보일 거라고 말했다.
>
> 잠시 후 그는 주위에 아무것도 안 보이고 오로지 Erickson의 손만 보인다고 말했다. 다음으로 Erickson은 그 사람을 가벼운 최면 상태로 이끈 다음 다시 깊은 최면 상태에 빠지도록 시도했다. 그는 반복해서 깊은 최면에 들어가는 시늉을 하다가 드디어 깊은 최면에 들어갈 수 있었다(Rosen, 1982: 84-85).

직관은 취할 경로에 대한 의식적인 지식 없이 우리를 방향으로 인도하는 감각이다. Erickson의 직관은 문화적 규범, 사회적 역할 및 기능하는 인간관계에서 구전 전통에 대한 무의식적인 지식에 의해 형성된 것으로 이해될 수 있다.

Erickson의 접근법을 이해하기 위해서는 인간 경험의 기본 기능을 생각하는 것이 도움이 된다. 우리의 모든 경험은 뇌에서 표현된다. 이러한 표현들은 우리가 서로를 모방하고, 서로에게서 배울 수 있게 해 준다. 상상된 경험은 살아 있는 경험과 같은 신경 순서를 가지고 있다.

혼란 애착(Disorganised attachment) 유형의 사람들은 '친밀함과 유대를 원하면서도 동시에 그것들을 두려워한다.' 그래서 혼란 애착이 있는 내담자들은 깊은 관계를 가지면 얼어붙거나 해리되거나 도망친다.

무질서한 혼란 애착은 어린 시절의 학대와 외상의 결과다. 여기에는 보호자의 신체적, 정서적, 언어적 또는 성적 학대가 포함될 수 있다. 또한 보호자가 다른 사람들에게 해를 끼치는 것을 목격한 결과일 수도 있다.

혼란 애착을 가진 내담자들은 자존감이 낮고, 매우 변덕스러우며, 강렬한 감정적 폭풍에 빠지기 쉽고, 무감각한 자아감을 갖는 경향이 있다. '혼란 애착 유형은 초기 트라우마, 즉 주 양육자의 일관성 없고 변덕스러운 양육뿐만 아니라 심각하게 손상된 자아감 결여와도 관련'이 있다. 양육자가 아이들의 요구를 충족시켜 주지 못했거나 분노나 방치, 학대를 하는 경향이 있었을 수 있다.

이런 양육자의 돌봄을 받았던 아이들은 양육자를 두려워하면서도 동시에 양육자에게 위로와 안녕을 구한다. 그러한 환경에서 성장해 성인기에 접어들어서는 결핍과 과민함을 한꺼번에 가지게 되었을 것이다. 친밀감에 대한 욕구와 그것에 대한 극도의 불신과 두려움을 동시에 가지게 되었을 수도 있다.

열세 살의 입양된 소녀는 낳은 엄마가 약물 중독이어서 분리되었고, 아이를 입양한 첫 번째 엄마가 병이 나서 세상을 떠나자 여러 보육시설을 떠돌다가 입양되었다. 아무 남자나 눈에 띄기만 하면 유혹하려고 시도하던 아이는 돌봐 주는 사람들이며 임시 양육자 등 여러 명으로부터 성적·신체적 학대를 받았다고 말했다.

열두 번이나 자살을 시도하고 입원치료를 받은 후 거주형 치료 프로그램을 찾았다. 예전 병원의 의사는 그녀가 고립되어 지내고, 자기 마음대로 하려고 하며, 감정을 폭발적으로 표출한다고 기록했다. 또한 성적으로 다른 사람의 눈길을 끌려고 행동하며 방해 행동을 하고 복수심이 강하며 자기도취 성향이 있다고 기록했다. 아이는 자신을 역겨운 존재로 묘사하면서, 자신이 죽었으면 좋겠다고 말했다.

차트에는 양극성 장애, 간헐적 폭발 장애, 반응성 애착 장애, ADHD, 적대적 반항 장애라는 진단명이 적혀 있었다. 하지만 이 아이의 진정한 모습은 도대체 무엇일까? 이 아이가 나름대로 자기 인생을 의미 있게 살아가게끔 하려면 어떻게 도와주어야 할까?(van der Kolk, 2014: 152)

혼란 애착을 탐구하는 것은 대단히 어려운 일이다. 상담은 트라우마와 관계적 상처를 안전한 방식으로 극복하는 데 필요한 안정적인 치유 기반을 제공하기 위해서 그들의 저항을 이해해야 한다. 이들은 무의식적으로 저항한다. 상담은 상담자와 안전하고 신뢰할 수 있는 관계를 발전시키는 동시에 건강에 해로운 애착 스타일로 이어지는 생각과 행동을 식별하도록 가르치는 과정이다. 예를 들어, 이들은 약속을 잊어버리는 일이 자주 있다. 또한 상담을 잘 받다가도 어느 순간 상담을 받는 것에 저항한다. 상담자는 내담자의 패턴을 파악하고 그것에 대해 대화를 나누어야 한다. 이들은 상처를 받거나 화가 나거나 슬퍼할 때, "나는 지금 상처를 받지 않았고 화가 나지 않았으며 슬프지 않다."라고 부정한다.

그러니 물러서서 객관적으로 무슨 일이 일어나고 있는지 보고 성찰할 수 있도록 도와야 한다. 내담자 자신 안에 있는 그 불안정한 아이가 무엇 때문에 행복한 아이에서 불안한 아이로 변하는지, 침착한 아이에서 충동적인 아이로 변하는지를 생각해 볼 수 있는 경험이 필요하다.

통찰을 했다고 이들에게 곧바로 변화가 일어나지는 않는다. 그러나 통찰은 변화의 가능성을 만들어 낼 수 있다. 또한 이들은 치유의 과정에서 불편한 길을 선택할 수도 있다. 성장을 향한 여정 속에서 이들은 정직과 자기 연민과 인내심을 요구하는 상황에 맞닥뜨릴 수 있다. 불편함에 저항하지 않고 그것을 빨리 수용할수록, 더 좋고 많은 에너지를 치유에 쏟을 수 있다.

어떤 내담자들은 적어도 변화에 필요한 지속적인 일을 하고 싶어 하지 않는다. 이들을 변화시키는 것이 그들에게는 말이 되지 않는다는 의미를 깊이 있게 생각해야 한다. 누구나 자신의 정체성에 대한 기본적인 생각을 가지고 있다. 상담자 대부분은 자신을 변화의 대리인으로 여기지만, 변화하지 않는 것은 내담자의 권리다.

변화하지 않는 것처럼 보이는 내담자와 상담할 때, 종종 도움이 되는 원칙이 있다. 동기부여와 치료 목표를 명확히 한다. '누가 무엇을 원하는가? 무엇이 가능한가? 그리고 내담자는 무엇을 다르게 할 필요가 있을까?(Ritterman, 1991: 167)'

명확한 목표가 있고 내담자가 준비가 되어 있으며 상담자가 너무 강하게 밀어붙이지 않았는지 확인하는 것 외에도 다른 문제가 있는지 고려하는 것이 유용할 수 있다(예: 심각한 우울증, 알코올 및 약물 남용, 가정 폭력, PTSD).

상담자는 내담자들을 쉽게 포기해서는 안 되지만, 제자들에게 내담자들의 선택권을 존중하는 Erickson의 조언을 기억해야 한다. "치료를 하는 것은 내담자 자신이다. 상담자는 기후와 날씨만 제공한다(Zeig, 1980, 148)."

나는 최근에 60세의 내담자가 자신의 감정을 과거의 의미가 여전히 적용되는지 묻는 질문이 아닌 현재의 의미를 나타내는 것으로 경험했다. 그녀의 감정은 그녀를 따르기보다는 그녀를 소유했고 그것들은 그녀가 주변에서 알아차릴 것을 제안했다.

그녀는 자신의 감정과 일치하지 않는 부분은 보이지 않았다. 상담 기간 동안 나는 현재의 감정, 평가 또는 의미, 그리고 감각 신호에 의해 유발된 과거에 만들어진 신체 감정을 구별할 것이다.

대단히 깊은 종교적인 사람으로서, 그녀가 제시한 문제의 일부는 자비로운 하나님을 믿을 필요성과 그녀가 보호받지 못했다는 느낌의 경험 사이의 갈등이었고, 그녀의 삶의 모든 것이 처벌의 한 형태였다.

이 딜레마는 그녀의 어린 시절의 경험과 삶의 가정을 반영한 것이었다. 우리가 유도된 명상(트랜스 상태로 이끌기 위해)을 하고 있을 때, 나는 조카가 어렸을 때 내가 그에게 했던 이야기를 하는 것으로 시작했다.

이 이야기에서 나는 정원사들이 내 사무실 창문 밖에서 소나무를 묶는 것을 보는 것과 관련이 있었다. 그들은 어린 묘목이 바람에 부서지는 것을 막으려고 했다. 그들은 나무 큰 줄기에 너무 많은 줄을 고정시켜 바람이 그것을 움직일 수 없게 했다. 그것이 자라면서 정원사들은 자라나는 큰 줄기에 더 단단한 줄을 붙였다.

정원사들은 그들이 나무를 보호하고 있다고 생각했다. 그 결과 직경 4인치의 줄기를 가진 30피트의 소나무가 그 높이의 길이를 유지할 수 있었다. 큰 줄기는 선이 지지하지 않으면 아주 작은 바람에 부러질 것이다.

정원사들은 나무가 앞뒤로 흔들려야 세포가 압축되고 늘어나 어렸을 때 바람에 구부러질 수 있고 성숙했을 때 바람에 맞설 수 있는 강한 줄기를 자극해야 한다는 것을 알지 못했을 가능성이 크다. 그러고 나서 나는 내 조카가 성장하고 조카의 딸을 가진 것에 대해 내 의뢰인에게 말했다. 나는 조카가 딸을 지켜보고 탐험하도록 격려하는 것만으로 어떻게 걷도록 가르쳤는지를 관찰했다.

조카는 딸이 자연스럽게 혼자 걷는 법을 배울 수 있다는 것을 확신하고 있었다. 그렇게 하는 것은 우리의 본성 안에 있다. 조카가 해야 할 일은 격려를 제공하고 딸이 불가피하게 넘어질 때, 아이가 일어나서 다시 시도할 수 있도록 아이를 주시하는 것뿐이었다.

5초간의 침묵이 흐른 후, 내담자는 눈을 크게 뜨고 '와!'라고 감탄했다. 2주 후의 다음 상담에서 그녀의 첫마디는 "나무는 굉장해요."였다. 그녀는 상담 시간의 대부분을 다른 상황에서 느끼는 신체 감정을 설명하고, 어떻게 그들의 역사와 현재의 삶의 의미를 인식할 수 있었는지에 대해 설명했다.

Erickson 재단의 newsletter 편집자인 Landis는 최면 치료에 대해 글을 읽고 접근했다. 그는 내담자의 딜레마, 종교적 관념, 감정, 몸의 감각을 받아들였다. 그는 먼저 현재의 감정과 과거의 육체적 감각을 분리시켰다.

그런 다음 내담자의 믿음을 이용하여, 그는 정원사들에 의해 조작된 자연에 대한 실화를 들려주고, 이것을 딸이 자신과 삶에 대해 배우고 발견하는 것에 대한 조카의 아버지다운 애정 어린 접근과 대조시켰다.

Landis는 이 주제들을 내담자를 위해 새롭고 사랑스러운 방식으로 묶었다. 그는 내담자가 처벌을 감지할 때, 그녀가 "하나님이 당신 주위에 두신 모든 보장에 주목해야 한다."라고 말했다(Landis, 2006).

💬 변화에 대한 두려움을 극복하기 위한 11가지 지원 Tip

변화는 삶의 현실이다. 하지만 변화에 대한 바로 그 생각은 우리 중 많은 사람들이 진정으로 불안하고, 스트레스를 받고, 심지어 우울하게 만든다. 변화에 저항하는 것은 심지어 공식적인 심리적 라벨을 가지고 있다. 변화에 대한 두려움은 너무 강렬하고 지속적이어서 사람을 정체시키고 심리적으로 마비시키고 진전을 이루거나 행복을 찾을 수 없게 만든다.

① 수용을 연습한다

불가능해 보일 수도 있지만, 변화가 일어날 때 가장 먼저 할 수 있는 일 중 하나는 변화가 일어나고 있다는 것을 받아들이는 것이다. 변화는 '불확실성과 불편함'라고 말했듯이, 당신은 단순히 그것에서 도망치고 싶을 수도 있다.

저항을 눈앞에 있는 벽돌벽에 비유할 수 있다. 벽에 저항하거나 심지어 벽에 주먹으로 두드리는 것을 선택할 수 있지만 결국에는 당신을 해칠 뿐이다. "다른 선택은 그것을 거기에 두고 벽이 지금 당신의 삶의 일부라는 것을 인정하는 것이다." 여기에서 방향을 틀고 새로운 방향으로 나아갈 수 있는 방법을 찾을 수 있다.

② 자신의 생각에 주목한다

상담자는 종종 내담자들에게 "자신의 생각에 주목하십시오."라고 말하고 그 생각에 대한 어떤 판단도 하지 않는다. 이러한 접근 방식은 갑자기 변화를 다루는 경우에도 유용한 도구가 될 수 있다. 생각을 바꾸거나 분석하거나 비판하지 않고 생각에 주의를 기울이는 것이다.

단순히 자신이 가지고 있는 생각을 관찰하고 인정한다. 어쩌면 상황이 다르기를 원하거나, 상실에 대해 반추하거나, 통제력 부족을 한탄할 수 있다. 이 변경 사항을 탐색할 때 자동 조종 장치에서 실행되는 자신을 느낀다면 때때로 불편함을 느끼더라도 자신의 생각을 활용하여 자신의 기분에 대한 진정한 감각을 얻을 수 있다.

이러한 접근은 또한 생각과 걱정에서 멀어지는 데 도움이 된다. 이것들은 단지 가지고 있는 생각일 뿐, 반드시 현실을 정확하게 반영하거나 사물이 영원히 어떻게 될 것인지를 나타내는 것은 아니다. 약간의 거리를 만들고 객관적인 관찰자의 입장을 취하면 자신의 마음에 대한 선택 의지를 느낄 수 있다.

③ 할 수 있는 것을 통제한다

통제할 수 없는 변화가 발생할 수 있다. 스트레스와 불안, 이러한 걱정과 고통의 감정을 없애기 위해, 행동을 취하고 상황을 돕기 위해 할 수 있는 일을 해야 한다. 계획을 세운다. 당면한 변화를 고려하여 취할 수 있는 몇 가지 다음 단계 또는 조치를 결정한다. 몇 가지 계획이 있으면 통제력이 높아질 수 있다. 예를 들어, 최근에 실직을 당했다면 기분이 좋아지는 즉시 꿈의 직업을 나열하고, 영감 게시판을 만들며, 경력이 많은 멘토와 이야기하여 조치를 취한다. 아이가 대학에 가는 것이 두렵다면 둥지를 떠나기 전에 일대일 시간을 충분히 갖는다.

④ 스트레스를 줄이기 위해 최선을 다한다

스트레스 관리에 집중한다. 대처 기술을 재검토한다. 전에 도움을 받았거나 새로운 것을 시도한다. 여기에는 효과적인 것으로 입증된 자기 관리 활동, 나에 대한 시간 예약, 새로운 기술을 배우기 위해 상담자 방문이 포함될 수 있다.

⑤ 극도로 인내심을 가진다

변화는 한 순간이 아닌 과정으로 묘사될 수 있다. 우리는 여정보다 결과를 더 중요하게 생각하는 경향이 있다. 여행은 종종 짧고 즐거운 여행이 아니며 때로는 길고 힘들 수 있다. 모든 전환에는 새로운 삶의 방식에 정착하는 데 약간의 시간이 걸릴 수 있음을 받아들이는 많은 인내와 연습이 필요할 것이다.

시간은 항상 나의 편이라는 것을 기억하는 것도 중요하다. 새로운 것에 익숙해지는 것은 처음에는 항상 어렵지만 시간 자체가 도움이 될 것이다. 진행 상황을 확인하고 반성하면 기분이 나아질 수 있다.

⑥ 편안함을 찾는다

모든 것이 완전히 엉망이라고 느껴지는 경우, 오래되고 신뢰할 수 있는 일상에 기대는 것이 도움이 될 수 있다. 삶의 한 영역이 바뀌고 불안감을 느낀다면, 편안함을 느끼고 평온함을 높이기 위해 보존할 수 있는 것에 집중한다. 이것은 항상 편안함을 가져다준 어린 시절의 음식을 만들거나 당신을 오래된 당신처럼 느끼게 하는 친구와 이야기하는 것처럼 간단할 수 있다.

⑦ 습관을 재고한다

변화를 겪을 때 조심해야 하는 것은 부정적인 습관 스트레스에 대처하는 일이다. 이는 빠른 탈출과 일시적으로 긍정적인 감정을 제공하는 행동일 수 있지만 장기적으로 부정적인 결과를 초래할 수 있다.

여기에는 약물 사용, 음주와 흡연, 과식, 충동적인 지출 또는 기타 성급한 결정이 포함될 수 있다. 또한 친구로부터 고립, 끊임없는 불평, 부정적인 생각과 같은 습관이 포함될 수 있다.

⑧ 일기를 쓴다

일지 작성 또는 변경 사항을 해결할 때 단순히 메모를 작성한다. 짧은 시간 동안이라도 생각과 감정을 추적하면 압도적인 생각을 정리하고 문제를 해결하는 데 도움이 될 수 있다. 미래에는 자신이 얼마나 멀리 왔는지 반영하는 데 도움이 될 것이다. 최소한 내면의 경험을 쓰면 약간의 압력이 풀리고 안심할 수 있다.

⑨ 사고방식을 바꾼다

변화에 직면하려면 종종 사고방식의 전환이 필요하다. 사실, 우리의 두뇌는 생존하고 잠재적인 위험에 대비하기 위해 부정적인 것에 고정되어 있기 때문에 많은 것들이 사고방식의 변화를 필요로 한다.

포기해야 할 것이나 불편한 점과 같은 경험의 부정적인 측면에 집중하는 경향이 있다면 변화가 인생에서 창출할 수 있는 잠재적인 이점이나 개방을 놓치기 때문에 변화를 두려워하거나 피할 가능성이 더 높다. 희소성과 부정적이라는 사고방식을 대체하기 위해 새로운 관점을 제시하는 것이 필요하다.

생각을 바꾸고 가질 수 있는 것과 가질 수 없는 것에 집중한다. 우리는 부정적인 생각이나 감정을 확인하는 것에 집중하는 자연스러운 경향이 있다. 이를 방지하기 위해 의도적으로 시간을 내어 감사하는 것에 대해 집중하거나 변화와 관련된 손실이 아닌 변화와 관련된 이득에 초점을 맞추는 것이 좋다.

> 일단 내담자들이 감사의 원천을 확인하면, 그들에게 감사를 느끼는 데 에너지를 쏟으라고 부탁한다. 그 순간 나는 그들이 그 대상이 얼마나 놀라운지에 관심을 집중하거나 감사의 과정에 집중하기를 바란다.
>
> 나는 그들이 정말로 그것에 빠져들기를 바란다. 그들이 자연스럽게 미소 짓고 감사함을 느끼고 있음을 알게 되면, 그들은 자신이 선택한 수령인을 향해 생각이나 말을 '감사합니다.'라고 투사해야 한다.
>
> 그들은 감사를 누구에게 보내는지 알 필요조차 없다. 그런 다음 우리는 1~2분 동안 아무 말 없이 앉아 있다. 나는 그들에게 기회가 나타나는 대로 하루 종일 이것을 반복해 달라고 부탁한다.
>
> 감사의 느낌은 우리 삶의 자아와 현재의 사건에서 의식을 멀어지게 하기 때문에 강력한 영적 경험이다. 우리가 자주 방문할수록 우리가 소유한 것을 잃을까 봐 두려워하지 않는다. 이것은 슬픔과 상실감에 대한 두려움과 함께 내 상담 작업에서 자주 나타나는 요소다 (Landis, 2006).

그리고 한 번에 두 가지 감정이나 경험을 가질 수 있다. 당신은 많은 것들에 감사할 수 있지만 동시에 불편하고 불확실하며 불행하다고 느낀다. 그것은 완벽하게 괜찮고 정상이며 둘 다 인정하는 것이 중요하다.

⑩ 다른 사람들과 연결한다

변화를 겪을 때 지원을 찾는 것도 중요하다. 모든 인간이 공감할 수 있는 한 가지가 있다면, 변화는 어렵다는 것이다. 혼자서 변화와 씨름할 이유가 없다. 혼자 가지 않으려면 다른 사람들과 이야기하고 도전적인 것을 공유한다.

다른 사람들도 비슷한 경험을 겪었고 힘과 검증의 원천이 될 수 있으며, 그들이 어떻게 대처했는지 공유하고, 상황이 괜찮을 것이라고 안심시키거나, 피해야 할 함정에 대해 미리 알려 줄 수 있다. 적어도 신뢰하는 누군가에게 머릿속에서 반추한 것을 말하는 것은 억눌린 긴장과 불안에 대한 놀라운 해결책이 될 수 있다.

⑪ 도움을 구한다

아무리 완고하게 독립적인 사람이라 할지라도, 어떤 변화는 혼자서 감당하기에는 너무 힘들다. 파트너, 가족 또는 상담자에게 도움을 구하는 것도 중요하다. 종종 변화에 적응하는 것이 도움을 구하면 더 쉽고 성공적이 될 수 있다.

긴장된 근육이나 부상과 비슷한 불편을 생각해 보라. 몸이 치유되기 위해서 물리 치료와 같은 전문적인 도움을 받을 수 있다. 대화 치료는 정서적 또는 정신적 긴장을 유발하는 변화에 더 쉽게 대처할 수 있도록 도와줄 수 있으므로 유사한 방식으로 서비스를 제공할 때 받아들일 수 있다.

4. 선택권을 주는 상담 사례

어느 날 상담자에게 30대 후반의 새로운 내담자인 Catherine이 배정되었다. 그녀는 친절하게 상담자를 맞이했다. 베이지색과 갈색 비즈니스 슈트를 매치한 그녀는 자신의 역량과 자신감의 분위기를 전달했다.

Catherine은 기업에서 일했고, 다소 짧은 몇 년 동안 임원 수준으로 승진을 거듭했다. 이것은 자부심의 원천이었다. 그녀는 열심히 일했고, 겸손한 태도로 사람들을 대했다. 그러나 최근에는 점점 더 불안해지는 것이 문제였다.

이제 그녀는 더 많은 여행과 새로운 사람들을 만나고, 때로는 30명 이상의 집단에게 프레젠테이션을 했다. 상담실 자리에 앉았을 때, 이 과업이 당황스럽지는 않지만, 그녀가 집으로 돌아왔을 때는 무척 불안해지는 것 같다고 설명했다.

그녀는 자신의 내면에 진을 치고 있는 경력이 쓸모없게 될지도 모른다는 것과 여행이 무의미하다는 절망감을 두려워하기 시작했다. 그녀는 자신의 직무 수행 수준 이면에서 일어나고 있는 일들을 묘사했다.

그녀는 자신이 도전에 직면할 수 있는 능력을 소모하고 있으며, 마주치는 피할 수 없는 놀라움에 직면했을 때 균형을 유지할 수 있는 능력을 약화시키고 있다고 느꼈다. 뭔가 깊고 불안한 부분이 뒤섞여 있는 것 같았다.

　Catherine은 어떻게 대응해야 할지 몰라 당황했다. 상담자는 그녀의 호소를 들으며 그녀의 내면에서 움직이는 것을 알아차렸다. 그녀는 똑똑하고 명료했으며, 자신의 불안을 빨리 해소하고 자신의 일상으로 돌아가야 한다는 의무감이 있었다.

　상담자는 그녀가 회사에서 자신의 위치를 유지하기 위해 상담 과업에 흥미를 느낄 필요가 있다고 여겼다. 첫 회기가 계속되면서 Catherine은 자신의 상황을 더 자세하게 설명했다. 그녀가 관련 정보를 제공하고 상담자는 치유를 촉진하기 위해 그 정보를 조립하고 재구성하는 데 초점을 맞추었다.

　상담은 신체적·정서적 불균형을 되돌리는 노력이다. 가장 중요한 것은 이런 패턴 현상을 논리적으로 활용하는 방법을 배우는 것이다. 즉, 내담자가 먼저 그런 패턴이 어떻게 조직되어 있는지를 인식하게 한다.

　다음에 그 이면에 있는 감정적인 태도를 탐구한다. 트랜스를 통해 현재 신체에 대한 내적 관심으로 돌리고, 한때는 기능적이었지만 지금은 제한적인 패턴을 인식하고 변화시킬 수 있다. Catherine은 계속해서 자신의 상황을 이야기했다.

　그 설명은 설득력이 있었다. 하지만 다른 무언가가 상담자의 의식을 잡아당겼다. 그녀의 눈이었다. 상담자가 그녀를 보았을 때, Catherine은 상담자에게 시선을 고정시켰다. 침착하고 직설적이었다.

　하지만 좀 더 시선을 확장시키면, 그녀는 너무 긴장해서 거의 두려워하는 것처럼 보였다. 몇 번이나 그녀는 상담자와 시선을 마주치기 전에 사무실을 살피고 나서 겨우 상담자에게로 돌아왔다.

　상담자가 눈치채지 못하는 것이 그녀에게는 중요해 보였다. **"그녀가 무엇을 찾고 무엇을 걱정하는가?"** 내면 탐험을 통해 깊이 들어가기, 즉 선택 지점에 도달하기 위해 상담자는 그녀가 삶에 대해서 계속 이야기를 하거나, 아니면 현재 그녀가 어떻게 그것을 만들고 있는지 탐구할 수 있을 것이다.

　상담자는 그녀의 행동을 자동화된 기계에 비유하면서, 그녀가 눈으로 무엇을 했는지, 어떻게 호흡을 참는지를 주의 깊게 관찰하고 나서 상담자가 상상한 것을 덧붙였다. 놀랍게도 그녀는 약간 긴장을 푸는 것 같았다.

　그녀는 숨을 내쉬며 말했다. **"나는 항상 이렇게 해요. 내가 기억할 수 있을 때부터 나는 주위를 둘러보고 문이 잠겨 있는지 확인하고, 창문이 닫혀 있는지 확인합니다. 방 전체를 볼 수 있고 벽에 등을 기댈 수 있는 곳에 앉으려고 노력합니다."**

　상담자는 그녀가 또 무엇을 알고 있는지 궁금해하면서 동시에 상담을 계속할 용의가 있는지 물었다. **"더 잘 들을 수 있도록 최대한 숨을 참아요." "뭐라고요?"** 상담자가 물었다. **"예기치 않게 누가 올지도 모르지만, 놀라고 싶지는 않네요."**

　그 후 몇 분 동안 그녀는 고개를 돌려 방을 둘러보았다. 그녀의 행동에는 어떤 특별한 의식(ritual)이 있었다. 그녀는 원치 않는 접근의 가능성을 알아차리기 위해 자신의 팔의 피부가 감지한다고 덧붙였다.

　그녀는 상담자의 대화를 따라가기 위해 최대한 주의를 기울이며 들었지만, 대부분의 의식은 갑작스러운 움직임, 소리, 진동을 감지하는 데 전념하는 것 같았다. 그녀는 이 모든 것을 누군가 눈치채지 못하게 하는 방식으로 하려고 노력했다.

　그녀의 설명이 끝나자 상담자는 그녀에게 자신의 모든 활동의 복합체에 이름을 붙일 수 있는지 물었다. 그녀는 주저 없이 '레이더'라고 말했다. 상담자는 자신 안에 기묘한 감정이 뒤섞여 있는 것을 알아차렸다.

상담자는 수십 년 전 두려움 속에서 창조되고 여인의 일생 동안 연습하고 다듬어진 복잡하고, 지속적이며, 심지어 충성스러운 행동의 혼합물에 경외심을 느꼈다. 또한 인간이 그런 무한한 창의성과 지능을 가질 수 있다는 것에 경이롭게 느꼈고, 위협에 대해 절망적이지만 무의식적인 반응의 범위를 줄일 수 있다고 생각했다.

상담자는 이러한 내담자의 내면으로 들어온 것에 대해 영광이라고 느꼈다. 많은 회기를 할 수 있었으나 특정한 지점에 도달하지 못할 것 같았다. 신체 실험은 갑작스러운 친밀감과 깊은 연민을 불러일으켰다.

그 순간, 상담자는 그녀가 배운 도구를 활용하는 치료 전략을 세우는 것이 분명해졌다. 상담자는 Catherine에게 레이더를 어떻게 작동시키는지를 가르쳐 줄 수 있는지 물었다. 상담자는 그녀에게 각 부분을 가르쳐 달라고 부탁했고, 그리고 나서 그녀가 일을 하는 동안 자신의 시도를 확인하고 다듬었다.

그녀의 웃음과 비통한 한숨 사이에는 뭔가가 있었다. 그녀는 비록 당황스럽기는 했지만 상담자가 부탁하는 제안을 적어도 한동안은 기꺼이 따라갈 용의가 있는 것 같았다. Catherine이 레이더를 묘사하고 설명할 때, 두 가지 중요한 일이 일어났다.

첫째, 그녀는 조금 더 장난기를 발휘했다. 때때로 위압적인 판사인 척하면서 자신을 비판하고, 눈을 굴리며, 상담자의 시도를 비판하며, 그리고 나서 상담자를 바로 잡았다. 둘은 가볍고 진지한 호기심 많은 놀이의 영역으로 들어섰다.

이 기묘한 프로젝트에 함께 참여하면서, 둘은 활기차고, 집중력을 보이며, 협력적이 되었다. 동시에 그녀의 얼굴에 더 많은 감정이 분명하게 떠올랐다. 그녀의 확실한 목소리는 때때로 떨리곤 했다.

그다음 상담자는 그녀에게 '레이더'를 작동할 수 있는지 물었다. 하지만 그녀는 그럴 필요가 없었다. 상담자는 그녀에게 그것은 전적으로 자발적이라고 말했다. 그녀는 그런 이상한 요청에 놀랐지만 실제로 동의했다.

중요한 순간들이었다. 상담자는 깊이 묻혀 있는 충격적인 재료를 가지고 작업을 했다. 상담자는 천천히 진행해야 한다는 것을 알고 있었고, 발생할 수 있는 모든 증상들을 추적했다. 둘은 계획을 세웠다. 얼마나 오랫동안 실험을 할 것인지, 얼마나 많은 레이더를 그녀가 보여 줄 수 있을지, 얼마나 깊이 있게 자신의 내면에서 일어나는 일을 감지하고 싶은지 등 모든 변수를 결정해야 했다.

상담자가 기억으로는 그녀가 1분 동안 말을 했다. 조금 더 그랬을 수도 있지만, 많이는 아니었다. 상담자는 그녀에게 그녀가 원할 때 시작할 수 있다고 말했고, 역할을 바꾸는 것이 도움이 될 것 같다고 제안했다. 잠시 침묵을 지킨 후에 약간의 시간이 흐르자, 그녀는 '**시작하자.**'고 말했다.

역할을 바꾸는 작업은 다른 사람을 위해 자아를 바꾸는 것이다. 비록 그녀는 상담자가 진정으로 무엇을 하고 있는지를 알 수 없었지만, 상담자는 자신의 약속을 절대적으로 이행해야 한다고 느꼈다. 그것은 일종의 신성한 서약이었다.

그는 방 안에서 레이더의 역할을 맡았다. 먼저 문과 창문이 닫히고 잠겨 있는지 확인했다. 그다음, 상담자는 재빨리 방을 둘러보았다. 상담자는 사무실뿐만 아니라 건물에서 발생하는 모든 소리와 진동을 들으려고 애썼다.

상담자는 숨을 늦추고 감각이 점점 예리해지는 것을 알아차렸다. 그는 덜 눈에 띄었다. 속도를 덜 내고 따라서 표적이 덜 되는 것 같았다. 마침내 상담자는 낯선 사람의 갑작스럽고 예상치 못한 접근을 팔의 피부로 느꼈다.

그것은 꾸준하지만 두려움으로 가득 찬 이상한 상태였다. 상담자는 지략이 풍부했다. 지적으로 상담자는 대단히 흥미를 느꼈지만 감정적으로 상담자는 그녀가 잃어버린 본질적인 안전에 대해서는 가슴이 아팠다.

실험이 30초쯤 지나자 깊은 숨을 내쉬는 소리가 들리더니 그녀는 눈물을 흘렸다. 상담자는 Catherine을 힐끗 쳐다보았다. 그녀는 두 손으로 머리를 감싸고 의자에 몸을 접었다. 그녀는 흐느끼면서 자신의 몸을 떨기 시작했다.

아직 역할을 포기하고 싶지 않은 상담자는 Catherine을 자신의 스캔에 포함시키고, 그녀 내면의 깊은 곳에서 들려오는 소리를 들었다. 때때로 가장 원형적인 상태에 도달하는 임상 순간들이 있다.

상담자들은 이런 순간들을 위해 작업한다. 이런 순간에 경직된 상담자의 역할은 해체되고 매우 인간적인 두 사람만이 존재한다. 강력한 침묵은 오직 가장 본질적인 소리와 진실로 가득 차게 만든다.

이 순간들은 섬세하지만 견고하다. 과거의 유령들과 진정한 해방과 변화의 씨앗들이 살고 있다. Catherine과 상담자는 한동안 침묵을 지켰다. 그녀는 오열했다. 상담자는 작업을 조금 더 오래 계속했지만, 그녀가 더 조용하고 더 많이 통합하는 것처럼 보이자 자신의 역할을 해체해 버렸다.

몇 분이 지나자 그녀는 고개를 들고 부드럽게 상담자의 시선을 잡았다. "선생님도 알다시피 그렇게 하지 않아도 되는 건 기억도 안 나요. …… 나는 어렸을 때 성추행을 당했어요. …… 다른 가족과 나도 매를 맞았어요. 나는 내가 자유롭고 안전하다고 느꼈던 때를 전혀 기억하지 못해요."

처음이었다. 이 노출은 한 번의 회기에 대한 이야기다. 그녀가 찾던 마무리 단계가 오기 전에 우리는 서너 번의 약속을 더 했다. 그 회기들 각각에서 그녀에게는 가능성을 나타내는 매우 실제적인 경험이었다. 그녀는 상담 과업에서 부드럽게 승리하여 처음으로 자유로움을 느끼며, 의기양양하게 끝냈다.

그녀의 모든 치유가 이루어졌다고는 생각하지 않는다. 사실, 그녀가 경험한 돌파구는 아마도 다시 외상을 입지 않고 자신의 과거로 돌아가도 진정으로 그녀의 삶의 장을 치유하고 마무리할 수 있게 해 줄 것이다.

상담자가 그녀를 마지막으로 만난 회기에 Catherine은 직장을 옮기기로 결정했다. 아무리 짧게 말해도 이 만남은 상담자에게 중요한 만남으로 남았다. 그 만남은 상담자에 대한 존경심을 심화시켰고, 섬세한 상담과 내면의 마음에 대한 탐구가 나타내는 진정한 혁신에 대해 강력한 표현이었다(Heckler, 2021).

밀턴 에릭슨의 상담이론과 실제

7장

관계·문화의 문제

우리는 공기와 물처럼 필요한 방식으로 타인과의 연결이 있어야 한다. 관계는 부차적이 나 주변적인 것이 아니라 우리의 삶에 중심적이다. 관계 개선은 생물학적 의무라기보다는 사회적 처방이다. 내담자들의 이야기를 듣고, 그들의 필요와 동기를 이해하며, 그들의 약점 이나 결핍을 강점으로 봐야 한다.

사실 진정한 감정을 표현하고 존중과 공감적 이해를 받을 때 신뢰와 관계적 능력의 감각 을 쌓는다. 하지만 아무렇지도 않은 취급을 받게 되면, 자신의 삶에서 다른 사람들과의 관계 에 강력하게 적응하기 위해 몸을 비트는 법을 배운다.

오해를 받은 개인은 점점 더 진실하지 않게 되고, 관계는 약화되며, 단절은 만성화된다. 그런 상황에서 내담자들은 우울증, 낮은 에너지, 혼란, 자기 비난을 겪는다. 건강한 개발의 목표는 자신의 두 발로 설 수 있고, 독립할 수 있으며, 합리적이고 자율적일 수 있도록 돕는 것이다.

모든 사람은 서로에게 중요하고, 기여하며, 상호작용의 결과로 성장하는 더 건강한 사회 를 제공한다. 우리는 공감 능력의 토대를 가지고 세상에 나온다. 그래서 우리는 덜 강력한 사람의 성장에 참여하고 가치를 둔다. 목표는 상호 이익과 연결의 힘에 대한 더 큰 감각을 향한 움직임이다.

'고립은 심리적 고통과 기능장애의 핵심 요인'이다. 다른 이들과 의미 있는 관계를 다시 구축 하는 것은 건강한 발전을 촉진시킨다. 내담자는 공감적 반응을 경험하면서 이해를 하고 외 로움도 덜 느낀다. 내담자는 자신이 중요하다는 치유와 느낌의 가능성을 즐기기 시작한다.

Erickson은 허용적인 접근과 더불어 내담자들과 신뢰의 관계를 쌓는 것을 상담 작업의 정 수로 보았다. 상담자에 대한 신뢰는 내담자들의 심리적인 수준에 맞추는 개입을 통해서 가 능하게 된다. 내담자들은 이러한 신뢰의 과정을 거치면서 상담자나 자신에 대한 믿음도 커 진다. Rogers(1961)도 유사한 관점을 가졌다.

> 만약 상담자가 특정한 종류의 관계를 조성한다면, 내담자들은 그 관계를 성장을 위해서 활용할 수 있는 기회로 삼아 자신의 내면에 숨겨져 있던 능력을 발견하게 될 것이고 자연스 럽게 변화의 자기 계발이 발생될 수 있다(p. 33).

1. 관계에서의 문제

사회 공포증이라고도 하는 불안 장애의 특징은 사회적 상황에서 부정적으로 평가되거나 거부되는 것에 대한 강렬한 불안 또는 두려움이다. 사회불안장애가 있는 내담자들은 눈에 띄게 불안해 보이거나, 어색하거나, 지루한 것으로 여겨지는 것에 대한 걱정 때문에 불안해진다.

결과적으로 내담자들은 사회적 상황을 피하고 상황을 피할 수 없을 때는 심각한 불안과 고통을 경험한다. 사회불안장애가 있는 내담자들은 빠른 심박수, 메스꺼움, 발한과 같은 강한 신체적 증상을 경험하며 두려운 상황에 직면한다.

자신의 두려움이 과도하고 불합리하다는 것을 인식하고 있지만, 사회불안장애를 가진 이들은 자신의 불안에 대해 무력감을 느끼는 경우가 많다. 사회불안장애는 내담자들에게 부정적인 영향을 미친다.

사회불안장애의 평균 발병은 10대 때 발생한다. 사회불안장애로 진단받은 사람들은 일반적으로 어린 시절에 극도의 수줍음을 보고하지만, 이 장애는 단순히 수줍음이 아니라는 점에 유의해야 한다.

사회불안장애는 그 때문에 고통받는 이들의 삶에 큰 혼란을 줄 수 있다. 예를 들어, 개인은 새로운 이들과 자주 상호작용해야 하는 직업 기회를 거절하거나 먹거나 마실 때 손이 떨릴 두려움 때문에 친구와 함께 외식을 피할 수 있다.

증상은 사회생활을 크게 방해하여 학교, 취업이나 우정과 정상적인 관계를 유지하기가 어려울 정도로 극단적일 수 있다. 사회불안장애가 있는 내담자들은 또한 주요 우울 장애 및 알코올 중독을 일으킬 위험이 증가한다. 사회불안장애가 있는 사람들의 5% 미만이 초기 발병 후 1년 이내에 치료를 받고, 3분의 1 이상의 사람들이 도움을 청하기 전에 10년 이상 증상을 보고한다.

조금도 가만히 있지 못하는 중증의 ADHD 환자로 진단을 받은 2명의 자녀를 가진 엄마가 집단에 참가했다. 그녀는 너무 무기력한 모습을 보였으므로 상담자는 우선 가능한 한 즐거워지도록 하는 전략을 세웠다.

그래서 그녀에게 자녀들이 문제를 극복하고 난 후에, 그녀의 생활이 어떻게 변화될 것인가에 대해 질문했다. 그녀는 남편과 함께하는 시간을 늘리고 또 과거에 했었던 간호사 일로 되돌아가고 싶다고 말했다.

다음에 상담자는 아이들에 대해 불평하지 말라고 요청했다. 앞으로 어떻게 지냈느냐고 물으면 아이들을 잘 다룬다고 말하라고 제안했다. 불평하지 말라는 주문을 한 것은 그들 부부 사이의 연쇄 반응에 대한 하나의 가정이 있기 때문이다.

만일 엄마가 아이를 잘 다루지 못하고 그러면 아빠가 끼어들어 아이를 혼내 주는 식이라면, 아빠는 엄마가 아이를 잘 다루지 못한다는 사실을 알고 있을 것이다. 집에 돌아오면 그는 아내가 무력하게 행동하는 것을 관찰할 수 있었다.

그것은 남편에게 자녀들이 문제가 있고, 자신이 무능력하다는 것을 알려 줄 따름이다. 자녀에 대해 불평하지 말라는 것은 지금까지 유지해 온 연쇄 반응이 더 이상 지속될 수 없다는 것을 말한다.

또한 상담자는 그녀에게 아이들을 어떻게 지도하라는 제안 대신 그녀가 필요할 때면 언제나 정확한 결정을 할 수 있는 유능한 사람이라고 정의했다. **"당신이 느끼는 대로 하는 것이 최상의 방법입니다."** 라고 상담자는 그녀를 북돋아 주었다.

다음에 상담자는 아이들을 어떻게 다룰 것인지에 대해 그녀가 집단의 지시를 요청하는 상황을 설계하였다. 이러한 요청이 엄마에게는 하나의 역경이었다. 전문가와 함께 앉아서 자기가 아이들을 잘 다루지 못하고 있고, 그래서 다른 구성원들로부터 지도를 받아야 한다고 동의해야 하는 것이다.

그러나 역경이 진행되면 될수록 엄마는 자발적으로 도움 없이도 아이를 잘 양육할 수 있다는 것을 보여 주려 할 것이다. 그러나 이 절차에는 부모가 아이들을 잘 기르기 위해서 어떻게 해야 한다는 상담자의 제안은 포함되지 않았다.

상담자로부터 유능한 엄마라는 이야기를 이미 듣고 있었으므로 이러한 역경은 자신이 능력이 있다는 것을 상담자에게 보여 주기 위해 유능한 엄마가 되려고 노력하는 방향으로 그녀가 반발하도록 도와준다. 그녀가 그런 능력을 보여 줌에 따라 아이들은 점점 더 바람직한 반응을 하게 된다.

'내담자들이 변화에 알맞은 내적 상태를 만들어 가는 과정은 상당 부분 무의식적으로 이루어진다.' 상담자의 유연한 태도는 내담자들에게 전염되어 그들도 상담자와 일치시켜 무의식적으로 문제해결에 몰입하게 된다. 내담자들의 무의식은 자신과 유사하게 느끼고 행동하는 상담자에게 개인적인 연관이 있다고 믿는다.

내담자-상담자 사이의 감정적 연결의 질이 상담자의 이론적 배경보다 더 중요하다는 바탕에서, 상담이란 안전하고 신뢰할 수 있는 **'치료적 관계'** 속에서 새로운 개인적 이야기를 함께 만들어 나가는 것이라 할 수 있다. **'내면에서 불안을 느끼는 내담자들은 트랜스 상태에서 긍정적으로 반응할 가능성이 높다.'**

상담의 핵심 조건은 단순히 어떤 언어적인 기법이 아니라, 관계 경험 속으로 상담자 자신을 투입시키는 것이다. 긍정적인 사고를 위해서는 편하게 느껴지는 환경이 필요하다. 인간적인 만남은 상담을 새로운 관계 형성이나 내담자들의 경직된 패턴을 유연하게 변화시키는 학습의 기회로 변형시킨다.

> Erickson은 매우 겸손한 사람이었다. 그는 결코 자신을 과시하는 태도를 보이지 않았다. 그의 기법이 성공을 거둔 것은 인간의 본성에 대한 깊은 이해와 매일매일 삶의 본질에 바탕을 둔 한결같은 유연성의 심리학에 기인했다고 볼 수 있다. 그는 내담자들을 가슴으로 대했으므로 그들은 공감을 받는다는 느낌을 가질 수 있었다(Yapko, 2001: 169-170).

상담자는 단지 함께 있음으로써 내담자들에게 삶의 길을 찾는 자양분을 준다. 내담자들이 있는 그대로 자신을 대하는 데 어려움을 느낄 때, 상담자는 부드러운 개입으로 그들을 깊은 무의식적인 자각의 수준으로 이끈다.

> Erickson의 휴머니즘은 문헌상에는 충분히 기술되지 않았지만 그의 치료와 성공에서 대단히 중요한 부분이었다. 아마도 그의 사례에서 조작적인 것처럼 보이지 않는 이유 중에 하나는 그가 대단히 관대하고 사려가 깊으며 헌신적인 노력을 했다는 것이다(Zeig, 1985: 16).

내담자들은 대화의 결과뿐만 아니라 실제 경험의 영향 때문에 심리적 어려움을 겪는다. 따라서 상담에서 실제 경험에 접근하는 것은 단순히 상담에 대해 이야기하는 것과는 다르다. 상담은 경험할 때 살아난다.

상담자는 더 이상 동기부여나 행동에 대한 가능한 해석을 추측할 필요가 없다. 대신 상담자는 이런 종류의 정보가 직접 이용 가능한 방식으로 내담자와 연결될 수 있는 능력을 개발하는 데 몰두한다.

내담자 변화를 논의하기보다는 회기에서 즉시 새로운 행동과 신념을 시도하기 위하여 실제 위험을 감수할 필요가 있다. 내담자가 겪는 어려움의 원인은 무엇인가? 물론 질문은 이론적 방향에 따라 여러 가지 접근으로 대답할 수 있다.

고려해야 할 한 가지 가능한 대답은 다음과 같다. 부부 관계를 예로 들어 보자. 부부의 각 개인은 어린시절에 어려운 상황과 사람들에 대처하기 위해 특정 전략을 채택하는 법을 배운다.

전략은 종종 '상처를 주는 상황에 대한 지능적이고 창의적인 적응이었다. 그러나 시간이 흐르면서 한때 자신을 보호했던 방법이 감옥이 된다.' 예를 들어, 아무도 관심을 보이지 않는 가정에서 자랐다면, 눈에 띄는 유일한 방법은 강렬하고, 무시하기 어려운 큰 문제를 갖는 것이 하나의 방법이라고 배울 수 있다.

이럴 경우 전략은 적어도 약간의 관심을 끌기 위해 원래 가족 안에서는 효과가 있었을지도 모른다. 하지만 성인 관계 속에서 이런 전략은 파괴적인 결말을 야기하고 관계는 엉망이 될 가능성이 있다.

물론 이것은 아무도 자신의 말을 진정으로 듣는 것에 관심이 없다는 근본적인 믿음을 강화시킨다. 불행하게도, 전략의 지혜에 따르면, 무시당하는 느낌은 내담자의 표현을 강화시켜, 자신도 모르게 모든 관계에서 더 멀어지게 한다.

내담자들의 '어떤 욕구가 무의식적으로 충족되는 경우, 그들의 의지와는 관계없이 문제행동을 유지'한다. 이럴 경우, 상담자는 그들의 무의식적인 욕구를 이해하고 바람직한 방법으로 그 욕구를 충족시키도록 도와줌으로써 문제를 해결할 수 있다.

한 부부상담에서 남편은 불평했고 아내는 자신을 변호하거나 반대했다. 이 문제를 더 탐구하기 위해 상담자는 남성에게 불평의 중요한 주제가 되는 한 문장만 반복하고 부인은 몰입해서 들어 달라고 부탁했다.

천천히 몰입하면서 한 문장을 반복하게 되면, 자연스럽게 트랜스 상태로 들어간다. 한 문장은 아주 적은 양으로 상대방이 너무 압도되어 관찰하는 자아를 잃지 않도록 한다. 상담자는 여성에게 그 문장을 그냥 받아 달라고 부탁했다.

그래서 그녀는 남성에게 동의하지 않지만, 그의 불평에 대한 그녀 자신의 자동 반응을 탐색할 수 있었다. 그들은 느린 동작으로 상호작용을 수행했다. 그녀는 자신을 방어하는 대신, 그를 실망시키는 일이 얼마나 참을 수 없었는지를 알아차렸다.

그녀는 이런 느낌을 계속 느끼면서 부모님이 자신을 벌한 적이 있었던 경험을 기억해 냈다. 그들은 단지 "우리는 너에게 너무 실망했다."라고 말했다. 트랜스 상태에 있지 않았다면 이런 근본적인 감정을 알아차릴 가능성은 거의 없다.

트랜스를 활용해서 의식적인 마음은 더 많은 정보를 얻을 수 있게 된다. 또한 '상담자도 트랜스 상태가 될 필요가 있다.' 상담자는 자신의 내적 경험뿐만 아니라, 더 중요한 것은 내담자의 순간적인 내적 경험에도 신경을 쓸 필요가 있다. '내부 경험을 추적하는 것은 경험적으로 작업하는 데 있어 중요한 열쇠'다.

새로운 경험을 통해서 다른 방식으로 목적을 달성한다면, 증상은 사라지게 된다. 우리가 어렸을 때 배운 전략은 보통 과대 포장된다. 우리가 원래 가족에게서 배운 것은 다른 세계로 일반화된다. 한때 적응적이었던 것은 제한되고 석회화된다.

내담자의 '성격 전략은 그들의 목소리 톤, 페이스, 제스처, 자세, 작은 행동을 하는 스타일로 드러난다.' 따라서 여성의 목소리의 변곡이나 남자가 파트너를 바라보는 방식만큼 작은 무언가에서 성격, 핵심 신념, 어린 시절 상처의 증거로 볼 수 있다.

내담자들은 필사적으로 변화하기를 원하지만, 동시에 무의식적으로 변화에 저항한다. 그들은 자기주장적인 성격의 한계로부터 자유를 갈망하지만, 자신들이 유발하는 패턴의 문제를 깨닫지 못한다.

모든 이론적 방향은 상담자의 특별한 역할을 규정한다. 여기에서 논의한 접근 방식에서 '상담자의 역할은 개인이 타인과 접촉하면서 자신의 고유한 자아를 보다 완전하게 구현할 수 있도록 돕는 것'이다.

이것은 상담자가 권위자로서, 또는 내담자의 정신을 통역하는 역할과는 다르다. 상담자는 자기의 온화한 전개를 위한 산파가 되고, 자신의 정신 내용에 대한 전문가가 되는 대신 내담자를 '자신의 경험으로 깊이 이끌어 내는 전문가'가 된다.

효과적으로 개입하기 위해서는 부부가 어떻게 돌아가는지 정확하게 평가할 수 있어야 한다. 모든 이론적 지향은 또한 평가에 대한 자체적인 접근법을 가지고 있다. 예를 들어, 정신분석의 관점에서 전이, 투영, 투사 등의 상호작용을 찾을 수 있다.

전략적 관점에서는 부부가 문제를 해결하려는 방법이 실제로 어떻게 문제가 유지되고 악화되는지를 살펴볼 수 있다. 인지 행동의 관점에서 보면, 각 개인의 인지적 왜곡과 상대방의 행동에 대한 해석이 어떻게 고통으로 이어지는지 알 수 있다.

각 시스템은 서로 다른 렌즈를 통해 부부를 검사한다. '반대의 주장에도 불구하고, 어떤 시스템도 진실과 배타적인 관계를 맺지 않는다.' 다양한 각도에서 부부를 평가할 수 있고 특정 렌즈의 한계에 부부를 맞추려고 하지 않는 것이 유용하다.

내담자는 '의미 있는 타인과의 관계에서 일어나는 어떤 변화도 또 다른 관계에 영향을 미쳐 원하는 방향으로 변화'시킬 수 있다. 그러므로 관계성 질문은 자신들의 생활에서 불편한 것들을 어떻게 변화시킬 것인지를 결정하는 데 영향을 준다.

하나의 관계에서 긍정적인 변화가 시작될 때, 그 파급 효과는 종종 다른 관계에서도 긍정적인 결과를 낳는다. '만족스러운 관계 회복의 가능성을 보기 위해 즐거움을 공유'하는 것도 중요하다(Notarius & Markman, 1994).

내담자는 가정, 종족, 문화의 영향으로 구성된 보다 큰 사회체계의 한 부분으로서 상담에 참여하게 된다. 각 개인은 각자의 역사와 세계관 그리고 자신의 가정에서 특별한 역할을 가진다. 비록 내담자 개인만을 고려해도 상담자는 내담자의 증상, 즉 행동이 보다 큰 사회체계

내에서 어떻게 유용한지를 고려할 필요가 있다.

한 체계에서 어느 수준에서는 문제행동도 또 다른 수준에서는 안정에 기여할 수 있다. 그러나 내담자의 현재 체계 밖에서 도움을 찾는 것은 내담자나 가정에 증상 행동의 악화를 야기한다. 내담자의 기능 수준을 평가하는 6개의 목록들이 있다.

① 내담자의 사회망 구조가 무엇인가

그 안에 누가 있나? 내담자가 친구나 가정을 가지고 있나? 누가 누구에게 이야기하나? 내담자의 염려를 누가 가장 많이 인식하고 누가 가장 적게 알고 있나? 내담자가 어떤 일을 하나? 그 일이 현재 문제와 어떻게 관련되나? 이러한 질문은 내담자를 그 사람의 상황 속에 위치하게 한다.

② 내담자 가정의 발달단계는 무엇인가

내담자가 집을 떠나려고 하고 있는 청소년인가? 내담자의 가정에서 결혼하는 혈통에서 가장 중요하게 생각하는 것은? 내담자의 부모가 은퇴, 질병, 이혼, 죽음을 맞고 있나? 내담자가 첫아이 출생, 이혼, 재혼, 자녀의 독립 등을 직면하고 있나? 이런 종류의 질문은 내담자를 자신의 핵가족이나 혈통 속에 위치시키고 현재의 문제를 발달관점에서 인생 과정의 구조 속에 위치시킨다.

③ 내담자의 발달 관점에서의 나이는 얼마이고 발달 과제는 무엇인가

내담자의 나이를 고려할 때 어떤 발달 과제가 합리적인 것으로 보이나? 예를 들어, 내담자가 초등학교에 입학하여 적응을 해 나가야 하는 아동인가? 막 졸업하거나 일을 가지려는 대학생인가? 처음으로 부모가 되려고 하고 있는 사람인가? 일을 끝내고 여가 활동을 시작하려는 노인인가?

그러나 내담자의 발달단계에서의 나이가 실제 시간적인 나이와 맞지 않을 수도 있다. 예를 들면, 여자와 깊은 관계를 한 번도 가진 적이 없는 35세 노총각은 마치 열여섯 살처럼 여자를 다룬다. 32세 노처녀가 처음으로 집을 떠나 혼자 살게 되는 것은 무엇을 의미하나? 발달단계의 나이와 발달 과제와의 관계를 결정하는 것은 상담자가 내담자의 욕구에 적합한 치료 중재를 고안하는 것을 돕게 될 것이다.

④ 내담자 자원들의 유용성이 무엇인가

내담자는 다른 사람들과 친하고 깊게, 주장적인 태도로 관계를 맺을 능력이 있는가? 내담자가 가진 문제해결 능력의 범위가 무엇인가? 여기에서 의도하는 것은 단지 약점에 초점을 맞추려는 것이 아니고 내담자의 능력을 증대시키려는 것이다.

⑤ 내담자의 감정과 역할의 융통성은 어떤가

내담자가 여러 상황에서 다양한 범위의 감정적인 행동을 보일 수 있는가? 내담자가 그 자신의 사회체계에 의해 모든 상황에서 한 가지 역할(예: 희생양, 무능자, 우울자, 평화유지자)만을 하도록 강요당하는가? 그래서 내담자가 다른 감정과 역할을 경험할 수 있을 정도로 대인관계에서 더 많은 만족을 성취할 기회를 가지게 한다.

⑥ 사회체계 내에서 증상의 의미와 기능은 무엇인가

내담자의 행동이 바뀌게 되면 보다 큰 사회체계에서는 어떤 일이 벌어지나? 그래서 비록 내담자 혼자 상담을 받는 경우에도 평가는 항상 보다 큰 사회체계 속에서 어느 정도 이루어지게 된다.

상담자가 평가 절차에 기반을 둔다면, 경험적으로 일하는 것은 그들 자신의 창의성과 상상력에 의해서만 제한된다. 부부의 역동 관계에서 어떤 일이 일어나고 있는지 개념화할 수 있다는 것은 적절한 개입으로 직접 이어진다. 심리극, 미술치료, 운동치료, 그리고 다른 방법과 같은 다양한 방향에서 활용해서, 실제적인 경험을 할 수 있는 가능성을 만들어 낼 수 있다.

> Rick은 말을 하기 시작한 이후로 말을 더듬어 온 17세 소년이었다. 그와 그의 어머니는 Massachusetts에서 Arizona로 와서 Erickson을 만났는데, 그는 "나는 어머니를 한 번 보았고, 그들이 전형적인 Lebanon 민족 집단이라는 것을 알았다."라고 말했다. Rick은 역사를 공부했다. 그 부모는 둘 다 Lebanon의 특정 공동체 출신이었다. 그들은 미국에 와서 결혼을 했고 미국 시민이 되었다.
> Erickson은 다음과 같이 설명했다. "Lebanon 문화에서 남자는 신보다 훨씬 높고 여자는 아주 낮다. 이제 한 남자의 자식들이 그와 함께 사는 한 그는 절대 독재자다. 그리고 소녀들은 성가신 존재다. 당신은 소녀들과 여성들이 단순한 일에만 적합하기 때문에 그들을 결혼시키고 당신의 손에서 벗어나게 하려고 노력한다.

그리고 결혼의 첫아이는 소년이어야 한다. 남자아이가 아니라면 그 남자는 '이혼한다'고 세 번 말하면, 신부가 지참금 100만 달러를 가져왔다고 해도 남편은 그걸 몰수하고 이혼할 수 있다. 첫 아이는 남자아이가 되어야 하기 때문이다."

앞에서 설명했지만 이 경우 Rick은 두 명의 누나를 둔 셋째 아이였다. Erickson은 계속했다. "Rick은 어깨가 넓고 튼튼했으며, 좀 구부정했다. 그리고 그의 아버지는 반듯하고 날씬했다. 그러니까 Rick도 모욕을 당한 것이다. 셋째 아이였을 뿐만 아니라 아버지를 닮지 않았기 때문에."

Erickson은 Rick에게 Lebanon 여성의 꽃집과 보육원에서 하루에 두 시간씩 일을 해야 하는 임무를 부여했다. Erickson은 Rick과 그의 어머니 앞에서 업주에게 전화로 다음과 같은 지시를 내린다.

"그에게 당신 가게에서 할 수 있는 가장 지저분하고 더러운 일을 주었으면 합니다. 그에게 어떤 대가도 지불해서는 안 됩니다. 아무 말도 할 필요가 없어요. 그저 더러운 일을 시키기만 하면 됩니다."

Erickson은 다음과 같이 설명했다. "자존심이 높은 Lebanon 사람들은 여자를 위해 일할 생각을 결코 하지 않을 겁니다. 그리고 특히 더러운 일에 대해서는, 더럽거나 하찮은 일은 여자들에게만 적합하죠."

Erickson은 Rick을 한참 바라본 후 어머니에게 임시 아파트를 빌려준 다음에 예금 계좌를 주고 첫 비행기를 타서 집으로 돌아가라고 말했다. "그의 아버지가 허락할 것 같지는 않군요." Erickson이 대답했다. "나는 내 환자를 방해하는 사람을 용납하지 않습니다. 이제 가서 내 말대로 하십시오."

Erickson은 Rick에게 이렇게 말했다. "Rick, 나는 네 말을 주의 깊게 들었어. 나는 네가 말을 더듬는다고 믿지 않아. 그리고 내일, 종이 두 장을 가져와. 종이에 숫자를 1에서 10까지 쓰고 알파벳을 쓰면 되는 거야. 그러고 나서 네가 원하는 어떤 주제에 대해서 쓰고 난 다음 내일 그것을 가져오는 거지. 그러면 말더듬이 없어졌다는 걸 증명할 수 있을 거야."

Erickson은 그에게 보충 설명을 했다. "넌 Lebanon 출신이지. 그건 가족에게 첫 번째로 중요한 부분이지. 넌 태어나기 전에 태어난 두 명의 누나들이 있었어. 그래서 너의 가족에는 두 번의 반전을 하는 획기적인 사건이 있어야 하거든. 하지만 두 명의 누나들이 있다는 걸 되돌릴 수는 없어."

또한 Erickson은 Rick에게 책을 소리 내어 읽는 임무를 주었다. "그러면 말을 하지 않고 말을 하는 연습을 하게 될 거야. 말을 하는 연습을 해야 해." Erickson은 마지막 장부터 첫 장까지 책을 읽는 임무를 그에게 부여했다.

그리고 나서 Erickson은 Rick이 일을 마치고 Lebanon인 집에서 나올 때 자신이 미국인이라고 말했다. "넌 미국의 일류 시민이고, 네 부모님은 이류거든. Lebanon 문화를 존중할 수는 있지만, 네 문화는 아니지."

이제 Rick은 부모를 존중하고, 미국 문화가 자신에게 어떤 것인지, 누나들을 위해 어떤 것을 해야 하는지를 알고, 모든 방향으로 자유롭게 생각하는 법을 배우게 되었다. Rick의 말더듬은 빠르고 완벽하게 향상되었다(Zeig, 1980: 121-132).

Rick의 개인적 · 가족적 · 문화적 딜레마를 이해하는 것은 말더듬 진단과는 무관한 임상 개입의 발판을 마련해 준다. Erickson은 그 증상을 Rick의 이중 결합의 상징으로 보고 Rick이 가져간 구속에서 벗어날 방법을 제공한다.

그의 말더듬은 향상되었을 뿐만 아니라, Rick은 자신의 부모님에게 자신의 주장을 표현할 수 있었고, 대학과 직업에 관한 자신의 결정을 내릴 수 있었다. Erickson은 또한 Rick에게 그의 누나들에게 미국인이 되는 것이 무엇을 의미하는지를 설명해야 하는 임무를 주었다.

"부모님이 너에 대해 어떻게 생각하는지는 모르겠지만, 부모님은 자랑스럽게 여겨야 할 세 명의 자녀를 두고 있거든." 상담자가 내담자들이 공격하는 상황에서 편안함을 유지하려면 공격의 주체가 인간성인지, 역할 때문인지를 구별할 수 있어야 한다.

> 인지의 재구성은 내담자들에게 생각과 행동을 바꾸라고 말하는 것으로 해결되지 않는다. 오히려 변화의 가능성을 넓히고 내담자들이 선택할 수 있는 새로운 옵션을 제공하는 간접적인 전략을 통해서 이루어진다(Short et al., 2005: 183).

'트랜스 상태는 관계에서 긍정적인 영향을 줄 수 있다.' 트랜스 상태에서는 타인의 감정적인 상황에 주의를 집중함으로써 다른 사람들을 보다 잘 이해하게 된다. 또한 자녀와 더 나은 관계를 맺는 데 도움이 된다.

'트랜스를 실천하면 타인에 대한 심리적 편견을 줄일 수 있다.'라는 제안은 내담자들의 더 긍정적인 행동과 관련이 있다. 예를 들어, 한 연구는 '짧은 사랑의 친절 명상'이 노숙자에 대한 편견을 줄였으며, 다른 연구에서는 간단한 몰입된 집중 훈련이 노인에 대한 무의식적 편견을 줄일 수 있었다.

경험적 개입을 도입하기 전에 상담자는 내담자들에게 트랜스 상태로 들어가 달라고 부탁할 수 있다. 예를 들어, "잠깐 안으로 들어가, 주의를 내면으로 돌리면, 어떤 생각, 감정, 감각, 호흡의 변화, 긴장이나 이완, 자연적으로 일어날 수 있는 기억이나 이미지를 알아차릴 수 있습니다."라고 언급한다.

상담자는 목소리를 늦추고, 때로는 눈을 감아서 자신 안으로 관심을 돌리는 모형을 만든다. 이러한 접근은 상담자가 '내담자들의 내적 작용에 대해 호기심과 비판단적이 될 수 있는 틀'을 제공한다. 일단 마음만 먹으면 상담자는 협력적으로 탐구할 수 있는 다양한 경험을 불러일으킬 수 있다.

예를 들어, 상담자는 여성 내담자가 자기 배우자의 불평을 듣는 것이 어렵다는 것을 알아차린다. 상담자는 그들에게 상호작용의 작은 부분들을 트랜스 상태로 '㉠ 남성의 불평을 들을 때 그녀 안에서 일어나는 미묘한 일들을 알아차릴 수 있는지, 이어서 ㉡ 남성은 불평이 일어나는 상황의 내면을 알아차릴 수 있는지' 본다.

상담자는 자세, 몸짓, 에너지 수준, 호흡, 또는 말하는 스타일 등 비언어적 의사소통을 언급하는 것이 매우 중요하다. 이러한 요소들을 추적하면 '상담자가 내담자와 합류하여 내담자 자신의 정신에서 어떤 전개가 일어나도록 격려'할 수 있다.

관계적 트랜스 상태는 일련의 가르침과 구현을 위한 도구를 제공한다. 이러한 원칙은 가족, 직장, 사회, 공동체 조직에 더 많은 관심과 연민을 가져다줄 수 있고, 가장 중요한 것은 자신과의 관계를 형성하는 데 도움이 될 수 있다.

'언어는 인간 경험의 상징이므로 대단히 중요하지만 그 상징을 정확하게 표현하는 데 한계를 가진다.' 언어적인 표현에 서툰 내담자들은 상담자와의 대화를 이해하지 못할 수 있다. 이럴 경우, 그림을 비롯한 놀이, 연극, 음악, 식물, 동물 등 다양한 도구를 활용할 수 있다. 어떤 도구를 사용하느냐는 내담자들의 선호에 달려 있다.

실제적인 경험을 통해 일하는 데 대한 깊은 헌신 외에도 가장 두드러진 '두 가지 특징은 트랜스의 사용이며 방어를 지원하는 것이 더 효과적이라는 믿음'이다. 이러한 방법은 또한 상담자와 내담자 사이의 힘의 불균형과 내담자에게 미묘하게 가해질 수 있는 해악과 폭력의 가능성을 낮춘다.

외상후 스트레스장애(Post Traumatic Stress Disorder: PTSD)로 인한 '피로, 두려움, 공황은 분명히 창의적으로 사고하고, 관계를 효과적으로 관리하며, 올바른 우선 순위에 주의를 집중하고, 올바른 정보에 입각한 선택을 하는 능력을 약화시킨다.' 이 충격은 생리적으로 시작된다.

'동시적 과부하(simultaneous overload)'는 만성적 또는 극단적으로 신체, 마음, 감정이 복합적으로 파열되는 것이다. 두려움과 불확실성은 보유한 자원에 극도의 압력을 가한다. 그 결과로 비합리적인 의사 결정, 소진 등이 발생한다.

'생존 모드에서는 내담자의 시력이 좁혀지고, 전전두엽 피질은 점차 기능이 약화된다.' 충동적인 반응이 숙고를 대체한다. 위협은 관심을 동원하는 데 도움이 되지만, 여러 변수를 가진 복잡한 문제를 해결하는 데는 높은 인지 자원이 필요하다.

알아차리지 못하는 것을 바꿀 수는 없기 때문에, '첫 번째 단계는 주어진 순간에 내담자가 느끼는 것을 더 잘 인식하는 것'이다. 그것은 '감정에 의해 운영되기보다는 감정을 관찰할 수 있는 능력을 배양'하는 것을 의미한다. 특히 감정이 강렬하게 부정적일 때는 단순히 이름을 붙이는 것만으로는 부족하다.

'두 번째 단계는 주변에서 일어나는 일과 상관없이 자신을 진정시키는 것'이다. 간단하지만 강력한 방법은 호흡이다. 의도적인 호흡만으로도 가장 치명적인 스트레스 호르몬인 코르티솔(Cortisol)의 혈류를 1분 안에 제거할 수 있다. 운동도 도움이 된다. 즉, 계단을 오르내리는 것은 스트레스를 방출하고 몸과 마음을 편안하게 만든다.

일단 내담자가 좀 더 차분하고 더 잘 반성할 수 있다고 느끼면, 성인의 자아 속으로 발을 들여놓을 수 있다. 내담자가 자신의 강하고 공감하는 부분을 구현할 때, 그것은 압도된 자신을 돌볼 수 있다. "이 감정은 영원히 지속되지 않을 거야." "기분이 좋아질 수 있고, 내가 도와줄게."라고 말할 수도 있다.

사이코드라마(psychodrama)와 같은 경험치료에서는 역할의 변화가 정체성에 영향을 준다. 빈 의자를 바라보고 어머니에게 말하도록 요청했을 때, 삶의 다른 시기나 다른 장소에서 자신의 역할을 새롭게 해 보았을 때, 내담자들은 경직된 자기 정체성에서 분리되어 새로운 일면이 다른 면에 대항하면서 선택권을 창출하게 된다.

열 살 된 내담자는 변을 옷에 묻히는 문제 때문에 상담실에 오게 되었다. 그의 부모는 대학교수였다. 특히 아빠는 아들이 뛰어난 학교 성적을 유지하기를 원했다. 그는 끊임없이 아들이 공부를 하도록 압력을 넣었다.

아이의 성적은 학년이 올라갈수록 떨어졌고, 옷에 변을 묻히는 문제는 최근에는 이틀에 한 번 꼴로 발생했다. 이 문제에 대한 신체적 이상이나 의학적인 문제는 없었다. 사회복지사와 심리학자들과 여러 번 상담을 했지만 변화가 없자, 부모와 아이는 비관적이 되었다.

예외 찾기(정상적으로 보내는 날에 대한 검토)와 기적 질문도 도움이 되지 못했다. 두 번째 회기의 개인상담에서 아이는 아빠가 학업문제에 많은 압력을 넣는다는 것을 노출했다. 하지만 아이는 단 한 번도 자신의 느끼는 좌절감에 대해서 부모에게 털어놓은 적이 없다고 고백했다.

해결책을 찾기 위해서 상담자는 마치 아이의 문제가 된 것처럼 상상해 보았다. 아빠가 호통을 칠 때, 그와 함께 어떻게 아이를 공격하는지, 변화를 만들어 내기보다는 문제를 더 악화시키는 불합리함이 얼마나 아이를 무방비 상태로 만드는지를 생각하자, 곧 좌절감과 무력감을 느낄 수 있었다.

상담자는 내담자를 괴롭히는 문제를 구체화한다면, 그가 공부 압력 때문에 느끼는 좌절감을 아빠에게 표현할 수 있을지 궁금했다. 가족이 참여한 세 번째 회기에 상담자는 자기가 마치 아이의 문제가 된 것처럼 가장해 보겠다고 제안했다. 상담자는 아빠의 압력으로 좌절감을 느끼는 아이를 언어적인 표현으로 무차별 공격했다.

"넌 등신이야, 아빠에게는 한마디 말도 못하지? 그래, 넌 아빠뿐만 아니라 내가 공격해도 어쩌지 못하지? 난 가능하면 너를 괴롭힐 거야! 넌 당해도 어쩌지 못해!" 갑자기 아이는 울면서 아빠를 향하여 자신이 학교 공부에 대한 잔소리를 들을 때마다 얼마나 좌절감을 느끼는지를 표현했다.

아빠는 충격을 받았지만 이러한 아이의 노출은 대단히 가치 있는 결과를 초래했다. 아빠는 곧 자신의 행동이 어떤 결과를 가져왔는지를 이해하고서는 아들에게 사과했으며, 건설적인 대화를 가질 수 있게 되었다.

💬 인간관계를 심화시키는 9가지 방법(자신과의 관계 포함)

다음과 같은 상황에 처한 자신을 상상해 보라. 당신은 사교 모임에 있고 아는 사람이 많지 않아서 어색하고 연결이 끊기기 시작한다. 당신은 잡담을 하려고 노력하지만 결국 당신의 전화기 안으로 후퇴한다. 직장 동료와 어려운 대화를 나누다 다시 일할 수 없게 되고, 대신 할 수 있었던 모든 말을 되새겨야 한다.

당신은 뉴스를 듣고 스트레스를 받고, 걱정하고, 압도되고, 절망감을 느낀다. 우리가 이러한 일상적인 상황에 마음챙김을 적용할 때, 우리는 습관적인 반응에서 벗어나 연민으로 반응하는 것으로 마음을 열기 시작할 수 있다.

우리는 존재감과 이해의 질을 심화시키기 위해 방아쇠를 당기는 순간들을 사용하는 법을 배울 수 있다. 우리는 반응하기보다는 (위에서 설명한 바와 같이) 그러한 일상적인 순간들이 마음챙김을 연습할 수 있는 기회라는 것을 인식할 수 있다. 다음은 관계적인 마음챙김 실천의 9대 원칙이다.

① 주의를 기울이려는 의도를 설정한다

순간순간 주의를 기울이려는 의도로 시작하는 것은 당신이 언제 진정한 연결을 방해하는 무의식적인 습관에 휘말리고 있는지를 인지할 수 있게 해 준다. 당신이 이 순간들에 주의를 기울일 수 있을 때 당신은 당신 자신에게 그 이면에 있는 것을 조사할 수 있는 기회를 준다.

당신은 승인을 추구하고 있는가? 옳기를 원하는가? 당신이 현재를 유지하려는 당신의 더 깊은 의도가 당신의 기반이 되도록 허용할 때 당신은 반응하기 보다는 반응하는 선택을 스스로에게 준다.

② 일시 중지를 한다

대화 전, 대화 중, 대화 후에 잠시 멈추면 다른 사람과 관계를 맺을 수 있다. 잠시 멈추고 숨을 쉬며 내면으로 시선을 돌릴 때마다 자신을 존재로 초대한다. 주의를 산만하게 하는 것 (또는 연결을 끊게 할 수 있는 내면의 이야기)에서 돌아올 수 있다. 예를 들어, 내면의 이야기가 불안감이나 판단을 불러일으키는 것이라면 잠시 멈추고 이것이 정말로 에너지를 주고 싶은 것인지 생각해 볼 수 있다.

③ 심층적으로 듣는다

삶이 펼쳐지면서 순간순간, 삶에 귀 기울이는 것이 마음챙김 연습의 본질이다. 다른 사람들과의 관계 속에서 깊은 경청을 연습함으로써, 연결의 가능성이 점점 더 넓어지는 원 안에서 열린다. 우리 대부분이 경청을 노력이 필요한 것으로 생각하는 반면, 마음챙김은 우리에게 덜 노력하고 더 편안하고 편안한 곳에서 듣는 방법을 가르쳐 준다.

④ 마음챙김 질문을 연습한다

당신의 현재 경험을 조심스럽고 호기심 있게 질문하는 법을 배운다. "내가 어떤 렌즈를 통해 지각하고 있는가? 내가 가지고 있는 생각이 정말 사실인가?"와 같은 질문을 하라. 당신이 내면의 이야기에 주는 에너지를 더 많이 알게 될수록, 당신은 그 이야기들을 풀어내고 다른 사람들을 더 분명하고 동정적으로 볼 수 있다. 예를 들어, 그 이야기가 당신의 상호작용을 물들이게 하는 대신에 당신이 누군가를 혹독하게 판단하거나 자신을 누군가와 비교하는 자신을 알아차린다면, 당신은 그것에 대해 질문하는 법을 배우고 당신의 관심을 돌릴 수 있다.

⑤ 멀어지는 것이 아니라 도전으로 방향을 바꾼다

대부분의 사람들은 그들이 직면한 도전들로부터 돌아서도록 배웠다. 불편한 순간들을 즐기는 사람은 아무도 없다. 그러나 도전을 받는 것은 인간으로서 자연스럽고 피할 수 없는 부분이다. 관계적 마음챙김은 당신이 존재에 대한 당신의 역량을 심화시킬 수 있도록 불편함을 향하도록 초대한다.

상호작용 중에 상처 또는 질투와 같은 어려운 감정이 발생했을 때, 당신은 그것을 부드럽게 인정하고 그것과 함께할 수 있다. 당신은 당신이 좋아하지 않거나 이해하지 못할 수도 있는 부분에 더 많은 연민과 치유를 가져다주는 초대로서 당신의 불편함을 사용할 수 있다.

⑥ 일이 어려워질 때 책임을 진다

무언가가 그들의 잘못 또는 내 문제가 아닌 그들의 문제라고 생각하면서, 다른 사람들에게 책임을 떠넘기는 것에 휘말리기 쉽다. 어려운 상황에 대한 당신의 내적인 반응에 대한 책임을 지는 태도는 당신이 비난하고, 판단하며, 또는 누군가보다 자신을 우선시하고 싶은 욕구를 놓을 수 있게 해 준다.

　이런 종류의 '내 안을 들여다보는 것'은 당신의 실천을 엄청나게 깊게 할 수 있다. 책임을 지기보다는, 스스로에게 "이 어려움이 무엇인가?"라고 묻는 것이 더 많은 책임을 지는 방법을 배우는 데 유용한 출발점이다.

⑦ 당신이 개인적으로 생각하는 것에 호기심을 가진다

　우리는 우리 자신의 생각을 극도로 개인적으로 받아들이는 것에 사로잡힐 뿐만 아니라 (우리 자신이 하는 이야기에 의문을 제기하는 것보다 믿는 것), 다른 사람들이 개인적으로 하는 말들도 받아들인다. 삶을 그렇게 개인적으로 취하지 않는 것을 연습함으로써, 당신은 더 큰 그림을 보고 더 큰 그림 안에서 당신 자신을 보는 데 필요한 공간을 만들 수 있다.

　일들을 개인적으로 받아들이지 않는 것은 당신이 잘못된 분열감을 영속화하거나 (자신 또는 다른 사람들에 대한) 판단에 매달리는 것보다, 다른 사람들과 연결되고 우리 모두가 할 수 있는 최선을 다하려고 노력한다는 것을 알도록 도와준다. 이것은 결코 당신의 개인적인 감정을 우회하기 위한 격려가 아니라, 당신의 경험들을 기술과 호기심을 가져오도록 하기 위한 수단이다.

⑧ 용감하게 진실을 말한다

　심지어 어려울 때도, 연약하고 정직해지는 법을 배우는 것은 당신이 자연스럽게 삶의 일부인 복잡성과 모순을 인정하도록 해 준다. 때때로 무섭다고 느껴질지라도, 능숙한 진실 말하기는 당신과 관계를 맺는 모든 사람들에게 선물이다.

　당신의 진실을 말하는 법을 배우는 데 시간이 걸릴 수 있지만, 여기에 세 가지 격려가 있다. ㉠ 위험을 감수한다! 당신이 정직하고 당신 자신이 있는 그대로 보일 수 있도록 할 때, 당신은 다른 사람들이 똑같이 하도록 초대한다. ㉡ 마스크를 벗는다. 진실을 피하기 위해 마스크를 쓰고 있는 자신을 발견했을 때, 이것이 정말로 당신에게 도움이 되는지 물어본다. 예를 들어, 당신이 실제로 슬플 때 사교적인 마스크를 쓰거나 웃는 마스크를 쓴다면, 당신은 진정한 소통의 기회를 놓치게 된다. ㉢ 당신의 진정한 목소리를 믿는다. 만약 당신이 고요하고 조용할 시간을 갖고, 충분히 귀를 기울이면, 당신은 당신의 내면 안내자의 진짜 목소리를 듣게 될 것이다.

⑨ 동정심을 가지고 행동한다

당신이 잠시 멈추고, 깊이 듣고, 당신의 경험을 탐구할 때, 연민의 작용은 통찰력, 직관력, 자기 지식의 형태로 유기적으로 일어날 수 있다. 연민은 개념이 아니라, 인지적 이해를 통해 찾을 수 있는 것이다.

그것은 당신의 외부가 아니라, 내면에 존재한다. 그것은 당신 자신의 마음을 들어 줌으로써 직접적으로 접근할 수 있다. 스스로에게 묻는다. "이 순간에 무엇이 진정으로 연민을 느끼는가? 이 순간에 모두에게 최선이 되는 것은 무엇인가?"

관계적 마음챙김은 일련의 가르침과 구체화를 위한 도구를 모두 제공한다. 그것은 자신을 붙잡거나 자신이나 다른 사람들에게 불리하게 사용하기 위한 일련의 기준이 아니라 치유를 위한 격려의 기준이다. 이러한 원칙은 가족, 연애, 직장 생활, 사회적 행동 및 지역 사회 조직, 그리고 가장 중요하게, 자신과의 관계에 더 많은 관심과 연민을 가져오도록 도와줄 수 있다.

2. 집단상담: 관계 패턴의 문제 탐색

집단상담에서의 작업은 두 가지 구성요소를 가진다. 하나는 '지금-여기에서의 경험'이다. 그러나 집단상담이 효율적이 되기 위해서는 지지적이고 신뢰할 만한 상황에서 보통 이상의 감정을 수반한 자기 반영적인 상호작용이 필요하다.

더불어 또 다른 측면인 집단에서 일어난 현상을 되돌아보고 성찰할 수 있는 '과정 검토'가 있어야 한다. 이 두 가지 요소가 있어야 내담자들은 대인관계 특성을 드러내고 수정할 기회를 갖는다. 집단 상담자의 주된 과제는 '집단에서 나타나는 부적응적인 대인관계 패턴을 알아내어 치료에 활용'하는 것이다.

> 상담자 개입의 효율성은 집단을 그 자체에 집중시키는 데 성공하느냐에 따라 측정되어야 하므로 어떤 상황에서도 상담자가 집단의 초점을 지금-여기로 옮기는 개입을 한다면 옳은 일을 하는 것이다(Yalom, 1995: 49).

1) 지금-여기에 초점 맞추기

내담자들은 집단 초기에 일반적으로 자신을 괴롭히는 집단 밖의 상황을 주제로 자신의 이야기를 노출한다. 이러한 노출에 대해 다른 내담자들은 대부분 집단과는 관계없는 '**수직적인 조사**'를 하면서 실질적인 해결책을 제공하려고 노력한다.

하지만 집단 밖의 문제를 노출하는 내담자들은 객관적이기보다는 자기 중심적으로 설명할 수밖에 없으므로 정확한 정보라고 할 수 없다. 또한 상담자는 개인상담처럼 그들의 설명을 주고받으면서 세밀하게 분석하여 검토할 수도 없다.

유일하게 객관적인 것은 '지금-여기에서 보여 주는 내담자들의 자기 반영적인 모습'이다. 모임에서 당면하고 있는 사건들은 내담자들의 집단 밖 생활이나 먼 과거의 사건들보다 우선한다.

따라서 상담자는 지금-여기에서의 상호작용과 관련된 그들의 '**수평적인 노출**'에 관심을 가진다. 집단의 초점이 과거력과 심지어 내담자들의 최근 집단 밖 생활도 덜 강조된다면, 집단은 가장 효율적이 될 수 있다.

'지금-여기에서 자유롭게 상호작용하게 되면, 집단은 곧 내담자들로 이루어진 축소된 사회로 발전한다.' 시간이 흘러갈수록 내담자들은 본래 자기 모습을 드러낸다. 그들은 집단 밖에서와 마찬가지로 다른 내담자들과 상호작용을 하고, 필연적으로 자신의 부적응적인 관계 패턴을 집단 내에서도 만들어 낸다.

내담자들의 패턴은 집단과 어떤 관계 맥락 속에서 이루어지는 상황과 역할이 결부된 복잡한 사회적 행위다. 이러한 패턴은 당사자 스스로도 알지 못하기에 의식적으로 자각할 수 없었던 병리적인 부분에 대해 정확한 자료를 제공하는 기능을 한다. 집단 상담자의 주된 과제는 '집단에서 나타나는 부적응적인 대인관계 패턴을 알아내어 치료에 활용'하는 것이다.

명백한 대인관계 병리가 있는 내담자들은 집단 초기에 그런 태도를 드러낸다. 예를 들어, 화를 내거나, 보복적이거나, 가혹하게 판단하거나, 자기 모욕적이거나, 화려하게 교태를 부리는 성향의 사람들은 초기 모임에서도 상당한 대인관계 저항을 유발시키고 그들의 부적응적인 패턴은 곧 집단의 감시를 받게 된다.

어떤 내담자들의 경우 지금-여기에서 그들의 병리가 명백하게 드러나기까지는 시간이 걸린다. 이들 중에는 은밀하게 타인들을 이용하거나 사람들과 친밀감을 형성하지만 곧 놀라서 관계를 철회하거나 대등한 관계를 맺지 못하는 의존적인 사람들도 있다. 하지만 '노출하는 내담자와 듣는 내담자들 간의 관계가 노출 패턴을 결정하는 데 중요한 요인'이라는 것은 의심의 여지가 없다.

상담자가 집단을 운영하면서 '항상 지금-여기를 고려할 때, 자동적으로 집단을 지금-여기로 이끌게 된다.' 어떤 상황이 전개될 때, 상담자는 "어떻게 이 상황을 집단의 일차적인 과업과 연결시킬 수 있을까? 어떻게 이 상황을 지금-여기로 옮겨 놓을 수 있을까?"를 자연스럽게 생각한다.

이를 위해서 상담자는 수없이 쏟아지는 정보들 중에서 '지금-여기에서 느끼는 그들의 감정이 집단의 주된 화제가 될 수 있도록 가장 도움이 되는 측면들을 선택하고 강화시키는 연결 작업'을 해야 한다.

지금-여기를 활성화하는 원칙 가운데 하나는 '가장 중요한 상호작용들이 바로 지금-여기에서 발생하는 것'이라는 점을 강조하고 지금-여기에서 자기 노출을 격려하는 것이다. 상담자는 '내담자들의 이야기 내용을 집단 밖에서부터 집단 안으로, 문제에 대한 추상적인 반영에서 구체화로, 포괄적인 주장에서 개인적인 노출로 변경'시킨다.

예를 들어, 한 내담자가 자신은 항상 어리석은 말만 하기 때문에 여기에서 자기 노출하는 것이 두렵다고 반응하면, 상담자는 "혹시 오늘 말하거나 들은 것 가운데 어떤 말이 가장 어리석다고 생각하세요? 만약 당신이 어리석은 말을 한다면, 우리 모임에서 어떤 일이 일어날 것 같습니까?"라고 개입한다.

일단 내담자가 타인들의 반응에 대한 자신의 추측들을 드러내면 다른 내담자들이 그런 추측을 확인하면서 상호작용을 위한 문이 열린다. 집단 밖 문제들에 대해 집단 내 유사성을 밝히는 것도 도움이 된다.

예를 들어, 우울증을 호소하는 내담자가 집단 밖에서의 외로움을 노출한다면, 상담자는 그가 집단의 다른 구성원들과 맺고 있는 관계에서 비슷한 경향이 있는지 살펴야 한다. "우리 모임에서는 어떤 경우 그런 외로움을 느끼게 됩니까?" 일단 이러한 연관성을 수용한다면, 바로 그의 대인관계를 도울 수 있는 유용한 정보가 된다.

어떤 구성원이 집단 밖에서 경험했던 분노감을 표출한다면, 상담자는 모임의 진행 중에 그와 같은 느낌이 드는 순간이 있었는지를 추적한다. 만약 없었다고 반응한다면 집단에서 무엇이 분노감을 갖지 않도록 도와주었는지를 질문할 수 있다.

사실 많은 구성원들이 분노나 적개심과 관련된 문제를 가진 것이 아니고, 긍정적인 감정을 표현하지 못하는 문제를 가지고 있다. 따라서 상담자는 '집단 초기에 비판적인 감정들뿐만 아니라 긍정적인 감정에 대한 표현을 격려'하는 것이 중요하다. 이러한 긍정적인 감정을 지금-여기에서 솔직하게 표현할 때, 왜곡된 감정을 수정할 수 있는 기회를 가지게 된다.

노동운동으로 투옥된 경력이 있던 여성이 우울증 때문에 집단에 참가했다. 그녀는 언론 매체에서 부각되고 있는 편견에 대해 한탄했다. 그녀는 무력감을 느꼈던 경험을 흐느끼면서 호소했다.

또한 한 인간으로서 자신에 대해 아무것도 모르면서 자신을 증오했던 사람들로부터 받은 박해에 대해서 말했다. 상담자는 지금-여기에 초점을 둠으로써 집단이 과거에 강렬하게 사로잡혀 있는 흐름을 바꾸려고 시도했다.

- 오늘 우리 모임에서 무엇이 그런 이야기를 떠올리게 합니까?
- 그런 노출이 집단에 대해 어떤 확신을 가지게 만듭니까? 믿음이 간다는 의미인가요? 아니면 믿을 수 없다는 의미인가요?
- 오늘 그녀의 이야기를 들으면서 여러분이 내면에서 경험한 것은 무엇입니까?
- 그런 경험이 다른 구성원들과 상호작용을 하는 데 어떤 영향을 미치는 것 같습니까?
- 여러분은 이분에 대해 무엇을 어떻게 느끼십니까?
- 그런 이야기를 통해서 당신이 이루고자 하는 것은 무엇인가요?
- 이분의 이야기가 여러분들에게 어떤 영향을 줍니까?

구성원들은 쉽게 지금-여기에 참여하지 않는다. 특히 전에 가깝고 정직한 관계를 가져본 적이 없거나 다양한 감정들을 은밀하게 유지했던 사람들에게 지금-여기에서 느낌을 표현하라는 것은 새롭고 놀라운 일이다.

가장 우선해야 할 작업은 '구성원의 지금-여기와 관련된 자기 노출이 적절한 반응인가를 평가하기 전에 격려받아야 한다'는 것이다. 상담자는 지금-여기에 집중하는 것이 비판이나 갈등을 조장하는 것이 아니라는 점을 분명히 해야 한다.

솔직히 말씀해 주셔서 고맙습니다. 우리가 자신을 돕는 최선의 방법은 모임에서 느끼는 감정, 특히 다른 사람들과 상담자에 대한 감정을 순간순간 정직하게 표현하는 것입니다. 이것이 집단상담의 핵심이기는 하지만 억지로 고백할 필요는 없습니다.

상담자는 구성원들에게 집단의 상호작용에 합당하고 구체적이며 개인적으로 유용한 피드백을 어떻게 요구하고 제공하는지 가르쳐야 한다. 예를 들어, "직장에서 왜 남자들이 자신을 공격하는지 모르겠다."라고 한 여성 구성원이 호소한다.

상담자는 "지금-여기에서 남성 분들과의 상호작용을 면밀히 검토하면 도움이 될 것입니다. 그래서 적절할 때, 이 문제를 해결하기 위해서 저희들이 어떤 느낌인지를 물어도 괜찮겠습니까?"라고 개입한다.

상담자는 모델링을 통해서 어떻게 효과적으로 피드백을 주고받는지를 보여 준다. 특히 집단의 초기에 지금-여기에서 차이를 언급하라는 요구를 하면, 모든 구성원이 공평하게 느 낀다고 주장하는 반응은 흔히 있는 일이다. 그들은 아무에게도 화가 안 난다거나 모든 사람 에게 똑같이 위협을 받는다고 반응한다.

미세한 차이를 구별해야 온전한 상호작용에 참여하도록 연결시키는 통로가 된다. 상담자 는 구성원들의 자기 방어적인 측면을 수용하고 그들이 긍정적인 측면의 근소한 차이를 깊이 탐색하도록 돕는다.

- 당신은 우리 모임에서 어떤 점이 마음에 들고, 가장 많은 관심을 가지게 됩니까?
- 집으로 돌아가면서 모임에 관한 이야기를 나눈다면, 여기에 계신 분들 중에 누구를 선 택하겠습니까?
- (솔직한 자기 노출 후에 침묵이 흐른다면) 지금 침묵 속에서 우리가 가졌던 생각의 일부를 파헤칠 수 있다면, 우리 모두에게 대단히 가치 있는 정보를 제공해 줄 것입니다. 특히 제가 궁금한 것은 서로에게서 느끼게 되는 긍정적인 감정입니다. 침묵 속에서 가졌던 긍정적인 생각이나 느낌을 말해 볼 수 있겠습니까?

저항하는 구성원들에게 느낌에 대해 질문하면, 아무런 느낌도 없다고 반응한다. 가정법 시제를 사용하면 안정감과 여유를 주고 때로는 놀라울 정도로 촉진적이 된다. 예를 들어, 한 구성원이 "난 오늘 아무런 느낌이 없습니다. 뒤로 빠져 있는 것 같아요."라고 저항하면, 상담자 는 "만약 당신이 오늘 느낌이 있거나 뒤로 빠지지 않는다면, 무엇을 느꼈을까요?"라고 묻는다 면, 바로 반응할 가능성이 높아진다.

💬 통제 유형에 따른 대인관계 패턴

통제 유형에 따른 대인관계 패턴은 구성원들이 어떻게 경험을 조직하는지에 초점을 맞출 때 뚜렷해진다. 대부분의 행동은 습관이며, 경직된 핵심 재료에 의해 자동적으로 조직된다. 따라서 부모의 양육 태도에 따른 '경험의 조직에 대한 연구를 할 때, 상담자는 핵심 재료의 영 향을 이해할 수 있다.'

구성원들이 통제의 중심을 내부 혹은 외부에 두는지에 따라 관계 패턴에 차이가 있다. '문 제의 원인을 자신에게 귀인시키는 이들은 죄책감'이 주를 이루고 '타인이나 운명 탓으로 돌리는 이들은 적개심'이 주를 이룬다. 이들에게 일반적인 충고가 도움이 안 되는 것은 이러한 감정 패턴을 강화시키기 때문이다.

보다 심각한 구성원들의 관계 패턴은 무의식적 수준에서 상징적으로 나타난다. '부모로부터 방임, 과잉보호, 학대의 영향'을 받았을 경우, 자녀들은 '순응이나 반항으로 과장되게 반응'하면서 정신병리적인 문제를 지니게 된다. 이러한 적응 경향성은 개인의 기능에 지속적이고 널리 파생되는 특성을 가진다(Witkin, 1965: 317-336).

'순응해 버린 개인들은 문제 상황에서 핵심적인 요소를 분리해 내는 데 약하고, 반항했던 이들은 문제들 간의 연관성을 파악하는 데 약하다.' 그래서 예를 들어, 성폭력 희생자의 경우, 다시 피해를 당할 수 있는 상황으로 들어간다.

순응해 버린 개인들은 자신의 특성, 판단, 감각 그리고 자신에 대한 관점을 정의하는 데 상당 부분 외부의 자료에 의존한다. 반항했던 이들은 믿을만한 사람은 자신뿐이므로 자신의 특성, 감정, 필요성에 대해 타인들과 구별하며, 타인의 조언을 받아들이지 않는다.

이러한 적응 유형은 심리적 방어의 선택이나 정신 병리의 형태와도 밀접한 관계가 있다. '순응하는 개인들은 자기 존중감이 떨어지고 의존, 수동성, 무력감과 함께 혼란스러운 정체성을 가지며 알코올 중독, 비만, 우울, 정신생리적 반응을 보인다.'

집단에서 반항하는 구성원들은 외부적으로 거칠고 폭력적이다. 또한 '자기가 우월하다는 과대망상적이고 도취적인 생각을 하며 편집증적인 증상과 충동적인 성격 구조를 보이고 유연하지 못한 고착된 정체성'을 지닌다.

상담과정에서도 순응했던 개인들은 처음에 구체적인 목표를 설정하는 것을 어려워하지만 금세 좋아지는 것을 느끼고 상담자로부터 빠르고 긍정적인 전이를 발달시키는 경향이 있다. 반항했던 이들은 자신의 문제에 대해 구체적인 설명을 하지만 상담자와 관계를 발전시키는 데 훨씬 더 어려워하는 경향을 보인다.

① 방임에 따른 대인관계 패턴

부모의 방임에 순응하면서 의존적으로 되어 버린 경우, 사랑받고자 하는 욕구에 의하여 증상이 동기화된다. 혼자서는 아무것도 못하는 무력감에 빠지고 항상 자신을 위해 줄 사람을 찾는다. 이들은 의존적인 패턴을 보이면서 타인이 모든 책임을 지도록 미룬다. 전형적인 문제는 그들은 '아무것도 할 수 없다고 주장하면서 끊임없이 도움을 요청하고, 피로, 우울, 자살 위협' 등을 시도한다.

이들에게는 의존의 경계를 명확하게 하는 것이 도움이 된다. 자립적인 특성을 보일 때 강력한 지지도 필요하다. 또한 역설적으로는 지나치게 보호함으로써 과보호에서 벗어나려는 진정한 욕구를 찾아낼 수 있다.

'부모의 방임에 저항하면서 위독립적이 되는 경우, 의미 있는 타인을 지나치게 보호'하려고 애쓴다. 이러한 욕구가 채워지지 못 할 경우, 강압, 독선, 의처증과 같은 사랑을 빙자한 폭력을 유발한다. 이들은 자수성가형으로 도움에 대한 거부, 일에 대한 중독, 완벽성의 추구, 편집중적인 증상이 중심을 이룬다.

이들은 자신이 독립적이라고 주장하고 혼자서 문제를 해결하려고 노력하지만, 고집스럽고 그 이면에는 채울 수 없었던 의존에 대한 욕구가 도사리고 있다. 이들에게는 자신의 '진정한 의도를 숨기거나 약점을 보이지 않게 하기 위하여 자신을 꾸며 내지 않는 것이 치료의 목표'가 된다. 집단에서 이들이 있는 그대로의 모습을 보일 때, 강력한 지지를 해 주는 것이 도움이 된다.

② 과잉보호에 따른 대인관계 패턴

'부모의 과잉 보호에 순응하면서 자기애적인 문제로 증상이 동기화된 경우, 전형적인 증상은 지나친 낭비, 정신생리성 장애, 우울, 약물 중독, 공포, 섭식장애, 사고장애 그리고 외로움'이다.

이들은 마치 여왕처럼 대우받기를 원하기 때문에 대등한 대인관계를 유지하기가 힘들다. 또한 결코 채워질 수 없는 욕구를 가지고 있기 때문에 내적인 불평, 공허감을 은유적으로 표현한다. 이들은 과도하게 자신을 내세우기 때문에 관계 맺기가 어려우며 상담을 쉽게 포기한다.

이들을 위한 '치료 목표는 약간의 진전된 변화에 대해 상세하게 설명해 주고 만족'하도록 돕는 것이다. 집단에서는 타인의 고통에 예민해지고 공감 능력을 확대시키는 것도 도움이 된다.

과잉보호에 반항했던 내담자들은 독선적이고 자기 통제력이 약해서 뜻대로 안 될 때, 폭발적인 분노를 보인다. 이들은 자신을 과시하기 위한 투쟁에 휘말리고 결과적으로 대인관계에서 자신에게 불리한 방향으로 이끌어 간다. 이들은 '현실 감각이 약해서 맹목적으로 이상화된 일들을 선택하고 자신을 인정하지 않는다고 불평'한다. 이들의 주제는 분노, 충동성, 일부는 과대망상을 보인다.

부모와 밀착된 감정 교류가 없고 성취 목표가 높아서 생성된 강박적인 내담자들은 집단에서도 감정적인 접촉을 피한다. '성취욕 없이 내맡겨 두는 것과 순발력을 가지는 것이 이들에게 중요한 치료 목표'가 된다. 이를 향한 첫걸음은 한 가지에 매달리지 않고 변화에 유연해지는 것이다.

③ 학대에 따른 대인관계 패턴

'부모의 학대로 인해 지나치게 통제를 받았던 사람들이 순응해 버리면, 생존하기 위해 복종하는 것 외에는 아무것도 할 수 없다고 느낀다.' 이들은 상대방에게 의존하고 집착함으로써 불만 족스러운 인간관계를 맺는다. 또한 독립에 대한 두려움 때문에 폭력에 시달리면서도 빠져 나올 엄두를 내지 못한다.

이들은 무력감과 우울, 혼란스러움 때문에 강박적인 사고 장애를 보이는 경우가 많고, 자기는 부모가 원하는 아이가 아니었다고 주장한다. 이들에게는 대인관계에서 환영받지 못한다는 경직된 사고패턴을 유연하게 변형해야 한다. 이들을 상담하는 일차적인 목표는 '거절 당하는 두려움을 극복하기 위해서 상대방의 제안을 거절할 수 있는 자유를 획득'하는 것이다.

부모의 학대에 저항했던 이들은 일단 자신이 주도권을 가지게 되면, 자기 권위를 무자비할 정도로 지키려 하기 때문에 힘에 의한 통제 차원의 문제가 발생한다. 전형적인 문제는 알코올이나 약물 중독, 폭력과 같은 행동 장애다.

이들의 문제 패턴은 '규범에 어긋나거나 사소한 실수에 대한 극단적 처벌, 복수, 힘에 대한 숭배 등을 은유로 표현하는 형태'가 주를 이룬다. 주된 정서는 타인의 고통에 대한 무감각이다.

상담 초기에 이들에게 경직성을 지적하면 받아들이지 못한다. 혼란스럽게 하는 개입을 통해서 그들의 사고패턴에 틈을 만드는 것이 중요하다. 이들에게 유연함과 타인의 고통에 민감해지는 능력을 확대시키는 것이 도움이 된다.

④ 성적 학대에 따른 대인관계 패턴

보호자의 학대가 성적인 부분에 영향을 줄 때, 수치심과 성적 문제가 생긴다. 심한 처벌을 받는 것 외에 아무런 관심도 받지 못하면서 보호자가 상징적이거나 직접적으로 성적인 부분과 연결시키면, 적응하는 것 자체가 불가능하기 때문에 순응과 저항으로 나누는 것은 의미가 없다.

이들은 '왜곡된 성적 가치를 가지고 자신의 적개심을 다른 방식으로 해소하지 못할 때, 성적인 배출로 표현'한다. 성적 학대의 생존자들은 삶의 모든 영역에서 결과를 경험한다. 과거의 트라우마에 대한 기억을 정신적으로 차단하는 것은 해리로 알려진 심리적 방어다. 그들은 감정적으로 너무 고통스럽기 때문에 학대에 대한 기억은 종종 깊이 묻혀 있다.

어린 시절의 기억을 회상하는 데 어려움은 성적 학대와 같은 외상에 대한 과거 노출의 지표일 수 있다. 어렸을 때 어떤 일이 일어났다고 의심되지만 확실하지 않은 경우 치료를 받는 것이 더 나은 이해를 얻는 데 도움이 될 수 있다.

아동기 성적 학대의 결과는 다양한 방식으로 나타날 수 있다. 어린 시절의 학대는 또한 우울증, 외상후 스트레스장애, 약물 남용 및 성병 또는 계획되지 않은 임신을 초래할 수 있는 위험한 성행위의 높은 비율과 관련이 있다.

과잉 성애 또는 성 중독은 학대 생존자에게서 발생할 가능성이 더 크다. 어떤 사람들에게는 음식 중독 및 거식증 및 폭식증과 같은 기타 섭식 장애도 성적 학대에 의해 유발될 수 있다. 아동 성폭행을 경험한 사람의 자살 위험이 증가한다. 여기에는 자살에 대한 생각과 자살 시도가 포함된다.

아동 성적 학대의 생존자에게는 또 다른 희생의 가능성이 있다. 예를 들어, 어린 시절 성적 학대에 노출된 여성은 성인이 되어 성적 학대를 다시 경험할 가능성이 13배 더 높다. 또한 어렸을 때 성적 학대를 당한 사람은 미래의 파트너에 의해 비성적 가정 폭력을 경험할 가능성이 두 배 더 높다.

이들의 전형적인 문제는 근친상간, 성적 학대, 그리고 가학적이고 피학적인 행동들이다. 주된 정서는 자신들이 행했던 일에 대해 스스로 용서할 수 없음과 수치심이다. 이들의 주제는 슬픔, 원한, 비밀, 기만, 반항, 그리고 해리다.

성폭행 생존자는 트라우마에 대처하는 데 도움이 될 수 있는 일상을 삶에 추가할 수 있다. 자신을 돌보는 것은 항상 중요하지만 특히 외상에 대처할 때 더욱 그렇다. 건강한 운동을 하고, 적절한 휴식을 취하는 것은 모두 신체의 신경계를 조절하는 방법이며, 이는 불안과 우울증과 같은 증상에 도움이 될 수 있다.

상담자는 성폭력 희생자에게 압력을 가해서는 안 된다. 많은 사람들이 내담자에게 힘을 실어 주기 위해 학대에 대한 이야기를 나누지만 그렇게 하고 싶지 않을 수도 있다. 침묵을 지키는 것도 괜찮다는 것을 확실하게 보여 주어야 한다.

이들을 위한 일차적인 치료 목표는 비밀을 해체시키고 타인의 고통에 민감해지는 것이다. 학대가 내담자들의 개인적인 감정과 생각, 상호작용에 미치는 영향력을 검토하는 것도 도움이 된다.

수치심은 외상 여행의 일부로서 종종 숨막히거나 내담자에 의해 경험되기 때문에 회복을 복잡하게 만들 수 있다. '수치심을 해소하는 것은 회복과 건강에 매우 중요하다.' 수치심은 많은 면을 가질 수 있다. "수치심은 자신을 실망시키고, 도전에 응하지 못했다는 느낌이다(Eckberg, 2000: 22)."

생존자는 자신의 행동을 부끄러워하거나 자신들에게 행해진 일이 자신들의 종교적 신념을 위반한다고 믿을 수 있다. 이것은 특히 성폭행, 강간, 신체적 폭행, 굴욕 또는 권위 남용에서 사실일 수 있다.

수치심은 자신을 보호할 수 없는, 자신을 실망시키는 내적 느낌과 관련이 있다. 수치심이 생기면 감정적으로나 육체적으로 철수하는 경향이 있다. 수치심은 땀, 신체의 열, 철수 충동, 빈도가 적은 눈 접촉, 고조된 인식, 주변 환경과 다른 사람들의 행동에 대한 경계를 포함할 수 있는 신체의 비자발적인 반응을 만들어 낸다.

수치심의 결과는 내담자들이 자신의 경험에서 마치 그들만이 반응을 가지고 있는 것처럼 혼자 느낀다는 것이다. 다른 사람들과 그들의 몸과의 이러한 단절은 수치심 경험을 오랫동안 유지하게 만든다. 수치심에 직면할 때 치료적 자세는 보호 메커니즘으로서 수치심 자체에 대한 동정심, 친절, 존경 중 하나가 되어야 한다. 상담자가 수치심을 인정하고 친절하게 대하면 점차 경험의 강도가 떨어진다.

성적으로 강압적인 요구를 거절할 수 없었던 매조키즘적인 내담자들은 모든 것을 참아 내는 패턴을 보인다. 이들이 충성심을 과장함으로써 과부하에 걸리게 되면, 여기에 저항하려는 힘을 느끼고 자신의 행동 패턴을 합리적으로 수정하게 된다.

피해자에서 생존자로 이동하는 것은 많은 노력이 필요하며 종종 상담을 통해 가장 잘 해결될 수 있다. 피해자가 상담을 고려하도록 격려하되 상담을 받아야 한다고 주장해서는 안 된다. 상담은 치유를 위해 일하기를 원하지 않는 내담자의 경우 효과적이지 않을 수 있다.

앞에서 논의한 '통제 유형에 따른 대인관계 패턴'에 관심을 가지게 되면, 복잡하게 설계된 구조화 프로그램은 필요 없게 된다. 예를 들어, 학교에서 학급 아이들을 대상으로 집단상담을 의뢰받는다고 가정해 보자.

물론 집단상담을 하기 전에 왜 집단상담을 의뢰했는지, 학교의 분위기, 구성원들 간의 관계, 어떻게 집단을 구성할 것인지에 대해 탐색할 필요가 있다. 집단을 구성하는 원칙은 '증상은 다르지만 자아 강도는 유사하게'이다. 이런 탐색 후 상담자는 간단한 구조화를 통해 집단을 시작한다.

　　　㉠ 간단한 자기소개(동거하는 가족들), ㉡ 우리 학급에서 변했으면 하는 것, ㉢ 학급에서 그런 변화를 가져오기 위해 내가 노력할 부분, ㉣ 학급에서 그런 변화를 가져오기 위해 학급 친구들이 도움을 줄 부분 등이다.

상담자는 구성원들이 진술하는 태도와 내용을 검토하면, 도움이 될 수 있다. 예를 들어, 학급에서 변화를 가져오기 위한 부분을 진술하면서 자신이 노력할 부분은 아주 짧거나 없으면서, 다른 친구들이 노력할 부분을 장황하게 늘어놓는다면, 문제의 원인을 다른 사람에게 귀인시키는 태도로 볼 수 있고, 언젠가는 이들의 적개심이 표출되는 것을 유추해 볼 수 있다.

이들에게는 일반적인 충고를 할 경우, 부정적인 감정 패턴을 강화시킬 수 있다. 이들은 자신의 문제에 대해 구체적인 설명을 하지만 상담자와 관계를 발전시키는 데 훨씬 더 어려워하는 경향을 보일 것이다.

이들에게는 '집단 초기에 비판적인 감정들뿐만 아니라 긍정적인 감정에 대한 표현을 격려'하는 것이 중요하다. 이러한 긍정적인 감정을 지금-여기에서 솔직하게 표현할 때, 왜곡된 감정을 수정할 수 있는 기회를 가진다.

부모의 과잉보호에 순응하면서 자기애적인 문제로 증상이 동기화된 경우, 집단에서도 대우받기를 원하기 때문에 대등한 대인관계를 유지하기가 힘들다. 이들은 이런 모임에서 얻을 게 없다고 주장하며, 결코 채워질 수 없는 욕구를 가지기 때문에 자신이 노력할 부분에서 내적인 불평, 공허감을 은유적으로 표현한다.

이들은 과도하게 자신을 내세우기 때문에 관계 맺기가 어려우며 상담을 쉽게 포기한다. 이들을 위한 '치료 목표는 약간의 진전된 변화에 대해 상세하게 설명해 주고 만족'하도록 돕는 것이다.

2) 과정 평가

상담자는 구성원들이 지금-여기에서의 상호작용이 성공적이면, 이러한 상호작용을 치료상의 이점으로 전환시키기 위해 과정을 인식해야 한다. 집단 상호작용이 일어날 때, 특정 개인의 태도와 집단 내의 발달적 쟁점을 포함한다.

또한 여러 다른 관점으로 집단의 진행을 관찰해야 하는 것이 상담자와 구성원들 간의 주된 역할의 차이다. 상담자는 "왜 이 일이, 이 집단에서, 이런 특정한 방식으로, 이 특정한 시기에 벌어지고 있는가?"를 곰곰이 생각하고 의문을 제기한다.

한 여성 구성원이 여러 회기에 걸쳐 깊이 있게 자신의 문제를 드러냈고, 집단은 그녀의 말에 감동하여 경청하고 지지하는 데 많은 시간을 할애했다. 상담자는 이런 활동들을 함께 하지만, 다른 생각들도 염두에 두어야 한다.

"왜 항상 그녀가 가장 먼저 그리고 가장 많이 자신의 문제를 드러낼까? 왜 그녀는 집단으로부터 돌봄을 받는 역할을 자청할까? 왜 그녀는 자신을 나약하게 나타내는가? 왜 하필 오늘일까? 왜 부정적인 피드백은 무시하는가?"

단순한 비언어적인 감각 자료들도 중요하다. 비언어적인 행동은 인식하지 못한 느낌을 나타낼 수 있다. 상담자는 비언어적인 행동을 관찰하고 집단에게도 이를 관찰하도록 가르침으로써 자기 탐색의 과정을 이어 갈 수 있다.

누가 어디에 앉으려고 하는가? 누가 상담자와 가까이 있으려고 하고 누가 멀리 떨어지려고 하는가? 누가 항상 문 가까이 있는가? 누가 습관적으로 빠지거나 지각하는가? 말하면서 누구를 바라보는가? 누가 상담자를 제대로 못 쳐다보는가? 말로는 집단이 중요하다고 하면서 행동으로는 상담자나 다른 구성원들이 다가서면 뒤로 빠지는가? 누가 의상이나 용모를 자주 바꾸는가?

예를 들어, 위축된 구성원들은 항상 구석 자리에 조용히 앉아 다른 구성원들의 눈치를 본다. 하지만 이러한 패턴은 타인들이 자신의 존재를 인정해 주지 않는다는 사실을 또다시 깨닫게 되는 악순환의 원인이 된다. 상담자의 관찰이 마치 구성원들의 마음을 읽기 위한 것처럼 되어서는 안 된다.

한 개인이 하는 의사소통은 달리 입증되기 전까지는 그의 대인관계 도식 내에서 의미와 중요성을 가진다고 봐야 한다. 그리고 각 구성원에 대한 상담자의 반응을 과정에 대한 자료로써 활용한다.

과정 검토에서 가장 중요한 단서는 상담자의 느낌인데, 이 느낌은 집단상담 경험을 통해서 상담자 자신이 신뢰하게 되는 것이다. 숙련된 상담자는 자신의 조급함, 분노, 좌절, 심지어는 혼란스러움까지 '인간이 느낄 수 있는 모든 감정을 유용한 자료와 자원으로 활용한다면, 구성원들이 발전하는 데 도움'이 될 수 있다.

상담자는 과정의 중요한 부분을 명료화하는 언급을 하거나 집단에 대한 자신의 전망(또는 기대)을 설명할 수 있다. 또는 늦게 도착한 구성원에게 지금까지의 진행 과정을 요약해 주는 형식을 통해서 전체 구성원들에게 과정 중심적 관점이나 태도를 강화시켜 줄 수도 있다.

45세의 여성이 집단에서 자신을 표현하는 데 급격한 기복이 있고, 혼란스러운 태도를 지니고 있었다. 상담자는 결국 다음과 같이 자신의 느낌을 표현했다. "나는 당신에 대해 나누고 싶은 여러 가지 느낌이 있습니다.

당신이 말을 할 때 나는 종종 당신이 성숙하고 유능한 사람이라는 생각이 들지만, 때때로 당신이 매우 어리고 모든 사람들로부터 귀여움을 받고, 기쁘게 해 주려고 초등학교 저학년 아동처럼 보일 때가 있습니다.

여기서 나는 더 이상 나아갈 수 있다고 생각하지 않습니다. 제가 변화되라고 요구한다는 자체가 지금은 무리라는 생각이 듭니다. 그리고 지금 제가 하는 말이 당신에게 의미가 없을 수도 있겠지요. 다른 분들은 어떤 느낌이세요?"

> 상담자의 이러한 표현은 그녀에게 깊은 감응을 불러일으켰고, 인정받으려는 지나친 욕구를 탐색하는 것을 도왔다.

때때로 과정은 언급되지 않은 생략된 것에 대해서 주목함으로써 명료해진다. 남자 구성원들에게는 피드백을 주지만 여성들에게는 결코 그렇게 하지 않는 구성원, 상담자와 맞서지도 않고 질문도 하지 않는 집단, 전혀 지지를 받지 못하는 구성원 등, 이 모든 생략은 집단의 상호교류 과정의 일부가 된다.

> 한 여성 구성원이 집단에서 자기가 다른 사람들로부터 미움을 받는다는 느낌이 든다고 말했다. 누가 당신을 미워하는 것 같으냐고 묻자, 한 남성 구성원을 지목했다. 그는 냉담하며 습관적으로 자신에게 도움이 될 만한 사람들과만 관계를 맺었다.
> 그는 발끈하면서, "어째서 납니까? 내가 당신에게 어떤 말이나 행동을 했는지 하나라도 말해 보세요." 그러자 여성 구성원이 반응했다. "바로 그 점이에요. 당신은 나에게 한마디 말도 하지 않았고, 뭘 물어본 적도 없으며, 인사를 한 적도 없다고요. 당신에게 나는 존재하지 않은 사람 같아요." 상담이 종결된 후 그는 이 일이 아주 강력했고 깨우침을 주는 교훈이었다고 회고했다.

어떤 구성원이 집단에 불참했을 때 지금-여기에서의 과정을 검토하면 많은 과정을 이해할 수 있다. 예를 들어, 빠진 구성원이 공격적이고 경쟁적이라면, 집단은 자유로움을 느낀다. 어떤 구성원들은 누가 불참했을 때, 활발하게 활동한다.

자기 개방에 대한 짐을 덜어 주고 다른 이들이 말하도록 구슬리는 구성원이 불참하면 집단은 무력감과 위축감을 느낄 수 있다. 이러한 부재는 종종 이전에는 구성원들이 전혀 인식하지 못했던 대인관계 느낌을 명료하게 해 준다.

불참한 구성원에 대한 토론을 다음 모임에서 그가 참석했을 때 함께 다룰 수 있다면, 이는 누군가를 비난하는 '뒷담화'하는 것이 아니며 희생양으로 보복하는 것을 피할 수 있다. 이와 마찬가지로 상담자가 불참했을 때, 상담자에게 가졌던 느낌에 대한 검토는 풍부한 정보가 제공될 수 있다.

3. 상담자: 문화의 중개인

우리는 태어나는 순간부터 고유한 유전인자와 함께 다르게 사회화되므로 서로 다른 적응 패턴을 보인다. 누구에게나 공통적인 요소처럼 보이는 욕구나 불안에도 저마다 독특한 방법으로 대처하고 반응한다. 그래서 내담자들의 태도, 신념, 가치, 선호에서 나타나는 문화심리적인 특성의 차이는 세상을 이해하는 데 사용하는 준거틀이 사람마다 다르기 때문에 나타나는 불가피한 결과로 볼 수 있다.

> Erickson은 내담자들의 문화적인 배경을 대단히 중요하게 여겼고, 필요한 치료적 관계 형성을 돕는 그들의 하위문화에 관한 그의 지식을 다양하고 우아하게 활용했다(Gordon & Myers-Anderson, 1981: 51).

예를 들어, 서구심리학의 심리·인지·도덕성 발달이론은 기본적으로 백인 남자 아이들의 이미지, 상징, 기대에 맞추어 구성된다. Erickson은 이러한 서구의 발달이론에 따른 성숙한 정신건강의 표준을 횡문화(cross-culture)적으로 적용하는 데는 모순이 있다는 것을 알았을 뿐만 아니라 그러한 한계에서 벗어나려고 노력했다.

> 문화의 다양성은 대단한 것이다. 우리는 우리의 문화와 다르기 때문에 타인들의 문화를 잘못된 것으로 간주한다. 중산층의 미국인들은 비프스테이크(beefsteak)를 먹는다. 프랑스인 농부는 말고기를 먹는다.
> 그런데 어떤 이들에게는 혐오하는 음식이 될 수도 있지만 다른 문화에서는 선호하는 음식이 될 수도 있는 경우가 있다. 예를 들어, 한국인들 중 일부는 냄새나는 삭힌 홍어를 즐겨 먹는다. 또한 홍콩을 방문한 사람들은 귀한 음식이라며 뱀탕을 대접받기도 한다. 이러한 음식들이 어떤 문화에서는 혐오스러운 것이지만 다른 특정 문화에서는 맛있고 영양가 있는 귀한 음식이 된다.

방관자들은 어떻게 개인적인 이기주의에서 벗어나 사회적 책임을 갖게 되는 것일까? 어떻게 자신을 좀 더 큰 공동체의 일원으로 생각하게 될까? '작은 희생이나 도움이 되는 이타적인 행위는 스스로를 바라보는 방식에 극적인 변화를 초래한다.' 작은 도움을 이끌어 낸다면, 큰 도움을 이끌어 내는 일은 그리 어렵지 않게 된다.

초등학교 학급에서 따돌림 문제를 가정해 보자. 『콩쥐 팥쥐』 이야기를 텍스트로 선택한다면, 팥쥐 친구들을 여럿이 만들고 콩쥐를 따돌리는 상황을 설정할 수 있다. 콩쥐의 개인적인 취약성, 가족적인 불행과 사회적인 따돌림을 합친다.

다음은 충분한 갈등 상황에 노출시켜 방관자들의 이타적인 느낌을 탐색한다면, 문제해결의 단서를 찾을 수 있다. 근본적인 해결책은 방관자들의 태도 변화로 이루어질 수 있다.

우리가 낯선 문화에 대해 호기심을 가지고 새로운 관점에서 바라보면, 행동의 선택이나 인식에서 다양한 가능성을 고려하게 된다. 내담자들의 문화의 다양성에 대해 상담자가 가져야 할 태도를 Erickson은 다음과 같이 주장한다.

> 상담자는 내담자들을 이해하는 문화의 중개인이 되어야 한다. 나는 인류학에 관심이 많다. 다양한 사람들이 사물에 대해 다양한 사고방식을 가지고 있기 때문에 모든 상담자들은 인류학을 공부하고 이해해야 한다(Zeig, 1980: 119).

Erickson을 비평하는 일부 여성주의 상담자들은 그가 백인 남성이며 의사의 지위적인 우월성이 내담자들에게 미치는 영향을 강조한다. 그러나 그는 내담자들의 삶을 지배하는 불평등한 담론에 대단히 민감해서 포스트모더니즘(postmodernism)이 출현하기 전에 이미 탈근대주의자였으며 기존의 부당한 사회질서에 저항했다. 그의 딸인 Betty Alice는 다음과 같이 회상한다.

> 아빠는 항상 자신이 옳다고 생각하는 것을 실천으로 옮겼다. 예를 들어, Arizona 주의 Phoenix로 이사를 가면서 아빠는 흑인들이 다수를 이루었던 National Medical Society의 구성원으로 활동했다.
>
> 당시만 하여도 백인들로 구성된 American Medical Society에서는 흑인들이 의사가 될 자격이 있다는 것을 수용하지 못할 때였다. 이러한 사실 때문에 아빠는 Phoenix에 있는 백인 의사들의 모임에 초대받지 못했다(Erickson, 2006a: 82).

Erickson은 자신과 내담자들이 처한 사회에서의 문화와 그 영향력에 대해 명확하게 인식했고, 내담자들의 이야기 중에서 평등한 역할 이야기로 이끌 독특한 결과에 예민하게 귀를 기울였으며, 충분한 연습을 통해서 평등한 역할 이야기를 이끌어 낼 수 있는 질문을 자연스럽게 할 수 있었다.

상담자는 과학적이라는 이유로 내담자들의 지혜와 문화적 전통에 대한 적절한 배려를 외면한 채 합리적인 사고를 너무 강조해서는 안 된다.

> 만약 상담자가 내담자들에게 무엇인가 증명하기를 진정 원한다면, 그들의 내면에서 증명하도록 해야 한다. 상담자가 불합리하다고 판단되는 그들의 신념을 직면시키는 것은 도움이 안 된다. 내담자들이 스스로에게 뭔가를 증명할 수 있을 때, 자기 자신의 상담자가 되는 것이다(Erickson, 2002: 283).

내담자들에게는 치유되고자 하는 내적인 힘은 강력한 것이고 실제로 존재한다. 상담자의 역할은 바로 이러한 치유의 힘을 불러일으킬 수 있도록 관계를 유지하는 것이다. Erickson은 다음과 같이 설명한다.

> 내담자들의 고유한 생각과 이해를 확장해 나갈 수 있도록 돕는 것이 바로 상담자의 능력이다. 따라서 내담자들에 대한 상담자의 공감과 존중의 태도는 성공적인 변화를 위해 너무나 중요한 것들이다(Zeig, 1980: 157).

알코올 중독자인 비행기 조종사가 그의 중독을 치료받기 위해서 자신이 이룩한 모든 업적이 기록된 스크랩북을 가지고 Erickson을 찾아왔다. 그는 즉시 엄숙한 표정을 지으면서 내담자를 비난했다. **"당신처럼 더럽고 형편없는 사람은 존경받을 만한 분이 이루어 놓은 업적을 기록한 스크랩북을 가지고 다닐 자격이 없소."**

그를 쫓아내면서 Erickson은 상담실을 나가자마자 다시 술독에 빠질 것이라고 예언했다. 몇 달 후에 그가 다시 찾아왔다. Erickson은 그에게 머리를 빗겨 주겠다고 말하고 3시간 동안 그를 보살폈다.

그는 공군에 입대해서 전투기 조종사가 되었다. Erickson은 그를 직면시키면서도 솔직했고, 진심 어린 관심을 보였다. 내담자는 바로 이러한 상담자의 태도에 반응한 것이다(Haley, 1985a: 110-113).

Erickson은 변화의 핵심적인 요소뿐만 아니라, 어떤 이에게는 부적절하지만 어떤 이에게는 효과적인 방법들을 알아내는 탁월한 재능을 가졌다. 그것은 강점과 한계에 있어서 개인마다의 차이점을 인식하고 활용함으로써 가능해진다.

인류학에 대한 지식은 Erickson에게 다양한 인종의 개별성, 무의식의 전개과정에 대한 보편성과 차이성, 사용하는 은유의 독특성을 이해하고 그들의 세계관을 탐색할 수 있는 풍부한 자료를 제공해 주었다(Richeport, 1985: 537-538). 미국 원주민들을 위한 정신병원을 운영하는 Hammerschlag(2006)의 회상을 보자.

> Erickson은 자신에게 인디언의 혈통이 흐르고 있다는 사실을 항상 자랑스럽게 여겼다. 그는 Phoenix 대학교에서 자신들 종족의 전통적인 관습과 언어를 보존하려는 원주민 대학생들에게 장학금을 기부했다.
>
> Erickson은 원주민들의 삶뿐만 아니라 그들의 예술을 사랑했다. 살고 있는 환경의 열악한 조건과 빈약한 자원에 힘들게 적응해 가는 그들과 그들이 창조하는 아름다운 문화에 매료되었다(p. 271).

다음은 Arizona 주립대학 구내에서 Seri 인디언의 목공예품을 팔면서 인디언 문화를 연구하던 Jim Hills의 이야기다. 내가 Erickson을 처음 만난 것은 그가 1970년대 초에 인디언 공예품을 사러 왔을 때였다.

그는 인디언 문화에 상당한 수준의 관심을 보였기에 우리는 인류학에 대해 토론하면서 곧 친해질 수 있었고 그의 집도 여러 번 방문했다. 하지만 나는 그가 세계적으로 유명한 사람인지를 몰랐다.

어느 날 오후 그는 인류학에 관심이 많은 친구가 며칠 후에 집으로 오는데 같이 저녁을 먹을 수 있는지 물었고 나는 승낙했다. 며칠 후에 그로부터 전화가 왔고 저녁 시간에 그의 집을 방문했다.

나는 손님이 누군지 몰랐다. 내가 그의 집으로 들어섰을 때, Betty와 그 여성은 부엌에서 감자껍질을 벗기고 있었다. 나는 그녀를 자세히 보고 속으로 외쳤다. "맙소사, Margaret Mead 아냐!" 너무 유명한 그녀와 그녀의 남편인 Bateson을 만난 적은 없지만 그들의 연구에 대해 깊은 경외감을 가지고 있었다.

나는 그 당시 인류학 학사학위와 인문지리학 석사학위를 가지고 있었다. 하지만 주위 사람들, 특히 인류학의 전문가들조차도 나를 하찮은 인디언 물건이나 파는 장돌뱅이로 여겼기 때문에 심한 좌절감으로 고통받았다.

Erickson은 나를 달리 대했다. 그는 인류학에 대한 해박한 지식을 가지고 있었으며 우리는 Seri 인디언을 주제로 하루 종일 토론할 때도 있었다. 그는 나로 하여금 정말 중요한 일을 하고 있다는 것을 여러 가지 방법으로 인식하도록 도왔다.

예를 들어, Erickson은 Margaret과 Betty로 하여금 나의 가게를 방문하게 했다. 유명한 인류학자가 찾아온 다음부터 사람들이 나를 보는 눈이 달라졌다. 그래서 나는 자존감을 회복할 수 있었고 내가 좋아하는 일을 지금까지 할 수 있었다고 생각한다.

상담자가 특정 문화에 집착하면 변화를 이끄는 다양한 요인들에 대한 평가를 절하할 수 있다. 상담은 내담자들의 불만을 멈추도록 하는 것이 아니라, 해결 과정을 시작하도록 돕는

것이다.

내담자들의 이야기에는 틈과 모호함이 있다. 상담자는 이것들에 초점을 맞추어 일반적으로 용인되거나 공식적으로 인정되는 현실도 다양한 가능성 가운데 하나일 뿐이라는 사실을 증명해야 한다.

내담자의 불만족스러운 삶의 이야기를 해체하도록 돕는 유용한 두 가지 개념은 삶이 사회적으로 구성된다는 것과 "이 내담자를 이런 식으로 경험하도록 하는 문제는 무엇일까?"라고 자문하면서 내담자와 문제를 분리해서 보기 시작하는 것이다(Combs & Freedman, 1994: 77-78).

따라서 문제의 유지에 대한 설명이 필수적인 것은 아니다. 상담의 효과는 내담자들을 존중하고 독특한 개인으로 간주할 때 나타난다. 내담자의 문화에 따라 체계적으로 기초 자원을 증진시키는 Erickson의 사례를 보자.

Maw라는 70세 여성이 Erickson에게 흥미로운 도전을 제시했다. 그녀는 1860년생이었다. 그 당시 부모들은 여성을 위한 교육의 필요성을 무시해서 그녀는 꽤 똑똑해 보였지만 평생 문맹인 채로 살았다.

Erickson을 만나기 전까지 그녀는 50년 동안 교사들을 하숙생으로 받으면서 읽기와 쓰기를 학습했다. 하지만 그들의 노력은 헛되었고 결국에 포기했다. Erickson은 이러한 과거의 노력에 대해 자세히 들으면서, Maw가 최면으로 해결할 수 있는 장애를 가졌다는 사실을 알았다.

Erickson은 그녀에게 읽기를 3주 만에 가르쳐 주겠다고 약속했다. 작업은 대개 몰입 상태에서 시작되었다. 그는 그녀가 모르는 어떤 것을 배워야 하는 것이 아니라, 오래전에 배운 것들을 반복할 필요가 있다는 것을 강조했다.

첫 번째로 그는 그녀가 마음에 드는 방식으로 연필을 손에 쥐고 종이에 자유롭게 낙서를 하게 했다. 다음에는 종이를 자르기 전에 손톱으로 표시를 하는 것처럼 종이에 선을 긋게 했다. 그녀에게 수직선, 수평선, 사선들을 그리는 것을 가르치고 나서 도넛 구멍 같은 표시, 반으로 잘린 도넛 표시를 가르쳤다.

이 모든 표시를 연습하고 나서야 집으로 돌아갈 수 있었다. 다음 회기에 그는 목재 더미와 완벽한 집 사이의 유일한 차이가 집이 목재를 조화롭게 합쳐 놓은 것이라고 스토리텔링(storytelling)을 하였다.

진행을 계속하면서 그녀는 자신이 그린 것들이 글자라는 얘기를 듣지 않았지만, 이런 글자들은 그녀가 이미 알고 있는 물건으로 묘사되었다. 그녀는 처음에 글자를 만들고 다음에는 단어를 만들었다.

이러한 것들이 그녀가 스스로 만든 특정한 조합이었기 때문에 그 조합에 이름을 붙이는 것 또한 배워야 했으며, 이름 붙이는 것이 말하는 것과 유사하다는 것을 알게 되었다. 그래서 조금씩 자신이 이미 알고 있는 것을 합쳐 3주 만에 글을 읽게 되었다(Erickson, 1959c).

이 이야기는 내담자가 이미 자신의 문제를 해결할 자원을 가지고 있다는 원칙을 보여 주는 대표적인 사례다. 이 사례는 바라는 결과를 얻기 위해서 체계적으로 기초 자원을 증진시키는 기술훈련의 정수를 보여 주고 있다.

사실 모든 문화에 공통적으로 존재하는 금기는 거의 극소수에 불과하다. 사회는 느리고 지루하지만 진화되는 과정에 있으며 시간이 흐르면서 금지 행위가 권유 행위로 될 수 있고, 그 역이 가능하다. 사람들의 일탈적인 행위도 그들이 속한 하위 집단에서는 인정받기 위한 정상적인 행위로 간주될 수 있다.

주의력 결핍 과잉행동장애(Attention Deficit Hyperactivity Disorder: ADHD)를 보이는 아이들의 경우를 생각해 보자. 현대사회는 이런 아이들을 질병에 걸린 것으로 간주한다. 그래서 심한 ADHD 아동에게는 신경전달 물질을 복용시킨다. 하지만 원시 시대에는 대단히 잘 적응하는 아이들이었다.

정육점에서 쇠고기를 사 먹는 대신에 밖으로 나가서 스스로 수렵 활동을 해야 하는 상황이라면, 곰곰이 앉아서 생각하는 아이들보다 충동적으로 일을 저지르는 아이들이 더 환영받았을 것이다.

'상담의 효과는 내담자들을 존중하고 독특한 개인으로 간주하기 때문에 나타난다.' 상담자는 과학적인 개입이라는 이유로 내담자들의 지혜와 문화적 전통에 대한 적절한 배려를 외면해서는 안 된다.

전통적인 상담자는 증상을 해결하기 위해 인간 정신기능의 기준에서 벗어나는 모든 가능한 일탈을 진단하는 표준적인 심리검사 모델을 이용한다. 그러나 단순히 증상의 원인에 따른 해결책을 찾아내는 데 집착해서도 안 된다.

Erickson의 활용전략은 Adler와 유사하다. Adler는 유전과 환경이 개인에 미치는 영향보다 "개인은 그의 유전과 환경을 어떻게 활용하는가?"라는 관점을 유지한다. 이를 위해서 그는 객관적인 진단보다는 주관적인 개인을 이해하는 중요성을 강조했다. "상담자는 내담자들의 눈을 통해서 보고 그들의 귀를 통해서 들을 수 있어야 한다."

John이라는 중년의 남자가 그의 아내로부터 압력을 받아 상담자를 만나러 왔다. 그의 아내는 그에게 만약 삶에 변화를 가져오지 않는다면 이혼하겠다고 말했다. 남편과 아내 모두 결혼생활이 그들에게 매우 중요하다고 표현했지만, 그들의 결혼이 거의 붕괴될 지경까지 이르렀다는 것이 분명했다.

그는 아내가 수년 동안 자신의 일에 대한 헌신에 대해 불평했음에도 불구하고 무엇이 문제인지 모른다고 상담자에게 말했다. 그는 자신의 일에 전념하고 있음을 인정했지만 두 사람 모두에게 중요하며 매우 성공적이라고 말했다.

John은 자신의 사업이 다른 삶의 수준에 간섭한다는 것을 완전히 알지 못했고 동의하지도 않았다. 그의 아내는 남편의 일을 그의 유일한 관심사이자 취미로 묘사했다. 그는 전화기를 끼고 살면서 제대로 휴식을 취하지 않았고 휴가도 가지 않았다. 그가 사업 이야기를 하고 있지 않을 때는 금융 잡지를 읽고 열심히 메모했다.

그는 아내의 활동에는 관심이 없었고 아내가 관심을 보이는 일에 대해서는 대화하기를 꺼렸다. 그들은 부부로서의 함께 하는 사회생활이 거의 없었다. 그가 처음 상담실에 도착했을 때, 휴대전화를 허리띠에 차고 있었다.

John은 중요한 전화를 기다리고 있다고 설명했다. 전화벨이 울리자, 그는 상담회기를 방해하며 길게 통화했다. 상담자는 그에게 전화로 얻을 정보가 상담실에서 배울 수 있는 것보다 더 중요하다고 생각하느냐고 묻자, 그는 주저하지 않고, 그것은 사업이고 따라서 매우 중요하다고 대답했다.

상담자는 그에게 만약 그가 여기 상담실에서 주의를 기울이지 않는다면, 결혼생활을 지속하는 것이 힘들게 된다는 것을 분명하게 말했다. 상담자는 그에게 전화기를 꺼 달라고 부탁했고, 마지못해 그는 그렇게 했다.

상담을 받는 동안, 그는 상담자가 부부에게 말한 결혼생활이 개선될 수 있는 중요한 개입에 관한 상담자의 제안을 따르기로 동의했다. 상담자는 그에게 시련이 될 수 있는 역경을 부과하는 처방을 제안했다.

그는 아내와 함께 가까운 곳에 전화나 팩스가 없는 곳으로 휴가를 가기로 동의했다. 그는 또한 상담자가 그의 독서 자료를 제공하는 데도 동의했다. 상담자는 그에게 이미 준비한 밀봉된 소포를 주었다.

그의 아내는 나중에 그들이 목적지에 도착했을 때 그는 패키지를 열고 저주하며 공책을 벽에 던지고 방에서 뛰쳐나갔다고 보고했다. 소포 안에는 공책 한 권뿐이었다. 그가 그 공책을 열었을 때, 그는 빈 페이지와 펜만 있다는 것을 알았다.

겉표지에는 "John에게, 지금 이 순간 당신에게 이치에 맞는 방법으로 이 책을 채우세요."라고 쓰여 있었고, 내용은 "당신은 대화나 간단한 산문으로 글을 쓸 수도 있지만 당신은 매일 이 책에 써야 합니다. 나는 당신이 열린 마음과 진실을 가지고 이 일에 임할 것을 요청합니다."라고 쓰여 있었다.

그의 아내는 그 공책을 집어 들고 상담자의 쪽지를 읽었다. 그가 돌아와서 계속 불평할 때, 그녀는 "상담 선생님의 제안도 고려해 볼 필요는 있겠네요."라고 말했다. 그녀는 그가 얼마나 화가 났는지에 대한 글쓰기가 그에게 유용할 수 있으며 나중에 상담회기를 위한 주제를 확실히 제공할 것이라고 지적했다.

그녀의 말이 그의 마음에 와닿았다. 여행 중 숲에서 그는 이끼로 덮여 있는 흥미로운 돌을 발견했다. 그는 이끼가 단단한 표면에서 단위로 자라는 곰팡이와 조류의 조합에 의해 형성된 유기체라는 것을 알았다. 그는 돌멩이를 집어 들어 페이지 속에 만든 움푹 패인 곳에 넣고 그 주위에 글을 쓰기 시작했다.

"모든 것은 자기 자신이 아닌 다른 것과 연결되어 성장한다." 그는 자신을 비인격적인 사업의 바위에서 먹이를 주는 이끼라고 묘사하기 시작했다. 그는 자신이 더 성공할 다른 방법을 찾는다는 것을 깨달았다. 이 통찰의 순간은 생산적인 치료 확장과 헌신적인 두 사람 사이의 결혼을 재건을 시작하는 계기가 되었다.

> 상담자는 Erickson과 상담자가 알고 있는 다른 전문가들로부터 배운 것 때문에 다소 모호하지만 잠재적으로 강력한 개입을 선택했다. 그들은 상담자에게 가장 중요한 지식은 이론이나 방정식이 아닌 삶의 경험에서 파생된 것이라고 가르쳤다.
>
> 사람들이 현재의 경험과 다른 시각으로 자신을 새롭게 볼 수 있도록 도울 수 있다면, 그들은 새로운 방향을 만들 수 있다. 상담의 과정은 보이지 않는 것을 보이게 하는 창조적인 방법을 찾는 것이다 (Hammerschlag, 2006).

상담자는 일반적으로 어려울 것으로 여겨지는 내담자를 만나고 있었는데, 그 결과에 도달하기 위해서는 일반화된 변화가 이루어져야 한다는 것을 깨닫지 못한 채 특정한 결과를 원하는 내담자는 마지못해 상담에 참여했다.

게다가 이 내담자는 분명히 그의 삶의 많은 분야에서 성공적이었고 사실에 근거한 사업 결정을 내리는 데 익숙했다. 감정적인 내용이나 감정의 중요성을 무시하는 것이 더 쉽고 사업에서는 종종 더 효율적일 수 있다.

그러나 이 부부는 사업에 필요한 영향력을 제공하는 결혼생활을 유지하려는 동기가 높았다. 결혼생활에서 가장 큰 문제는 사업이 아니라 아내가 남편으로부터 무시당하고 하찮게 느껴진다는 것이었다.

상담자의 문제는 두 가지였다. 첫째로 그는 내담자의 주의를 끌어야 했고, 둘째로는 감정이나 눈에 보이지 않는 무형의 것들이 균형 잡힌 삶에 중요하다는 것을 이해시켜야 했다. 관계에 대해서도 마찬가지다.

상담 중에 John의 휴대전화를 부적절하게 사용한 것을 직시하고 상담에서 배운 것이 결혼생활을 구할 수 있다고 말하는 것은 그의 증상에 대한 사업적 접근이었다. 그는 내담자가 익숙하고 이해할 수 있는 언어를 사용했다. 전화기를 사용하지 않고도 치료에 계속 참여하겠다는 내담자의 의지는 암묵적인 계약을 만들었다.

휴가라는 중요한 개입 이전의 회기는 John이 자신의 인식을 확장하기 위한 준비였다. 통찰력과 확장의 모든 행동은 준비된 마음과 우연한 순간의 결과다. 이끼가 있는 돌을 발견하고, John은 자신이 스스로 만든 은유를 제공했다.

그는 하찮은 이끼조차도 다른 것들의 조합이며, 서로 결합되어 다른 복잡한 유기체를 만들어 낸다는 것을 인식했다. 각 부분의 필요성이 강조되어야 한다. 이끼로 뒤덮인 돌맹이를 발견하고, 상담자의 지시를 따르는 단순한 순간은 자신을 다르게 이해할 수 있는 방법을 제공했다.

이러한 변화는 그가 진정으로 원하는 것, 즉 결혼생활의 지속을 위해 필요한 부분이다. 상담자가 사업의 기술과 언어를 사용하여 John의 관심을 끌지 않았다면, 상담에서의 변화는 일어나지 않았을 것이다.

상담자는 분명 John이 전화도, 팩스도, 업무용 독서 자료도 없이 기꺼이 휴가를 떠날 수 있도록 세심하게 준비했다. Hammerschlag의 성공은 또한 내담자의 언어와 세계를 활용하는 접근의 유용성을 보여 준다.

'증상 패턴은 단순한 개인이 아닌 가족이나 사회문화적인 상황 속에서 상징적인 이유들이 첨가되면서 훨씬 복잡해진다.' Erickson은 상담자가 의학적인 묘사의 정확성에 너무 집착하게 되면, 내담자들의 생활 속에서 정의된 증상의 특성에 부합되지 않은 사건이나 행동들을 알아차리거나 언급하는 데 실패하게 된다고 보았다.

> 상담자는 내담자들의 행동을 병리적인 진단의 결과에 따른 융통성 없는 한계로 규정해서는 안 된다. 모든 치료적인 가이드라인은 온전한 인간이 아닌 분류된 증상에 초점이 맞추어진다는 사실을 명심해야 한다. 어떤 치료적인 지침도 증상의 체계적인 기능을 완벽하게 조사할 수는 없다.
>
> 나는 낙관주의자도 비관주의자도 아니다. 다만 현실주의자다. 그 의미는 삶에서 어둠이 찾아오는 날이 반드시 있다는 것이다. 가능하다면 햇빛을 즐기는 것이 이득이 된다. 따라서 상담자는 인간 행동을 병리적인 진단의 결과에 따른 융통성 없는 한계로 규정해서는 안 된다(Ritterman, 2001: 187).

극히 개인적으로 보이는 증상에도 사회·문화적인 요인들이 존재한다. 예를 들어, 전문직을 택하는 여성들이 우울증에 더 잘 걸리는 배경에는 우리 문화가 전문직 남성에게는 우호적인 반면, 똑똑한 여성에게는 경계심을 품는 분위기가 작용하기 때문이다(McGoldrick, 1998: 11).

상담자가 문화적인 차이에 따른 **'내담자들의 개별성, 무의식의 전개과정에 대한 보편성과 차이, 사용하는 은유의 독특성을 이해하면,'** 내담자들의 세계관을 탐색할 수 있는 풍부한 자료를 제공해 준다.

> 상담과정에서 계층 간의 관계를 탐색하는 일은 심리적인 긴장을 자극한다. 은행 카드 빚에 시달리는 가족들은 경제구조 속에서 더욱 어렵게 되는데 이것은 그들 자신의 실패가 아

니다. 재능과 직업에 대한 질문은 빈곤한 가장이 스스로를 비난하거나 무기력하게 느끼지 않도록 해야 한다.

　이와는 반대로 상담자는 살아가는 생존 전략과 강점에 초점을 맞추어야 할 필요가 있다. 그들의 계층을 이해해야 가족들이 서로 존중하고, 그들이 새로운 방법으로 자신들과 지역사회 자원들을 활용할 수 있도록 도와줄 수 있다. 이러한 시도는 소외와 수치심, 희생자를 비난하는 사회적 담론을 고착화시키는 틀을 깨는 것이다(Kliman, 1998: 58-59).

만약 우리가 사회적인 상호작용이나 매일의 삶을 실행하는 맥락에서 각각의 개인이 독특한 존재라는 것을 믿는다면, 회기마다 내담자와 그 상황에 어울리는 창의적인 상담을 해야 한다(Keeney, 2009: 2).

내담자들은 상담에 비협조적이고 특정한 방식으로 반응하거나 주의를 상담과 관계없는 다른 방향으로 돌릴 수 있다. 그러나 Erickson은 '가치 판단을 하지 않고 그들의 그러한 태도에 몰입하면서 그들의 현실을 수용'하여 자신의 경험을 그들의 경험 속에 포함시킬 수 있는 방향으로 나아갔다.

　내담자들이 상담자의 경험을 수용할 수는 없다. 반대로 상담자가 그들의 현실 속으로 들어가야 한다. 그것은 상담자의 주관적인 의견을 주입시키는 것이 아니라, 그들의 목적이나 가치에 상담자를 일치시키는 것이다. 그러면 그들도 자신의 문제를 해결할 내·외적인 자원을 찾는 데 몰입하게 된다(Gilligan, 2006: 344).

　Erickson에 의하면 몰입 상태에서 학습과 변화가 가장 잘 발생한다. 트랜스는 내담자가 상담자에게 마취된 상태도 아니고, 통제력을 잃고 타인의 뜻대로 조종당하는 상태도 아니다. 그것은 사실 누구나 경험하는 자연스러운 상태다.

세부적인 설명은 내담자들이 묘사하는 바람이 현재에 성취 가능하다는 사실을 내포하는 몰입 상태를 제공한다. 내담자들이 '단순한 바람이 아닌 실제적인 경험처럼 느낄 때, 절박함이 나타나고 무의식에서는 변화하고 싶은 동기가 강화'된다.

내가 보기에 당신은 문제에 대해서 충분히 생각하신 것 같습니다. …… 그리고 문제에 대해 너무 골똘하게 생각하는 것이 문제라고 생각합니다. 이제는 문제에 다가설 수 있게 구체화해 봅시다.

당신의 내면으로 들어가서 생각하거나 설명하지 말고 문제를 그냥 살아 있는 것처럼 경험해 보세요. …… 평가 없이 그냥 바라보십시오. 문제가 당신에게 어떻게 다가옵니까? …… 문제가 당신을 꼼짝 못하도록 완벽하게 압도합니까? …… 아니면 아직은 대항할 수 있을 만큼 만만하게 보입니까?

문제가 어떤 형태, 크기, 색채를 띠고 있습니까? (상담자는 내담자가 진술하는 형태에 보조를 맞추면서 진행한다.) 이렇게 상상하면서 어떤 이미지가 당신에게 제일 먼저 떠오릅니까?(Rosen, 1990: 259)

어떤 문제 패턴도 무의식적으로는 내담자들의 사회적 정체성에 어떤 만족(타인과 조화나 소속의 유지에서 오는 안정감, 관계 속에서 역할 수행에 대한 만족감, 사회의 기대와 요구에 부응할 수 있는 능력에 대한 자기 수용감)을 주기 때문에 내면을 탐색한 다음에는 체계적인 문제를 검토하게 된다.

사회체계가 증상에 미치는 영향력을 명료하게 하기 위해 집단상담의 사례를 살펴보자. 자신의 감정을 표현할 수 없고 가족으로부터 단절되어 살아가는 남자 내담자들이 집단상담에 참가하게 되었다.

그들은 어렸을 적에 집에서 다정함이나 부드러움을 보이는 것은 남자답지 못하다는 평가를 받았다. 또한 혹독한 벌과 잔혹한 공개적인 수치를 당할 것이라는 가르침을 가정이나 사회에서 받아 왔다.

상담자는 멈춤을 통해 집단에서 그런 자신의 모습들을 보도록 한 후에 그들에게 사적인 심리적 고통과 그들이 어린 시절을 지배했던 엄격하게 성차별적이고 공격적인 사내다움을 강조하는 공적인 문화적 실행과의 연계에 대한 정보를 유도하면서 일련의 질문들을 했다.

- 지금 여러분들의 말이나 행동은 무엇의 영향을 받은 것인가?
- 집단에서 보여 준 수치심을 주는 행동(다정함을 보이면 계집애 같다고 놀림 등)이 여러분에게 어떤 영향을 준다고 생각하는가?
- 이러한 행동(감정을 숨기거나 여성들을 무시함)들이 어떤 도움 혹은 방해되는가?
- 힘(부와 권력)이 전부라는 믿음이나 약한(가난하고 비천한) 사람들을 무시하는 생각은 여러분에게 어떻게 스며들었는가?
- 명예나 체면에 대해서 여러분이 개인적으로 정해 놓은 규범은 무엇인가?
- 우리가 이어가고 있는 전통과 의식에는 어떤 것이 있는가?
- 남성 우월주의가 여러분의 행동에 어떤 영향을 주었는가?

이러한 방식으로 담론에 따른 남성적 이미지를 해체한 후에 상담자는 내담자를 도와 그가 그런 담론에 저항했던 예외를 찾아내고, 그럼에도 불구하고 친절하고 사랑하는 모습으로 남아 있으려고 노력하는 숨겨진 정체성을 인정하게 되었다.

이러한 질문들이 유연하게 나온다면, 대부분의 내담자들은 문제가 자신이나 타인 밖에 있다는 개념을 받아들인다. 이어서 문제에 가려 지금까지 보지 못했던 더 건강한 자신의 모습이 존재한다는 것을 인정하고, 그런 부분들을 드러내기 시작한다.

Erickson은 어떻게 내담자들의 사회적 환경을 조정해야 하는지에 대해서도 정확하게 이해했다. 그의 효율적인 상담은 내담자들의 환경에 관심을 가진 직접적인 결과다. 그는 상담실이라는 공간적인 제한을 넘어서서 상담과정에 통합될 수 있는 내담자들의 모든 환경을 활용했다.

한 부유한 동양계 여의사가 18세 된 아들의 지독한 여드름 때문에 Erickson에게 치료를 의뢰했다. 그는 엄마와 아들이 호소하는 문제를 들었다. 때는 12월이어서 Erickson은 크리스마스 휴가를 어디로 갈 것인지를 그녀에게 질문했다. 그녀는 아들과 함께 2주 정도 스키장에 갈 것이라고 했다.

Erickson은 휴가를 가되 큰 호텔에 묵지 말고 둘만이 이용할 수 있는 작은 방갈로에 묵을 것을 권유했다. 그리고 예약을 할 때 미리 방갈로에 있는 거울들을 모두 치워 줄 것을 부탁하라고 충고했다.

휴가 내내 소년은 거울을 전혀 볼 수 없었다. 따라서 소년은 여드름에 대해 과도하게 신경을 쓸 여유도 없게 되었다. 시간이 지나면서 결국 여드름은 사라지게 되었다(O'Hanlon & Hexum, 1990: 117).

---

4. 문화에 대한 인식의 중요성

외상성 사건은 정신건강에서 내담자들에게는 흔한 경험이다. 신경과학과 심리학의 발전은 '스트레스 사건이나 정신적 외상(트라우마) 사건이 개인뿐만 아니라 가족 및 지역사회에 얼마나 영향을 미치는지에 대한 증거'를 제공한다.

내담자들은 트라우마의 영향을 완전히 이해하지 못하거나 그들의 경험을 왜곡되게 받아들일 수도 있고 전문적인 도움을 구하지 않을 수도 있다. 아니면 도움을 청해도 증상의 정도를 깨닫지 못할 수도 있다. 역사적으로 외상의 복잡성은 완전히 이해되지 않았으며 치료는 전체 사람과 지역사회에 대한 외상의 영향을 치료하는 대신 개인적인 단일 진단으로 제한되었다.

인간이 생존과 적응하는 능력에도 불구하고, 외상 경험은 사람들의 심리적·생물학적·사회적 평형을 변화시켜, 하나의 특정한 사건의 기억이 다른 모든 경험을 오염시키고, 현재의 조망을 망칠 정도로 변화시킬 수 있다(van der Kolk, 1989: 4).

외상은 고립된 사건이 아니다. 그것은 공동체나 관계된 삶의 상황에서 발생하며 그러한 맥락에서 이해되어야 한다. 내담자에게서 발생하는 압박과 무력감은 충격 외상에서부터 관계적 외상, 자연재해, 전쟁 초기 애착 파열에 이르기까지 다양한 외상에 걸쳐 있다. 이러한 사건 자체도 중요하지만, 그 사람이 어떻게 그것을 경험했고 사람들이 어떻게 대처하고 있는지도 중요하다.

트라우마 내담자들은 자신의 경험이 단지 머리에만 있는 것이 아니라는 것을 안다. 그들은 트라우마의 육체적인 측면을 가지고 산다. 땀, 떨리는 손, 복부의 신경 감각에 대한 안전을 찾다보면 학습 능력도 떨어진다.

아동기 트라우마의 영향은 학교에 다니면서 맨 처음 뚜렷하게 나타난다는 사실을 확인할 수 있다. 학대를 받은 경험의 아동들의 절반 이상이 학습이나 행동에 문제가 있지만, 경험이 없는 아동들은 그와 같은 문제가 발생한 비율이 3%에 불과하다. 성장한 후에도 어릴 때 겪은 일의 영향에서 벗어나지 못한다.

트라우마는 우리 몸에서 일어나는 일이다. 우리는 겁에 질리거나, 아니면 번갈아 쓰러져 무력한 두려움에 압도되어 패배한다. 어느 쪽이든 외상은 사람들의 삶을 무너뜨린다(Levine, 2010, 31).

상담에서 고통스러운 과거를 파헤쳐야 문제가 해결되는 것이 아니라. 증상은 상호 연결된 우리의 모습과 내면에서 나오는 감정과 행동을 정상화해야 하는 문제다. 예를 들어 보자. 6년 동안 Ruby라는 내담자를 만나면서 만성 외상 스트레스로 인해 DNA가 변하는 과정을 볼 수 있었다.

그녀는 영업 분야에서 성공적인 경력을 쌓았지만 자해, 코카인과 알코올 의존, 자가 면역 질환, 우울증 등으로 여러 가지 어려움을 겪었다. 그녀의 남동생은 당뇨병을 가지고 태어났고 죽기 전에 약물 남용으로 고생했었다.

그녀의 부모는 감정적으로나 육체적으로 오스트리아 이민자이며 알코올 중독자였다. 그녀 부모의 가족들은 나치에 의해 체포되었지만 튀르키예로 탈출했다. 그녀의 아버지는 러시아인들에게 붙잡혀 노동 수용소에 감금되었다. 하지만 부모는 외상으로 치료를 받은 적이 없었다.

상담자가 Ruby에게 트라우마의 세대 간 전염에 대해 배운 것을 말했을 때. 그녀의 눈은 눈물로 가득 차 있었다. **"이게 다 내 잘못이 아니라는 말씀이세요?"** 그녀의 이전 상담자들은 그녀의 부정적인 인식과 건강에 해로운 행동에만 초점을 맞췄다.

이제 그녀는 자신의 고통과 행동이 성격상의 결함이 아닐 가능성을 제시받았다. 이 새로운 패러다임을 감안해서 그녀는 곧 자신의 문제행동 중 일부를 버리고 자신을 더 잘 돌보며 그녀에게 의미 있는 활동을 찾기 시작했다.

> 그녀의 변화는 내담자들과 그들의 가족들이 가지고 있는 것에 대한 확장된 맥락을 제공하는 힘의 놀라운 사례였다. 내담자들에게 그들의 가족과 역사적 트라우마에 대해 직접 물어보는 것은 대단한 이점이 있다.

요즘은 외상에 대한 시각이 넓어졌을 뿐만 아니라, 다른 상담자들이 우리가 안에 가지고 있는 것의 더 큰 맥락을 볼 수 있도록 돕는 사명감도 높아졌다. 고통스러운 과거를 파헤쳐야 하는 문제가 아니라, 상호 연결된 우리의 모습과 속에서 나오는 감정과 행동을 정상화해야 하는 문제다.

우리가 조상으로부터 아무리 멀리 떨어져 있다고 느낄지라도, 이런 종류의 인식은 다른 개입들을 훨씬 더 효과적으로 만든다. 그것은 우리를 형성한 역사, 회복력, 그리고 모든 것을 기리는 것이다.

상담자는 치료적 관계 형성을 돕는 내담자들의 하위문화에 관한 지식을 다양하게 활용한다. 문화적인 차이에 따른 내담자들의 개별성, 무의식의 전개과정에 대한 보편성과 차이, 사용하는 은유의 독특성을 이해하면 그들의 세계관을 탐색할 수 있는 풍부한 자료를 제공해 준다.

상담자는 내담자들의 자원을 상담과정에 통합시키기 위해서 그들의 경제 · 사회적인 위치를 민감하게 탐색해야 한다. 내담자들의 정신건강은 자신이나 가족들의 사회적 역할에 따라 좌우될 수 있다. 상담자는 그들을 세상과 재연결하는 방법에 관심을 가져야 하고, 그들이 처한 상황을 활용할 수 있도록 도와야 한다.

> Erickson이 한번은 Milwaukee에 강연을 가게 되었는데 그의 친구가 부탁하기를, 자기 고모 한 분이 그곳에 살고 있는데 심한 우울증으로 고생을 하고 있어서 도움을 줄 수 있는지 꼭 한번 만나 봐 달라는 것이었다.
> 그 부인은 많은 유산을 받아서 대저택에 살았다. 그러나 미혼으로 혼자 살았고, 이제 60대에 들어서서 가까운 친척들도 대부분 세상을 떠난 뒤였다. 심한 관절염으로 휠체어를 타고 다녀야 했으므로 사회활동을 거의 할 수 없었다. 우울증으로 자살을 시도했었으며 조카에게 죽고 싶다는 전화를 자주 했다.
> Erickson이 찾아갔을 때 조카로부터 그가 온다는 연락을 받은 부인은 기다리고 있었다. 현관에서 그를 맞이하고서는 대저택을 구경시켰다. 그 집은 휠체어를 몰고 다닐 수 있도록 개조되었지만 거의 80년 동안 변화된 것이 없었다.
> 가구들이며 장식들은 고색창연했고 먼지 냄새를 풍겼다. 집 안의 모든 커튼은 드리워져 있어 우울증에 빠지기 딱 알맞은 환경이었다. 그런데 부인은 마지막으로 자신이 가장 소중하게 여기고 있는 곳을

보여 주었다.

　그것은 집 옆에 위치한 온실이었다. 이 온실은 그녀의 유일한 자랑거리였으며 즐거움이었다. 부인은 이 온실에 있는 화초들을 손질하면서 시간을 보내곤 했다. 그녀는 아주 자랑스럽게 마지막 보물을 보여 주었는데 잘 손질된 제비꽃들이었다.

　대화를 나누면서 Erickson은 그녀가 무척 외롭다는 것을 알았다. 그전에는 독실한 기독교인으로 그 지역 교회에서 대단히 활동적이었으나 이제는 휠체어에 의지해서 고작 일요일에만 교회에 나갔다. 또한 움직임이 자유롭지 못했기 때문에 교회에서 자신이 할 일이 없다고 여기고 있었다.

　이야기를 들은 Erickson은 우울증이 정말 심각한 문제라고는 생각하지 않는다고 말했다. 그가 보기에 이 부인은 독실한 기독교인이 되지 못하는 괴로움이 문제였다. 이 설명에 부인은 당황했고 얼굴이 굳어지기 시작했다.

　Erickson은 보충 설명을 했다. "당신은 부유하고 시간도 있으며, 아름다운 화초도 있습니다. 그리고 그 좋은 꽃들을 그냥 낭비하셨어요. 제가 말씀드리고 싶은 것은 가장 최근에 나오는 교회 소식지를 잘 살펴보세요.

　누구네 집에 아이가 태어났고, 누가 병들고, 누가 졸업하고, 약혼, 결혼, 장례, 모든 길흉사가 거기에 쓰여 있을 것입니다. 잘 다듬어진 제비꽃 다발을 만들고 예쁘게 포장하세요. 그리고는 그 꽃들을 길흉사가 있는 집에 선물로 보내세요. 그러면 상황이 좋아질 것입니다."

　이 말을 들은 부인은 기독교인으로서 책임감을 다하지 못한 것에 대한 죄책감으로 괴로워했다는 것을 인정했고, 해답을 찾았다고 대답했다. 10년 후 Milwaukee 지방신문에 다음과 같은 제목이 있는 신문 기사가 크게 났다. "제비꽃 여왕 운명하시다. 수천 명이 애도함." 이 제목이 그 후 이 부인이 죽을 때까지 지역사회에 봉사한 삶의 모습을 말해 주고 있다(Gordon & Myers-Anderson, 1981: 124-125).

　의사소통의 방식에서 남녀의 차이가 있다는 것은 분명하다. 문제는 이러한 차이를 어떻게 할 것인가에 달려 있다. 상담자는 '차이가 클수록 서로를 연결하는 유사점도 커진다.'라는 신념을 가져야 한다. 일단 차이를 인정하고 존중한다면, 실수를 막고 매끄러운 의사소통이 가능할 것이다.

　남성 내담자들을 상담하는 경우 해결 중심의 상담, '남성 개개인의 문화적인 적합성을 구성하는 기능에 상담자가 맞추어 가는 접근, 의미 있는 타인을 도와주기 위해 무엇을 할 것인지로 목표를 설정하는 접근'들이 도움이 될 수 있다.

　상담을 못마땅하게 여기거나 거부하는 남성들은 상담자나 배우자의 모순되는 점을 놓치지 않고, 무의식적으로 실제적인 변화를 막는 데 필요하다면 무엇이든 할 것이다. 이들은 의미 있는 타인들과의 갈등을 유발한다. Erickson은 이러한 갈등이 있을 때, 한쪽으로 치우치지 않고 수용하는 접근을 다음과 같이 설명한다.

내가 접근하는 한 가지 방법은 여성의 약점을 지적하는 남성이 의기양양하게 미소를 짓고 있는 동안 위축된 그녀에게 질문하는 것이다. "좀 더 자세하게 문제를 설명해 주시겠어요? 전 남자여서 여성인 당신이 말하는 섬세한 부분을 정말 이해하기 힘드네요." 이제 그녀는 어떻게 대처할까?

그녀는 일반적으로 당장 민감하지 못한 남자들과의 차별화를 시도한다. 남성 내담자는 내가 자신과의 유사점을 강조하면, 자신을 진정으로 이해한다고 인식하기 때문에 나와 합류하게 된다. 또한 여성 내담자는 자신의 설명에 민감하게 반응하는 상담자를 합류시킨다(Haley, 1973: 286).

내담자들이 사회규범을 따르지 않을 때, 상담자가 개인적인 책임을 강조하는 문화의 주류에 따라 판단하고 부적응적인 행동을 통제하는 데 주력한다면, 부정적인 자아상을 갖게 하는 요인이 된다.

상담자는 차별을 고착화시키는 정치 · 경제적인 경향성을 인식하고 공유함으로써 자기 패배적인 사고에서 벗어나도록 도울 수 있다. Erickson은 문제해결을 위해서 개인 내적인 변화뿐만 아니라, 내담자들을 둘러싼 환경 체계를 변화시키는 방식을 지속적으로 추구했다.

내담자들이 얼마나 자신의 사고와 감정에 의존한다는 것을 이해한다면, 상담자가 첫 번째로 해야 할 일은 그들의 사고와 감정을 변화시키려고 애쓰지 말아야 한다는 것을 깨닫는 것이다. 오히려 상담자는 그들의 경직된 사고 · 감정 · 행동 패턴을 따라가고 이해하면서 점차적으로 그들 스스로 변화시킬 수 있는 상황을 만들어야 한다(Erickson & Zeig, 1977: 1).

문제패턴은 개인적인 요인 외에 가족이나 사회 등의 체계적인 요인까지 관여되어 있다면 훨씬 복잡하고 어려워진다. 바꿔 말하면, 문제패턴을 이해하고 개입할 때 맥락의 중요성을 간과하면 안 된다. 만약, 맥락을 간과한다면, 문제패턴 인식이나 예측, 개입과정에 오류가 발생할 가능성이 증가하게 된다.

대부분의 내담자들은 문제가 자신이나 타인 밖에 있다는 개념을 받아들인다. 이어서 문제에 가려 지금까지 보지 못했던 더 건강한 자신의 모습이 존재한다는 것을 인정하고, 그런 부분들을 드러내기 시작한다.

내담자들이 상담 초기에 경직되게 반응하는 중요한 요인 중에 하나는 지각된 목표에서의 모순 때문이고, 상담이 개인적인 욕구 충족과 일치될 수 있다는 사실에 의문을 가질 수 있다. 하지만 상담자가 가치 판단을 하지 않고 이러한 불일치의 경험을 수용할 수 있을 때, 좌절과 파생되는 분노를 줄일 수 있다.

많은 상담자는 또한 내담자의 방어를 무너뜨리는 것이 그들의 의무라고 믿는 것 같다. 그러나 이 서비스에 대한 대가를 치르기보다는 그들의 '유일한 임무는 분노와 내담자의 방어와 보호 기능의 강화'다.

대부분의 '관계에서 겪는 고통은 종종 한 사람 또는 두 사람 모두 다른 사람의 방어 전략을 없애려고 노력하는 직접적인 결과물'이다. 효과적인 접근 방식은 방어를 다루기 위해서는 방어를 지원하는 것이다.

방어를 지지하는 것은 신체적일 수 있다. 예를 들어, 내담자가 손에 얼굴을 숨기고 울고 있다면, 상담자는 파트너에게 그녀의 얼굴을 숨기는 것을 도와주라고 요청할 수도 있다. 이것은 물리적으로 방어를 지지하는 예다.

상담자가 내담자의 방어를 제거하려고 시도하는 대신 내담자의 방어를 지원할 수 있는 상황을 만들 수 있다면 예상하지 못한 놀라운 변화가 발생할 수 있다. 따라서 상담자는 내담자의 행동을 면밀하게 관찰해서 활용한다.

치료의 종료 단계는 '긍정적인 변화가 안정화되기 시작하고 내담자의 파괴적인 패턴이 강도와 빈도 모두 감소했을 때 시작된다.' 대인관계에서 친밀감이 향상되고, 파트너 모두 지속적으로 용인할 수 있다. 이 시점에서 이미 변경된 사항을 검토하고 계속 통합하는 것이 중요하다.

앞에서 언급한 것과 같이 통합 기법은 내담자들이 새로운 상호작용 패턴을 더욱 안정시키기 위해 배운 것을 적용할 수 있다. 상담자와 내담자들은 어려움을 겪을 수 있는 가능한 상황에 대해 토론하고 이러한 경우에 유용할 수 있는 기대를 검토할 수 있다. '종료 단계에서는 강점과 자원을 강화하는 것뿐만 아니라 친밀감을 어떻게 심화시킬 수 있는지 더 탐구하는 것도 중요하다.'

요약하자면, 즉각적인 경험을 통해 상담자와 내담자 모두에게 핵심 재료에 더 쉽게 접근할 수 있는 기회를 제공한다. 그러나 이러한 개입에 관여하기 전에 이러한 기술의 힘 때문에 상호작용의 정신 내적 측면과 체계적 측면을 정확하게 평가하는 데 시간을 보내는 것이 중요하다.

'욕구와 두려움은 자신을 보호하는 매우 자연스러운 에너지'이다. 그러나 저항 이면에 치유되고자 하는 강력한 무의식적인 욕구가 존재한다는 것을 이해한다면, 상담자는 어떤 내담자에게서도 자신이나 내담자들의 의식적인 한계에 도전하는 새로운 가능성을 볼 수 있을 것이다(Rosen, 1982: 25).

Erickson은 내담자들이 경직된 틀에서 벗어날 수 있도록 그들의 무의식이 의식과 분리되는 개입을 시도했다. 이를 통해서 그는 그들과 무의식 수준에서의 의사소통이 가능해지고 문제해결과 관련된 그들의 내면에 표현되어질 가치가 있는 잠재된 자원들이 흘러나오며 문제해결에도 동원될 수 있다고 확신했다(Dolan, 2000: 2).

경험적인 개입의 가능성이 많지만, 트랜스 상태는 다른 경험적 접근법과 함께 사용될 수 있다. 상담자가 의뢰인의 방어와 관련하여 자신을 어떻게 위치시키는지 또한 심리치료의 성공과 실패의 차이를 나타낼 수 있다.

신경생리적 관점에서 병리적 스트레스 반응은 자율 신경계의 혼란과 매우 밀접한 상관이 있다. 특히 정신적 외상, 즉 트라우마는 자율 신경계 기능의 장애와 매우 밀접한 상관이 있다. 따라서 트라우마 치료의 주된 목표 중에 하나는 자율 신경계 기능을w 회복시키는 것이다.

밀턴 에릭슨의 상담이론과 실제

8장

호흡에
집중

지난 수십 년 동안 정신의학계에서는 약물을 이용해서 감정을 느끼는 방식을 바꾸거나 통제하는 데 초점을 맞춰 왔다. 그리고 그러한 접근은 과잉 흥분 상태를 해결할 수 있는 방법이다.

정신 질환은 1차적으로 뇌의 화학적인 불균형에서 비롯된다. 그러므로 특정한 약물로 비정상적인 뇌를 바로 잡을 수 있다는 이론은 의료계 전문가들은 물론 언론 매체와 일반 대중에게까지 널리 수용되었다.

그러나 약물로는 자기 조절이 가진 장기적인 효과를 확인할 수 없다. 감정과 행동 조절에는 도움이 될 수 있지만, 반드시 그에 대한 대가가 따른다. '약물의 효과는 곧 참여, 동기 부여, 고통, 기쁨을 조절하는 신체의 화학적 시스템을 차단'해 버리기 때문이다(van der Kolk, 2014: 226).

하지만 인간에게는 냉정하고 침착한 상태를 유지할 수 있는 수많은 기능이 내재되어 있다. 모든 정보는 신체에서 뇌를 향해 전달된다. 무의식적으로 기능하는 자율 신경계가 균형을 유지하려면 호흡의 도움을 받아야 한다. 호흡은 가장 기본적이고 강력하게 트랜스 상태로 이끄는 방법이다.

호흡은 생명을 유지하는 핵심적 신체 기능이다. 이에 따라 예로부터 동서양을 막론하고 심신의 건강을 유지하기 위한 여러 가지 호흡법들이 등장했다. 호흡을 어떻게 하느냐에 따라 산소 수치와 심박수, 혈압 등이 달라지는가 하면, 심신 상태에 따라 호흡의 양과 질도 달라진다. 일반적으로 들숨은 심박수를 증가시키는 반면 날숨은 심박수를 감소시키는 효과가 있다.

1. 호흡에 주의를 기울이기

호흡은 신체의 지혜를 완벽하게 표현한다. 호흡의 道(도)는 태어날 때부터 존재하며, 첫 숨을 쉬고 평생 동안 일정하게 유지된다. 우리는 숨 쉬는 법을 알고 있고, 문제가 되지 않는 한 거의 생각하지 않는다.

호흡은 삶의 여러 측면과 큰 관련이 있다. 호흡은 '氣(기)'라고 알려진 에너지와 연결되어 있다. 氣라는 단어는 그리스어 pneuma와 산스크리트어 prana에서 발견되는 개념에 해당하며, 특히 활력을 의미한다.

호흡은 에너지와 연결되어 있으며, 에너지는 느낌과 연결되어 있다. 따라서 호흡은 감정과 직접적으로 연관되어 있다. 강한 느낌을 받으면 호흡이 변하고, 빠른 속도로 전개된다. 그리고 긴장을 풀 때 호흡은 느려진다. '호흡, 에너지, 감정 사이의 긴밀한 상호작용 때문에 호흡은 현재의 느낌에 영향을 미친다.'

> 내담자들이 평온하게 호흡하고 신체가 대체로 이완 상태를 유지하도록 만드는 법을 배우는 일은 대단히 중요하다. 심지어 고통스럽고 두려운 기억에 접근하는 순간에도 편안한 상태를 유지하기 위하여 호흡하는 방법은 회복을 위해 반드시 터득해야 할 기술이다 (Brown & Gerbarg, 2005: 711-712).

지금 느끼기 위해서는 우선 멈춰야 한다. 삶에 맞서 긴장하는 것을 멈추면, 지금 이 순간의 삶에 깨어 있게 된다. 아주 '잠깐만이라도 익숙한 판단과 악순환을 멈출 때, 문제 뒤에 숨어 있는 무의식적인 신념과 감정을 깨달을 수 있고,' 이런 통찰은 더 합리적인 선택을 할 수 있게 돕는다. 상담 중에 짜증을 내거나 불편해 하는 내담자에게 상담자는 다음과 같이 개입한다.

호흡에 집중해 보세요. …… 짜증나거나 불편한 느낌은 실제로 숨을 쉬어야 한다는 것을 상기시켜 줍니다. …… 호흡은 약간의 휴식을 만들어 내며, 짜증이나 불편에 대해 다시 생각해 볼 수 있는 개인적인 일시 정지 버튼이 될 수 있습니다.

(짜증나게 하는 원인을 말한다.) 몸은 긴장되어 있습니까? …… 불쾌한 내면의 갈등을 느끼고 있습니까? …… 하지만 지금 잠시 멈추고, 주목하고, 호흡으로 돌아가면, 편안하게 지내기 좋은 상태로 변형시킬 수 있습니다. 자극은 정당화될 수 있지만, 심장박동수가 자연적으로 상승하기 때문에 여전히 파괴적입니다. (긴 휴식)

이 방아쇠를 이용해서 자신의 원래 고유한 호흡과 몸으로 돌아오라는 신호를 보내십시오. 보통 우리는 즉시 변화를 일으키거나, 아니면 고통으로부터 벗어나고 싶어 합니다. 이 순간을 이용해서 잠시 멈추고, 호흡에 주의를 기울입니다

지금의 상황을 관리가 가능하게 만듭니다. 아주 작은 변화를 만들어 봅니다. …… 기분이 좋아지나요? …… 간단히 말해서, 지금 이 자극과 불편은 잠시 멈추고 숨을 쉴 때라고 말하는 긍정적인 암시의 역할을 합니다(Reeds, 2015: p, 43).

우리가 숨을 내쉴 때 우리의 뇌는 심장박동을 늦추라는 신호를 미주신경을 따라 밑으로 내려보낸다. 그러다가 숨을 들이쉬면 심장박동을 늦추라는 신호가 약해지면서 심장박동이 다시 빨라진다.

　　내담자들이 흥분된 상태에 있으면 들숨은 약간 짧게, 날숨은 많이 길게 쉬도록 하면서 호흡을 통해 자율 신경계(Autonomic Nervous System: ANS)를 조절한다. 또한 호흡에 초점을 맞추는 개입은 내담자들을 자연스럽게 트랜스 상태로 이끈다.

　　위기 상황에서는 자율 신경계의 하나인 교감 신경계(Sympathetic Nervous System: SNS: 갑작스런 환경 변화에 대응할 수 있도록 심장 박동, 혈압, 호흡 속도가 증가됨.)가 내담자들의 신체가 싸우거나 도망치거나 얼어붙도록 대비시킨다.

　　반면, 위기 상황이 아닐 때는 자율 신경계의 또 다른 하나인 부교감 신경계(Parasympathetic Nervous System: PNS, 예: 휴식 및 소화 모드)가 내담자들의 신체가 휴식을 취하고 음식물을 소화하도록 해 준다. 교감 신경계와 부교감 신경계라는 두 가지 신경계가 함께 작동하면서 내담자들은 균형 잡힌 상태에 있게 된다.

　　신경계의 두 가지 측면은 안전하고 건강한 삶을 사는 데 필수적이다. 교감 신경계는 실제 또는 인지된 스트레스의 시기에 활성화된다. 급성 스트레스의 시기에는 생존에 필수적이지만 스트레스가 만성화되면 이 반응은 실제로 득보다 실이 더 많을 수 있다. 지나치게 활동적인 교감 신경계는 다음 날 해야 할 일에 대해 생각하고, 걱정하며, 매우 피곤해도 긴장을 풀 수 없는 것처럼 몸의 긴장감을 느낀다.

　　'호흡은 신경계에 중대한 영향을 미치며, 의식적으로 제어하면 활력을 불어넣거나 이완시키는 효과'를 가질 수 있다. 또한 몸과 마음에 진정과 이완 효과가 있기 때문에 수용성과 중심감을 가져온다. 이 상태에서 내담자는 내면의 더 깊은 지혜에 접근할 수 있으며 창의력과 치유가 촉진된다.

　　깊고 유익한 호흡을 제공하는 호흡 유형을 횡격막 호흡이라고 한다. 그 자체로 몸과 마음을 평온하고 중심적인 상태로 만드는 데 많은 이점이 있다. 횡격막은 갈비뼈 아래에 위치하여 부착된 돔 모양의 근육 시트다. 그 위에는 심장과 폐가 있고, 아래에는 복부 장기가 있으며, 두꺼운 힘줄로 척추에 붙어 있다.

　　흡입 시 갈비뼈가 공기로 채워지면 횡격막이 수축하고 아래로 이동하여 복부를 바깥쪽으로 밀어낸다. 숨을 내쉴 때 횡격막이 이완되고 다시 위로 올라가 폐에서 공기를 밀어내면, 결과적으로 배가 약간 움직인다.

　　이러한 '호흡은 마음을 집중시켜 집중력을 발달시키고, 부교감 신경계를 활성화하여 평온과 평화를 만들어 스트레스와 불안을 제거하고, 교감 신경계(싸움 또는 도주) 반응을 낮추어 면역체계를 강화'한다.

　　심호흡을 하는 것은 우리의 감정을 인식하는 데 도움이 된다. 이것은 적극적인 호흡의 힘

(자발적으로 흡입하고 우리의 호흡 리듬을 제어하기 위해 내쉬는)이 알려져 역사를 통해 사용되었다. 매우 급박한 상황에서도 느리고 깊은 호흡은 심박수를 줄이고 부교감(진정) 신경계를 활성화하여 진정시킬 수 있다.

트랜스 상태로 들어가거나 끝날 무렵 **"몇 번 천천히 심호흡을 하고 부드럽게 숨을 내쉬면서 몸이 긴장을 풀 수 있도록 하세요."**라는 언급을 한다. 이것은 심박수를 늦추기 위한 간단한 제안 사항이다.

하지만 우리가 깨닫지 못하는 것은 이 느리고 깊은 호흡이 우리의 미주신경(심장, 폐, 부신, 소화기관 등의 무의식적인 운동을 조절하는 자율 신경계의 부교감 신경의 중요한 구성요소)을 자극하고 있다는 것인데, 이것은 미주신경이 차분한 상태에 있다는 것을 신체에 알리는 것이다.

미주신경은 부교감 신경계의 정보를 전달하는 고속도로와 같다. 미주신경은 뇌의 감정 중심과 심장, 폐, 위와 같은 장기 사이에 신호, 즉 신경전달 물질을 전달한다. 이 신호는 특정 기관이 안전하거나 사회적인 싸움과 도주 또는 동결의 세 가지 상태에 반응하고 기능하도록 지시한다. 예를 들어, 심호흡은 심박수를 늦출 수 있다. 마찬가지로 '미주신경은 안전의 신호를 인식하고 그 정보를 신체의 일부에 보내면서 불안이나 위협에서 발생하는 위험을 방어' 하도록 이끌 수 있다.

Porges는 미주신경의 톤(즉, 활동)이 우리의 복지에 직접적으로 영향을 미치는 방법을 이해한다고 말한다. **"안전 신호를 포착하지 않는 한 신체는 최적으로 기능할 수 없다."** 특히 호흡을 사용하여 작업하면, 교감(뇌간의 반응을 자극하는 ANS의 다른 지점)과 부교감 신경계 사이의 의사소통을 조절하는 데 도움이 된다.

사회적 상호작용에서 우리는 행동, 즉 우리 자신과 상호작용하는 사람 모두에 초점을 맞추는 경향이 있다. 그러나 Porges의 이론(2011)은 사교성이 자발적인 행동뿐만 아니라 신경생물학에 뿌리를 두고 있다는 것을 암시한다.

미주신경은 사랑스럽고 배려심이 많은 상호작용이든, 두려움과 불안이 수반되는 상호작용이든, 주변 사람들에게 어떻게 반응하는지에 관여한다. 미주신경이 어떻게 반응할 것인가는 그것이 활성화되든 비활성화되든, 특정한 상황이 요구하는 것에 따라 무의식적으로 선택한다. 예를 들어, Porges는 아이의 얼굴을 진정시키는 촉감, 진정시키는 목소리, 즉 미주신경을 활성화시키는 엄마의 역할, 그리고 그 결과 발생하는 침착한 상태가 아이의 몸이 어떻게 조절하고 필요하다면 치유할 수 있게 하는지를 보여 준다. **'위협적인 자극을 최소화하면 침착해지고 더 현재에 집중하게 된다. 몸은 신경생리학적 차원에서 문제를 해결하고 내장의 기**

능을 최적화할 수 있다.'

과학자들은 호흡이 기억과 정서적 처리를 담당하는 뇌 영역(해마)에 미치는 영향을 실험했다. 일련의 실험을 통해서 연구자들은 '호흡이 후각 냄새 피질에서 전기 뇌 신호를 조정하는 데 중추적인 역할'을 한다는 것을 발견했다. 즉, 호흡은 후각에서 직접 입력을 받는 뇌 영역에서 편도체(감정을 처리하는 부분) 및 해마(기억과 감정 모두에 대한 책임 부분)를 조정하는 역할을 한다.

연구는 냄새 시스템이 감정, 기억 및 행동에 영향을 미치는 변연계의 뇌 영역과 밀접하게 연결되어 있으며, 때로는 냄새가 없는 경우에도 호흡 자체가 우리의 감정과 기억에 영향을 미칠 수 있음을 보여 준다.

미국 Stanford 의대 연구진이 들숨과 날숨의 시간과 강도에 따라 인체 생리와 심리 상태에 어떤 영향을 미치는지 연구한 결과, 어떤 호흡법이든 효과는 있다는 것이다. 연구진은 108명의 실험 참가자를 모집한 뒤, 4가지 집단으로 나눠 각각 다른 호흡법을 배정하고 하루에 5분씩 한 달 동안 서로 다른 호흡법을 하도록 했다.

첫째는 날숨을 길게 내쉬는 주기적 한숨, 둘째는 숨을 들이마셨다가 잠시 숨을 멈춘 뒤 내쉬는 박스호흡, 셋째는 숨을 길게 들이마신 뒤 짧게 내쉬는 주기적 과호흡이다. 마지막 넷째는 명상이다.

명상은 눈을 감고 두 눈 사이의 이마 부위에 정신을 집중하면서 자연스럽게 호흡하는 걸 말한다. 연구진은 이와 함께 실험 기간 중 이들에게 기분과 불안 정도, 호흡 및 심박수 등의 활력 징후, 수면에 대한 일지를 작성하도록 했다.

분석 결과 스트레스를 푸는 데 가장 큰 효과를 낸 것은 '주기적 한숨 호흡법'으로 나타났다. 연구진은 "심박수를 줄여 주는 효과가 있는 날숨을 길게 유지한 것이 몸과 마음을 진정시킨 것으로 보인다."라고 밝혔다.

연구진에 따르면 박스 호흡은 군인처럼 스트레스가 많은 상황에서 침착함을 유지하는데, 주기적 과호흡은 '불안과 공황 장애'를 완화하는 데 효과가 있다는 연구가 발표된 바 있다. 연구진은 "명상도 장기적으로 교감신경의 긴장도를 완화해 줄 수 있지만 그 효과가 나타나는 데는 시간이 더 오래 걸리는 경향이 있다."고 밝혔다.

또 호흡 방식과 상관없이 호흡 운동 참가자들의 90%가 긍정적 효과를 보고했다. 명상보다는 세 가지 호흡법 참가자들의 스트레스 감소 효과가 더 컸으며 호흡 연습량이 늘어날수록 효과도 커졌다.

호흡은 기억과 정서적 처리 센터와 통신하는 전기 신호에 직접적인 영향을 미치는 뇌의 원격 제어와 같다. 이러한 사실은 호흡이 우리의 두뇌를 위한 원격 통제 장치와 유사하다는 것을 말한다. 코를 통해 호흡함으로써 간접적으로 기억과 감정적인 두뇌 센터(편도체)를 통제하는 데 직접 영향을 미친다.

그래서 코를 통한 호흡은 뇌의 신호를 제어하고 향상된 감정 및 메모리 처리로 이어질 수 있다. '느리고 꾸준한 호흡은 신경계의 진정 부분을 활성화하고 심박수를 느리게 하여 불안과 스트레스의 감정을 줄인다.'

호흡이 특히 우리의 인식을 바꾸는 동안, 심호흡의 행위는 더 진정하고 싶을 때 우리의 신경계에 유익하다. 사실 '호흡은 비판단적인 방식으로 관찰함으로써, 특별한 상태에 도착하도록 강요하지 않고, 마음과 몸을 더 명확하게 느낄 수 있다.'

이것은 차례로 통찰력의 경로를 원활하게 한다. 호흡은 감정을 조절할 수 있을 만큼 충분히 강력하다. '호흡에는 관점을 바꿀 수 있는 힘'이 있다. 호흡을 늦추거나 호흡을 세는 것과 같은 간단한 행동으로도 기분이 진정된다.

호흡은 더 인식하는 것으로 이동할 수 있다. 이러한 인식을 개발하는 가장 빠른 방법은 낮은 복부에 손을 배치하는 것이다. 그런 다음 신체의 다른 부분으로 체크인한다. "몸의 어디에서 통증이나 긴장을 느끼나? 몸의 온도에 변화가 있는가?"

몸에서 무슨 일이 일어나고 있는지 느끼지 않더라도, 주위의 변화는 외부 스트레스에 반응하는 접근 방식에 영향을 미칠 수 있다. 호흡은 불안하거나 스트레스를 받을 때 조절력을 얻는 탁월한 방법이다.

"여러분은 복식 호흡을 연습할 수 있습니다. 한 손을 배에 놓고 다른 한 손을 가슴에 올리세요. 숨을 들이쉬고, 배를 공기로 채우고, 손을 내밀고, 숨을 들이 쉬고 다른 손을 밀어냅니다. 그리고 마침내 천천히 숨을 내쉽니다."

의도적인 호흡을 연습하기 위해서는 우선 부드럽게 호흡에 주의를 집중한다. 들어오는 숨을 알아차리지만, 어떤 식으로든 호흡을 변경하려고 하지 않는다. 이 때문에 다른 어떤 기대를 하는 것이 없이, 단지 순간에 호흡하는 것을 인식하는 것으로 내담자를 트랜스 상태로 이끈다.

이러한 집중은 현재 순간에 세심한 주의를 기울이는 것을 포함하여, 특히 우리의 생각, 감각, 감정에서 무슨 일이 일어나고 있는지를 인식하는 것이다. '의도적인 호흡은 내담자에게 제어의 더 큰 감각을 줄 수 있다.' 자기인식의 증가는 차분함, 평안, 행복 등 스트레스가 많은 상황에 더 큰 탄력성을 줄 수 있다.

대부분 우리는 숨쉬는 것에 전혀 주의를 기울이지 않는다. 전문가들은 우리의 숨이 어떻게 몸이 스트레스를 풀도록 하는지에 대해 공유한다. 특히 최근에는 전 세계가 감정적인 한숨을 내쉬고 있는 것처럼 느껴진다.

코로나19에 지친, 기후에 불안하고 전쟁에 시달리는 한숨이다. 하지만 한숨은 정말로 숨을 내쉬는 것, 숨을 쉬는 동반자일 뿐이다. Ni-Cheng Liang은 "우리가 숨을 들이마실 때, 그것은 매우 적극적인 과정이다."라고 말한다. "우리가 들이마신 숨을 들이쉬기 위해서는 실제로 횡격막이 스스로 아래로 내려앉아 평평해져야 한다."

반면에 이 날숨은 훨씬 더 수동적이고, 결과적으로 그만큼의 관심을 받지 못한다고 Liang은 말한다. 하지만 중요한 것은, "우리는 실제로 숨을 내쉬는 것을 제어하고, 우리 자신의 생리학을 활용하여 우리가 남은 숨을 모두 내쉬는 것을 도울 수 있다는 것이다."라고 그는 설명한다.

다시 말해서 우리가 숨을 깊게 내쉬어야만 깊이 숨을 들이마실 수 있다. 숨을 내쉬는 것이 정말 중요하다. 날숨은 '불안이나 스트레스 또는 걱정에 대한 우리의 생각을 연결하고 그 감정들을 안에 가두는 대신 변화할 수 있는 공간을 제공'하기 위한 목적으로 숨 속에서 진정하게 만들 수 있다.

Jasmine Marie는 Black Girls Breathing의 창립자로, 호흡 작업과 공동체를 통해 흑인 여성들이 정신건강을 관리할 수 있는 안전한 공간을 만드는 것을 목표로 한다. 그녀는 종종 그녀가 가르치는 호흡의 일부로, 강한 날숨, '강제적인 한숨'을 포함한다. 한숨은 우리가 다른 사람들에게 무언가가 잘못되고 있거나 혹은 잘못되었다는 것을 전달하는 방법이라고 그녀는 말한다.

그러한 감정들을 더 이상 우리에게 긍정적으로 기여하지 않는 것들을 풀어 줄 기회가 아니라, '변화시킬 수 있는 여지를 줄 목적으로 그들의 숨결을 진정하게 만들 수 있는 기회'라고 그녀는 말한다.

Black Girls Breathing의 핵심적인 부분은 "개인적인 트라우마, 집단적 트라우마, 세대적 트라우마…… 트라우마를 해결하는 것"이다. 트라우마를 처리하기 위해 호흡을 사용하는 것은 우리의 옷장을 청소하는 것과 같다.

우리는 들어가서 많은 것을 제거하지만, 다음 번에 들어갈 때 우리는 여전히 제거해야 할 것이 더 많다는 것을 발견한다. "이것은 마치 이것이 과정이라는 것을 끊임없이 상기시키는 것과 같다. 호흡은 우리가 삶의 어려운 것들을 헤쳐 나갈 수 있도록 도와주는 도구다."라고 그녀는 말한다.

하지만, 스트레스나 불안함 속에서 우리의 몸은 도움이 되는 것과 반대의 역할을 한다. 깊고 느린 호흡 대신에 우리의 호흡은 빨라지고, 더 얕아지는 것은 우리가 선택할 수 있는 것이 싸움을 하거나 도주하는 것일 때 단기적으로 도움이 된다.

이것은 우리 문 앞에 호랑이가 있었을 때는 도움이 될 수 있다. 하지만, 우리의 stress가 밀린 작업 프로젝트로 인해 발생할 수 있는 장기간의 문제인 경우, 도움이 될 수 없다.

과학 저널리스트이자 『Breath』라는 책의 저자인 James Nestor는 호흡은 우리 대부분(호흡 과학 전문가들 포함)이 무언가 문제가 생기기 전까지는 정말로 생각하지 않는 것들 중 하나라고 말한다.

> 호흡이 우리에게 좋은 방법이든 나쁜 방법이든 간에 어떻게 영향을 미치는지를 증명할 수 있다는 것은 나에게 충격적이다. 여러분은 건강한 방법으로 호흡을 시작한 첫 몇 초 동안 그것을 느낄 수 있고, 여러분은 호흡을 바꾸고 그들의 건강을 극적으로 개선한 사람들에 대한 연구에서 그것을 볼 수 있다(Nestor, 2020).

우리 뇌의 움직임과 촉각 영역이 보내는 의사소통 사이의 이러한 관계는 우리가 어떻게 숨을 쉬는지, 숨을 들이쉬고 내쉬는 때를 자동적으로 알게 한다. 지속적으로 숨이 차는 사람들은 이 피질 회로들 사이에 비정상적인 의사소통을 할 수 있다. 예를 들어, 운동 중에 CO_2 수치가 빠르게 상승하는 경우와 같이 촉각 영역의 움직임이 활발해지면 호흡 속도가 증가하지만 곧 안정감을 찾는다. 반대로, 만약 움직임 영역이 천식이 있는 사람이나 만성적인 불안감이 있는 사람들과 같이 CO_2의 작은 변동에 너무 민감하다면, 과호흡을 유발할 수 있다.

이러한 피질 회로 내에서 정상적인 의사소통을 하는 사람들조차도, 우리가 스트레스를 받을 때 편도체와 같이, 우리의 전투나 도피 반응에 훨씬 더 오래되거나 더 관여하는 뇌의 부분들이 온라인 상태가 된다는 것을 발견할 수 있다. 그래서 상당히 효과적으로 의사소통을 해 왔던 두 영역이 갑자기 편도체에 의해 방해를 받게 된다.

바로 여기에서 마음챙김이 이루어진다. 이것은 우리의 몸이 스트레스에 자동적으로 반응하는 때를 알아차리게 해 주고, 잠시 멈추고 자신의 반응을 선택할 수 있는 기회를 준다. 간단히 말해서, 우리는 스트레스 반응을 우회하거나 단축하기 위해 우리의 뇌를 해킹할 수 있다.

폐와 미주신경 사이에는 독특한 연결고리가 있는데, 바로 부교감 신경계를 담당하고 있다. 우리가 호흡에 주의를 기울일 때, 우리가 숨을 더 깊게 들이마시고 내쉬는 숨을 내쉴 때, 이 휴식과 소화의 체계는 우리의 투쟁 혹은 도피 체계를 무시하고 스트레스 방어를 준비하는 신체의 일부에 메시지를 전달한다.

Liang은 "당신은 생리학을 이용해 숨을 들이마시는 것보다 2~4배 더 길게 내쉬고, 마치 생일 촛불을 끄듯이 오므린 입술을 통해 숨을 내쉰다. 그것은 실제로 당신이 숨을 내쉬는 것을 더 포괄적인 방법으로 스스로 완성할 수 있도록 더 오랫동안 기도를 여는 것을 도울 수 있다."라고 설명한다.

만약 우리가 더 큰 숨을 들이마실 수 있기를 원한다면, 완전히 숨을 내쉬어야 한다. Herero-Rubio는 "오랜 시간 명상을 수행하는 사람들의 호흡 패턴이 다른 사람들과 매우 다르다. 호흡 속도가 훨씬 낮고, 날숨이 더 뚜렷하며, 숨을 내쉬는 시간이 더 많기 때문에 들숨/날숨 비율이 훨씬 낮다."라고 말한다.

더 이상 원하지 않는 것을 쫓아내기 위해 숨을 내쉬는 것으로, 우리는 새로운 것을 더 잘 맞이할 수 있다. 호흡이 만병통치약은 아니다. 하지만 규칙적인 연습이 스트레스와 불안을 더 잘 해결하도록 도와줄 것이다.

마음의 호흡에는 호흡이 포함될 수 있고, 호흡에는 마음챙김이 포함될 수 있지만 이 두 가지가 동일하지는 않다. 호흡은 보통 불안의 감소와 같은 원하는 목표를 달성하기 위해 자발적으로 호흡을 조절하는 것을 말한다.

반면, 마음챙김 호흡은 마음챙김을 적용하는 모든 유형의 호흡으로, 호흡을 바꾸려고 하지 않고 단순히 호흡을 알아차렸을 때를 포함한다. Jasmine Marie의 표현에 따르면, 우리의 '호흡을 더 이상 원하지 않는 것을 배출하기 위해 사용함으로써, 새로운 것을 받아들일 수 있다.' 한숨은 결국 이야기가 첨부된 숨을 내쉬는 것이다. 그것을 쫓아냄으로써, 우리는 새로운 것을 위한 공간을 만든다.

명상을 훈련할 때 가장 먼저 배워야 하는 것은 호흡에 주의를 기울이는 것이다. 하지만 이것이 그렇게 쉬운 것은 아니다. 보통은 여러 가지 생각으로 정신이 산만해지고 한 번의 호흡에도 주의를 기울이는 데 많은 어려움을 경험한다.

관심이 가는 곳이면 어디든 뇌가 따라간다. 그리고 이것은 무엇을 의미하는가? 그것은 우리가 주의를 기울이는 것에 인생의 순간을 구성하고 실제로 우리 삶의 경험을 구성한다는 것을 의미한다.

그러나 지금 느끼기 위해서는 우선 멈춰야 한다. 삶에 맞서 긴장하는 것을 멈추면, 지금 이 순간의 삶에 깨어 있게 된다. 아주 '잠깐만이라도 익숙한 판단과 악순환을 멈출 때, 문제 뒤에 숨어 있는 무의식적인 신념과 감정을 깨달을 수 있고,' 이런 통찰은 더 합리적인 선택을 할 수 있게 돕는다.

트랜스는 단순한 개념이 아니라 인식 훈련 도구다. 이를 보다 완전하게 이해하려면 인식

훈련을 만드는 운동이 무엇인지를 이해해야 한다. 모든 트랜스 프로그램에서 볼 수 있는 매우 일반적이고 '기초적인 연습 하나는 호흡에 집중하고 호흡과 관련된 감각을 조정'하는 것이다.

먼저 눈을 감거나 아니면 눈꺼풀에 힘을 빼고 눈을 가늘게 뜬 상태로 호흡에 주의를 집중한다. 그리고 특정 감각지각이 일어나면 이를 알아차리고, 다시 호흡에 주의를 집중한다. 또한 마음속에서 연상이나 상상, 기억, 느낌, 사고, 욕구 등이 일어나면 이 역시 알아차리고 다시 호흡에 주의를 집중한다.

경험을 해 본 사람들은 알겠지만 호흡에 주의를 집중하는 일은 결코 쉬운 일이 아니다. 본디 마음 안에는 수도 없이 많은 의식과 무의식적 요소들이 존재하고, 이런 수많은 요소들이 무질서하면서 동시다발적으로 활성화되고 또 서로 영향을 주고받으면서 마음의 특정 요소가 의식의 전경에 나타났다가 다시 사라지는 매우 복잡한 역동을 만들어 낸다. 그리고 이런 역동 때문에 의지로 호흡에 주의를 집중하는 일은 결코 쉬운 일이 아니다. 오히려 집중이 잘 안되고 어려움을 느끼는 것이 훨씬 더 자연스런 현상이다.

주의가 호흡에 머무르지 않고 방황하는 마음에 휩쓸리는 일이 반복될 때도 역시 이를 알아차려 받아들이고 다시 호흡에 주의를 집중하면 된다. 그리고 주의를 통제하지 못하는 자신에게 실망하고 자책하는 현상이 일어날 수도 있다. 이런 현상이 일어날 때도 역시 알아차려 받아들이고 다시 호흡에 주의를 집중하면 된다.

치료적으로 가치 있는 점은 이 과정에서 분리 조망이 일어난다는 것이다. 증상이나 문제에 병리적으로 연합된 상태에서 벗어나 발생하는 있는 그대로의 현상들을 객관적으로 볼 수 있는 내적인 힘들이 생겨난다. 그리고 분리 조망이나 알아차림과 함께 지금-여기에 머무르기, 그리고 일어나는 있는 그대로의 현실과 자신의 반응들을 수용하기, 그리고 너그럽게 관용하기, 그리고 새로운 감탄하거나 음미하기 등이 발달하기 시작한다.

Erickson은 내담자들을 끈기 있게 기다리며 관찰하고, 그들의 움직임에 자신을 일치시켰다. 다음에 그들에게 보조를 맞추고 의미 없어 보이는 표현도 따라가면서 은유적인 의미를 이해하려고 노력했다.

하지만 Erickson은 은유의 의미를 이해하지 못해도 내담자들을 점차 현실 속으로 들어오게 도울 수 있었다. 그들을 따라가면서 기꺼이 기다리는 것이 궁극적인 변화를 가져오는 지름길이라는 것을 보여 준다.

Erickson이 전신마비로 누워 있는 동안 간호사들을 유심히 관찰하면서 그들의 어깨 움직임을 통해 호흡의 간격을 체크했다. 그는 간호사들의 호흡을 따라 했다. 한 간호사와 눈이 마주치면 그녀의 호흡 길이에 맞춰 숨을 쉬었고, 다른 간호사와의 만남에서도 역시 상대의 호흡과 같이했다.

그러면 방 안의 분위기가 바뀌었고 그들은 Erickson에게 예전에 비해 훨씬 친절해졌다. 이러한 경험은 후에 치료 장면에서도 호흡을 내담자와 일치시키면 보다 쉽게 관계가 형성된다는 것을 알게 되었다.

이러한 경험을 바탕으로 상담 장면에서도 그는 내담자들의 행동을 따라 했다. 상대가 턱을 괴면 따라서 턱을 괴고, 다리를 꼬면 역시 다리를 꼬았다. 그들의 이야기를 주의 깊게 들으면서 그들의 태도와 일치시키면 그들은 빠르게 자신들을 개방하기 때문에, 치료의 단서를 찾아낼 수 있었다(Keeney, 2006: 16).

호흡은 존재의 기본 패턴이므로 상담자의 호흡을 내담자의 호흡과 일치시키면, 그의 내면 세계와 완전한 조화를 이루면서 직관적으로 반응할 수 있을 뿐만 아니라 내담자를 트랜스 상태로 이끈다.

Erickson에게는 어떻게 생산적인 변화와 성장이 일어나는지를 사람들이 이해한다는 것은 그렇게 중요한 것이 아니었다. 오로지 변화가 발생했다는 사실이 중요했다. 그는 '의식적인 자각에 의한 심리적인 변화에 앞서 무의식적으로 행동의 변화가 발생'한다는 사실을 알았다(Erickson, 2006a: 3).

배를 부드럽게 하고, 어깨를 편하게 합니다. 호흡에 주의를 기울이며, 숨을 들이쉬고 내쉬는 직접적인 경험에 주의를 기울입니다. 몸의 감각, 즉 보다 큰 감각에서 얼얼하거나 맥박이 뛰는 더 미묘한 감각까지 알아차립니다.

그저 숨소리의 리듬에 마음을 가라앉히도록 합니다. 어떤 식으로든 그것을 통제하거나 형상화할 필요는 없습니다. 숨을 들이마시는 것의 시작, 중간, 그리고 끝을 알 수 있는지 봅니다. 각 숨을 내쉬는 순간의 시작, 중간, 끝에 주목합니다.

숨쉬는 자체를 그대로 놔둡니다. 그러면 숨을 내쉬는 마지막에 그 작은 틈을 알아차릴지도 모릅니다. 그리고 완전히 주의를 기울입니다. 그 틈새에서 무슨 일이 일어나는가요? 신체적 감각이 있었나요?

감정적인 반응이 있었나요? 불안해하거나 안도의 한숨을 내쉬는 자신을 발견합니까? 마음속에서 무슨 일이 일어납니까? 숨을 조절하고, 어떤 식으로든 미세하게 관찰해 보세요. 그냥 편하게 쉽니다.

호흡은 우리 삶의 축소판입니다. 오고 가고, 나타나고, 사라지는 것입니다. …… 호흡을 하면서 우리는 숨결이 우리를 숨쉬게 하는 것처럼 편안하게 느끼기 시작합니다. 호흡을 통제하는 것을 포기하고 그냥 호흡하십시오. 끊임없이 변화하는 것, 즉 오고 가는 것, 모든 경험의 시작과 끝으로 돌아가고 더욱 편안함을 느낄 수 있습니다.

간단한 호흡법 하나가 내담자의 삶을 바꿀 수 있다. 과학적인 평가 방식에 의해 호흡법이 바뀌면 분노, 우울증, 불안과 같은 문제가 개선될 수 있다는 사실이 입증되었고, 요가로 광범위한 의학적 문제에 긍정적인 영향을 줄 수 있다는 사실도 밝혀졌다(Lehrer, Sakaki, & Satio, 1999). 의도적인 호흡의 이점을 살펴보자.

① 통증 완화 제공
의도적인 호흡은 트랜스 상태와 함께 통증 강도의 수준 감소에 효과적일 수 있다. 내담자의 고통을 줄이고 화학요법보다는 더 적은 부작용이 있기 때문에 통증을 줄이는 데 더 효과적이다.

② 불안의 감소
의도적인 호흡은 부교감 신경계를 활성화시킨다. 이는 신체의 '휴식과 소화' 시스템인 부교감 신경계가 활성화되면 심박수와 혈압이 낮아지므로 그 과정에서 소진, 냉소, 정서적 피로 및 불안을 줄일 수 있다. 호흡 기술을 사용하는 것은 불안하거나 스트레스를 느낄 때 제어할 수 있는 훌륭한 방법이다.

③ 부정적인 사고의 감소
의도적인 호흡을 연습하는 것은 우울증을 가진 내담자들에게서 일반적일 수 있는 부정적인 자동 생각을 감소시킬 수 있다. 의도적인 호흡에 대한 훈련은 더 나은 기분에 대한 방법을 만들어, 결과적으로 부정적인 사고를 줄인다.

만성 스트레스는 가슴의 결합 및 근육 조직을 제한하여 흉벽의 운동 범위를 감소시킨다. 더 얕은 호흡으로 인해 가슴이 느리게 숨을 쉴 때만큼 팽창하지 않으며 폐 조직의 상단에서 머리 쪽으로 많은 공기 교환이 발생한다.

이것은 흉부 호흡을 유발한다. 오른손을 가슴에, 왼손을 복부에 대면 흉부 호흡인지 확인할 수 있다. 숨을 쉬면서 어느 손이 더 올라가는지 보라. 오른손이 더 많이 올라가면 흉부 호흡을 하는 사람이다. 왼손이 더 많이 상승하면 복부 호흡이 된다. 흉부 호흡의 공기 팽창이

제한된 폐의 하부엽에서 가장 많은 양의 혈류가 발생하기 때문에 흉부 호흡은 비효율적이다. 신속하고 얕은 흉부 호흡으로 인해 혈액으로의 산소 전달이 줄어들어 조직으로 영양분이 제대로 전달되지 않는다.

복부 호흡은 횡격막 호흡이라고도 한다. 횡격막은 가슴과 복부 사이에 위치한 큰 근육이다. 수축되면 복부 확장을 유발하는 아래쪽으로 강요된다. 이것은 흉부에 공기를 강제로 폐로 밀어 넣는 부정적인 압력을 유발한다. 또한 혈액을 가슴으로 끌어당겨 정맥이 심장으로의 복귀를 돕는다.

복부 호흡은 폐의 공기 주머니를 확장하고 혈액의 흐름을 개선함으로써 폐 및 기타 조직의 감염을 예방하는 데 도움이 된다. 그러나 무엇보다도 긴장 완화와 전반적인 건강 상태를 유발하는 이완 반응을 자극하는 훌륭한 도구다.

- 한 손은 가슴에, 다른 손은 복부에 둔다. 심호흡을 하면 복부의 손이 가슴의 손보다 앞으로 나와야 한다. 이것은 횡격막이 공기를 폐의 기저로 끌어당긴다.
- 입으로 숨을 내쉰 후, 코를 통해 천천히 숨을 들이 쉬고 방의 모든 공기를 빨아들이고 있다고 상상한다. 7까지(또는 7을 넘지 않는 한)
- 천천히 8번 입으로 숨을 내쉰다. 모든 공기가 이완되면서 방출되면, 복부 근육을 부드럽게 수축시켜 폐에 남아 있는 여분의 공기를 완전히 배출한다. 더 많이 흡입하는 것이 아니라, 완전히 숨을 내쉬면서 호흡을 심화시킨다는 것을 기억하라.
- 총 5번의 심호흡을 위해 주기를 4번 더 반복하고 10초마다 한 번의 호흡 속도로 호흡을 실시한다(또는 **분당 6회 호흡**). 이 속도에서 심박수 변동성이 증가하여 심장 건강에 긍정적인 영향을 미친다.

앞의 방법에 익숙해지면 운동을 향상시킬 수 있는 단어를 포함시킬 수 있다. 예를 들어, 이완(흡입 시) 및 스트레스 또는 분노(호흡 시)라는 단어를 자신에게 말할 수 있다. 흡입할 때 원하는 느낌을 느끼고 숨을 내쉬고 싶지 않은 사람들을 풀어 주는 것이 좋다. 일반적으로 내쉬는 숨은 흡입보다 2배 길어야 한다.

가슴과 복부에 손을 사용하면 호흡 훈련에 도움이 된다. 복부에 호흡하는 능력이 편안해지면 더 이상 필요하지 않다. 복부 호흡은 많은 호흡 운동 중 하나일 뿐이다. 그러나 다른 기법을 탐구하기 전에 배우는 것이 가장 중요하다. 연습이 많을수록 신체의 내부 리듬을 개선하는 것이 더 자연스러워진다.

💬 간단한 박스 호흡

호흡은 간헐적인 명상을 완전 명상으로 바꿀 수 있다. 내담자가 산만하고, 스트레스를 받으며, 부담을 느끼고, 불안하며, 기분이 좋지 않을 때마다 이것을 마음의 자연스러운 내면의 평화와 고요의 상태로 돌아가는 방아쇠로 사용한다.

Havard 대학교의 Weil은 강력한 불안 해소 방법으로 478 호흡법을 개발했다. 먼저 4초 동안 조용히 코로 숨을 들이마시고, 7초 동안 숨을 참은 다음에, 8초 동안 천천히 숨을 내쉰다. 이것을 4~5차례 반복한다. 이 호흡법은 불안이나 우울을 유발하는 상황에서 마음을 다스리는 데 효과가 있다.

과학적인 평가 방식에 의해 호흡법이 바뀌면 분노, 우울증, 불안과 같은 문제가 개선될 수 있다는 사실이 입증되었다. 호흡 명상은 몸속의 기류를 인식하고, 안내하며, 변화시키게 하며, 그렇게 함으로써 감정을 조절하게 된다.

💬 무엇이 중요한지에 대해 행동할 수 있도록 인도된 명상

① 편안한 자세를 취합니다. 이 연습은 앉거나 누워서 하는 것도 괜찮습니다.

② 당신이 준비되었다고 느끼면 눈을 감습니다. 눈을 감는 것이 당신에게 불편하다면, 당신은 단순히 눈을 내리고 시선을 부드럽게 할 수 있습니다.

③ 지금을 당신 자신을, 당신의 숨결로 되돌려 놓을 순간이라고 생각합니다. 주제를 고칠 것도 없고, 그냥 우리 자신을 만나는 시간일 뿐입니다.

④ 만약 당신이 오늘 당신의 마음이 정말 바쁘다는 것을 발견하거나, 이 연습이 어색하거나 지루하다고 느낀다면, 그것도 괜찮습니다. 침묵 속에 앉아 있는 것에서 약간의 어려움을 발견하는 것은 자연스러운 일입니다.

그런 생각들과 감정들을 친절하게 메모한 다음, 손의 온기와 몸과의 연결성을 느끼면서 당신 심장의 부분에 손을 놓습니다. 당신의 숨이 자연스럽게 안팎으로 움직이는 것을 주목합니다. 단지 당신의 호흡의 이 몇 사이클 동안, 당신의 몸 안에서 당신의 숨이 오르내리는 자연스러운 리듬에 당신의 온 신경과 관심을 기울입니다.

⑤ 숨을 들이마실 때마다 마음과 몸에 조금 더 많은 공간을 만들어 내는 것을 상상해 봅니다. 숨을 내쉴 때마다 붙잡을 필요가 없는 것을 버리고, 도움이 되지 않는 것을 놓아주는 것을 상상해 봅니다. 이런 식으로 우리는 또한 이 공간에 초대하고 싶은 것을 위한 더 많은 공간을 만들고 있습니다.

⑥ 당신의 마음과 몸이 현재에 있고, 편안하고, 경계심이 있다는 것을 발견했을 때, 묵묵히 다

음과 같은 질문을 합니다. "내 삶에서 가장 중요한 것은 무엇인가?"

⑦ 당신은 정답이나 특별한 것을 찾을 필요가 없습니다. 대신에 노력은 그만두고 현장으로 돌아갑니다. 열려 있으며, 넓고, 호기심이 많은, 당신이 있는 곳에 바로 있도록 합니다. 나에게 가장 중요한 것은 무엇인가라는 질문에 답하고 당신의 생각이 자연스럽게 떠오를 수 있도록 합니다.

⑧ 거품이 이는 생각에 주의를 기울입니다. 무엇이 눈에 띄는가요? 관계, 일, 자기 관리, 자연 속에 있는 것, 또는 창조성에 관한 것일 수 있습니다. 그것은 당신이 친숙한 갈망일 수도 있고, 당신을 놀라게 할 수도 있습니다.

⑨ 원한다면 눈을 뜨고 자유롭게 일기를 쓸 수 있습니다. 마찬가지로 당신은 그저 생각이 떠오르게 내버려 두는 것입니다. 문법이나 깔끔함에 대해 걱정하지 말고, 사람들, 활동들, 그리고 당신에게 가장 중요하게 느끼는 장소들을 고려할 때, 단어들이 당신에게 오는 대로 흘러가도록 내버려 둡니다.

⑩ 지금 나에게 가장 중요한 것은 무엇인가라는 질문에 대한 답을 알고 있을 때, 오늘 어떻게 시간을 내서 활동에 참여할 수 있는지 자문해 봅니다. 단 몇 분 동안의 활동일지라도, 그것은 당신에게 기쁨과 살아 있음을 느끼게 해 줄 것입니다.

2. 호흡 명상

호흡 명상은 몸속의 기류를 인식하고, 안내하며, 변화시키게 하며, 그렇게 함으로써 감정을 조절하게 된다. "호흡에 주의를 집중함으로써 내면에서 느끼는 감정을 알 수 있고 강렬한 감정을 완화시킬 수 있다." 따라서 호흡에 대해 명상을 하면 현재 감정을 편안한 상태로 균형을 유지하는 데 도움이 된다.

복식 호흡을 꾸준히 실천하면 몸의 세포들이 깨어나고 단전이 살아나며, 단전이 살아나면 에너지가 충만해지면서 뇌 속으로 올라오게 된다. 이것은 인간의 에너지가 육체적 차원에서 심리적 차원으로, 다시 영적 차원으로 변모되는 것을 보여 주는 위대한 몸의 연금술이다.

지금 느끼기 위해서는 우선 멈춰야 한다. 불교에서는 멈춤을 '일시적 열반'이라 부른다. 경험을 붙잡거나 저항하지 않는 모든 순간에 자유를 만난다. 멈춤은 삶의 경험을 충만하고 의미 있게 만든다. 멈춤의 시간이 있기에 우리는 존재할 수 있다.

호흡은 존재의 기본 패턴이므로 '내담자의 호흡과 일치시키면 그의 내면세계와 완전한 조화를 이루면서 직관적으로 반응'할 수 있다. 일부러 천천히 깊이 호흡을 몇 번 하면, 몸의 자율 신경계가 정신의 각성 상태에 제동을 거는 효과가 바로 나타난다.

호흡에 집중할수록 효과도 더 크다. 계속 호흡하면서 폐로 공기가 들어오고 나가는 것을 느끼면, 각 조직에 에너지를 주어 현재에 충실한 기분을 준다. '호흡에 집중하면서 단순히 상황을 관찰하는 것만으로도 즉각적인 욕구에서 벗어나 오래된 경직된 패턴에서 벗어날' 수 있다.

예를 들어, 숨을 토해 내고 호흡을 가다듬는 순간에 그들의 무의식은 개방적인 상태가 되기 때문에 상담자의 제안을 수용하기가 쉬워진다(O'Hanlon, 2009: 94).

지금 저의 목소리를 듣고 있죠? …… 저의 목소리를 들으면서 또 다른 소리도 들을 수 있습니다. …… 그리고 우리는 신체를 가지고 있기 때문에 추위나 더위와 같은 감각을 느낄 수도 있습니다. …… 심지어는 지금 이곳의 냄새를 맡을 수도 있습니다.

그리고 무엇을 듣던 간에 보다 집중해서 듣고 느끼거나 냄새 맡기 위해서 눈을 감을 수도 있습니다. (저항을 확인하기 위한 휴식) 그리고 좀 더 집중하면 스스로 호흡하는 소리를 들을 수도 있습니다.

호흡하는 소리에 집중하면서 새로운 호흡을 할 때마다…… 천천히 깊게 숨을 쉬면서 좀 더 편안한 느낌을 가질 수 있습니다. 그리고 좀 더 편안해지면서…… 지금 깊은 트랜스 상태에 들어갈 수도 있고…… 조금 시간이 지난 후에 트랜스 상태로 들어갈 수도 있습니다. (긴 휴식)

몸과 마음이 조금은 편안해졌나요?…… 호흡에 집중하고 나니까 어떤 느낌이 드세요? …… 그리고 이제는 당신의 내면에서 일어나는 것에 집중해 보세요. …… 지금 당신의 내면에서 일어나는 것을 경험해 보십시오. …… 지금-여기에서의 경험에 초점을 맞추면,…… 더 깊은 트랜스 상태로 들어가게 됩니다.

뇌간(생존, 파충류의 뇌), 편도체(감정, 구포유류의 뇌), 전전두엽 피질(이성의 뇌), 이 세 가지의 뇌를 통합시키는 것이 트랜스 상태다. 인간은 오로지 호흡을 통해서만 이 세 가지의 뇌를 통제할 수 있다.

호흡은 '지금-여기'에서 일어나며, 내담자들은 과거와 미래를 내려놓을 수 있다. 그들 자신의 무의식 자원을 활용하기 위해 Erickson은 호흡에 몰입하거나 그들의 호흡을 따라가면서 그들에게 가해지는 압력을 줄였다(O'Hanlon, 2009: 94).

명상의 핵심은 현재다. 무엇이든 수행하려면 좀 더 높은 경지에 도달하려고 애쓰거나,

어떤 이론 또는 이상을 따르려 하지 않고 어떤 대상이나 야망이 없이 단순히 지금-여기에 있는 것을 보려고 노력하는 것이다. 문제에서 벗어나려면 현재의 순간을 의식할 수 있어야 한다(Trungpa, 1976: 52).

한 여성 내담자가 상담실에 들어와 앉으면서 그녀의 심각한 불행이 어디에서 왔는지 그 가능한 원인이 무엇인지에 대하여 끝없는 사설을 늘어놓기 시작했다. 그다음 회기에서도 마찬가지였다. 상담자는 그녀의 호소를 직접 무력화시키는 시도가 별로 효과가 없을 것이라는 점을 깨달았다.

그래서 상담자는 단순히 자세를 바꿔, 몸의 움직임이 정지되는 트랜스 상태로 들어갔다. 상담자가 계속해서 그녀를 말없이 바라보자, 그녀의 말의 속도는 처음에 불안하게 빨라졌고, 그다음에는 더욱 불규칙적이 되었다.

잠시 후에 그녀의 불안이 점점 증가되었다. 그녀가 무엇을 생각하는지를 물었을 때, 상담자는 단순하게 반응했다. "나는 기다리고 있습니다. …… 당신도 여러 해 동안 기다려 왔습니다. …… 몇 분 더 기다린다고 해서 그것이 고통스럽진 않을 겁니다." 그리고 뒤에 나오는 '마음을 열기 위한 호흡 명상'을 시켰다.

그녀는 계속 말하는 것이 점점 더 힘들어졌다. 제한되고 불규칙한 호흡, 붉어진 얼굴, 물기 있는 눈에서는 정서적 혼란이 일어나고 있었고, 안간힘을 쓰고 있었지만 거의 혼란에 빠져 있는 것처럼 보였다.

그때 상담자가 부드럽게 개입했다. "더 이상 버틸 필요가 없어요. 지금 눈을 감고, 모든 것을 내려놓으면서 그냥 느껴 보세요. …… 눈을 감고 당신이 그렇게 오랫동안 붙잡고 있었던 것이 무엇인지 경험하세요. 바로 지금!" 그녀는 눈을 감고 울기 시작했고, 깊은 정서적 경험을 다룰 수 있었다.

이러한 암시적인 동작 제한 기법에는 치료적으로 중요한 역동성이 들어 있다. 그것은 내담자들이 자신의 어떤 핵심 경험들에 대해 접근하지 못하도록 방어하는 방법들을 가지고 있다는 점이다.

상담자가 태도를 바꾸면, 그들은 자신들이 잘 발달시킨 방법들이 소용이 없다고 느끼고, 핵심적인 경험들이 드러날 것 같은 두려움을 느낀다. 그러나 상담자가 내담자와 '긍정적인 관계를 맺고 강력한 몰입을 유지하는 한, 내담자들은 그 관계에서 벗어나 다른 과정으로 들어갈 수 없다.'

이것은 내담자들에게 점점 커지는 불확실성을 불러일으키고, 상담자는 신뢰와 배려의 상황을 확실하게 한 상태에서 부드러운 제안을 함으로써 다른 접근과 연결하여 치료적으로 활용할 수 있다. 상담실에서 긴장감 때문에 끝없이 자기 이야기를 하는 내담자에게 상담자는 다음과 같이 개입한다.

이제 말하는 것을 멈추고 편안히 앉아서 천천히 심호흡을 해 보세요. …… 숨을 내쉬면서 다음에 할 일에 대한 모든 생각과 걱정을 내보냅니다. …… 온몸의 긴장도 함께 내보냅니다. …… 그리고 생각을 멈추시고…… 지금 경험하는 것에 집중해 보십시오.

눈을 감는다면 더 큰 도움이 될 수도 있습니다. …… 내면에서 어떤 속삭임이 들립니까? …… 그리고 신체에서 어떤 감각이 느껴집니까? …… 그냥 심호흡을 하면서 내면에서 경험하는 것을 느껴 보세요.

'멈추고 자신의 신체감각을 관찰하며 견딜 수 있어야, 안전하게 다시 과거와 마주할' 수 있다. 지금 찾아온 느낌도 견디지 못하는 상태에서 과거의 문을 열면 절망만 깊어지고 또다시 정신적 외상을 입을 가능성만 커진다.

신체는 기억과 트라우마, 감정을 품고 있다는 것을 알지만, 대부분은 그런 느낌을 알아차린 적이 없고 무의식에 묻어 둔다. 하지만 우리는 우리의 모든 삶의 경험에서 나온 정보를 세포 수준에서 가지고 다닌다.

호흡과 신체적인 움직임을 사용하여 어려운 상황에서 신경계를 진정시키기 위한 트랜스를 제공한다면, 스트레스 요인이나 도전을 어떻게 인식하는지, 어떻게 반응하는지, 어떻게 대처하는지에 대한 선택을 내담자 스스로 만들어 낼 수 있다.

내담자가 자신의 문제와 관련해서 부정적 상태에 있을 때, 호흡명상을 실천하도록 함으로써 내담자의 자기 관리를 촉진할 수 있다. 아래의 내용은 'www.mindful.com'에 있는 명상안내문이다.

호흡에 대한 명상을 쉽게 시작할 수 있도록 편안하게 앉습니다. …… 호흡 통로를 자유롭게 할 수 있도록 몸을 구부리지 말고, 몸을 똑바로 세우지도 않습니다. …… 그냥 비교적 편하게 앉으세요. …… 조용히 앉아 있을 때 평소처럼 코로 숨을 쉽니다. …… 몇 분 동안 호흡에 집중할 수 있을 때까지 여러 번 연습합니다.

숨을 쉴 때마다 각 호흡의 숫자를 셉니다. 숨을 들이마시고 내쉬는 것을 한 번으로 여기고 각 호흡의 수를 열 번까지 셉니다. 아무것도 바꾸려 하지 않고, 정상적으로 숨을 쉽니다. …… 10에 도달하면 다시 계산을 시작하고 다시 10으로 올라갑니다.

더 빨리 호흡하지 말라는 것을 기억하십시오. …… 만약 생각이 숫자를 세는 것에서 멀어진다면, 알아차리자마자 부드럽게 세는 것으로 다시 되돌아갑니다. …… 이제 그만하고 눈을 뜨며 일어나서 몸을 쭉 폅니다.

이 운동을 위해 다리를 꼬고 앉거나 의자에 앉거나 등을 바닥에 눕힙니다. …… 가장 중요한 것은 호흡 통로를 비교적 편안하게 하는 것입니다. …… 입이 아니라 코로 숨을 쉽니다. 눈을 감고 호흡에 집중합니다. …… 코로 공기가 들어오는 것을 느끼고 폐로 흘러 들어가 다시 밖으로 나옵니다.

가슴, 횡격막, 위, 그리고 숨 쉬는 동안의 등의 움직임에 주의합니다. …… 자연적인 호흡 패턴을 간섭하지 않습니다. 호흡 과정에 집중하면서 평상시처럼 긴장을 풀고 숨을 쉽니다. …… 그리고 이 모든 명상은 연습을 통해 향상됩니다.

최소한의 에너지 소비로 최대의 이익을 위해 호흡을 자연스럽게 하십시오. …… 긴장하지 말고 가능한 한 편안하게 자세를 취합니다. …… 호흡에 주의를 돌리고 코로 숨을 쉽니다. …… 횡격막이 수축되도록 하여 공기가 폐의 상부를 채우도록 하고, 공기를 폐의 중간 부분으로 밀어 넣어 아래 갈비뼈와 가슴을 밀어냅니다.

복부의 아래쪽 부분을 채우기 위해 공기를 아래로 끌어당겨서 팽창시킵니다. …… 가슴이 모든 방향으로 팽창할 수 있도록 부드럽게 흡입합니다. …… 그리고 복부에서부터 아주 천천히 숨을 내쉽니다. …… 공기가 폐를 떠날 때 배를 부드럽게 당기고 약간 들어 올립니다. 공기가 완전히 흘러나올 때, 몸의 집중을 유지합니다.

숨을 들이쉬고 내쉬는 것을 반복합니다. …… 그런 다음 몇 분 동안 부드럽게 숨을 쉬면서 몸의 변화를 느껴 봅니다. …… 그러면 몸을 새롭게 하고 활력을 불어넣는다는 것을 발견할 수 있습니다.

완전한 호흡을 더 완벽하게 경험하는 또 다른 방법은 손을 복부에 가볍게 놓는 것입니다. 공기가 들어오고 나갈 때, 몸짓이 느껴집니다. …… 숨을 깊이 들이마실 필요는 없습니다. 호흡은 최대한 자연스럽게 하면서 계속 긴장을 풉니다.

리듬 호흡은 몸의 두 리듬, 즉 맥박과 호흡의 통합을 도와줍니다. …… 맥박을 잡으려면 손목에 손가락을 얹고 심박수를 느껴 봅니다. …… 한 번에서 여섯 번까지 세고 다시 반복합니다. …… 다시 호흡에 집중합니다. …… 등을 곧게 펴고 어깨를 벌린 채 무릎 위에 손을 부드럽게 얹은 채 편안한 자세로 앉습니다.

흉곽과 가슴을 편안하고 유연하게 유지하세요. …… 다시 숨을 들이마시고 맥박에 맞춰 6번을 셉니다. …… 세 번을 세고 숨을 참은 다음, 코로 천천히 숨을 내쉬며 여섯 번의 맥박을 세어 봅니다. …… 반복합니다, 이런 식으로 부드럽게 호흡합니다.

두 번째 명상은 아이가 자연히 편안해지도록 초기에 타고난 지혜를 되찾는 방법으로 숨을 진정시키는 방법을 배우는 것이다. 몸은 자연적으로 호흡하는 법을 알고 있다. 누구나 아마도 아주 어렸을 때를 기억할 수 있을 것이다.

그래서 이 능력은 기억 속에 내재되어 있다. 이 명상은 본능적이고 편안한 호흡으로 우리에게 되돌려준다. 이 두 가지 연습을 몇 분 동안 순서대로 연습하고, 할 수 있는 한 각 15분으로 시간을 늘린다.

편안한 자세로 앉거나 눕습니다. …… 경험하는 것을 주의 깊게 살펴보세요. …… 호흡을 잘 관찰해 보세요. …… 쉬울까요? 힘겨워요? 천천히? 빨리? …… 그냥 아무것도 바꾸지 말고 단순하게 호흡에 주목해 봅니다.

호흡의 변화를 시도하지 않고 오히려 단순하게 관찰한다면, 자연스러운 변화가 일어날 수 있습니다. …… 흉곽 전체가 호흡에 참여하도록 허용할 수 있나요? …… 복부가 긴장을 풀고 호흡과 함께 움직일 수 있나요? …… 허리가 움직이는 것을 느낄 수 있습니까? …… 어깨가 움직이는 것을 느낄 수 있습니까? …….

숨을 방해하거나 숨이 막히지 않고 숨을 들이쉬고, 더 깊거나 얕게 숨을 쉬지 않도록 합니다. …… 몸이 자연스럽고 자동적으로 반응할 수 있도록 기다립니다. …… 결국 호흡은 자연스럽고 편안한 리듬으로 나아갈 것입니다.

아이들은 호흡에 집중하고 부드럽게 만들 수 있습니다. …… 아마 어린아이가 자는 모습을 본 적이 있을 것입니다. …… 평화롭게 잠든 아이의 모습을 상상해 보면 호흡을 진정시킬 수 있습니다. …… 호흡은 부드럽고 편안합니다. …… 그 이미지를 상상하면서 편안한 자세를 찾습니다. …… 호흡이 부드럽고 침착해지도록 내버려 둡니다.

손을 흉곽에 올려서 호흡에 그 움직임이 들락날락하면서, 오르락 내리락 하는 것을 느껴 봅니다. …… 각각의 호흡이 아이의 호흡처럼 가볍고 부드럽게 되도록 합니다. …… 불필요한 긴장을 놓습니다.

원한다면, 호흡의 모든 부분을 유연하고 부드러우며 자연스럽게 유지하면서 완전한 호흡 운동을 합니다. …… 몇 분 동안 부드럽게 숨을 쉬고, 마음을 진정시키며, 집중할 수 있습니다 (www.mindful.com).

상담자는 어떤 느낌이 없는 것과 전혀 움직이지 않는 것을 포함해서 신체적으로 움직일 수 있는 모든 가능성을 포함시킨다. 그래서 이러한 암시는 실패할 수가 없다. 내담자들이 어떤 반응을 보이든지 간에 신체적인 움직임에 따라 암시한 것이 되고, 이어서 암시에 따라 그들이 반응한 것이 되어 버린다.

숨을 내쉴 때마다 편안한 상태에서 신체에 집중하면 아마도 다른 감각을 느낄 수도 있습니다. …… 이제 곧 당신은 신체의 어떤 부분에서 어떤 느낌이 생기거나 저절로 약간 움직이는 것을 느끼게 될 수도 있습니다. (휴식)

(내담자 손가락의 움직임을 관찰하고서) 손가락이 자연스럽게 위로 또는 아래로 움직이거나 아니면 옆으로 움직이거나 구부러질 수도 있습니다. …… 천천히 움직이거나 빨리 움직이거나 아니면 전혀 움직이지 않을 수도 있습니다. …… 어떤 느낌도 없을 수 있습니다. …… 그건 당신의 무의식 마음이 자유롭게 선택할 것입니다.

당신의 무의식이 어떤 방식으로 손가락을 움직일지 나는 정말 모릅니다. …… 하지만 당신의 무의식 마음이 나에게 알려 주려고 한다면 바로 알 수도 있습니다. …… 당신의 한쪽 손이, 아니면 다른 쪽 손이, 또는 두 손의 손가락들이 모두 아주 천천히 유연하게 움직일 수도 있습니다.

무의식적인 근육운동은 의식적인 근육운동과는 다릅니다. …… 당신은 어느 손가락이 움직일 것인지를 모르기 때문에 기다릴 수밖에 없지요. …… 그리고 편안하게 기다리는 것은 아주 기분 좋은 일입니다. (긴 휴식)

당신의 무의식 마음이 벌써 탐색을 시작하고 있군요. …… 좋습니다. 조만간에 손가락들은 가볍게 움찔거리기 시작할 수 있습니다. …… 이러한 경험은 자연스럽게 손에 대해 많은 것을 배울 수 있는 기회입니다.

중요한 것은 당신의 손가락에 뜨겁거나 차가운 느낌이 생기는지를 자세히 느껴 보는 것입니다. …… 그러는 동안에 당신은 자신에 대한 정말 중요한 체험을 할 수도 있습니다(Erickson & Rossi, 1979: 30).

이러한 개입은 실제로 '늘 경험하고 있는 행동과 암시를 연결'한다. 내담자는 자신에게 익숙한 일상적인 행동과 결합한 암시를 훨씬 쉽게 받아들인다. 자발적인 치료적 반응이 내담자의 일상적인 행동에 업혀서 간다.

이러한 열린 암시는 치료적인 반응의 범위를 광범위하게 허용하여 가능한 모든 범주의 반응을 정당한 것으로 인정하는 것이다. 이러한 접근은 상담자가 '내담자의 반응 수용 자세를 특정한 방향으로 초점화하는 데에 유용'하다.

슬픔의 한숨을 내쉬면 눈에 눈물이 고일 수 있다. 두려움으로 심장이 뛰는 동안 숨을 거의 쉬지 못할 수도 있다. 얼굴이 붉게 달아오르고 분노가 솟구치면 숨을 헐떡이는 것 같다. 강한 감정은 호흡에 독특한 변화를 불러온다.

하지만 감정의 바다 깊숙한 곳에서도 道를 찾을 수 있다. 명상은 고르지 못한 물속을 헤쳐 나갈 수 있도록 도와준다. 호흡의 리듬을 나침반으로 사용하고 道와 조화를 유지함으로써 격랑의 바다에서도 침착한 흐름을 발견할 수 있다.

'호흡에 초점을 맞추는 연습으로 감정을 조절'할 수 있다. 다음 연습은 기분을 불편하게 하는 상황을 진정시키는 호흡 방법을 가르쳐 준다. 먼저 첫 번째 연습을 5분에서 10분 정도 지속할 수 있을 때, 두 가지 연습을 차례로 시도해 본다.

다양한 감정이 올라올 때, 호흡에 주의를 기울이면 자신과 반응에 대해 알게 되고, 또 다른 감정도 명확해집니다. 불편한 감정이 어느 정도 줄어들거나 완전히 녹아내리기 시작합니다. 앉아서 잠시 숨을 쉬는 동안 당신이 아주 슬프고 화가 나며 스트레스를 받고 피곤해할 때, 당신이 평소에 느끼는 감정에 주의를 집중하십시오.

호흡의 리듬에 주목합니다. …… 빠른가, 느린가? 그 품질은 무엇입니까? 밀거나, 일하거나, 얕거나, 혹은 깊습니까? 흉곽, 목, 얼굴, 등 주위의 근육에 주의를 기울입니다. 긴장의 패턴을 감지하나요? …… 조용히 앉아서 추위, 따끔거림, 감각이 없을 때 호흡에 수반되는 다른 감각들을 느껴 보십시오.

또한 여러분이 어떤 생각을 가지고 있는지에 주목하세요. …… 감정을 바꾸고 싶다면, 조금 더 앉아 숨을 쉬거나, 조절하기 위해 이전의 연습들을 시도해 봅니다. 감정의 강도가 조금씩 가라앉기 시작할 수도 있습니다.

나중에 다른 느낌을 가지게 될 때, 이 연습을 반복합니다. …… 다른 감정에 빠지는 동안 호흡의 질을 비교하고 대조합니다. …… 다른 감정과 기분을 느낄 때 호흡이 어떤 상태인지를 알게 되면, 변화를 가져오는 데 도움이 됩니다.

고대 동양 사람들은 인체를 우주와 조화를 이루는 것으로 생각했습니다. 내부는 외부와 신체와의 마음과 일치합니다. …… 우리 각자는 거대한 우주를 구성하는데, 음과 양의 혼합으로 이루어져 있습니다. …… 하늘과 땅. 불과 물.

명상을 하는 것은 마음과 몸, 호흡과 에너지 사이의 연결 고리를 느끼게 해 줍니다. 신체의 움직임을 호흡과 조화시키는 것은 더 많은 인식을 가져오며 막힘을 제거하고 불안을 완화하며 지나치게 강한 기분을 조절해서 에너지의 자유로운 흐름을 빠르게 만듭니다. …… 운동은 긴장 없이 천천히 이루어지며, 자유로운 순환을 촉진합니다.

다리를 어깨 너비로 벌리고 앞으로 향하는 느낌으로 자세를 취합니다. …… 몇 번 느긋하고 자연스럽게 숨을 쉽니다. …… 다음으로, 숨을 내쉬면서 바닥에 평행이 되게 팔을 앞으로 곧게 뻗습니다.

그런 다음 숨을 들이마실 때 양팔을 뻗고 손가락을 벌리면 팔꿈치가 조금 가라앉습니다. 흡입을 통해 흉곽을 확장할 수 있습니다. …… 세 번 세어 보고, 숨을 내쉬면서 팔을 가슴으로 가져옵니다.

천천히, 심지어는 움직임으로 반복하고 부드럽고 쉬운 호흡으로 몇 분 동안 반복합니다. …… 이런 동작을 할 때 폐에서 손가락 끝으로, 그리고 다리를 통해 발가락으로 이동하는 공기를 시각화하십시오.

호흡이 몸 전체와 자유롭게 조화를 이루도록 합니다. …… 마지막으로, 팔을 다시 옆으로 내려놓고, 자연스럽고 편안하게 숨을 쉬며, 숨을 들이마시고 내쉬는 것을 인식합니다. …… 이런 부드러운 동작을 연습하고 호흡과 조화를 이루면 기분에 약간의 변화가 일어날 가능성이 높아집니다.

사람들은 종종 에너지가 활성화되고, 조금 더 편안한 현재 순간에 일반적으로 자신을 더 잘 인식합니다. …… 심지어 당신은 온몸에서 약간의 따끔거림이나 활력을 느낄 수도 있습니다. …… 움직일 준비가 되었다고 느낄 때, 조용히 일어서서 숨을 쉬면서 집중합니다(Simpkins & Simpkins, 2006).

감정과 회복은 상관관계가 있다. 스트레스는 감정적으로 불편한 상황이고 부정적인 감정은 우리 몸의 에너지를 고갈시키고 마음까지 병들게 하기 때문에 스트레스 상황에 놓였을 때 자신의 감정을 알아차리고 조율하는 것은 대단히 중요하다.

내담자들이 멈춤의 작업을 이행하지 못하고 감정적으로 흔들리면서도 방어적일 때, 상담자는 호흡에 집중하는 방법을 활용한다. '경직된 패턴을 다루는 데 있어서 단순한 것에 주의를 집중하는 것이 복잡하게 분석하는 것보다 더 효과적'일 수 있다.

호흡은 여러 가지 다른 상황과 연결될 수 있고 상황들을 변형시킬 잠재력을 제공한다. 호흡은 현재에 일어나는 일이며, '호흡의 집중에 주의를 두는 것은 내담자로 하여금 과거와 미래를 내려놓는 데 도움'이 될 수 있다. 또한 호흡에의 집중은 일시적으로 지금까지 유지되는 경직된 패턴과 새로운 시도 사이에 연결고리가 된다.

의식이 방황한다는 것을 알아차리고 호흡으로 되돌아가는 단순한 행동은 부정적인 패턴의 상승을 방지하고 트랜스 상태를 촉진시킨다. 따라서 호흡에 집중하면 막연한 두려움에서 벗어날 수 있고, 자기 수용을 통해서 자신의 의식이 온전히 열린 무한한 공간과 하나 됨을 느낄 수 있다.

여성 내담자에게는 강박 증상이 있었다. 내담자는 샤워가 끝나도 자기 몸이 더럽다는 생각에 몇 번이고 다시 씻기를 계속했다. 특히 남성이 만졌다고 생각되는 신체 부위를 타월로 피부가 빨개질 때까지 벅벅 닦았다.

씻어도 불순물이 몸에 남아 있는 것처럼 느껴졌고 불쾌한 느낌에서 벗어날 수 없었다. 상담자는 그녀를 장시간 샤워를 해야만 하는 상황으로 몰입시키면서 트랜스 상태에 빠지게 한 후에 과정을 진행했다.

상: 호흡에 초점을 맞춰 보십시오. …… 그건 당신 자신의 호흡입니다. …… 그리고 숨을 들이마실 때 당신의 문제를 완전히 몸과 마음에 들어오도록 합니다. …… 천천히 숨을 내쉴 때는 자신의 문제를 풀어 줍니다. 신선한 공기가 문제를 씻어내서 사라지게 합니다. …… (잠시 계속한 다음에) 이제 자신의 몸 상태를 확인해 보세요. 어떠세요?

내: 편안하게 느껴집니다.

상: 그럼 이제 당신 안에 있는 감정이 어떤지 느껴보도록 해 봅니다. 자신 안에 있는 내면의 감정이 어떻게 느껴져요?

내: 예민해 보여요. 그리고 불안한 것 같아요.

상: 그렇군요. 불안하군요. …… 그래서 자신이 초라해 보이고 힘들어요?

내: 네……. (목이 멘다.)

상: 힘들고 비참하죠. …… 이제 그 안에 또 다른 자신이 들어갑니다. 또 다른 나는 매우 현명하고 용기가 있으며, 따뜻합니다. 이제 제가 하나, 둘, 셋, 하면 당신 안에 또 다른 내가 들어갈 겁니다.

이 또 다른 나는 아주 현명해서 상황을 바르게 대처할 수 있는 나입니다. 지금부터 하나, 둘, 셋, 하면 또 다른 당신이 그 안에 들어갑니다. 자, 하나, 둘, 셋!…… 이제 또 다른 당신이 안에 들어갔습니다. 들어갔나요?

내: 네.

상: 이제 또 다른 내가 상처받은 나를 따뜻하게 안아 줍니다. 그리고 상처받은 나에게 말합니다. "그동안 많이 힘들었지? 괜찮아. 넌 그렇게 행동할 수밖에 없는 이유가 있었어. 나는 너를 충분히 이해해." 이제 또 하나의 자신의 목소리로 말해 보세요.

내: (울먹이며) 괜찮아…… 네가 잘못된 게 아니야. 나 자신을 보호해 주려고 그렇게 했던 거야. 괜찮아.

상: (낮은 목소리로) 또 다른 내가 상처받은 나를 계속 위로해 주세요.

내: (눈물을 흘리며 상처받은 나를 안고 진심으로 위로한다.)

상: 상처받은 나는 또 다른 나에게 뭐라고 할까요?

내: 무서웠다고 하고 있어요. 자기도 이러고 싶지 않았대요.

상: 그래요. 네가 한 행동이 전혀 나쁜 게 아니라고 토닥여 주세요.

내담자들이 의식의 통제를 넘어선 내면의 움직임을 통찰할 수 있도록 상담자는 그들이 어떤 반응을 보여도 바람직한 변화를 위해 올바르게 대처한다는 메시지를 보낸다. 또한 내담자의 경험을 확대시키는 독특한 방식으로 과정을 전개한다.

> 우리가 명상을 통해서 어떤 것을 하지 않고서도 원하지 않는 생각과 감각들이 오고가는 것을 관찰하고 인식함으로써 경직된 패턴을 통제할 수 있다. 번잡함은 우리의 인식을 통해서 움직이지만, 번잡한 생각과 감각들을 바라볼 수 있다면 번잡함에 의해 흔들리지 않을 수 있다(Hassed, 2010: 168).

💬 마음을 열기 위한 호흡 명상

① 기본적인 연습에 따라 몸의 긴장을 완전히 풉니다. …… 일단 긴장이 풀리면 호흡에 초점을 맞추고, 온갖 생각이 담긴 머릿속을 완전히 비울 수 있도록 노력합니다. …… 생각이 떠오르면, 주의를 다름 아닌 호흡 쪽으로 다시 이끌고, 숨을 들이쉬고 내쉬기를 계속하여 머리를 완전히 비웁니다.

② 이제 살아오면서 당신에게 무조건적인 사랑을 베풀어 주었던 사람을 떠올려 봅니다. 무조건적인 사랑은 완벽한 사랑이 아니며 상처와 아픔이 배제된 사랑도 아닙니다. 한 번이라도 혹은 어느 때 잠시라도 사심 없이 당신을 사랑했던 사람을 의미합니다. 만약 당신을 무조건적으로 사랑해 주었던 누군가가 떠오르지 않는다면, 살아오면서 당신이 무조건적인 사랑을 주었던 사람을 떠올려도 좋습니다.

③ 무조건적인 사랑이 안겨 주는 따스한 기운과 만족감을 느끼며 앉아 있습니다. 호흡은 천천히 들이쉬고 내쉬면 됩니다. 무조건적인 사랑의 힘을 느껴 보세요. 당신의 결점과 불완전함에도 불구하고 어떤 식으로 기꺼이 인정받고 사랑받았는지 느껴 봅니다.

④ 당신이 소중하게 여기고 사랑했던 사람을 떠올립니다. 그리고 의도적으로 그 사람에게 무조건적인 사랑을 전합니다. 당신이 그에게 주고 있는 선물이 바로 누군가가 당신에게 주었던 바로 그 선물임을 깨닫습니다. 그리고 그 선물을 통해 다른 사람들도 소중한 사랑을 받으며 보호받는 기분을 느끼게 될 것임을 충분히 이해하면 됩니다.

⑤ 좋아하는 사람에게 똑같이 무조건적인 사랑을 주고 있을 때, 당신이 무조건적인 사랑과 인정을 받았을 때 느꼈던 감정을 다시 생각합니다.

⑥ 당신의 불완전함과 상관없이 소중하게 아낌을 받고, 보호받으며, 사랑받는 느낌이 어떠한지 다시 생각합니다. 그리고 잘 알고 있지만 중립적인 감정을 갖고 있는 어떤 사람을 떠올

립니다. 이제 의도적으로 무조건적인 사랑을 그 사람에게 전합니다.

그 사람을 사랑으로 감싸안으면서 가능한 고통을 겪지 않으며 행복한 삶을 살아가기를 기원합니다. 그 사람을 마음에 담고서 그 사람에게 다가올 미래를 확인합니다. 그 행복을 바라봅니다. 당신도 그 따스한 감정 속에 푹 빠져 봅니다.

⑦ 이제 어려운 관계에 있거나 부정적인 감정을 갖고 있는 누군가를 떠올립니다. 흔히 사람의 행동은 상처를 밖으로 드러낸 것이라는 사실을 이해합니다. 그들을 당신 자신으로 바라봅니다. 때로는 발버둥 치고 실수도 하는 결점 투성이의 불완전한 존재로 바라봅니다. 그리고 당신 삶에서 무조건적인 사랑을 주었던 사람을 떠올립니다.

그리고 그 사랑과 인정이 당신에게 어떻게 영향을 끼쳤는지 곰곰이 생각합니다. 자 이제 그와 똑같은 무조건적인 사랑을 힘든 관계에 있거나 부정적인 감정을 갖고 있는 사람에게 전해 줍니다.

⑧ 살면서 만나는 모든 사람을 당신과 똑같이 결점투성이의 불안전한 존재라고 생각합니다. 당신도 그들도 모두 실수하고, 길을 잘못 들며, 때로는 남들에게 상처를 주지만, 그럼에도 여전히 무진 애를 쓰고 사랑받을 가치가 있는 존재입니다.

의도적으로 다른 사람들에게 무조건적인 사랑을 보냅니다. 마음속으로 사랑과 온기와 인정으로 가득 찬 욕조에 몸을 담근다고 상상합니다. 그들이 어떤 반응을 보일지는 전혀 중요하지 않습니다.

중요한 것은 당신의 마음이 활짝 열려 있다는 점입니다. 활짝 열린 마음은 다른 사람들과 이어지고, 그 연결은 모든 것을 변화시킵니다(Doty, 2016: 109-111).

3. 감각을 인식하기

상담자는 현재 내담자들에게 일어나고 있는 것에 밀착되어 있어야 하지만, 한 걸음 뒤로 물러나 전체 그림을 볼 수 있어야 긍정적인 부분을 보탤 수 있다. 상담자가 전체를 보는 시각을 가져야 한다.

그래야 내담자들이 부정적인 내적 체계에서 벗어나 균형을 유지하도록 도울 수 있다. 심지어 '고통이나 사소하게 보이는 행동조차도 융통성 있게 변형된다면, 문제해결의 중요한 자원'으로 전환될 수 있다.

Erickson은 내담자들이 일단 무감각을 유지하기 위해 반복되는 패턴을 멈추어야 태도, 균형, 사고에서 필요한 적응력이 흘러나온다는 것을 강조했다. 이것이 그가 심리치료에서 다루어야 할 가장 일반적인 문제 가운데 하나로 경직된 패턴을 지적하는 이유다(Zeig, 1980: 3).

호흡을 하면서 내담자들이 흔들리거나 눈살을 찌푸리거나 입을 통해 호흡하는 경우, '이마의 긴장' 또는 '입을 통한 공기의 움직임'을 인식하도록 권유한다. 내담자들은 현재 순간에 감각을 느끼는 방법에 대한 기본 느낌을 가지고 있으며, 그들을 다시 그런 감각을 충분히 느낄 수 있도록 고무시킨다.

내담자들이 생각을 회상할 때, "그런 회상을 할 때 지금-여기에서 느끼는 감정은 무엇입니까? 몸의 어느 부분에서 그런 게 느껴집니까? …… 천천히 호흡에 집중하면 몸에서 느껴지는 부분이 떠오를 수 있습니다."라고 개입한다.

내담자들이 항상 상담자의 질문을 이해해야 하는 것은 아니다. 핵심 재료들을 얻고 변화가 일어날 수 있는 현재 순간으로 들어가기 때문에 내담자들을 통해 전략으로서의 교육적 마음의 감각과 그것을 자신의 것으로 사용하도록 장려하는 것이다.

인간은 기계와는 근본적으로 다른 존재다. 우리는 자신을 조직화한다. 우리는 스스로 창조하고 자기를 유지하는 시스템이다. 기계는 그렇게 하지 않는다. 그래서 우리는 사람들을 자기 조직 시스템으로 보고, 핵심 기억, 믿음, 이미지를 중심으로 심리적으로 조직한다. 이 재료들은 우리가 우리의 삶으로 만드는 핵심이다.

핵심 재료는 우리의 자아와 문화적으로 획득된 세계에 대한 이미지를 만들고 유지하며 우리의 인식과 행동을 지시한다. 핵심 재료는 우리를 개인으로 만드는 모든 습관과 태도를 통해 자신을 표현한다.

우리의 감정, 행동, 인식은 주요 주제인 안전과 소속, 지원, 사랑과 감사, 자유와 책임, 개방과 정직, 통제, 권력, 성, 회원, 사회 문화적 규칙에 대한 핵심 재료에 의해 지속적으로 영향을 받는다. 이러한 주제들은 치료작업의 일상적인 핵심이 될 것이다(Kurtz, 2011).

당신의 마음의 눈에 늑대의 정신적인 그림을 그립니다. 늑대는 혼자입니다. 아마도 그 늑대는 어미의 곁을 떠나 첫 단독 모험을 떠나는 젊은 수컷일 것입니다. 해가 지고 있고, 늑대는 언덕 위에 서 있고, 네 발 모두 땅 위에 있습니다.

그 늑대는 머리를 높게 쳐들고, 그의 눈은 지평선을 훑어보고 있습니다. 그 늑대는 귀를 쫑긋

세우고, 빙글빙글 돌면서 주위의 모든 소리를 포착합니다. 그 늑대의 코는 저녁 바람으로부터 모든 종류의 정보를 받습니다.

관찰자인 우리에게는 감지할 수 없는 정보입니다. 아마도 그 늑대의 꼬리는 그의 뒤에서 우아하게 곡선을 그리며 아주 조금 들어 올려졌을 것입니다. 그 늑대는 완전히 활기차고, 현재의 순간에 완전히 살아 있습니다.

이제 그 늑대가 되면 어떤 기분일지 상상해 봅니다. 네 발이 땅에 닿고, 다리의 뼈와 정강이가 여분의 근육질 몸통을 지탱하는 것을 느껴 봅니다. 연마된 코로 미세한 바람을 부드럽게 테스트하면서 척추가 길어지는 것을 느껴 봅니다.

어깨와 엉덩이에 힘과 탄력을 느낍니다. 당신의 신체는 아주 민감한 상태에 있기 때문에 생각하기도 전에 본능적으로 반응하면서 환경의 어떤 작은 변화에도 순식간에 대응할 준비가 되었다고 상상해 봅니다.

이 경험과 함께 시간을 보내면서 당신의 몸에서 일어나는 에너지를 느껴 봅니다. 그리고 스스로를 축하합니다. 왜냐하면 이 연습을 하는 동안, 당신은 자신의 감각에 접촉하고 있기 때문입니다.

경직된 패턴에서 벗어나려면 스트레스를 받지 않는 상태를 만들고 유지해야 한다. 내담자들이 어떤 적응 패턴을 보이든 간에 상담자는 유연하게 대처한다. 상담자의 질문에 계속 "몰라요."라고 반응하는 이들에게 다음과 같이 개입한다.

그래요, 모를 수 있습니다. …… 괜찮습니다. …… 하지만 잠시 멈추고 어떤 생각도 떠오르지 않을 정도로 모른다면, 호흡에 집중해 보십시오. …… 그건 당신 자신의 호흡입니다. …… 그리고 숨을 들이마실 때 당신의 문제를 완전히 몸과 마음에 들어오도록 합니다. …… 그리고 숨을 내쉴 때는 자신이 경험하는 문제를 풀어 줍니다.

신선한 공기가 문제를 씻어 내고 사라지게 할 것입니다. 지금 어떤 목표가 없다는 것은 다른 사람들이 이해할 수 없을 만큼 색다른 목표를 가지고 있다는 의미도 됩니다. …… 예를 들어, 이 상담을 빨리 끝내고 싶다거나 로또 복권에 당첨되는 것을 꿈꿀 수도 있습니다. 그런 것도 괜찮습니다.

원하는 게 뭐예요? (만약 내담자가 없다고 하거나 특이한 목표를 말한다면) 제 경험으로는 지금 상황에서 이런 목표를 말하는 분은 흔치 않습니다. …… 그건 당신이 다른 사람들과 다르게 독특하다는 의미가 되겠죠?

그리고 만약 그런 독특함을 잘 활용한다면 문제해결로 이어질 수 있습니다. …… 자, 이제 당신의 장점을 잘 활용하기 위해서 심호흡을 해 봅시다. 그러면 자신의 무의식에서 자신의 강점을 찾아낼 것입니다(Jensen, 2011: 85).

인식은 또한 내담자의 성격에 영향을 미칠 수 있다. 예를 들어, 상사가 부당하게 대하고 있다고 생각하면, 내담자는 분노나 좌절과 관련된 특성을 보일 수 있다. 배우자가 사랑하고 돌보는 사람이라고 생각한다면, 그 대가로 비슷한 특성을 보일 수 있다. 연구에 따르면 성격 특성 중 네 가지(개방성, 성실성, 외향성, 신경증)가 조직 정의에 대한 우리의 인식에 영향을 미칠 수 있다.

내담자들이 '감각의 내적 언어를 인식하게 되면, 경직된 패턴을 수정'할 수 있다. 이런 지식과 경험을 통해 외상 반응을 해결하는 데 도움을 준다. 상담자는 심리치료의 요소를 물리적 방식으로 통합하여 내담자가 신체의 구조와 움직임이 표현하려는 경직된 패턴의 자동 반응을 멈추게 된다.

우리의 의식이 감각의 움직임에 부드럽게 주의를 기울여 민감해지면서 감각의 변화하는 흐름을 바라볼 수 있다면, 신체를 통해 자신의 삶을 온전히 수용할 수 있고 경직된 패턴의 자동반응 연쇄가 멈춘다. 이러한 과정을 통해서 우리의 무의식은 자신의 참된 본성이 무한하게 열리는 과정을 경험한다(Zeig, 2014: 52).

신체감각과 감정은 압력, 긴장, 통증, 따끔거림, 가려움, 피부에 대한 옷의 느낌, 온도, 크기, 모양, 무게, 동작, 속도, 질감, 색상 등 수없이 많다. 이 연습을 규칙적으로 하게 되면 점차 수정을 통해서 자신의 변화를 구축할 수 있다. 그동안 점점 더 자아에 대한 감각을 쌓을 수 있다(Marlock et al., 2015).

일단 내담자들이 트랜스 상태로 들어가게 되면 평상시보다 주위에 대한 인식이 줄어든다. 따라서 의미 있는 한 부분에 초점을 맞춘다면, 그 부분에 대한 더 많은 정보를 얻을 수 있다. 또한 '경험적 수준을 증폭시키는 개입을 통하여 내담자들이 언어적인 사고보다는 경험적인 수준에서 반응할 가능성'이 높아진다.

가장 일반적인 접근은 내담자들의 독특한 패턴을 관찰하고 더욱 집중하도록 돕는 개입이다. 예를 들어, 내담자가 대인관계 문제를 설명하면서 흥분해서 호흡이 가빠지면, 상담자는 다음과 같이 개입한다.

우리가 이야기를 나누면서 당신의 호흡이 가빠지는 것은 집중할 수 있다는 증거입니다. …… 그리고 호흡이 가빠지는 것에 더욱 집중하면…… 지금까지 겪어보지 못한 새로운 경험이 나타날 수도 있습니다.

반대로 아주 차분하게 설명하면, "당신은 이야기에 몰입하면서 좀 더 차분해진 것 같습니다. …… 그건 당신이 가진 특별한 능력입니다. …… 흔들리지 않고 차분하게 설명할 수 있다는 것은 그만큼 문제를 객관적으로 볼 수 있다는 증거도 됩니다. …… 이제 그 능력을 활용해서 초점을 옮기고 자신을 바라보면…… 문제를 당신과 분리시켜 새롭게 볼 수도 있습니다."라고 반응할 수 있다.

내담자들의 무의식적인 변화는 치료과정에 대한 동기를 향상시켜 신체감각을 견딜 수 있게 만든다. 내담자들이 자신의 행동에 책임감을 느낄 만큼 마음을 충분히 가라앉히려면 우선 내면의 감각을 인식하는 곳인 이성적인 뇌 영역이 활성화되어야 한다(van der Kolk, 2014: 265-267).

수용의 과정에서 느끼는 불신과 두려움은 삶의 본질적인 부분이기 때문에 필연적으로 저항이 나타난다. 상담자는 먼저 '저항 이면에 있는 두려움을 수용'해야 한다. 다음에 편안함을 줄 수 있는 관계를 통해 자기 수용을 위한 밑거름을 마련한다. 벗어나려 하지 않고 다가가는 방식으로 두려움과 관계를 맺을 수 있다.

'호흡은 몸과 뇌의 건강에 필수'적이다. 우리는 항상 숨을 쉬고, 어떤 감정을 느낄 때 호흡은 다소 바뀐다. 따라서 여행을 시작할 수 있는 좋은 장소는 호흡에 대해 더 잘 인식하고 호흡으로 기분을 조절하는 것이다.

연습을 자주 할수록 효과가 강해지므로 시간이 있을 때마다 호흡에 주의를 돌리고, 호흡이 안정되고 침착해지도록 하는 것도 도움이 된다. 또한 연습은 호흡 운동이 접근 가능하고 즐겁다고 생각할 수도 있다. 호흡과 함께 진행하면 편안함과 행복의 순간을 포함하는 이점을 얻을 수 있다.

내담자에게 숨을 들이마시고 내쉬는 과정을 지켜보면서 알아차림을 하도록 이끌어 주면, 내담자는 자신의 문제와 관련된 역기능적이고 무의식적이며 불수의적인 반응을 멈추고 대안적인 반응을 시작할 수 있는 기회를 얻게 된다.

상담자도 마찬가지다. 자신의 호흡에 주의를 집중하면서 일어나는 현상이나 반응을 알아차리는 행동을 하면, 더 나은 대안적인 반응을 시작할 수 있는 기회를 얻게 된다.

> 50세의 여성이 사지에 혈관이 막히는 증상으로 고통 때문에 잠을 이룰 수 없어서 Erickson을 찾아왔다. 그녀는 자신의 손을 보여 주며 말했다. "혈액순환이 안 되어 손가락이 썩어 가고 있어요. 이미 손가락 하나를 절단했고, 다시 하나를 절단해야 합니다. 또 고통이 너무 심해서 한 시간 이상 잠을 잘 수가 없어요."

Erickson은 이런 질병을 치료하는 방법을 잘 알지 못한다고 말했다. 만약 할 수 있는 일이 있다면, 신체를 다루면 도움이 될 것이라고 말하면서, 그녀에게 호흡을 하면서 트랜스 상태로 들어가는 방법을 가르쳤다.

그리고 그 상태에서 우리는 일생의 경험을 통해서 축적된 신체를 편안하게 할 능력을 가지고 있기 때문에 어찌 되었든지 도움이 될 것이라고 후최면 암시를 했다. 트랜스 상태에서 그녀의 무의식적인 마음이 혈액순환을 하도록 집중해 보라고 제안했다.

그리고 잠자리에 들기 전에 의자에 앉아서 트랜스 상태로 들어가고 그녀가 배운 모든 것을 행동으로 옮기기로 약속했다. 트랜스 상태에서 깨어나면 그에게 전화를 걸기로 했다. 그녀는 그의 제안을 실천에 옮겼고 매일 10시 30분에 그에게 전화했다. 며칠 후에 그녀는 떨리는 목소리로 말했다.

제 팔과 손에 아무 힘이 없어서 제 남편이 수화기를 잡고 있어요. 전 너무 두려워요. 가끔 의자에 앉아 선생님께서 지시한 대로 최면 상태로 들어갔습니다. 그런데 갑자기 추워졌어요. 점점 더 추워져서 제가 어린 시절 Minnesota의 겨울과 같았죠.

저는 20분 동안 온몸을 대단히 떨었어요. 그런데 갑자기 추위가 사라지더니 따뜻해지기 시작했습니다. 몸이 타는 것만 같았어요. 지금은 긴장감이 많이 사라져 신체적으로는 편안해졌고 피곤합니다.

Erickson은 다음과 같이 반응했다. "축하합니다! 그리고 이런 병을 어떻게 다루는지 가르쳐 줘서 고맙습니다. 지금 주무시고 내일 깨어나면 전화를 주세요." 그녀는 다음 날 8시에 전화를 받았다. 그녀가 9시간 이상 잔 것은 10년 만에 처음이었다.

몇 달 후에 그녀는 이와 같은 방식을 활용해서 고통에서 벗어났다고 그에게 편지로 알려 왔다. 그녀는 매일 잠이 들기 전에 최면 상태에서 혈액순환을 시켜 편안하게 잠을 이룰 수 있게 되었다(Erickson, 1960).

많은 문화권에서는 호흡 과정이 존재의 본질이라고 생각한다. 팽창과 수축의 리듬 과정인 호흡은 밤과 낮, 깨어 있거나 잠자는, 궁극적으로 삶과 죽음과 같은 자연에서 볼 수 있는 일정한 음양 조화의 한 예다.

다른 신체 기능과 달리 '호흡은 이러한 시스템 사이의 통신에 쉽게 사용되므로 긍정적인 변화를 촉진하는 데 도움'이 되는 훌륭한 도구다. 우리가 자발적으로 그리고 비자발적으로 할 수 있는 유일한 신체 기능이다.

우리는 의식적으로 호흡을 사용하여 혈압, 심박수, 순환, 소화 및 기타 여러 신체 기능을 조절하는 교감 신경계에 영향을 줄 수 있다. 호흡 운동은 보통 의식적으로 통제할 수 없는 신체 기능에 가교 역할을 할 수 있다.

감정적인 스트레스를 받는 동안 우리의 교감 신경계(Sympathetic Nervous System)가 자극되어 많은 신체적 반응에 영향을 미친다. 심박수가 상승하고 땀을 흘리며 근육 긴장과 호흡이 빠르고 얕아진다. 이 과정이 장기간에 걸쳐 발생하면 교감 신경계가 과도하게 자극되어 불균형을 유발하여 신체 건강에 영향을 미쳐 염증, 고혈압 및 근육통이 발생한다.

심박수를 의식적으로 늦추고 땀을 줄이며 근육을 이완시키는 것은 단순히 호흡을 늦추고 심화시키는 것보다 어렵다. 호흡은 부교감 신경계(Parasympathetic Nervous System)의 직접적인 자극을 유발하는 스트레스 변화에도 영향을 미친다.

그리고 호흡은 교감 신경계의 자극으로 보이는 변화의 반전을 초래하는 데 사용될 수 있다. 우리는 심호흡을 하거나 스트레스가 해소될 때, 한숨을 내쉴 때, 우리 몸이 자연스럽게 이 일을 한다는 것을 알 수 있다.

사실 많은 사람이 자신의 감정을 제대로 인지하지 못하고 산다. 내담자들에게 "오늘 하루 동안 느낀 감정을 써 보라."는 테스트를 하면, 대부분 서너 가지에 그치고 만다고 한다. 감정의 종류는 지금까지도 규명되지 않았을 정도로 다양하고 무수하다. 하루에도 수백 수천 가지 감정을 느끼며 살아가는 게 인간이다.

그리고 그 감정에 의해 말과 행동, 중요한 결정이 좌우된다. 따라서 감정을 제대로 조절하기 위해서는 일단 내 감정 읽는 법을 터득해야 하는데, 그중 '유용한 방법은 바로 자신의 신체 증상과 반응을 객관적으로 살피는 것'이다. 예를 들어, 화가 나는 경우에는 대부분 가슴이 뛴다. 그리고 체온이 오르며, 온몸이 부들부들 떨리는 등의 신체적 증상을 경험하게 된다. 화가 나면 이를 갈기도 하고, 한숨을 쉬기도 하며, 한자리에 있지 못하고 주위를 서성거리기도 한다.

물론 이러한 신체적 반응에는 공통된 특징도 있고 사람마다 다르게 나타나는 특징도 있다. 특정한 감정을 느낄 때 자신의 신체적인 느낌을 탐색해야 한다. 이후 그런 신체적 느낌이 나타나면 "아, 내가 지금 화가 나 있구나." 또는 "내가 지금 우울하구나." 등으로 자신의 감정을 읽을 수 있다.

살다 보면 누구나 우울한 감정을 느낀다. 성향에 따라 더하고 덜한 강도나 횟수가 다를 뿐 우울함은 누구에게나 존재한다. 문제는 우울함이 다른 감정에 비해 위험하다는 점이다. 사람을 축 처지게 만들고 자신만의 감정 속으로 침잠하게 한다.

그리고 선을 넘어섰을 때 극단적인 선택으로 치닫게 될 수도 있다. 우울함을 오랫동안 해소하지 못해 우울증으로 악화되는 것은 스스로 감정을 다룰 줄 모르기 때문이다. 그렇다면 우울한 감정을 관리하는 방법이 있긴 할까?

상상 이상으로 간단하지만 강력한 방법들이 있다. 말과 행동은 감정과 직결된다. '1단계는 표정을 바꿔 보는 것'이다. 표정과 감정은 연결되어 있다. 우울하고 괴로운 표정을 일부러라도 웃는 표정으로 바꿔 보라.

'2단계는 행동을 바꾸는 것'이다. 등을 곧게 펴고 보폭을 크게, 힘차게 걷는다. '3단계는 말이다. 어떤 말을 하느냐가 감정을 좌우'한다. 습관적으로 "힘들어 죽겠어." "미칠 것 같아."라는 말을 중얼거리는지 생각해 봐야 한다. 극단적인 말을 쓰면 감정 역시 극단적으로 변할 수 있다.

> 호흡은 '지금-여기'에서 일어나며, 내담자는 과거와 미래를 내려놓을 수 있다. 내담자 자신의 무의식 자원을 활용하기 위해 Erickson은 호흡에 몰입하거나 그의 호흡을 따라가면서 내담자에게 가해지는 압력을 줄였다(O'Hanlon, 2009: 94).

예를 들어, 초조, 불안하면 호흡이 얕아지며, 침착, 고요하면 호흡이 깊어진다. 역으로 호흡을 깊게 하면 침착, 고요해질 수 있으며, 호흡을 얕게 하면, 쉽게 초조, 불안해진다. 즉, 호흡으로 감정을 조절할 수 있다.

대화 전, 도중, 후에 일시 중지하면서 내담자와 소통할 때 더 깊은 자아와 계속 연결될 수 있다. 잠시 멈추고 내면으로 주의를 돌릴 때마다, 자신을 있는 그대로의 존재로 초대하고 산만함에서 벗어날 수 있다. 상담실에서 긴장감 때문에 끝없이 자기 이야기를 하는 내담자에게 상담자는 다음과 같이 개입한다.

이제 말하는 것을 멈추고 편안히 앉아서 천천히 심호흡을 해 보세요. 숨을 내쉬면서 다음에 할 일에 대한 모든 생각과 걱정을 내보냅니다. 온몸의 긴장과 분노도 함께 내보냅니다. 그리고 생각을 멈추고, 지금 경험하는 것에 집중해 보십시오.

눈을 감는다면 더 큰 도움이 될 수도 있습니다. 자신의 내면에서는 어떤 속삭임이 들립니까? …… 그리고 신체에서 어떤 감각이 느껴집니까? …… 그냥 심호흡을 하면서 내면에서 경험하는 것을 느껴 보세요.

한 부인이 중학교 2학년인 아들과 매일 싸웠다. 아이는 컴퓨터 게임, 휴대전화, 생활 규칙들을 제멋대로 해서 엄마를 화나게 했다. 상담실에서 화가 나 아이를 비난하는 부인을 바라보다가 상담자는 "잠시만요, 잠깐만 멈추시고 지금 몸에서 어떤 느낌이 나타나는지 알 수 있겠어요?"라고 질문했다.

그녀는 잠시 당황하다가 분노로 가슴과 목이 막히는 것 같다고 반응했다. 상담자는 자신이 관찰한 것을 덧붙였다. "어깨와 손, 턱에 힘이 들어가는 것을 느껴 보세요. …… 얼굴이 달아오르는 것을 느껴 보세요. …… 끔찍한 불편함도 느껴 보세요. …… 그리고 지금 다른 사람 앞에서 나타날 수밖에 없는 수치심도 느껴 보십시오."

감정적인 소용돌이가 잠잠해지자, 상담자는 그녀에게 몸 전체에서 어떤 변화가 있는지를 살펴보라고 주문했다. 어깨와 손의 뭉친 부분에 초점을 맞추자, 잠깐 사이에 부드러워졌다. 달아오른 얼굴은 편안하게 되었다.

상담자는 "잠시 눈을 감고 끔찍한 불편함과 수치심도 받아들이고…… 자신에게 그런 부분이 있다는 것을 인정해 보세요."라고 덧붙였다. 그리고 집으로 돌아가 자녀 앞에서도 이런 실험을 해 볼 것을 과제로 제안했다.

다음 회기에 그녀는 "아이 앞에서 이런 실험을 하자, 전 두려웠어요. 아들이 좌절해서 성취감을 느끼지 못하고 결국에는 인생에서 실패할까 봐 두려웠던 것 같아요. 그리고 아이가 컴퓨터 게임에 빠진 것도 제 잘못임을 알았습니다."

그녀는 실패한 부모가 되풀이하는 이야기 속으로 빠져들었다. 상담자는 다시 멈추고 그런 자신의 감각을 느껴 보라고 제안했다. 그녀는 슬픔이 올라오는 것을 느낄 수 있었다. 잠시 후에 그녀는 눈물을 흘렸다.

다음 회기에서 그녀는 아들을 편안하게 바라보게 되었고 아들이 감지하는 감각을 이해하게 되자, 공감할 수 있었다. 그녀는 아들을 이해하게 되었다고 보고하면서 상담을 마무리했다(Hassed, 2010: 166-167).

'멈추고 자신의 신체감각을 관찰하며 견딜 수 있어야, 안전하게 다시 과거와 마주할 수 있다.' 지금 찾아온 느낌도 견디지 못하는 상태에서 과거의 문을 열면 절망만 깊어지고 또다시 정신적 외상을 입을 가능성만 커진다.

삶에 맞서 긴장하는 것을 멈추면, 지금 이 순간의 삶에 깨어 있게 된다. 아주 '잠깐만이라도 익숙한 판단과 악순환을 멈출 때, 문제 뒤에 숨어 있는 무의식적인 신념과 감정을 깨달을 수 있다.' 이런 통찰은 더 합리적인 선택을 할 수 있게 돕는다.

자신에게 정신적 외상으로 인해 감지되는 감각이 존재한다는 것을 인정하면, 점차 혼란은 가라앉고 몸과 마음은 절대 고요의 상태에 이른다. 삶에 맞서 긴장하는 것을 멈추고 수용하면, 빈 공간에 생긴 근본적인 생동감을 경험할 수 있다.

생동감은 감정의 근원일 뿐만 아니라 감정 안에 포함되어 있다. 숨을 들이마시면 신선한 에너지로 전신을 소생시키는 공기와 같이 생동감은 감정의 핵심에 여유를 제공하여 감정이 완전히 고정되고 굳어지지 않도록 한다(Welwood, 1983: 96).

자기 주체 의식과 자신에 대한 '통제력은 몸과 몸이 만들어 내는 리듬의 관계' 속에서 생겨난다. 자신의 목소리를 찾으려면 TV 화면 앞에서 수동적으로 즐거움을 받아들이는 대신 깊이 호흡하면서 자신의 내적 감각에 접근할 수 있어야 한다.

내가 내담자들에게 호흡에 집중하고 내면에서 일어나는 일에 초점을 맞추라고 할 때, 그들은 자신을 트랜스 상태로 들어가도록 요청한다는 사실을 깨닫지 못할 수도 있다. 그들은 내적 과정에 집중하면서 외적인 현실에서 더욱 멀어지기 때문에 의식적인 인식은 제한될 수밖에 없다(Erickson, 1980).

멈추고 '심호흡을 하면서 의미 있는 주제에 집중할 때, 기존의 경직된 연합 방식이 정지'된다. 상담자가 내담자들의 의식을 특정 주제에 몰입시키면서 내적인 변화 과정에 관심을 가지면, 그들의 무의식이 활성화되면서 다양한 수준의 트랜스 상태로 들어가게 된다(South, 2005: 28).

내적 경험을 탐색하기 위해 상담자는 내담자들이 몰입되는 정도에 알맞게 진행한다. 상담자가 내담자들의 몰입, 호흡의 변화, 자세의 고정, 근육 긴장의 완화 등 트랜스 반응의 발생을 고려하면서 내담자를 참여시키게 된다(O'Hanlon, 1987).

그리고 신체적인 변화에 의식을 집중해 보십시오. 발바닥에 자신을 집중시키게 되면, 정신적인 에너지(氣)를 아래로 끌어내려 보다 안정감을 느낄 수 있습니다. …… 손바닥에 당신의 정신을 집중시키면, 무엇인가 따뜻함을 느낄 수 있고, 손의 움직임에 따라 당신의 정신적인 에너지도 움직이는 것을 느낄 수 있습니다.

당신은 자연의 에너지를 당신의 몸에 흐르도록 할 수도 있습니다. 떠오르는 태양을 바라보면서, 맑은 새소리를 들으면서, 마시는 차에서 풍기는 냄새를 음미하면서, 우리를 감싸는 서늘한 바람을 느낄 수 있습니다.

그리고 그 기운들이 우리의 몸과 직접 만나는 것을 감지할 수도 있습니다. …… 느끼고 경험해 보십시오.…… 이제 에너지의 흐름이 바뀌었고, 당신의 몸과 마음은 당신이 원하는 몰입 상태로 나아갈 수 있게 되었습니다(www.mindful.com).

내담자들이 감정적으로 흔들리면서도 방어적일 때, 상담자는 호흡에 집중하는 방법을 활용한다. 호흡은 여러 가지 다른 상황과 연결될 수 있고 상황들을 변형시킬 수 있는 잠재력을 제공한다.

호흡은 현재에 일어나는 일이며, 호흡에 집중하는 것은 내담자로 하여금 과거와 미래를 내려놓는 데 도움이 될 수 있다. 또한 호흡에 집중은 일시적으로 지금까지 유지되는 경직된 패턴과 새로운 시도 사이에 연결고리가 된다.

호흡은 상담의 전 과정에서 활용된다. 내담자들은 '몸에서 소란이 일어나더라도 그 상태가 끊임없이 바뀐다는 사실을 계속 인지할 수 있다면, 아주 큰 불편함을 느껴도 견딜 수 있다.' 갑자기 가슴이 조여 오더라도 심호흡을 한 번 하고 나서 나아지는 것을 느끼면, 이제 다른 신체 부분에 쌓인 긴장을 인식할 수 있다.

예를 들어, 정신적 외상을 입은 내담자가 점차 마음이 안정되고 무슨 변화가 일어날까 호기심이 들기 시작하면, 어깨의 긴장에 집중할 수 있다. 그러다 의식 상태에서는 전혀 기억하지 못했던 어깨와 관련된 트라우마 기억이 불쑥 솟아나기도 한다.

💬 경직된 사고패턴을 깨는 알아차림: 하늘의 구름 연습(생각이 구름처럼 흘러가도록 돕는 알아차림)

① 편안한 자세를 찾기 위해 잠시 시간을 냅니다. 일어서거나, 앉거나, 누울 수 있습니다. 편안함을 느낄 때 눈을 감으십시오.

② 아름다운 곳, 아마도 해변, 넓은 열린 들판 또는 산속의 어딘가에서 있는 자신을 상상해 보십시오. 어쩌면 이것은 당신이 알고 있는 곳이거나, 영화나 책에 존재하는 곳이거나, 당신의 상상 속에 존재하는 장소일 수도 있습니다.

③ 올려다보면 넓고 푸른 하늘을 볼 수 있으며, 푹신한 흰 구름이 떠돌아다닙니다.

④ 마음속에서 지나간 생각을 주목하십시오. 각 생각을 알아차릴 때, 축소되는 것을 시각화할 수 있는지 확인한 다음 떠다니는 구름 위에 놓습니다.

⑤ 일부 구름은 멈추거나 천천히 움직이고, 다른 구름은 기류에서 더 빨리 항해하고, 일부는 모양이나 크기를 변경한다는 것을 알 수 있습니다. 그러나 그들 모두는 결국 지나가고 하늘에서 표류합니다. 그들이 붙어 있다면, 구름을 부드럽게 앞으로 밀기 위해 숨을 내쉴 수도 있습니다.

⑥ 당신의 생각과 감정을 알아차리고, 구름 위에 올려놓고 숨을 쉬게 하십시오.

⑦ 때때로 구름에 휩싸여 생각으로 떠다니며 구름에 휩싸일 수 있습니다. 이런 일이 생기면

어떤 생각이 당신을 끌어들였는지 알아차리고, 전망이 있는 아름다운 곳으로 돌아가고, 구름을 멀리 숨을 쉬고, 다시 지켜보게 됩니다.

⑧ 크고 작고, 행복하고 슬픈 생각과 감정을 구름 위에 쉬고 결국 떠다니는 것을 지켜볼 시간을 가지십시오.

⑨ 이제 마무리할 때, 당신의 모든 생각과 감정이 결국 지나갈 것임을 기억하십시오. 그리고 눈을 뜹니다(www.mindful.com).

생각의 의식을 형성하는 심상 유도는 '날씨를 지켜보는 것'이라고 불린다. 따뜻한 가을날 풀밭에 누워 하늘을 바라보는 것처럼 우리는 잠시 앉아서 생각들이 오고 가는 동안에 주목한다.

알아차림의 씨앗은 내가 어렸을 때 내 안에 심어졌다. 부모님은 알아차림이라는 단어를 들어 본 적도 없었지만 특히 자연과 여름에 알아차림을 소개할 수 있었다. 나는 숲에서 가능한 한 조용히 걷고 소리를 내지 않으려고 노력한 다음(그것을 시도해 보라, 엄청난 집중과 관심이 필요하다), 앉아서 숲의 모든 소리를 침묵을 지키며 듣는 것을 기억할 수 있다.

그리고 나서 내가 배운 첫 번째 호흡 연습은 아버지의 선물이었다. 어느 날, 내가 여섯 살이나 일곱 살쯤 되었을 때, 우리는 연못의 고무 뗏목에 떠다니며 푸른 여름 하늘을 바라보고 있었다.

우리는 거대한 흰 누적 구름이 천천히 새로운 형태로 변형되고 점차적으로 흩어지는 것을 보았다. 아빠는 나를 쳐다보며 "너, 마술을 보고 싶니?"라고 말했다. 물론 나는 그랬는데, 어떤 아이가 아버지가 마술을 수행하는 것을 보고 싶지 않겠는가? "나는 내 마음으로 구름을 사라지게 할 거야.

첫째, 우리는 구름을 골라야지. 이것이 첫 번째이기 때문에 연습할 작은 것부터 시작하자." 나는 연못을 울리는 나무의 들쭉날쭉한 녹색 선 바로 위에 보이는 작고 푹신한 흰 구름을 골랐다. 아빠가 말했다. "이제 네가 해야 할 일은 단지 그 구름에 집중하고 천천히 숨을 쉬는 것뿐이지."

나는 천천히 여름 공기를 흡입하여 배가 가득 차면서 연못과 선탠 로션의 냄새를 맡았다. "그리고 이제 숨을 쉴 때마다 구름이 움직이고 변화하며 조금 작아지는 것에 주목해." 물론, 숨을 쉴 때마다 구름은 조금씩 사라지는 것처럼 보였다.

우리는 몇 분 동안 함께 누워서 태양 아래서 그 구름을 열심히 바라보며 함께 숨을 쉬었다. 나는 삐걱거리고, 고무 뗏목이 내 밑에서 삐걱거리고 있었다. "그 구름에 계속 집중해." 아버지가 지시했다.

"방황하면 마음을 되찾아라. 마음을 구름에 집중시키면, 사라지지는 않을 거야." 우리는 계속 숨을 쉬고, 집중하며, 다음 몇 분 동안 그 구름을 향해 우리의 의지를 보냈다. 그것은 내가 본 최고의 마술이었다.

물론 나는 지금 되돌아보고 구름이 내 의도, 의지력 또는 욕망에 관계없이 하늘에서 형성되거나 형성되지 않을 것이라는 것을 이해한다. 그러나 여전히 그 순간 내 호흡과 마음은 세상에서 가장 강력한 힘처럼 보였다.

몇 년 후, 나는 여전히 여름날 구름을 올려다보며 그날 오후와 내 호흡의 힘을 기억한다. 내 자신의 기분의 구름이 내 주위를 어둡게 하면, 슬픔, 분노, 질병 또는 자기 의심의 폭풍우가 나를 압도하지만 시간이 흘러가면서 언젠가는 사라질 것이고, 나는 편안하게 숨을 쉴 수 있다.

두려움의 폭풍우가 모이거나 뉴스 헤드라인이 미래에 긴 그림자를 드리우는 것처럼 보일 때, 나는 계속 숨을 쉬면서 구름도 지나갈 것임을 안다. 그리고 나는 내가 숨 쉬는 공기가 모든 생명체와 연결된다는 것도 알고 있다.

그러므로 내가 호흡하는 방식이 나와 내 주변의 모든 사람에게 영향을 미칠 수도 있다는 것을 안다. 그리고 몇 년 후 나는 이 교훈을 아이들에게 전할 수 있는 완벽한 여름에 어떤 날을 찾기를 고대한다.

```
┌  ┐
  참고
  문헌
└  ┘
```

Alman, B. M. (2001). Self-care: Approaches from self-hypnosis for utilizing your unconscious (inner) potentials. In B. B. Geary, & J. K. Zeig, (Eds.), *The handbook of Ericksonian psychotherapy* (pp. 524-540). Phoenix, AZ: The Milton Erickson Foundation Press.

Alon, N. (1985). An Ericksonian approach to the treatment of chronic posttraumatic stress disorder patients. In J. K. Zeig (Ed.), *Ericksonian psychotherapy volume II : Clinical applications* (pp. 307-326). New York: Brunner/Mazel.

Andreas, S. (2015). Therapeutic frameworks: Milton Erickson's use of implication. *Milton Erickson Foundation Newsletters, 35*, (2). 8. Phoenix AZ: Milton Erickson Foundation.

Argast, T. L., Landis, R. E., & Carrell, P. D. (2001). When to use or not to use hypnosis according to the Ericksonian tradition. In B. B. Geary, & J. K. Zeig, (Eds.), *The handbook of Ericksonian psychotherapy* (pp. 66-92). Phoenix, AZ: The Milton Erickson Foundation Press.

Auld, J. M. (2005). Ericksonian approaches in dentistry. In R. Battino, & T. L. South. *Ericksonian approaches: A comprehensive manual*(2th ed., pp. 435-456). Bethel, CT: Crown House Publishing Ltd.

Banks, S. J. (2007). Amygdala-Frontal Connectivity During Emotion-Regulation. *Social cognitive and affective Neuroscience 2*, no. 4: 303-312.

Barber, J. (1985). Hypnosis and awareness. J. K. Zeig (Ed.), *Ericksonian psychotherapy, vol. 1: Structures* (pp. 245-255). New York: Brunner/Mazel.

Battino, R., & South, T. L. (2005). *Ericksonian approaches: A comprehensive manual*(2th ed.). Carmarthen, UK: Crown House Publishing.

Beahrs, J. O. (1977). Integrating Erickson's approach. *American Journal of Clinical Hypnosis, 20*: 55-68.

Beahrs, J. O. (2006). Erickson, the healer: reflections by friends and colleagues. In B. A. Erickson & B. Keeney. (Eds.), *Milton H. Erickson, M. D.: An American Healer* (pp. 306-311). Sedona,

AZ: Ringing Rocks Press.

Bertolino, B. (2010). *Strengths-based engagement and practice: Creating effective helping relationships.* Boston: Allyn & Bacon.

Bertolino, B., & O'Hanlon, B. (2002). *Collaborative, competency-based counseling and therapy.* Needham Heights, MA: Allyn & Bacon.

Beyebach, L. E., Morejon, A. R., Palenzuela, D. L., & Rodriguez-Aris, J. L. (1996). Research on the process of solution-focused therapy. In S. D. Miller, M. A. Hubble, & B. L. Duncan (Eds.), *Handbook of solution-focused brief therapy.* San Francisco: Jossey-Bass.

Boa, F., & von Franz, M. (1994). *The Way of the Dream: Conversations on Jungian Dream Interpretation with Marie-Louise. von Franz.* Boston: Shambhala.

Bowlby, J. (1969). *Attachment and Loss.* New York. Random House.

Briere, J. (2012). Working with trauma: Mindfulness and compassion. In C. K. Germer & R. D. Siegel (Eds.), *Compassion and wisdom in psychotherapy* (pp. 265-279). New York: Guilford Press.

Brown, R. P., & Gerbarg, P. L. (2005). Sudarshan Kriya Yogic Breathing in Treatment of Stress, Anxiety, and Depression. *Journal of Alternative & Complementary Medicine 11.* no. 4: 711-717.

Burns, G. W. (2001). *101 healing stories: Using metaphors in therapy.* Hoboken, New Jersey: Wiley & Sons.

Burns, G. W. (Ed.) (2010). *Happiness, healing, enhancement: Your casebook collection for applying positive psychology in therapy.* New Jersey: Wiley & Sons.

Burns, G. W. (2010). Soaring to New Heights: Outcome-Oriented Metaphor in a Case of Severe Phobia. In G. W. Burns, (Ed.), *Happiness, Healing, Enhancement: Your casebook collection for applying positive psychology in therapy* (pp. 315-327) New Jersey: Wiley & Sons.

Cade, B., & O'Hanlon, B. (1993). *A brief guide to brief therapy.* New York: Norton.

Carlson, B. F. (1990). Adolescent Observers of Marital Violence. *Journal of family violence 5.* no 4: 285-299.

Cheek, D. B. (1989). An indirect method of discovering primary traumatic experiences: two case examples. *American journal of clinical hynosis, 32.* 41-47.

Chemtob, C. M., Nomura, Y., & Abramovitz, R. A. (2008). Impact of Conjoined Exposure to the World trade Center Attacks and to Other Traumatic Events on the Behavioral Problems of Preschool Children. *Archives of pediatrics and adolescent medicine 162,* no 2: 126.

Combs, G., & Freedman, J. (1994). Narrative intentions. In M. F. Hoyt (Ed.), *Constructive therapies* (pp. 67-91). New York: Guilford Press.

Cooper, L., & Erickson, M. H. (1959). *Time distortion in hypnosis.* Baltimore: Williams & Wilkins.

Cozolino. L. (2018). *The Neuroscience of Human Relationships: Attachment and the Developing Social Brain.* New York. Norton.

Craig, A. D. (2003). Interoception: The Sense of the Physiological Condition of the Body. *Current opinion on Neurobiology. 13*: 500-505.

Damasio, A. (1999). *The Feeling of What Happens: Body and Emotion in the Making of Consciousness.* New York: Hartcourt Brace.

Damasio, A. (2012). *Self comes to mind: Constructing the conscious brain.* New York: Random House.

Daniels, J. K. (2010). Switching Between Executive and default Mode Networks in Posttraumatic stress disorder: Alterations in Functional Connectivity. *Journal of Psychiatry & Neuroscience 35*, no. 4: 258.

de Shazer, S., & Dolan, Y. M. (2007). *More than miracle: The state of the art of solution-focused brief therapy.* New York: Routledge.

Devries, M. (Ed.) (1992). *The experience of psychopathology: Investigating mental disorders in their natural settings.* Cambridge, UK: Cambridge University Press.

Diener, E., & Seligman, M. P. (2002). Very happy people. *Psychological Science, 13*: 81-84.

Doidge, N. (2007). *The Brain that Changes Itself: Stories of Personal Triumph from the Frontiers of Brain Science.* New York: Penguin.

Doidge, N. (2015). *The Brain's Way of Healing: Remarkable Discoveries and Recoveries from the Frontiers of Neuroplasticity.* New York: Penguin.

Dolan, Y. M. (1991). *Resolving sexual abuse: Solution-focused therapy and Ericksonian hypnosis for adult survivors.* New York: Norton.

Dolan, Y. M. (2000). An interview with Yvonne Dolan, by Dan Short, *Milton Erickson Foundation Newsletters, 20*, 2: 1-2. Phoenix AZ: Milton Erickson Foundation.

Doty, J. R. (2016). *Into the Magic Shop: A Neurosurgeon's Quest to Discover the Mysteries of the Brain and the Secrets of the Heart.* NY: Avery.

Druding, E. (2006). Erickson, the healer: reflections by friends and colleagues. In B. A. Erickson & B. Keeney (Eds.), *Milton H. Erickson, M. D.: An American Healer* (pp. 275-279). Sedona, AZ: Ringing Rocks Press.

Duncan, B. L., Miller, S. D., & Coleman, S. T. (2001). Utilization: A seminal contribution, a family of ideas, and a new generation of applications. In Geary, B. B., & Zeig, J. K. (Eds.), *The handbook of ericksonian psychotherapy* (pp. 43-56). Phoenix: The Milton Erickson Foundation Press.

Eckberg, D. L. (2000). Physiological basis for human autonomic rhythms. *Ann Med, 32*(5), 341–349.

Erickson, A. (2006). Further remembrances. In B. A. Erickson & B. Keeney. (Eds.), *Milton H. Erickson, M. D.: An American Healer.* (pp. 121–130). Sedona, AZ: Ringing Rocks Press.

Erickson, B. A. (2001). Storytelling. In B. B. Geary, & J. K. Zeig, (Eds.), *The handbook of Ericksonian psychotherapy* (pp. 112–121). Phoenix, AZ: The Milton Erickson Foundation Press.

Erickson, B. A. (2002). Ericksonian: cognitive, behavioral, strategic, or all four? In J. K. Zeig, (Ed.), *Brief psychotherapy: Lasting impressions.* (pp. 277–291). Phoenix, AZ: The Milton Erickson Foundation Press.

Erickson, B. A. (2002). Ericksonian: cognitive, behavioral, strategic, or all four? In Zeig, J. K. (Ed.), *Brief psychotherapy: Lasting impressions.* Phoenix: The Milton Erickson Foundation Press.

Erickson, B. A. (2006a). An American healer. In B. A. Erickson & B. Keeney (Eds.), *Milton H. Erickson, M. D.: An American Healer* (pp. 22–84). Sedona, AZ: Ringing Rocks Press.

Erickson, B. A. (2006b). Betty Alice Erickson. In B. A. Erickson & B. Keeney (Eds.), *Milton H. Erickson, M. D.: An American Healer* (pp. 349–353). Sedona, AZ: Ringing Rocks Press.

Erickson, B. A. (2009). Preface. In B. Keeney. *The creative therapy: The art of awakening a session.* (pp. xvii–xx). New York: Routledge.

Erickson, B. A. (2010). What is right with him?: Ericksonian positive psychotherapy in a case of sexual abuse. In G. W. Burns (Ed.), *Happiness, healing, enhancement: Your casebook collection for applying positive psychology in therapy* (pp. 29–39) New Jersey: Wiley & Sons.

Erickson, B. A., & Keeney, B. (Eds.). (2006). *Milton H. Erickson, M. D.: An American Healer.* Sedona, AZ: Ringing Rocks Press.

Erickson, B. A., & Keeney, B. P. (2016). *Milton H. Erickson, M. D.: An American Healer.* Ringing Rocks Press.

Erickson, E. M. (2006). Mrs. Elizabeth Erickson. In B. A. Erickson & B. Keeney. (Eds.), *Milton H. Erickson, M. D.: An American Healer* (pp. 4–12). Sedona, AZ: Ringing Rocks Press.

Erickson, L. (1988). Panel discussion: How Milton H. Erickson encouraged individuality in his children. In J. K. Zeig, & S. R. Lankton, *Developing Ericksonian therapy: State of arts* (p. 494). New York: Brunner/Mazel.

Erickson, M. H. (1936). Migraine headache in a resistant patient. In *Milton Erickson M.D.: The Complete Works.* Recording CD (2001). Phoenix, AZ: The Milton Erickson Foundation.

Erickson, M. H. (1941). "Hypnosis: A general review." Diseases of the nervous system. January. pp. 1–8. In *Milton Erickson M.D.: The Complete Works.* Recording CD (2001). Phoenix, AZ:

The Milton Erickson Foundation.

Erickson, M. H. (1948). "Hypnotic Psychotherapy." The Medical Clinics of North America. In *Milton Erickson M.D.: The Complete Works*. Recording CD (2001). Phoenix, AZ: The Milton Erickson Foundation.

Erickson, M. H. (1952). A lecture by Milton H. Erickson. Los Angels, June 25 Audio Recording CD (2001). Phoenix, AZ: The Milton Erickson Foundation.

Erickson, M. H. (1954a). Special techniques of brief hypnotherapy. *Journal of Clinical and Experimental Hypnosis, 2*, 109-129.

Erickson, M. H. (1954b). Pseudo-orientation in time as a hypnotherapeutic procedure. *Journal of Clinical and Experimental Hypnosis, 2*, 261-283.

Erickson, M. H. (1955). Self-exploration in the hypnotic state. *Journal of Clinical and Experimental Hypnosis, 3*: 49-57.

Erickson, M. H. (1957). A lecture by Milton H. Erickson. Los Angeles, October 19. Audio Recording CD (2001). Phoenix, AZ: The Milton Erickson Foundation.

Erickson, M. H. (1958). Deep hypnosis and its induction. In L. M. Le Cron (Ed.), *Experimental hypnosis* (pp. 70-112). New York: Macmillan Company.

Erickson, M. H. (1959a). A lecture by Milton H. Erickson. Boston, June 19. Audio Recording CD (2001). Phoenix, AZ: The Milton Erickson Foundation.

Erickson, M. H. (1959b). Further clinical techniques of hypnosis: Utilization techniques. *American Journal of Clinical Hypnosis, 2*, 3-21.

Erickson, M. H. (1959c). A lecture by Milton H. Erickson. Phoenix, November 15. Audio Recording CD (2001). Phoenix, AZ: The Milton Erickson Foundation.

Erickson, M. H. (1960). A lecture by Milton H. Erickson. Boston, March 21. Audio Recording CD (2001). Phoenix, AZ: The Milton Erickson Foundation.

Erickson, M. H. (1961). A lecture by Milton H. Erickson. Stanford, May 27. Audio Recording CD (2001). Phoenix, AZ: The Milton Erickson Foundation.

Erickson, M. H. (1962a). A lecture by Milton H. Erickson. Calgary, Canada, June 18. Audio Recording CD (2001). Phoenix, AZ: The Milton Erickson Foundation.

Erickson, M. H. (1962b). The Identification of a Secure Reality. *Family process* 1. 294-303.

Erickson, M. H. (1962c). A lecture by Milton H. Erickson. Chicago, October 17. Audio Recording CD (2001). Phoenix, AZ: The Milton Erickson Foundation.

Erickson, M. H. (1963). A lecture by Milton H. Erickson. San Diego, April 4. Audio Recording CD (2001). Phoenix, AZ: The Milton Erickson Foundation.

Erickson, M. H. (1964a). The Surprise and My friend John techniques of hypnosis: Minimal cues and natural field experimentation. *American Journal of Clinical Hypnosis, 6*: 293-307.

Erickson, M. H. (1964b). Pantomime techniques in hypnosis and the implications. *American Journal of Clinical Hypnosis, 7*: 64-70.

Erickson, M. H. (1964c). The confusion technique in hypnosis. *American Journal of Clinical Hypnosis, 7*: 183-207.

Erickson, M. H. (1965a). The use of symptoms as an integral part of hypnotherapy. *The American Journal of Clinical Hypnosis, 8*: 57-65.

Erickson, M. H. (1965b). A lecture by Milton H. Erickson. Phoenix, January 25. Audio Recording CD (2001). Phoenix, AZ: The Milton Erickson Foundation.

Erickson, M. H. (1966). The interposal hypnotic technique for symptom correction and pain control. *American Journal of Clinical Hypnosis, 8*: 198-209.

Erickson, M. H. (1967). A lecture by Milton H. Erickson. Delaware, September 19, Audio Recording CD (2001). Phoenix, AZ: The Milton Erickson Foundation.

Erickson, M. H. (1977). Hypnotic approaches to therapy. *American Journal of Clinical Hypnosis, 20*: 20-35.

Erickson, M. H. (1980a). Teaching seminar by Erickson. Phoenix, February 12. Audio Recording CD (2001). Phoenix, AZ: The Milton Erickson Foundation.

Erickson, M. H. (1980b). Teaching seminar by Erickson. Phoenix, February 14. Audio Recording CD (2001). Phoenix, AZ: The Milton Erickson Foundation.

Erickson, M. H., & Kubie, L. S. (1940). The translation of the cryptic automatic writing of the hypnotic subject by another in a trancelike dissociated state. *The Psychoanalytic Quarterly, 9*: 51-63.

Erickson, M. H., & Rossi, E. L. (1975). Varieties of doble bind. *American Journal of Clinical Hypnosis, 17*: 143-157.

Erickson, M. H., & Rossi, E. L. (1977). Autohypnotic experiences of Milton H. Erickson, M. D. *American Journal of Clinical Hypnosis, 20*: 36-54.

Erickson, M. H., & Rossi, E. L. (1979). *Hypnotherapy: An exploratory casebook*. New York: Irvington.

Erickson, M. H., & Rossi, E. L. (1981). *Experiencing hypnosis*. New York: Irvington.

Erickson, M. H., Rossi, E. L., & Rossi, K. L. (1976). *Hypnotic Realities: The induction of clinical hypnosis and forms of indirect suggestion*. New York: Irvington.

Erickson, M. H., & Zeig, J. K. (1977). Symptom prescription for expanding the psychotic's world view. Paper presented by Zeig to the 20th Annual Scientific Meeting of the Society for Clinical and Experimental Hypnosis, October 20, Atlanta Georgia.

Erickson-Klein, R. (1990). Pain control interventions of Milton H. Erickson. In J. K. Zeig, & S. G. Gilligan (Eds.), *Brief Therapy: Myths, methods, and metaphors* (pp. 273-287). New York: Brunner/Mazel.

Erickson-Klein, R. (2006). Memories of my father. In B. A. Erickson & B. Keeney. (Eds.). *Milton H. Erickson, M. D.: An American Healer.* (pp. 85-120). Sedona, AZ: Ringing Rocks Press.

Farb, N. A. (2007). Attending to the Present: Mindfulness Meditation Reveals Distinct Neural Modes of Self-reference. *Social Cognitive and Affective Neuroscience. 2*: 313-322.

Felitti, V. (1998). Relationship of Childhood Abuse and Household Dysfunction to Many of the Leading Causes of Death in Adults: The Adverse Childhood Experiences Study. *American Journal of Preventive Medicine 14*, No. 4: 245-258.

Figley, C. (1989). *Helping traumatized families.* San Francisco. Jossey-Bass.

Finkelhor, D., Ormrod, R. K., & Turner, H. A. (2007). Polyvictimization and Trauma in a National Longitudinal Cohort. *Development and Psychopathology 19*, no 1: 149-166.

Follette, V. M., Briere, J., Rozelle, D., Hopper, J. W., & Rome, D. I. (2017). *Mindfulness-Oriented Interventions for Trauma: Integrating Contemplative Practices.* New York: Guilford.

Fisch, R., & Schlanger, K. (1999). *Brief therapy with intimidating cases: Changing the unchangeable.* San Francisco: Jossey-Bass.

Fisher, J. (2017). *Healing the fragmented selves of trauma survivors: Overcoming internal selfalienation.* Routledge.

Frankl, V. E. (1959). *From death-camp to existentialism: A psychiatrist's path to new therapy.* Boston: Beacon Press.

Frankl, V. E. (1973). *The doctor and the soul: From psychotherapy to logotherapy.* New York: Vintage Books.

Freedman, J., & Combs, G. (1996). *Narrative therapy: The social construction of preferred realities.* New York: Norton.

Frykman, J. H. (1985). Use of indirect suggestion in brief therapy. In J. K. Zeig (Ed.), *Ericksonian psychotherapy volume II: Clinical applications* (pp. 185-192). New York: Brunner/Mazel.

Fulton, P. R. (2013). Mindfulness as clinical training. In C. K. Germer & R. D. Siegel (Eds.), *Compassion and wisdom in psychotherapy* (2nd ed., pp. 55-72). New York: Guilford Press.

Garnier, R. & Yapko, M. D. (2010). *Empowering Lisa: The Power of Metaphor for a Depressed and Suicidal Teen.* NY: John Wiley & Sons.

Gaston, L. (1990). The concept of the alliance and its role in psychotherapy: Theoretical and empirical considerations. *Psychotherapy: Theory, Research, Practice, Training, 27*(2), 143-153.

Gazzaniga, M. S. (1985). *The Social Brain: Discovering the Networks of the Mind.* New York: Basic Books.

Gendlin, E. T. (1996). *Focusing-oriented psychotherapy: A manual of the experiential method.* New York: Guilford Press.

Gilligan, S. G., & Price. R. (1987). *Therapeutic trances: The cooperation principle in Ericksonian Hypnotherapy.* New York: Brunner/Mazel.

Gilligan, S. G. (2001a). The problem is the solution: The principle of sponsorship in psychotherapy. In B. B. Geary, & J. K. Zeig (Eds.), *The handbook of Ericksonian psychotherapy* (pp. 398-415). Phoenix, AZ: The Milton Erickson Foundation Press.

Gilligan, S. G. (2001b). Getting to the core. *Family Therapy Networker*, Jan/Feb: 25-9.

Gilligan, S. G. (2002). The experience of negative otherness. In J. K. Zeig (Ed.), *Brief psychotherapy: Lasting impressions* (pp. 401-417). Phoenix, AZ: The Milton Erickson Foundation Press.

Gilligan, S. G. (2006). Erickson, the healer: Reflections by friends and colleagues. In B. A. Erickson & B. Keeney (Eds.), *Milton H. Erickson, M. D.: An American Healer* (pp. 337-347). Sedona, AZ: Ringing Rocks Press.

Goldman, A., & de Vignemont, F. (2009). Is Social Cognition Embodied? *Trends in Cognitive Sciences 13.* no. 4: 154-159.

Gordon, D., & Myers-Anderson, M. (1981). *Phoenix: Therapeutic patterns of Milton H. Erickson.* Cupertino, CA: Meta Publications.

Goulding, R. A., & Schwartz, R. C. (1995). *The Mosaic Mind: Empowering the Tormented Selves of Child Abuse Survivors.* New York: Norton.

Greenleaf, E. (2006). Erickson, the healer: Reflections by friends and colleagues. In B. A. Erickson & B. Keeney (Eds.), *Milton H. Erickson, M. D.: An American Healer* (pp. 334-337). Sedona, AZ: Ringing Rocks Press.

Greenwald, H. (1985). Beyond the paradox. In J. K. Zeig (Ed.), *Ericksonian psycho-therapy volume II: Clinical applications* (pp. 237-243). New York: Brunner/Mazel.

Haley, J. (Ed.) (1967). *Advanced techniques of hypnosis and therapy.* New York: Grune & Stratton.

Haley, J. (1973). *Uncommon therapy: The psychiatric techniques of Milton H. Erickson, M. D.* New York: Norton.

Haley, J. (1982). The communication to therapy of Milton H. Erickson, M. D. In J. K. Zeig (Ed.), *Ericksonian approaches to Hypnosis and Psychotherapy* (pp. 5-25). New York: Brunner/Mazel.

Haley, J. (Ed.) (1985a). *Conversation with Milton Erickson. vol. 1: Changing individuals.* New York: Triangle Press.

Haley, J. (Ed.) (1985b). *Conversation with Milton Erickson. vol. II: Changing couples.* New York: Triangle Press.

Haley, J. (Ed.) (1985c). *Conversation with Milton Erickson. vol. III: Changing children and families.* New York: Triangle Press.

Haley, J. (1987). *Problem-solving therapy* (2nd ed.). San Francisco: Jossey-Bass.

Hammerschlag, C. (2006). Erickson, the healer: Reflections by friends and colleagues. In B. A. Erickson & B. Keeney (Eds.), *Milton H. Erickson, M. D.: An American Healer* (pp. 270-275). Sedona, AZ: Ringing Rocks Press.

Hannaford, C. (1995). *Smart Moves: Why Learning Is Not All in Your Head.* Arlington VA. Great Ocean Publishers.

Hassed, C. (2010). Doing nothing, changing profoundly: The paradox of mindfulness in a case of anxiety. In G. W. Burns, (Ed.), *Happiness, healing, enhancement: Your casebook collection for applying positive psychology in therapy* (pp. 164-175) New Jersey: Wiley & Sons.

Havens, R. A. (1985). *The wisdom of Milton H. Erickson: The complete volume.* New York: Irvington.

Heim, C., Plotsky, P. M., & Nemeroff, C. B. (2004). Importance of Studying the Contributions of Early Adverse Experience to Neurobiological Findings in Depression. *Neuropsychopharmacology 29*, No. 4: 641-648.

Held, B. S. (1991). The process/content distinction in psychotherapy revisited. *Psychotherapy, 28*(2), 207-217.

Hester, R., Miller, W., Delaney, H., & Meyers, R. (1990, November). *Effectiveness of the community reinforcement approach.* Presented at the 24th annual meeting of the Association for the Advancement of Behavior Therapy. San Francisco.

Hofmann, S. G. (2010). The Effect of Mindfulness-Based Therapy on Anxiety and Depression: A Meta-Analytic Review. *Journal of consulting and clinical Psychology. 78*, no. 2: 169-183.

Horney, K. (1945). *Our inner conflicts.* New York: Norton.

Jackson, G. E. (2011). *Rethinking Psychiatric Drugs: A Guide for Informed Consent.* Bloomington, IN. Author House.

Jensen, M. P. (2011). *Hypnosis for chronic pain management: Therapist guide.* New York: Oxford University Press.

Jung, C. (1966). *Collected works: Two Essays on Analytical Psychology.* Vol. 7.

Kabat-Zinn, J. (1994). *Wherever you go there you are: Mindfulness in everyday life.* New York:

Hyperion.

Kaminer, W. (1992). *I'm dysfunctional, you're dysfunctional: The recovery movement and other self-help fashions.* New York: Vintage Books.

Keeney, B. (2006). Bradford Keeney. In B. A. Erickson & B. Keeney (Eds.), *Milton H. Erickson, M. D.: An American Healer* (pp. 13-21). Sedona, AZ: Ringing Rocks.

Keeney, B. (2009). *The creative therapy: The art of awakening a session.* New York: Routledge Press.

Kilton, S. (1975). *Pygmies and Dream Giants.* New York: Harper Collins.

Kimhy, D., Khan, S., Chang, R. W., Hansen, M. C., Ballon, J. S., Malaspina, D., & Gross, J. J. (2014). Emotional Granularity and Social functioning in Individuals with Schizophrenia: An Experience Sampling Study. *Journal of Psychiatric Research, 53*: 141-148.

Kirsch, I., & Lynn, S. J. (1975). The altered state of hypnosis: Changes in the theoretical landscape. *American Psychologist, 50.* 846-58.

Kliman, J. (1998). *Social class as a relationship: Implications for family therapy.* In McGoldric, M. (Ed.), Re-Visioning family therapy: Race, culture, and gender in clinical practice. NY: Guilford.

Krystal, H., & Krystal, J. H. (1988). *Integration and Self-Healing: Affect, Trauma, Alexithymia.* New York. Analytic Press.

Kuhnen, U., & Oyserman, D. (2002). *Thinking about the self influences thinking in general: Cognitive consequences of salient self-concept.* Ann Arbor: University of Michigan.

Kurtz, R. (1990). *Body-centered Psychotherapy: The Hakomi Method.* CA: LifeRhythm.

Kurtz, P. (2011). *Meaning and Value in a Secular Age.* NY: Prometheus Books.

Lambert, M. J. (2007). Presidential address: What we have learned from a decade of research aimed at improving psychotherapy outcome in routine care. *Psycho-therapy Research, 17*: 1-14.

Lambert, M. J. & Bergin, A. E. (1994). The effectiveness of psychotherapy. In A. E. Bergin & S. L. Garfield (Eds.), *Handbook of psychotherapy and behavior change* (4th ed., pp. 143-189). New York. Wiley.

Landis, R. (2006). Erickson, the healer: Reflections by friends and colleagues. In B. A. Erickson & B. Keeney (Eds.), *Milton H. Erickson, M. D.: An American Healer* (pp. 330-333). Sedona, AZ: Ringing Rocks Press.

Lane, R. D. (1996). Impaired Verbal and Nonverbal Emotion Recognition in Alexithymia. *Psychosomatic Medicine 58*, no 3: 203-210.

Lankton, C. H. (2001). Marriage contracts that work. In Geary, B. B., & Zeig, J. K. (Eds.), *The *handbook of Ericksonian psychotherapy*. Phoenix: The Milton Erickson Foundation Press.

Lankton, S. R. (1980). *Practical magic: A translation of basic neurolinguistic programming into clinical psychotherapy*. Cypertino, CA: Meta Publications.

Lankton, S. R. (2005). Foreword. In D. Short, B. A. Erickson, & R. Erickson-Klein, *Hope & resiliency: Understanding the psychotherapeutic strategies of Milton H. Erickson, MD* (pp. iii-x) Carmarthen, Wales. UK: Crown House Publishing Ltd.

Lankton, S. R., & Lankton, C. H. (1983). *The answer within: A clinical framework of Ericksonian hypnotherapy*. New York: Brunner/Mazel.

Lankton, S. R., & Lankton, C. H. (1991). Ericksonian styles of paradoxical treatment. In G. R. Weeks (Ed.), *Promoting change through paradoxical therapy* (pp. 134-186). New York: Brunner/Mazel.

LeDoux, J. E. (2000). Emotion Circuits in the Brain. *Annual Review of Neuroscience 23*, no. 1: 155-184.

Lehrer, P., Sakaki, Y., & Saito, Y. (1999). Zazen and Cardiac variability. *Psychosomatic Medicine. 61*, no. 6: 812-821.

Levine, P. A. (2010). *In an Unspoken Voice: How the Body Releases Trauma and Restores Goodness*. Berkeley, CA: North Atlantic.

Littrell, J. M. (1998). *Brief counseling in action*. New York: Norton.

Lyford, C. (2023). *Hypnosis revisit: Harnessing Therapy's Most Versatile Tool*. *International Journal of Clinical and Experimental Hypnosis*.

Lyons-Ruth, K. (2003). The two-person Construction of Defenses: Disorganized Attachment Strategies, Unintergrated Mental States, and Hostile/Helpless Relational Processes. *Journal of Infant, Child, and Adolescent Psychotherapy* 2: 105.

Lyons-Ruth, K., & Block, D. (1996). The Disturbed Caregiving System: Relations Among Children Trauma, Maternal Caregiving, and Infant Affect and Attachment. *Infant Mental Health Journal 17*, no 3: 257-275.

Ma, Y. (2014). Sociocultural Patterning of Neural Activity During Self-Reflection. *Social Cognitive and Affective Neuroscience 9*, no. 1: 73-80.

Madanes, C. (1985). Finding a Humorous Alternative. In J. K. Zeig (Ed.), *Ericksonian psychotherapy volume II : Clinical applications* (pp. 24-43). New York: Brunner/ Mazel.

Madanes, C. (1987). Advances in strategic family therapy. In J. K. Zeig (Ed.), *The evolution of psychotherapy: First conference* (pp. 46-55). New York: Brunner/Mazel.

Mahoney, M. J. (1991). *Human change processes: The scientific foundations of psychotherapy*. NY: Basic Books.

Mandler, G. (1975). *Mind and emotion*. New York: Wiley & Sons.

Marlock, G., Weiss, H., Young, C., & Soth, M. (2011). *The Handbook of Body Psychotherapy and Somatic Psychology*. Berkeley: North Atlantic Books.

McGoldrick, M. (1998). Introduction: Re-visioning family therapy through a culture lens. In M. McGoldrick (Ed.), *Re-Visioning family therapy: Race, culture, and gender in clinical practice* (pp. 9-19). New York: Guilford.

McNeilly, R. B. (2001). Creating a context for hypnosis: Listening for a resource theme and integrating it into an Ericksonian hypnosis session. In B. B. Geary, & J. K. Zeig (Eds.), *The handbook of Ericksonian psychotherapy* (pp. 57-65). Phoenix, AZ: The Milton Erickson Foundation Press.

Metcalf, L. (1995). *Counseling toward solutions: A practical solution-focused program for working with students, teachers, and parents*. New York: Simon & Schuster.

Mills, J. C. (2001). Ericksonian play therapy: The spirit of healing with children and Adolescents. In B. B. Geary, & J. K. Zeig (Eds.), *The handbook of Ericksonian psychotherapy* (pp. 506-521). Phoenix, AZ: The Milton Erickson Foundation Press.

Minsky, M. (1988). *The Society of Mind*. New York: Simon & Schuster.

Molnar, A., & Lindquist, B. (1989). *Changing problem behavior in schools*. San Francisco: Jossey-Bass.

Morgan, A. J., & Jorm, A. F. (2009). Self-help strategies that are helpful for sub-threshold depression: a Delphi consensus study. *Journal of Affective Disorders, 115*, 196-200.

Morin. A. (2023). *13 Things Mentally Strong Couples Don't Do: Fix What's Broken, Develop Healthier Patterns, and Grow Stronger Together.*

Murphy. D. (2017). *Counseling psychology: A Textbook for Study and Practice*. Hoboken: Wiley-Blackwell.

Murphy, J. J., & Duncan, B. L. (1997). *Brief Intervention for School Problems: Collaborating for practical solutions*. New York: Guilford Press.

Nass, C., & Yen, C. (2010). *The Man Who Lied to His Laptop: What Machines Teach Us About Human Relationships*. New York: Current.

Nemetschek, P. (2012). *Milton Erickson Lives!: A Personal Encounter*. Phoenix, AZ: The Milton Erickson Foundation Press.

Nestor, J. (2020). *Breath: The New Science of a Lost Art*. NY: Riverhead Books.

Nichols, W. C., & Schwartz, R. C. (2001). *Family therapy: Concepts and methods* (5th ed.). Needham Height, MA: Allyn & Bacon.

Notarius, C., & Markman, H. (1994). *We Can Work It Out: How to Solve Conflicts, Save Your*

Marriage, and Strengthen Your Love for Each Other. NY: Perigee Books.

Ogden, P., Minton, K., & Pain, C. (2010). *Trauma and body.* New York: Norton.

O'Hanlon, B. (1987). *Taproots: Underlying principles of Milton Erickson's therapy and hypnosis.* New York: Norton.

O'Hanlon, B. (1999). *Do one thing different: And other uncommonly sensible solutions to life's persistent problems.* New York: William Morrow.

O'Hanlon, B. (2009). *A guide to trance land: A practical handbook of Ericksonian and solution-oriented hypnosis.* New York: Norton.

O'Hanlon, B. (2013). In the spirit of therapy: An interview with Bill O'Hanlon. *Milton Erickson Foundation Newsletters, 33,* 3. (p. 4). Phoenix AZ: Milton Erickson Foundation.

O'Hanlon, B., & Bertolino, B. (2002). *Even from a broken web: Brief, respectful solution-oriented therapy for sexual abuse and trauma.* New York: Norton.

O'Hanlon, B., & Hexum, A. L. (1990). *An uncommon case book: The complete clinical work of Milton H. Erickson.* New York: Norton.

O'Hanlon, B., & Martin, M. (1992). *Solution-oriented hypnosis.* New York: Norton.

O'Hanlon, B., & Weiner-Davis, M. (2003). *In search of solution: A new direction for Psychotherapy*(2nd ed.). New York: Norton.

Olds, D. (1998). Long-Term Effects of Nurse Home Visitation on Children's Criminal and Antisocial Behavior: 15-Year Follow-up of a Randomized Controlled Trial. *JAMA* 280, no. 14: 1238-1244.

Orner, R. J. (2010). Charting a course to new beginnings: Decoding signals of persistent traumatic stress reactions in a shipwreck survivor. In G. W. Burns (Ed.), *Happiness, healing, enhancement: Your casebook collection for applying positive psychology in therapy.* (pp. 214-225) New Jersey: Wiley & Sons.

Panksepp, J., & Biven, L. (2012). *The archaeology of mind: Neuroevolutionary Origins of human emotions.* New York: Norton.

Patterson, C. H. (1984). Empathy, warmth, and genuineness in psychotherapy: A review of reviews. *Psychotherapy, 21:* 431-438.

Patton, M., & Meara, N. M. (1982). The analysis of language in psychological treatment. In R. L. Russell (Ed.), *Spoken interaction in psychotherapy.* New York: Irvington.

Pennebaker, J. W. (2012). *Opening up: The healing power of expressing emotion.* New York: Guilford.

Poizner, A. (2004). Think Small. *Erickson Foundation Newsletter, 24*(3), 11.

Porges, S. W. (1995). Orienting in a Defensive World: Mammalian Modifications of Our

Revolutionary Heritage: A Polyvagal Theory. *Psychophysiology, 32*: 301-318.

Porges, S. W. (2011). *The Polyvagal Theory: Neurophysiological Foundations of Emotions, attachment, Communication, and Self-Regulation, Norton Series on Interpersonal Neurobiology.* New York. W. W Norton.

Prochaska, J. O., Norcross, J. C., & DiClemente, C. C. (1994). *Changing for good: The revolutionary program that explains the six stages of change and teaches you how to free yourself from bad habits.* New York: William Morrow.

Putnam, F. W. (1997). *Dissociation in children and adolescents: A developmental perspective.* New York: Guilford.

Raleigh, M. J. (1984). Social and Environmental Influences on Blood Serotonin Concentrations in Monkeys. *Archives of General Psychiatry, 41*: 505-510.

Richeport, M. (1985). The importance of anthropology in psychotherapy: World view of Milton H. Erickson, M.D. In J. K. Zeig, (Ed.), *Ericksonian psychotherapy volume I : structures* (pp. 537-552). New York: Brunner/Mazel.

Ritterman, M. K. (1991). *Hope Under Siege: Terror and Family Support in Chile*(Frontiers in Psychotherapy Series). NY: Ablex Pub.

Ritterman, M. K. (2001). The philosophical position of the Ericksonian psychotherapist. In B. B. Geary, & J. K. Zeig (Eds.), *The handbook of Ericksonian psychotherapy* (pp. 187-192). Phoenix, AZ: The Milton Erickson Foundation Press.

Robles, T. (2001). Indirect work with couples. In B. B. Geary, & J. K. Zeig (Eds.), *The handbook of Ericksonian psychotherapy* (pp. 443-468). Phoenix, AZ: The Milton Erickson Foundation Press.

Roemer, L., Salter, K., Raffa, S., & Orsillo, S. M. (2005). Fear and avoidance of internal experiences in GAD: Preliminary tests of a conceptual model. *Cognitive Therapy and Reseach, 29*: 71-88.

Rogers, A. G. (2006). *The Unsayable the Hidden Language of Trauma.* New York: Ballantine.

Rogers, C. R. (1961). *On becoming a person.* Boston: Houghton Mifflin.

Rogers, C. R. (1980). *A way of being.* Boston: Houghton Mifflin.

Rosen, S. (1979). Foreword. In M. H. Erickson & E. L. Rossi, *Hypnotherapy: An exploratory casebook* (pp. ix-xiii). New York: Wiley.

Rosen, S. (1980). Foreword. In E. L. Rossi (Ed.), *The collected papers of Milton H. Erickson on Hypnosis. Vol.IV: Innovative hypnotherapy.* New York: Irvington.

Rosen, S. (Ed.) (1982). *My voice will go with you: A teaching seminar with Milton H. Erickson.* New York: Norton.

Rosen, S. (1985). Hypnosis as an adjunct to chemotherapy. In J. K. Zeig (Ed.), *Ericksonian psychotherapy volume Ⅱ: Clinical applications* (pp. 387-397). New York: Brunner/Mazel.

Rosen, S. (1990). Concretizing of symptoms and their manipulation. In J. K. Zeig, & S. G. Gilligan (Eds.), *Brief Therapy: Myths, methods, and metaphors* (pp. 258-272). New York: Brunner/Mazel.

Rossi, E. L. (1973). Psychological shocks and creative moments in psychotherapy. *American Journal of Clinical Hypnosis, 16*: 9-22.

Rossi, E. L. (1980a). (Ed.) *The collected papers of Milton H. Erickson on Hypnosis. Vol. Ⅰ: The nature of hypnosis and suggestion.* New York: Irvington.

Rossi, E. L. (1980b). (Ed.) *The collected papers of Milton H. Erickson on Hypnosis. Vol. Ⅱ: Hypnotic Alteration of sensory, perceptual and psychophysiological process.* New York: Irvington.

Rossi, E. L. (1980c). (Ed.) *The collected papers of Milton H. Erickson on Hypnosis. Vol. Ⅲ: Hypnotic investigation of psychodynamic processes.* New York: Irvington.

Rossi, E. L. (1980d). (Ed.) *The collected papers of Milton H. Erickson on Hypnosis. Vol. Ⅳ: Innovative hypnotherapy.* New York: Irvington.

Rossi, E. L. (2005). Foreword. In R. Battino, & T. L. South. *Ericksonian approaches: A comprehensive manual* (2th ed., pp. xi-xiii). Bethel, CT: Crown House Publishing.

Rossi, E. L. (2006). Erickson, the healer: Reflections by friends and colleagues. In B. A. Erickson & B. Keeney. (Eds.), *Milton H. Erickson, M. D.: An American Healer.* (pp. 279-283). Sedona, AZ: Ringing Rocks Press.

Rossi, E. L., Erickson-Klein, R., & Rossi, K. L. (Eds.). (2008). *The collected works of Milton H. Erickson. Vol. Ⅰ: The nature of therapeutic hypnosis.* Phoenix, AZ: The Milton Erickson Foundation Press.

Rossi, E. L., Erickson-Klein, R., & Rossi, K. L. (Eds.). (2010). *The collected works of Milton H. Erickson. Vol. Ⅹ: The Induction of Clinical Hypnosis and Forms of Indirect Suggestion.* Phoenix, AZ: The Milton Erickson Foundation Press.

Rossi, E. L., & Ryan, M. O. (Eds.). (1986). *Mind-Body communication in hypnosis.* New York: Irvington.

Rossi, E. L., Ryan, M. O., & Sharp, F. A. (Eds.). (1983). *Healing in hypnosis: The seminars, workshops, and lectures of Milton, H. Erickson.* New York: Irvington.

Sallyann, R., & Epston, D. (1996). Developing Externalizing Conversations: An Exercise. *Journal of Systemic Therapies, 15*(1), 5.

Salzberg, S. (2020). *Real Love: The Art of Mindful Connection.*

Schnur, J. B., & Montgomery, G. H. (2010). A systematic review of therapeutic alliance, group cohesion, empathy, and goal consensus/collaboration in psychotherapeutic interventions in cancer. *Clinical Psychology Review, 30*(2), 238-47.

Segal, J. (1986). *Winning Life's Toughest Battles.* New York. MaGraw-Hill.

Seligman, M. E. P., & Csikszentmihalyi, M. (2000). Positive psychology: An introduction. *American Psychologist, 55*(1), 5-14.

Seligman, M. E. P., Steen, T. A., Park, N., & Peterson, C. (2005). Positive psychology progress: Empirical validation of interventions. *American Psychologist, 60*: 410-21.

Shin, L. M. (2005). A functional Magnetic Resonance Imaging study of Amygdala and Medial Prefrontal Cortex Responses to Overtly Presented Fearful Faces in Posttraumatic Stress Disorder. *Archives of general psychiatry, 62*: 273-81.

Short, D., Erickson, B. A., & Erickson-Klein, R. (2005). *Hope & resiliency: Understanding the psychotherapeutic strategies of Milton H. Erickson, MD.* Carmarthen, Wales. UK: Crown House Publishing.

Siegel, D. J. (2010). *The Mindful Therapist: A Clinician's Guide to Mindsight and Neural Integration.* New York: Norton.

Siegel, D. J. (2018). *The Developing Mind, Third Edition: How Relationships and the Brain Interact to Shape Who We Are.* New York: Norton.

Simpkins, C. A., & Simpkins, A. (2006). Erickson, the healer: Reflections by friends and colleagues. In B. A. Erickson & B. Keeney. (Eds.), *Milton H. Erickson, M. D.: An American Healer.* (pp. 318-323). Sedona, AZ: Ringing Rocks Press.

Solomon, R. L. (1980). The Opponent-Process Theory of Acquired Motivation: The Costs of Pleasure and the Benefits of Pain. *American Psychologist, 35*: 691-712.

South, T. L. (2005). Advanced inductions. In R. Battino, & T. L. South. *Ericksonian approaches: A comprehensive manual*(2th ed., pp. 219-244). Carmarthen, UK: Crown House Publishing.

Sylvester, S. M. (2005). Ericksonian approaches in medicine. In R. Battino, & T. L. South. *Ericksonian approaches: A comprehensive manual*(2th ed., pp. 425-434). Carmarthen, UK: Crown House Publishing.

Tannen, D. (1990). *You just don't understand: Women and men in conversation.* New York. Norton.

Tarthang Tulku (1978). *Openness mind.* Emeryville, CA: Dharma Press.

Taylor, G. J., & Bagby. R. M. (2004). New Trends in Alexithymia Research. *Psychotherapy and Psychosomatics 73*, no 2: 68-77.

Tedeschi, R. G., & Calhoun, L. G. (2010). A surprise attack, a surprise result: Posttraumatic growth through expert companionship. In G. W. Burns, (Ed.), *Happiness, healing, enhancement:*

Your casebook collection for applying positive psychology in therapy (pp. 226-236) New Jersey: Wiley & Sons.

Thompson, K. F. (1990). Metaphor: A myth with a method. In J. K. Zeig, & S. G. Gilligan (Eds.), *Brief Therapy: Myths, methods, and metaphors* (pp. 247-257). New York: Brunner/Mazel.

Trenkle, B. (2001). Three candies for five boys and other stratigic and solution-oriented approaches for children and adolescents. In Geary, B. B., & Zeig, J. K. (Eds.), *The handbook of Ericksonian psychotherapy* (pp. 469-486). Phoenix, AZ: The Milton Erickson Foundation Press.

Trungpa, C. (1976). *The myth of freedom.* Boulder, Colo: Shambhala Publications.

van der Kolk, B. A. (1989). Pain Perception and Endogenous Opioids in Post Traumatic Stress Disorder. *Psychopharmacology Bulletin, 25*: 117-121.

van der Kolk, B. A. (2006). Clinical Implications of Neuroscience Research in PTSD. *Annals of the New York Academy of Science, 1071*: 277-283.

van der Kolk, B. (2014). *The Body keeps the Score: Brain. mind, and body in the healing of trauma.* New York: Guilford.

Walsh, K. L. (2007). Resiliency Factors in the Relation Between Childhood Sexual Abuse and Adulthood Sexual Assault in College-age Women. *Journal of Child Sexual Abuse, 16*, no. 1: 1-17.

Watzlawick, P. (1986). If you desire to see, learn how to act. In J. Zeig (Ed.), *The evolution of psychotherapy.* New York. Brunner/Mazel.

Watzlawick, P., Weakland, J. H., & Fisch, R. (1974). *Change: Principles of Problem formulation and Problem resolution.* New York: Norton.

Weiss, H. M. (2002). Deconstructing job satisfaction: Separating evaluations, beliefs and affective experiences. *Human Resource Management Review, 12*(2): 173-194.

Wells, R. (1982). *Planned short-term treatment.* New York. The Free Press.

Welwood, J. (1983). *Awakening the heart: West approaches to psychotherapy and the healing relationship.* Boulder, Colo: Shambhala Publications.

White, M. (1995). *Re-authoring lives: Interviews & essays.* Adelaide, South Australia: Dulwich Centre Publications.

White, M. (2007). *Maps of narrative practice.* New York: Norton.

White, M., & Denborough, D. (1998). *Introducing narrative therapy.* Adelaide, South Australia: Dulwich Centre Publications.

Williams, J. A. (1985). Erickson's use of psychological implication. In J. K. Zeig, (Ed.), *Ericksonian psychotherapy volume II: Clinical applications* (pp. 179-184). New York: Brunner/Mazel.

Witkin, H. (1965). Psychloglcal differentiation and forms pathology. *Journal of Normal psychology, 70*(5), 317-336.

Wolin, S. J., & Wolin, S. (1993). *The resilient self: How survivors of troubled families rise above adversity.* New York: Villard Books.

Wolynn, M. (2017), *It Didn't Start with You: How Inherited Family Trauma Shapes Who We Are and How to End the Cycle.* New York: Penguin.

Yalom, I. D. (1995). *The theory and practice of group psychotherapy*(4th ed.). New York: Basic books.

Yapko, M. D. (1985). The Ericksonian hook: Values in Ericksonian approaches. J. K. Zeig (Ed.), *Ericksonian psychotherapy, vol. 1: Structures* (pp. 266-281). New York: Brunner/Mazel.

Yapko, M. D. (2001). Revisiting the question: What is Ericksonian hypnosis? In B. B. Geary, & J. K. Zeig (Eds.), *The handbook of Ericksonian psychotherapy* (pp. 165-186). Phoenix, AZ: The Milton Erickson Foundation Press.

Yapko, M. D. (2014). *Essentials of Hypnosis.* NY: Routledge.

Yapko, M. D. (2020). Choosing a Psychotherapist to Address Your Depression. *International Journal of Clinical and Experimental Hypnosis,*

Yapko, S. (2001). Foreword. In G. W. Burns, *101 healing stories: Using metaphors in therapy.* New Jersey: Wiley & Sons.

Zeig, J. K. (1980). *A teaching seminar with Milton H. Erickson.* New York: Brunner/ Mazel.

Zeig, J. K. (1985). *Experiencing Erickson: An introduction to the man and his work.* New York: Brunner/Mazel.

Zeig, J. K. (1992). The virtues of our faults: A key concepts of Ericksonian therapy. In J. K. Zeig (Ed.), *The evolution of psychotherapy: Second conference* (pp. 252-266). New York: Brunner/Mazel.

Zeig J. K. (2001). Hypnotic induction. In B. B. Geary, & J. K. Zeig (Eds.), *The handbook of Ericksonian psychotherapy* (pp. 18-30). Phoenix, AZ: The Milton Erickson Foundation Press.

Zeig J. K. (2014). *The Induction of Hypnosis: An Ericksonian Elicitation Approach.* Phoenix, AZ: The Milton Erickson Foundation Press.

Zeig J. K. (2022). *More Common Therapy. An Ericksonian Elicitation Approach.* Phoenix, AZ: The Milton Erickson Foundation Press.

Zeig J. K., & Geary, B. B. (2001). Ericksonian approaches to pain management. In B. B. Geary, & J. K. Zeig, (Eds.), *The handbook of Ericksonian psychotherapy* (pp. 252-262). Phoenix, AZ: The Milton Erickson Foundation Press.

Zeig, J. K., & Munion, W. M. (1999). *Milton H. Erickson*. Thousand Oaks, CA: Sage Publications.

Zito, J. M. (2003). Psychotropic Practice Patterns for Youth: A 10-years Perspective. *Archives of Pediatrics and Adolescent Medicine*, 157: 17-27.

저자 소개

양정국(Yang Jeong Guk)

고려대학교 교육학 석사(상담심리)
전 제주도교육연구원 사랑의상담실 실장
　　　제주상담센터 소장 및 이사장
　　　서귀포상담센터 이사장
　　　제주시가정폭력상담소 소장
　　　제주도가출청소년쉼터 원장
현 에릭슨상담연구회 고문

〈저서〉
은유와 최면(공저, 학지사, 2007)

고기홍(Ko Kee Hong)

동아대학교 교육학 박사(교육상담)
수련감독 전문상담사
1급 청소년상담사
NLP Trainer
전 계명대학교 상담실습 조교
　　　제주상담센터 상담원
　　　제주도청소년종합상담센터 부장, 국장
　　　서귀포시청소년상담실 소장
　　　제주대학교, 제주교육대학교, 제주한라대학교 강사
현 계명대학교 교수
　　　대구경북상담학회 회장

〈저서〉
개인상담(2판, 학지사, 2025)
상담사례 개념화와 반응분석(학지사, 2020)

밀턴 에릭슨의 상담이론과 실제
Milton Erickson's Counseling Theory and Practice

2025년 1월 10일 1판 1쇄 인쇄
2025년 1월 20일 1판 1쇄 발행

지은이 • 양정국 · 고기홍
펴낸이 • 김진환
펴낸곳 • ㈜ 학지사

　　　　04031 서울특별시 마포구 양화로 15길 20 마인드월드빌딩
대표전화 • 02-330-5114　　팩스 • 02-324-2345
등록번호 • 제313-2006-000265호

홈페이지 • http://www.hakjisa.co.kr
인스타그램 • https://www.instagram.com/hakjisabook

ISBN 978-89-997-3287-4 93180

정가 25,000원

출판미디어기업 **학지사**
간호보건의학출판 **학지사메디컬** www.hakjisamd.co.kr
심리검사연구소 **인싸이트** www.inpsyt.co.kr
학술논문서비스 **뉴논문** www.newnonmun.com
교육연수원 **카운피아** www.counpia.com
대학교재전자책플랫폼 **캠퍼스북** www.campusbook.co.kr